本书获得华东政法大学 2015 年内涵建设单列项目资助

# 冲突与协调

Collision and Coordination

孙 平 著

言论自由与
人格权法律问题研究

北京大学出版社
PEKING UNIVERSITY PRESS

**图书在版编目 (CIP) 数据**

冲突与协调：言论自由与人格权法律问题研究 / 孙平著 .—北京：北京大学出版社，2016.4

ISBN 978-7-301-26906-0

Ⅰ.①冲… Ⅱ.①孙… Ⅲ.①权利－研究－中国 Ⅳ.① D921

中国版本图书馆 CIP 数据核字 (2016) 第 022073 号

| | |
|---|---|
| **书　　名** | 冲突与协调：言论自由与人格权法律问题研究<br>Chongtu yu Xietiao |
| **著作责任者** | 孙　平　著 |
| **责任编辑** | 朱梅全 |
| **标准书号** | ISBN 978-7-301-26906-0 |
| **出版发行** | 北京大学出版社 |
| **地　　址** | 北京市海淀区成府路 205 号　100871 |
| **网　　址** | http://www.pup.cn　新浪微博：@ 北京大学出版社 |
| **电子信箱** | sdyy_2005@126.com |
| **电　　话** | 邮购部 62752015　发行部 62750672　编辑部 021-62071998 |
| **印 刷 者** | 三河市北燕印装有限公司 |
| **经 销 者** | 新华书店 |
| | 730 毫米 ×980 毫米　16 开本　18 印张　305 千字 |
| | 2016 年 4 月第 1 版　2016 年 4 月第 1 次印刷 |
| **定　　价** | 52.00 元 |

# 目　录

# 引　言

# 世界性的难题

言论自由是现代世界各国、各地区宪法和国际公约公认的公民基本权利。我国也不例外,我国《宪法》第35条规定:"中华人民共和国公民有言论、出版、集会、结社、游行、示威的自由。"以名誉权、隐私权和肖像权等为主要内容的人格权是很多大陆法系国家或地区宪法所明示或暗含的公民基本权利之一。我国《宪法》第38条规定:"中华人民共和国公民的人格尊严不受侵犯。禁止用任何方法对公民进行侮辱、诽谤和诬告陷害。"[①]英美法系国家或地区虽然不使用人格权概念,但是名誉权、隐私权和肖像权等具体人格权也都受到宪法或法律的保护。言论自由与人格权之间有着密切的联系。言论表达是人格构成和发展的必备要素之一,而人格权利得到充分的保障又是公民能够行使其言论自由的重要先决条件,二者都是人权的重要组成部分。但是,在实践中常常发生某人(组织)因为表达言论而侵害他人的人格权,或者某人(组织)为了保护自己的人格而不当限制他人言论自由的情况,这便产生了两者间的基本权利冲突问题[②]。

## 一、基本权利冲突的法律表现

基本权利冲突问题是一个世界性的法律难题,最常见的权利冲突现象

---

① 虽然从字面来看,这一条中的"人格尊严"与"人格权"并不相同,但是学理通说认为《宪法》第38条人格尊严条款包含了姓名权、肖像权、名誉权、荣誉权等人格权。参见许崇德、王向明、宋仁:《中国宪法教程》,人民法院出版社1988年版,第221页。对此学说的具体评价参见本书第二章的相关内容。

② 为了行文方便,下文如无特别说明,"基本权利冲突"或"权利冲突"均特指言论自由与人格权这两种基本权利之间的冲突。

是因为言论表达而引起的各类名誉权纠纷案件。美国著名的《纽约时报》诉沙利文案就是一个典型的例子。1960 年 3 月 29 日,《纽约时报》刊登了一则付费广告,内容是让读者捐款援助著名民权运动领袖马丁·路德·金(Martin Luther King, Jr.)及其他受迫害的南方黑人。广告中列举了阿拉巴马州蒙哥马利市警察滥用公权力歧视黑人抗议学生和迫害马丁·路德·金的恶劣行径。其中有些细节与事实不符,比如抗议学生所唱的是美国国歌而不是另一首美国爱国歌曲,学生领袖被校方开除并非因为在州政府前示威而是因为在法院大楼餐厅内用午餐,警察虽然在学校附近部署过 3 次但从未包围校园,马丁·路德·金被捕过 4 次而非 7 次等。虽然这一广告并未指名道姓地批评任何人,但当地的警察主管沙利文(L. B. Sullivan)认为广告内有关蒙哥马利市警察滥用权力的陈述以及将逮捕马丁·路德·金的警察形容为"南方暴力人士",均损害其名誉。因此,在写信要求《纽约时报》刊登撤回启事未果的情况下,向法院起诉《纽约时报》和参加广告联署的 4 名阿拉巴马州的牧师诽谤,请求赔偿 50 万美元。[①] 几位牧师在报纸上发表批评地方政府和警察的言论当然属于言论表达的范畴,而他们批评的对象和内容又直接关系到沙利文的名誉,因此双方的法律权利产生冲突。究竟是应该把牧师们和《纽约时报》的行为纳入宪法言论自由的范围加以保护并限制沙利文的名誉权,还是应该严格按照普通法的规定保护沙利文的名誉权,限制牧师们和《纽约时报》的言论自由便成为一个难题。美国联邦最高法院对该案最后作出的判决成为处理这类难题的里程碑,深深地影响了包括我国在内的世界各国或地区,《纽约时报》诉沙利文案也成为言论自由与人格权冲突的经典案例。

除了美国,其他主要英美法系国家或地区也都有类似的经典案例。在英国,影响最大的是雷诺兹诉泰晤士报公司案。1994 年 11 月 17 日,爱尔兰总理艾伯特·雷诺兹 (Albert Reynolds)在议会下院宣布辞职。11 月 20 日星期天,《星期日泰晤士报》英国版和爱尔兰版都刊登了这个事件的长篇调查性报道。英国版题为《再见了,放高利贷的人》,占据了大约整版篇幅。爱尔兰版题为《为何一个撒谎的人难以证明其作为爱尔兰和平缔造者的重要性》,长达三个版。这两篇报道虽然都对雷诺兹持批评立场,但爱尔兰版详

---

① New York Times v. Sullivan, 376 U.S. 254 (1964).

细报道了全过程，而英国版则略去了一些重要内容，特别是没有报道雷诺兹在下院的辩护声明。雷诺兹对英国版的报道极为不满，对泰晤士报公司及文章作者、编辑提起诽谤诉讼。[①] 澳大利亚的代表性案例是朗伊诉澳大利亚广播公司案[②]。澳大利亚广播公司下属的一家广播电台有一个知名节目《十字路口》。1990 年 4 月的一期节目揭露了新西兰执政党——劳动党在 1987 年的大选中接受了某些商业财团的大笔政治献金，并因此允许那些捐赠了资金的大财团决定政府的政策、将公共财产卖给部分政治献金捐赠者作为回报，以及劳动党中的部分党魁有滥用职权、欺骗公众、贪污受贿等不法行为。原新西兰总理戴维·朗伊(David Lange)认为这期节目中指责新西兰劳动党的大部分内容实际上都是在诽谤他，广播电台是在明知其虚假或者轻率不顾其真伪的情况下播发的。因此，他以诽谤为由将该广播电台告上法庭。[③] 加拿大的经典案例是希尔诉山达基教会案[④]。1985 年 9 月，一位为教堂工作的律师莫里斯·曼宁(Morris Manning)与山达基教会(Church of Scientology)的几位代表一起在多伦多一家法院大楼内举行了记者招待会。在记者招待会上，曼宁宣读了一份山达基教会的声明，要求启动控告另一位律师凯西·希尔(Casey Hill)藐视法庭罪的有关法律程序。在该声明中，山达基教会认为希尔误导法官并且违反法令查封了属于山达基教会的某些文件。但是，在对希尔进行的藐视法庭罪的法律调查过程中，这份声明的内容被发现是完全失实的。于是，希尔便依据加拿大诽谤法向法院提起了民事侵权诉讼。

在大陆法系国家或地区，因为言论自由与人格权冲突而引发的名誉权纠纷案件同样也不少。德国的代表性案例是 1958 年的路特(Lüth)案。路特是汉堡新闻协会主席，1950 年他在汉堡举行的电影展会活动中公开发表言论，号召抵制著名导演哈郎(Veit Harlan)指导的新片《永恒的爱人》，因为哈郎曾在纳粹时期导演过反犹太人的电影。代理发行该影片的公司向路特去函要求其道歉。但路特随后在报上刊登一封公开信，攻击哈郎是纳粹的第一号导演，并且其复出将对“德国之复兴”造成不可挽救的损害，要求德国

① Reynolds v. Times Newspapers Ltd., 3 W. L. R. 1010 (Eng. H. L. 1999)；魏永征、白净：《从沙利文原则到雷诺兹特权：对借鉴外国诽谤法的思考》，载《新闻记者》2007 年第 8 期。

② Lange v. Australian Broad. Corp. (1997) 189 C. L. R. 520.

③ Rupert Burns, Political Discussion as a Defence to Defamation: Lange v Australian Broadcasting Commission, 3 High Court Review 2(1997), p. 2.

④ Hill v. Church of Scientology, [1995] 126 D. L. R. (4th) 129, 177.

的戏院及代理商不要放映及代理该片，也号召德国人不要前去观赏该片。代理发行哈郎影片的公司向法院提起诉讼，以哈郎过去行为已经过法院判决宣判无罪以及路特的抵制违反《德国民法典》第826条为理由要求汉堡法院禁止路特发表相关抵制言论。汉堡地方法院和高等法院均判决路特败诉。于是路特向联邦最高法院提起宪法诉讼，认为他的言论应受到德国《基本法》第5条规定的"言论自由"的保障。[①] 日本的开创性案例是1969年的《和歌山时事晚报》事件。该案被告经营和歌山时事新闻社并发行《和歌山时事晚报》。被告在昭和38年2月18日的晚报上，以《吸血鬼坂口得一郎的罪业》为题，刊登了当地另一家报社经营者得一郎指示其记者以揭露腐败行为相威胁，勒索当地政府官员的新闻。得一郎认为该报道失实遂提起刑事诽谤罪自诉。[②] 欧洲人权法院在这方面的开创性的判例是1986年的林根斯诉奥地利[③]。1975年奥地利大选之后，维也纳《犹太人档案中心》主持人揭发当时自由党党魁弗里德里希·皮特(Friedrich Peter)曾经效命于纳粹并参与大屠杀。由于刚当选不久的联邦总理布鲁诺·克雷斯基(Bruno Kreisky)曾经支持弗里德里希手下的政治人物，奥地利某杂志编辑林根斯(Lingens)为此在杂志中指控克雷斯基是个机会主义者，不道德而且没有尊严。后克雷斯基对林根斯提出刑事诽谤罪自诉。经过几次审判，林根斯最终被奥地利法院依《奥地利刑法典》第111条诽谤罪判处罚金15000奥地利元。林根斯向欧洲人权法院提起诉讼，认为奥地利法院的判决违反了《欧洲人权公约》第10条关于言论自由的规定。[④] 截止到2006年，欧洲人权法院已经作出了包括该案在内的52个协调言论自由与名誉权的判决，这些判决涉及欧洲各公约成员国的刑事、民事诽谤制度的方方面面。其对象涉及政治人物、政府

---

① 陈新民：《德国公法学基础理论(上册)》，山东人民出版社2001年版，第312－313页。

② 日本最高法院1969年6月25日大法庭判决(刑集23卷7号957页)。转引自谢庭晃：《妨害名誉罪之研究》，天主教辅仁大学法律学系2002年博士论文，第75页。

③ Lingens v. Austria, 103 Eur. Ct. H. R. (ser. A) (1986).

④ 《欧洲人权公约》第10条规定："1. 从享有表达自由的权利。此项权利应当包括持有主张的自由，以及在不受公共机构干预和不分国界的情况下，接受和传播信息和思想的自由。本条不得阻止各国对广播、电视、电影等企业规定许可证制度。2. 行使上述各项自由，因为同时负有义务和责任，必须接受法律所规定的和民主社会所必需的程式、条件、限制或者是惩罚的约束。这些约束是基于对国家安全、领土完整或者公共安全的利益，为了防止混乱或者犯罪，保护健康或者道德，为了保护他人的名誉或者权利，为了防止秘密收到的情报的泄漏，或者为了维护司法官员的权威与公正的因素的考虑。"

机关、国外元首、公务员、法官和一般个人。[①]

我国台湾地区近些年也发生了数起影响非常大的名誉权纠纷案件，其中最具代表性的是蔡兆阳与《商业周刊》诽谤案。1996 年 11 月 4 日，《商业周刊》刊载记者林莹秋撰写的报道《信义大楼内大官们的"房事"揭秘》，内称"根据信义大楼住户表示，目前住在信义大楼十三楼，新上任的交通部长蔡兆阳，大手笔花了二百七十八万元（新台币，下同）的公帑，重新装潢，整修官舍，成为该栋大楼住户广为流传的'头条新闻'……"。同期《商业周刊》还刊登了一篇题为《蔡兆阳抢走王志刚的公关爱将》的匿名文章，内称"自称操守绝对没有问题的蔡兆阳个性刚烈，虽然任事积极，但在撤换高铁筹备处长林崇一的事件中，居然可以连发五份新闻稿，羞辱林崇一，气量狭小，赶尽杀绝，已经让媒体记者大开眼界。不过，更让媒体受不了的，还在于蔡兆阳常常喜欢凸显他的'够力'，透过机要人员放话表示随时有办法让不友善的记者'调整路线'。这种直把媒体当'部用工具'的心态，在民主时代号称第四权的媒体环境来说，实在是不可思议的事"，"平心而论蔡兆阳自己曾经是被斗下台的人，那种难堪的滋味应该深刻。蔡兆阳'刻薄寡恩'的公众形象，相当一部分是贴身机要人员好炫耀权力，又喜欢'碎嘴'的结果"。蔡兆阳认为这些新闻报道内容失实，损害了自己的名誉，因此依据台湾地区"刑法"提起诽谤刑事自诉。[②]

除了名誉权，人格权中的隐私权也常常和言论自由产生冲突。1966 年在法国发生的菲利普案，其判决对法国的隐私权保护制度的发展起到了深远的影响。该案起因是几名记者闯进已故著名舞台剧演员钱拉·菲利普（Gérard Philipe）9 岁儿子的病房进行采访和拍照。其中一名记者打算把这些照片连同菲利普一家的照片以及这名儿童的病情和治疗情况登报。钱拉·菲利普的遗孀向法院提起了民事诉讼，认为这些照片和新闻报道将严重侵犯其家庭的隐私，要求法院采取诉前限制措施阻止该记者发表照片和

---

① Dan Kozlowski, For the Protection of the Reputation or Rights of Others: The European Court of Human Rights' Interpretation of the Defamation Exception in Article 10 (2), Communication Law and Policy, 2006, Vol. 11, No. 1, pp. 140—141.

② 我国台湾地区"高等法院"刑事判决 1997 年度上易字第 2617 号。

文章。[①] 一年后在美国发生的《时代》周刊诉希尔案同样是隐私权与言论自由相冲突的典型案例。一名作家以希尔(James Hill)一家被逃犯长时间劫持为人质的事件为背景撰写了一部小说,小说虚构了多处情节。被告下属的《生活》杂志发表了一篇以这部小说改编的戏剧为主要内容的评论文章,文章让人误认为希尔一家经历了戏剧中那些虚构的暴力侵害。希尔以盗用个人姓名和肖像为由起诉发表该小说的杂志。该案最后上诉至美国联邦最高法院。[②] 四年之后,在德国的魔菲斯特案也是因为撰写小说而起。该案的被告在20世纪30年代流亡国外时以一位纳粹时期著名演员的经历为原型撰写了一部讽刺小说《魔菲斯特》(Mephisto)。小说叙述了一个演员抛弃自由理想、投靠纳粹而成名的故事。1964年德国某出版商准备在德国国内重新出版这部小说时,该演员的养子认为该小说虽然没有指名道姓,但人人都知道其描写的是谁,并且小说的描写损害了其养父的形象,遂诉至法院要求禁止出版这本书。[③]

欧洲人权法院在2004年五六月间连续判决了两个重要的隐私权纠纷案件,其起因都与言论自由有关。第一个案件的主角是已故的法国前总统密特朗(François Mitterrand)。1995年10月,密特朗总统的原私人医生克劳德·古柏勒(Dr. Claude Gubler)打算在Plon出版公司出版一本关于自己为密特朗在位期间进行服务的书,书名就叫《大秘密》。该书描写了克劳德·古柏勒如何为密特朗组建一个医疗团队,负责密特朗总统的健康工作并隐瞒密特朗总统早在1981年便被诊查出来的癌症时所遭遇到的种种困境以及治疗的艰辛。这件事的背景是,密特朗在竞选总统时曾经承诺要公布自己的健康检查报告,但是密特朗公布的健康检查报告隐瞒了其患有癌症的消息。密特朗在1996年1月8日去世之后,克劳德·古柏勒和Plon出版公司原本决定延缓该书的出版。但就在1月10日,法国《世界报》的一篇文章揭露了密特朗在任期间隐瞒病情的事实,引发社会舆论对其治疗团队工作水平

---

① Jeanne M. Hauch, Protecting Private Facts in France: The Warren & Brandeis Tort Is Alive and Well and Flourishing in Paris, Tulane Law Review, 1994, Vol. 68, No. 5, pp. 1240－1241.

② Time, Inc. v. Hill, 385 U. S. 374(1076).

③ Donald P. Kommers, The Constitutional Jurisprudence of the Federal Republic of Germany, Durham and London: Duke University Press, 1989, pp. 309－312. 转引自张千帆:《西方宪政体系(下册·欧洲宪法)》,中国政法大学出版社2005年版,第358－361页。

的广泛质疑。为了挽回名誉，克劳德·古柏勒决定在1月17日出版这本书。该书出版后第二天，密特朗总统的遗孀和子女认为这本书非法披露了密特朗的医疗秘密，侵犯了密特朗本人的隐私权并伤害了其家人的感情，便向法院提起诉讼，要求法院作出紧急裁决禁止该书出版。[①]

仅仅一个月不到，欧洲人权法院又对另一个涉及不同法律主体之间隐私权与言论自由相冲突的重要案件作出了最终判决。这个案件的主角是摩纳哥公主卡罗琳。[②] 卡罗琳虽从未执政，但一直是娱乐新闻媒体追逐的对象。从20世纪90年代开始，她在多个欧洲国家或地区对那些刊登她私人生活照片的报纸或娱乐杂志提起诉讼，维护自己的隐私权和其他人格权。1993年七八月间，德国两份杂志刊登了一些卡罗琳的日常生活照片，包括：她与某男影星在她花园中的桌边和在一家餐馆吃饭，在一个牧场骑马，与其两个孩子在汽车旁，与其女儿在其住处附近的小河上划船，走在去集市的路上，骑车回家，戴太阳镜由女保镖陪同在集市的一家花摊前买花等等。为此，卡罗琳提起了民事诉讼，要求停止侵害和赔偿损失。[③]

上述基本权利冲突现象表面看来可能只是民事侵权纠纷或刑事诽谤罪案件，但是其背后都涉及宪法层面的权利冲突。尤其是在现代民主和宪政条件下，是压缩一方当事人的言论空间保护另一方的人格权，还是限制一方当事人的人格权给另一方当事人的言论自由更多的呼吸空间，是世界各国或地区共同面临的宪法难题。这个难题要想解决，必须建立在各国或地区对本国、本地区宪法基本权利的理解、阐释、比较、协调和权衡的基础之上。当然，像其他许多宪法实施问题一样，仅仅靠宪法本身的机制是无法解决权利冲突问题的，有了明确的宪法基本权利的理解、阐释、比较、协调和权衡，还需要一套符合本国、本地区特殊情况的部门法律制度贯彻落实宪法的意旨。因此，基本权利冲突也是一个部门法的难题。

---

① Éditions Plon v. France, App. No. 58148/00 (Eur. Ct. H.R. May 18, 2004).

② 卡罗琳在嫁给汉诺威王子之后，其身份变为"汉诺威卡罗琳"，因此本案的原告为"汉诺威"而不是"摩纳哥"。

③ Von Hannover v. Germany, App. No. 59320/00 (Eur. Ct. H.R. June 24, 2004). 转引自许德风：《隐私权与新闻自由》，载王利明、[美]葛维宝主编：《中美法学前沿对话——人格权法及侵权法专题研究》，中国法制出版社2006年版，第397－415页。

## 二、中国的问题

如何协调平衡言论自由与人格权的冲突同样是我国急需解决的宪法和法律难题。在我国基本权利冲突的最主要表现是大量的名誉权侵权纠纷。早在20世纪30至40年代,因为报纸新闻而引发的妨害名誉罪案件就已经层出不穷。[①] 新中国成立后,由于法治体系不健全,名誉权纠纷消失了30年。直到20世纪80年代中后期,新闻侵犯名誉权官司才重新回到学术研究的视野之中,并且逐渐成为法学和新闻学共同关注的热点问题。1987年《民法通则》正式实施之后的第二年,即1988年全国法院受理的名誉权侵权纠纷案件就接近了2000件。之后,每年均保持10%左右的增长幅度,到2001年突破了7000件大关。之后几年虽有所下降,但也始终保持在4000件以上。从1988年到2006年19年间,我国法院共受理了大约82269件名誉权侵权纠纷案件,平均每年约4330件。当然,这么多名誉权纠纷案件并不是每件都与言论自由、与权利协调有关,比如因为医生公开患者病患信息,司法、行政机关违法采取强制措施,错发刑事或行政处罚文书,银行、电信公司错误提供客户信息或服务等等引发的名誉权侵权案件与言论自由就没有任何关系。由于不能精确统计,所以无法统计这么多案例中究竟有多少是涉及权利协调的。

不过,有学者粗略估算了“新闻侵害”名誉权案件数量,他认为按20%计,则每年涉及新闻媒介的侵害名誉权案件约为1000件。[②] 而如果把“新闻侵害”扩大到“言论侵害”,那么这个比例应该还能大幅扩大,即使保守算作50%,那平均每年也有2000多个案子,19年就是38000个。与国内民事案件受理总数相比,这个数字并不大,1993年全年法院受理的民事案件是2983667件,名誉权案件只占到0.11 %,2003年名誉权案件大幅增长的同时全国的民事案件受理数也增长到了4410236件,名誉权案件数也只占到0.13 %。[③] 然而,与境外同类案件的数量相比,我国的名誉权纠纷案件数量就大得惊人了。美国侵权法中的诽谤案件并不多,从1980年到2003年总共

---

① 范烟桥、陈蝶衣等:《小型报的过去、现在和未来》,载《文汇报》1946年3月3日专刊《星期座谈》第9期。

② 魏永征:《新闻传播法教程(第二版)》,中国人民大学出版社2006年版,第156页。

③ Benjamin L. Liebman, Innovation Through Intimidation: An Empirical Account of Defamation Litigation in China, Harvard International Law Journal, 2006, Vol. 47, No. 1, p. 45.

只有503个诽谤案件被提交审判；日本的名誉毁损案件也不多，20世纪90年代日本的名誉毁损案件虽然有大幅增长，但1991年全年只有19个，1993年也只有62个；而韩国从20世纪50年代到80年代30年的时间里总共只有35个名誉权案件，而且其中与新闻媒体有关的只占到1/3。① 我国台湾地区从2000年至2005年6年间只有62个与媒体有关的名誉权纠纷案例，其中包括诽谤罪刑事自诉案件和民事侵权损害赔偿案件。②

从1988年到2006年我国法院受理名誉权纠纷案件数见表1。

**表0-1　我国历年名誉权侵权纠纷案件受案数量表**

| 年份 | 1988 | 1989 | 1990 | 1991 | 1992 | 1993 | 1994 | 1995 | 1996 | 1997 | 1998 | 1999 | 2000 | 2001 | 2002 | 2003 | 2004 | 2005 | 2006 |
|---|---|---|---|---|---|---|---|---|---|---|---|---|---|---|---|---|---|---|---|
| 案件数 | 1996 | 2090 | *2299* | *2529* | *2611* | 3138 | 3543 | 3843 | 4418 | 4552 | 5040 | 5936 | 6665 | 7182 | 6693 | 5596 | 5195 | *4515* | *4338* |
| 比上年增加% | | 10.23 | *10* | *10* | *3.24* | 20.2 | 12.91 | 8.46 | 14.96 | 5.3 | 8.34 | 17.78 | 12.28 | 7.76 | −6.91 | −10.4 | −7.71 | *−13.1* | *−3.92* |

特别需要说明的是，表1中1993年到2003年的数据由美国学者本杰明·L.利伯曼（Benjamin L. Liebman）教授根据《中国法律年鉴》1994—2004年卷中公布的数据统计制作。③ 我国学者魏永征依据《中国法律年鉴》2005年卷补充了2004年的数据。④ 另外，于新年在1991年发表的一篇论文中披露了1988、1989和1990年的全国名誉权案件数量。其中1990年，于新年只披露了1月到9月的案件数1697个，比上年同期增长10.34%。⑤

表1中斜体数字是笔者根据历年案件数量的变化推测出来的。首先是1990年到1992年这3年的案件数量。笔者没有查找到这3年的名誉权案件数量。但从已公布的数据看，1988年到2001年之间案例数平均年增长在10%左右，因此可大致推测出1990和1991全年的大致受案数。1993年卷《中国法律年鉴》只公布了名誉权、荣誉权和肖像权等人身权纠纷案件总数，

---

① Benjamin L. Liebman, Innovation Through Intimidation: An Empirical Account of Defamation Litigation in China, Harvard International Law Journal, 2006, Vol. 47, No. 1, p. 46.

② 李冠仪、邱馨玉：《台湾媒体诽谤判决趋势研究：一个历时性的分析》，http://ccs.nccu.edu.tw/UPLOAD_FILES/HISTORY_PAPER_FILES/38_1.pdf，最后访问日期：2009年1月20日。

③ Benjamin L. Liebman, Innovation Through Intimidation: An Empirical Account of Defamation Litigation in China, Harvard International Law Journal, 2006, Vol. 47, No. 1, p, 45.

④ 魏永征：《新闻传播法教程（第二版）》，中国人民大学出版社2006年版，第156页。

⑤ 于新年：《名誉权案审理透视》，载《瞭望》1991年第3期。其中1992年的数字包括了当年的肖像权和姓名权案件数，参见张新宝、康长庆：《名誉权案件审理的情况、问题及对策》，载《现代法学》1997年第3期。

不过这几年的名誉权纠纷案件占到这类案件的绝大多数，因此把人身权案件的总数作为名誉权案件的受案数并不影响整体案件数量变化趋势的展现。

其次是2005年和2006年这两年的大致案件数量。2006年和2007年卷的《中国法律年鉴》也没有公布名誉权纠纷案件的单项受案数，不过也可以通过其他年份的数据大致推算出这两年的名誉权纠纷案件受案数。2004年公布了法院受理的人身权纠纷案件数386805，这其中大部分是人身损害赔偿纠纷案件，共376067件。剩下的10738件的构成分别是人身自由权纠纷325件，名誉权纠纷5195件，荣誉权、姓名权、肖像权等其他人身权案件共5218件。按照这个构成比例推算，人身权纠纷案件中大部分是人身损害赔偿纠纷案件，剩下的案件中绝大部分都是人格权纠纷案件，而在人格权纠纷案件中名誉权纠纷案件要占到将近一半。2006年卷《中国法律年鉴》公布的2005年全国法院受理的人身权纠纷案件数是456632件，人身损害赔偿纠纷案件数是447602件，余下的数字是9030件，其一半便是4515件；2007年卷《中国法律年鉴》公布的2006年全国法院受理的人身权纠纷案件数是481486件，人身损害赔偿纠纷案件数是472810件，余下的数字是8676件，其一半是4338件。无论从人格权纠纷案件总数还是从名誉权案件数看，2005年和2006年的受理案件数仍有所下降。

我国的名誉权侵权纠纷案件不仅数量巨大，在种类上也相当丰富。有人将我国的名誉权侵权纠纷的发展历程总结为“四次浪潮”。第一次浪潮出现在1988年，其特点是“小人物”告大报；第二次浪潮出现在1992年，其代表性案例都是“名人告小报”；1993年至1994年则开始出现“工商法人告媒体”的第三次浪潮；第四次浪潮则从1993年开始绵延至今，其主题是“以官方机构和官方人员为原告的”名誉权侵权纠纷案件。[①]

我国最早出现的权利冲突案件基本都是以普通公民为原告，不过新中国历史上第一个权利冲突案件并不是民事侵权案件，而是刑事自诉案件。1983年第1期《民主与法制》在“道德法庭”专栏发表了《二十年“疯女”之谜》一文，署名为该刊记者沈涯夫、牟春霖。这篇文章以“仅将调查结果公布于众”的形式，披露了一个“疯女”的遭遇：名为“屠勇”的男子为了达到从武汉

① 徐迅：《中国新闻侵权纠纷的第四次浪潮——一名记者眼中的新闻法制与道德》，中国海关出版社2002年版，第20—38页。

调回上海的目的，于1961年唆使其妻子田珍珠装疯；1962年，又采取毒打等手段逼迫田装疯；屠调回上海后，1973年又因私生活露出马脚，怕妻子揭发，第三次将田强行送入上海市精神病防治院，致使田戴着“疯女”的帽子生活了20年。1985年上海宝山钢铁厂工程师杜融向上海市长宁区人民法院提起刑事自诉。在诉状中杜融称被告人沈涯夫、牟春霖虽然将自诉人化名为屠勇，将自诉人之妻化名为田珍珠，但是文章发表，尽人皆知是指自诉人。被告人的署名文章《二十年“疯女”之谜》捏造事实，已使自诉人的人格名誉遭到不可弥补的极为严重的损害，应予追究刑事责任。[①] 另外，新中国历史上第一个民事侵权案件的原告也是普通公民。1986年7月—10月间《文汇报》连续刊登关于上海市工业用水技术中心科研人员李芳兰遭遇的系列报道，当时被称为“李芳兰事件”。其中9月27日的报道为《李芳兰报国心如火　“水中心”为何冷似冰》，副标题为“上海工业用水中心及其上级主管部门的一些领导干部如此迫害有用人才已引起社会各方面和市委领导的关注”，并加了“编者按”。作者署名为“本报记者姚诗煌”。1986年12月，《法律咨询》杂志1986年第12期又刊登《李芳兰事件如何了？“水中心”某些领导人触犯刑律不能以行政或党内处分来了结》一文，作者为李国机、范方强。1987年1月，上海市工业用水技术中心原副主任赵正正以原告身份向上海市黄浦区人民法院提起诉讼。被告为《文汇报》记者姚诗煌、上海市第五律师事务所律师李国机，文汇报社为第三人。赵正正认为，报纸报道内容实际上是指向自己，并且报纸报道失实，损害了其名誉。[②]

像其他国家或地区一样，在我国最有影响、最为学界所关注的还是后三次浪潮。首先，是以影视明星、著名运动员和社会知名人士为原告的“名人官司”。1988年的徐良诉上海文化艺术报社、赵伟昌名誉权纠纷案，1990年的迟志强诉李宣东、温州日报社名誉纠纷权案，1992年的李谷一诉汤午生、声屏周报社名誉权纠纷案等是早期几个比较有影响的“名人官司”。其纠纷的发生都源自新闻媒体对名人言行的报道。21世纪较有影响的类似名誉权

① 刘海涛、郑金雄、沈荣：《中国新闻官司二十年(1987—2007)》，中国广播电视出版社2007年版，第158－161页。

② 同上书，第176－179页。

纠纷是范志毅诉文汇新民联合报业集团侵犯名誉权纠纷案[①]和唐季礼诉芮艳红、青年时报社等名誉权纠纷案[②]。

其次，是以工商法人为原告的名誉权纠纷。较早的如1990年的湖北省造纸公司诉湖北法制报社、李汉江名誉权侵权案，90年代中期的兴运实业(成都)公司诉周林频谱总公司、黑龙江法制报社等侵害名誉权案，以及成都恩威集团公司诉四川经济日报社侵害名誉权案。而影响最大的是恒升集团诉王洪、《微电脑世界周刊》等名誉权纠纷案和广州华侨房屋开发公司诉中国经济体制改革杂志社名誉权纠纷案。恒升集团案的案情是：1997年8月5日，王洪在安特明公司购买了一台恒升集团生产的笔记本电脑。王洪使用电脑后发现了明显的质量问题，在与安特明公司和恒升集团交涉的过程中发生纠纷。之后，王洪在互联网上发布文章叙述纠纷过程并开设个人主页"声讨恒升，维护消费者权益"，认为"你们的笔记本死机频繁，奇慢无比，温度烫手，娇气的像块豆腐。这样的产品比起其他的品牌来讲，不是垃圾又是什么"。此后，又有数家媒体撰写新闻报道此事。恒升集团认为王洪在互联网发表的言论以及一些媒体的报道失实，有侮辱性言辞，侵害其名誉权，因此诉至法院。[③] 广州华侨房屋开发公司案的经过是：2003年7月，《中国改革》刊出了一组关于国企改制的专题报道，其中一篇题为《优质国企是肥肉：谁在分"肥"——对一个优质国企托管"改革"的思考》的文章涉及广州华侨房屋开发公司改制过程中损害职工利益的情况。该文是杂志社依据广州华侨房屋开发公司的员工举报和反映经过详细调查而写的。2003年8月22日，广州华侨房屋开发公司向广州市天河区人民法院提出名誉权侵权诉讼，

---

① 上海市静安区人民法院(2002)静民一(民)初字第1776号民事判决书。范志毅案的事实经过是：2002年6月16日，文汇新民联合报业集团在其出版发行的《东方体育日报》上刊出题名《中哥战传闻范志毅涉嫌赌球》的报道，随后于6月17日、19日又对该事件进行了连续报道，刊登了对范志毅父亲的采访及范志毅没有赌球的声明，最后于6月21日以《真相大白：范志毅没有涉嫌赌球》为题，为整个事件撰写了编后文章。同年7月，范志毅以《东方体育日报》在2002年6月16日刊登的《中哥战传闻范志毅涉嫌赌球》侵害其名誉权为由，起诉到上海市静安区法院。

② 上海市第一中级人民法院(2004)沪一中民一民(初)字第13号民事判决书。唐季礼案的经过是：2004年2月3日，《青年时报》刊登了题为《唐季礼前女友痛忆往事：被他抛弃后我怀孩跳楼》的文章，指唐季礼前女友陈美芬怀有身孕后因看到唐季礼和某女星躺在家中床上而气急跳楼，因此落下残疾。该文后被多家媒体转载。唐季礼认为该文严重失实，诉至法院。

③ 北京市第一中级人民法院(2000)一中民终字第1438号民事判决书。

要求《中国改革》杂志赔偿经济损失590万元。[①]

最后，是以政府官员和机构为原告的名誉权纠纷。其中较有影响的如1993年徐州市文化局局长吴敢因为徐州市文化局编剧袁成兰撰写的一篇评论质疑第9届梅花奖评奖公正性而提起的名誉权诉讼；1994年因被报在出差期间招"三陪"，原广西自治区北流市副市长梁成斌对两家媒体提起名誉侵权之诉；1994年深圳市汽车贸易总公司及其经理兼党委书记刘兴中因为一篇批评新闻状告工人日报社侵害名誉权，《民主与法制》对该案予以报道，深圳市福田区人民法院认为《民主与法制》刊登的评论该案的文章失实，对其"审理活动和实体判决结果肆意歪曲、诋毁，严重地损害了其名誉"，又在深圳中院起诉该杂志侵害其名誉权；1996年因为媒体对山西一起刑事案件的质疑报道，山西礼泉县烽火村总支书王保京、山西省人大代表王农业和烽火村村民委员会状告中国青年报社侵害名誉权；1996年因为《南方周末》对刘秋海在广西北海救助他人反被诬交通肇事者事件的系列报道，南方日报社连续被北海市地税局咸田税务所原所长刘小明、银海区交警大队交警林国兴、北海市交警支队等告上法庭；1998年因为《南方周末》刊登的一篇批评齐齐哈尔市帐篷厂厂长的文章，该厂厂长李淑琴、该厂上级单位齐齐哈尔市第二轻工业局将南方日报社等多家媒体告上法庭；1999年因为有报纸批评原江苏省淮安市委农工部副部长夏正清下乡检查向农民推销茶叶，夏遂起诉两家媒体侵害名誉权；2000年因为媒体对山西省著名的李绿松"割舌案"事件的报道，山西省岚县公安局副局长杨旺元状告全国11家媒体名誉权侵权案等等。[②]

与其他国家一样，这些案例大都属于基本权利冲突现象，属于宪法言论自由与人格权的协调实现问题。但是，我国的宪法实施制度尚不完善，公民基本权利条款缺乏有效的规范性阐释和制度性发展。那么在我国，这些案例与宪法还有关系吗？答案当然是肯定的。在现实生活当中，言论自由和人格权所指涉的具体利益并非处于虚无状态，在宪法和法律文本之外总是有一些能够起到决定性作用的政治观念或制度存在。这种"隐性宪法"将确

---

① 广州市天河区人民法院(2003)天法民一初字第1832号民事判决书。

② 本段所述案例的详细经过可参见刘海涛、郑金雄、沈荣所著《中国新闻官司二十年(1987—2007)》(中国广播电视出版社2007年版)中的相关案例介绍。

定权利协调的基本方式和格局，[①]影响到相关的名誉权保护制度——包括侵权法和刑法当中的相关法律条款，甚至塑造名誉权司法解释的具体规则和精神。因此，这些与宪法文本看似不太相关的“事实上的宪法”究竟是什么样的，它们是如何产生和发展的，它们与名誉权侵权制度、与诽谤罪的犯罪构成有什么样的历史和现实关系，其协调平衡权利的效果是否符合社会发展的客观要求，如果不符合那问题又在哪里，以及该如何借鉴西方的经验、如何进行改革等等问题将是本书的研究重点。

## 三、前人研究成果

针对我国的基本权利冲突现象，学者们从多个学科角度作出了论述。

关于言论自由与人格权冲突的宪法性质我国学者研究较少，有学者认为宪法基本权利对抗国家权力的性质决定了言论自由与政府官员（政府机构）的人格权冲突才是宪法研究的范围。[②] 也有学者认为应该首先在宪法层面解决不同权利之间的制度化配置，再来探讨个案的法律适用。[③] 有学者认为基本权利冲突是指复数的基本权利主体为实现相互冲突的权益，向国家或地区主张相互对立的基本权利的适用。[④] 还有学者认为基本权利冲突是指数个主体的基本权利相互对立，即一个主体在行使基本权利时会侵害另一个主体的基本权利。[⑤] 但也有学者认为现实中并不存在权利冲突这种问题，被学界搞得沸沸扬扬的权利冲突，实际上是一场误会，是一个伪问题。产生该问题的原因是大家忽略了任何权利都有自己的特定边界（范围），只要人们找到边界，不越雷池一步，根本就不会发生所谓的权利冲突。这种边界，有的被立法者明确标出；有的因为立法粗糙出现疏漏需要去解释；有的被法理统摄；有的被公序良俗昭示。守望权利边界，即可避免权利冲突。[⑥]

关于协调权利冲突的方法，我国学者从多个学科角度提出了多种方法。

---

① 本书把协调言论自由与人格权关系的所有手段和措施统称为协调言论自由与人格权平衡实现的方式，简称“权利协调方式”。下文如无特别说明，“权利协调方式”均特指协调言论自由和人格权冲突的方式。

② 魏永征：《被告席上的记者——新闻侵权论》，上海人民出版社 1994 年版，第 227－237；侯健：《舆论监督与名誉权问题研究》，北京大学出版社 2002 年版，第 34 页。

③ 苏力：《〈秋菊打官司〉案、邱氏鼠药案和言论自由》，载《法学研究》1996 年第 3 期。

④ [韩]权宁星：《基本权利的竞合与冲突》，韩大元译，载《外国法译评》1996 年第 4 期。

⑤ 张翔：《基本权利冲突的规范结构与解决模式》，载《法商研究》2006 年第 4 期。

⑥ 郝铁川：《权利冲突：一个不成为问题的问题》，载《法学》2004 年第 9 期。

有学者从新经济分析法学的方法入手，探究权利的相互性，衡量各项权利对民主和社会发展的作用大小；[①]有学者认为在案件处理中，对两种权利的冲突，应运用权利制约机制进行权利均衡，并侧重对弱者的保护；[②]还有学者认为应该确立权利平等保护的原则、在特定情况下社会利益优先的原则、一般利益优于特殊利益并兼顾特殊利益的原则，强调综合使用法制机制，特别是强调立法对于解决权利冲突的作用和意义。[③] 有宪法学者通过比较研究西方宪法中衡量基本权利的主要方法——如基本权利的位阶秩序、具体规定优先于概括规定、比例原则、个案中的利益衡量、立法衡量理论等——后得出可遵循以下步骤解决基本权利的冲突问题：(1)普通法律规范的优先适用；(2)个案衡量与法律的合宪性解释；(3)违宪审查与司法解释。[④] 针对名誉权与言论自由的冲突，有学者认为处理名誉权诉讼的正确办法不是先验地确定何种权利当然地具有优先性，而是在民主宪政的一般原则之下，根据每一案件的具体情况，判断什么是最值得保护的价值，并在此基础上平衡各种不同利益。[⑤] 还有学者认为考虑到媒体管制不可能在短时间内取消的现状，在名誉权问题上，应该放弃对言论自由与名誉权进行平衡的流行主张。如果从完善名誉侵权的基本要件入手，也就是说，从非常技术性的角度入手，建立相对完善的名誉权保护体系，那将能够在一定程度上约束司法的恣意，改变现行名誉权制度设计所带来的胜者通吃的局面。[⑥]

关于基本权利冲突的利益权衡问题，我国学者分歧较大。有些学者认为原则上言论自由应该受到优先保护，当言论自由与肖像权冲突时，法律应优先保护言论自由，因为言论自由是优化权利配置的基本条件，具有一种逻辑的先在性，并且对中国社会发展和改革有重要作用。[⑦] 还有学者认为在一个民主社会中，言论自由、出版自由是较之名誉权位阶更高的权利，司法机关在处理相关案件时，必须对于前者给予更高的重视。[⑧] 但也有学者反对言

---

① 苏力：《〈秋菊打官司〉案、邱氏鼠药案和言论自由》，载《法学研究》1996年第3期。

② 关今华：《权利冲突的制约、均衡和言论自由优先配置质疑——也论《〈秋菊打官司〉案、邱氏鼠药案和言论自由》》，载《法学研究》2000年第3期。

③ 刘作翔：《权利冲突的几个理论问题》，载《中国法学》2002年第2期。

④ 张翔：《基本权利冲突的规范结构与解决模式》，载《法商研究》2006年第4期。

⑤ 梁治平：《名誉权与言论自由：宣科案中的是非与轻重》，载《中国法学》2006年第2期。

⑥ 汪庆华：《名誉权、言论自由和宪法抗辩》，载《政法论坛》2008年第1期。

⑦ 苏力：《〈秋菊打官司〉案、邱氏鼠药案和言论自由》，载《法学研究》1996年第3期。

⑧ 贺卫方：《传媒与司法三题》，载《法学研究》1998年第6期。

论自由优先保护论，认为言论自由与人身权是两种同等重要的法律权利，不存在主次之分和何者优先问题，言论自由优先配置不符合中国国情。① 民法学者则认为当两种权利或自由发生冲突时，应当更多地考虑其利益基础，因此对于公众人物、公共事务(政治事件和社会事件)、历史人物或事件的报道及对法人的报道评论等，应当给予言论表述、新闻出版自由更多的保护；对于非公众人物、私人事务之报道评论等，则应当更加强调对所涉及者的名誉权的保护。② 也有民法学者认为人格权是民事主体的人身所固有的权利，是公民、法人作为法律上的人所必须享有的基本的民事权利，因而人格权历来被认为是绝对权，任何人都负有维护他人人格权的义务，禁止非法侵害。当行使新闻自由的权利与保护人格权发生冲突的时候，法律应毫不犹豫地选择后者，禁止新闻自由权利的滥用，并以国家或地区的强制力保障民事主体的人格权。③

关于基本权利冲突利益衡量结果在部门法和司法中的贯彻、实施问题，研究则较分散。宪法学者在宪法与部门法的关系上通过物权法制定中的宪法问题具体展示了宪法条款如何对部门法发生效力，④同时驳斥了民法根本说，深入探讨了宪法作为民法基础和依据的理论和实践原因。⑤ 对于基本权利效力的探讨，则集中在介绍国外的相关理论，如德国的"第三人理论"和美国的"州行为理论"，并主张通过所谓的宪法的私法化构建中国的宪法司法审查制度。⑥ 还有宪法学者针对近些年的"短信诽谤"系列案件进行了研究，揭示了地方政府权力不受制约是造成一部分县级政府滥用职权制造冤案的

---

① 关今华：《权利冲突的制约、均衡和言论自由优先配置质疑——也论《〈秋菊打官司〉案、邱氏鼠药案和言论自由》》，载《法学研究》2000 年第 3 期。

② 张新宝：《名誉权的法律保护》，中国政法大学出版社 1997 年版，第 105—112 页。

③ 杨立新：《新闻侵权问题的再思考》，载《法商研究》1994 年第 1 期。

④ 童之伟：《〈物权法(草案)〉该如何通过宪法之门——评一封公开信引起的违宪与合宪之争》，载《法学》2006 年第 3 期。

⑤ 童之伟：《宪法民法关系之实像与幻影——民法根本说的法理评析》，载《中国法学》2006 年第 6 期。

⑥ 蔡定剑：《中国宪法实施的私法化之路》，载《中国社会科学》2004 年第 2 期；焦洪昌、贾志刚：《基本权利对第三人效力之理论与实践——兼论该理论对我国宪法司法化的指导意义》，载《厦门大学法律评论》2003 年第 1 期；周永坤：《论宪法基本权利的直接效力》，载《中国法学》1997 年第 1 期。

主要原因。[①]

民法学者则一方面排斥宪法对民法的实质效力，如有学者认为宪法是具有最高法律效力的根本法，民法的制定和发展自然会受到宪法的约束，但这种约束只能是间接的，因此宪法中有关人格尊严和人格自由的规定只能通过其体现的人权价值间接影响民法人格权制度的发展，它只能为民法上人格权的存在和发展提供合法性、合理性的依据，民法上人格权仍应由民法来确认；[②]另一方面则专注于民法的立法研究，主要围绕名誉权侵权构成要件、抗辩事由和损害赔偿等展开。[③] 同时在学界，民法学者和部分新闻法制学者在名誉权侵权之外单独使用新闻侵权概念似乎已形成某种共识。[④] 但是，对于诽谤的构成要件（原告证明责任）和抗辩事由（被告证明责任）的认识，学理和司法实践争议较大，特别是对证明责任问题，是采用推定过错责任[⑤]，还是一般过错责任[⑥]；是由原告证明诽谤言论的虚伪性[⑦]，还是为了在诉讼中有效地贯彻公民人身权利不受侵犯和法律平等的宪法原则，应由被告承担言论真实的证明责任[⑧]，在学界和实务界都没有共识。

绝大多数刑法学者关于诽谤罪的研究基本是围绕犯罪构成展开的，与宪法基本原理基本无关。仅有少数学者认为刑法适用必然对作为宪法权利的言论自由形成一定的限制。同时，言论自由对于公共权力之监督和民主政治之正常运作具有重要意义，为保障其充分实现，必须对诽谤罪的成立进行合理限制。[⑨]

对于名誉权案件审判实践的实证研究，则有部分比较突出的成果，如有学者通过对某一基层法院数年审理名誉权案件的统计和重点分析揭示了我

---

① 郭延军：《地方"一把手"应认真看待公民宪法权利——评秦中飞编发短信被拘案的起落》，载《法学》2006 年第 11 期；郭延军：《地方"一把手"不可公器私用违法止"谤"——评山西稷山"诽谤"案的侦检审》，载《法学》2007 年第 6 期。

② 马俊驹、曹治国：《人权视野中的人格权》，载《政治与法律》2006 年第 5 期。

③ 王利明、杨立新主编：《人格权与新闻侵权》，中国方正出版社 2000 年版，第 351－389 页；张新宝：《名誉权的法律保护》，中国政法大学出版社 1997 年版，第 113－180 页。

④ 王利明、杨立新主编：《人格权与新闻侵权》，中国方正出版社 2000 年版，第 523－681 页；魏永征：《被告席上的记者——新闻侵权论》，上海人民出版社 1994 年版，第 30－42 页。

⑤ 王利明、杨立新主编：《人格权与新闻侵权》，中国方正出版社 2000 年版，第 643 页。

⑥ 李琦、胡志超：《广东新闻侵权诉讼研究》，载《新闻与传播研究》1996 年第 4 期。

⑦ 张新宝、康长庆：《名誉权案件审理的情况、问题及对策》，载《现代法学》1997 年第 3 期。

⑧ 李大元：《新闻报道与侵害公民名誉权》，载《中国记者》1993 年第 8 期。

⑨ 唐煜枫：《论诽谤罪成立之宪法限制》，载《甘肃政法学院学报》2006 年第 2 期。

国名誉权案件司法实践的若干特点。[①] 有学者总结，我国法官在适用最高人民法院有关司法解释中的“基本内容失实”时缺乏统一客观的评判标准，地方法院在此问题上随意性较大，而法院认定又无须陈述理由，当事人也较容易表示不理解甚至不服从。[②] 有学者通过对若干案件判决书的统计分析，并比较了中美诽谤案件审判实践，探寻了在我国导致大量媒体败诉的原因及其对策。[③] 有外国学者通过对我国名誉权案件的统计和实证分析，探寻了我国不完善的司法和政治体制对名誉权案件审判的影响。[④] 还有学者考察了公众人物概念在我国大众媒介诽谤案件中的应用，并认为公众人物理论并不适合目前我国的国情。[⑤]

另外，围绕着公众人物理论研究，我国学者从公众人物的概念、分类、言论自由的倾斜保护等方面介绍了美国和部分欧洲国家或地区的相关制度和理念，绝大多数学者主张在中国法中引进并构建这一理论。[⑥] 但也有少数学者反思了这种理论的倾向性，认为在借鉴外国的时候要避免“单打一”，应当开拓视野，广作比较，博采众长，立足于自身基础发展中国特色的名誉权法和媒介法。[⑦] 对于公众人物理论的核心制度即实质恶意(actual malice)的研究，我国学者多从民法上的举证责任分担、新闻真实与法律真实的区别、名誉权构成的要件和抗辩事由等方面展开研究，大多数学者主张在我国民法中引进该项制度。[⑧] 值得注意的是，民法学者并不主张引入实质恶意，只是

---

① 张新宝、康长庆:《名誉权案件审理的情况、问题及对策》，载《现代法学》1997 年第 3 期。

② 李琦、胡志超:《广东新闻侵权诉讼研究》，载《新闻与传播研究》1996 年第 4 期。

③ 陈志武:《从诉讼案例看媒体言论的法律困境》，载《中国法律人》2004 年第 2 期。

④ Benjamin L. Liebman, Innovation Through Intimidation: An Empirical Account of Defamation Litigation in China, Harvard International Law Journal, 2006, Vol. 47, No. 1.

⑤ 魏永征、张鸿霞:《考察“公众人物”概念在中国大众媒介诽谤案件中的应用》，载《中国传媒报告》2007 年第 4 期。

⑥ 张新宝:《名誉权的法律保护》，中国政法大学出版社 1997 年版，第 105－112、263－264 页；王利明:《公众人物人格权的限制和保护》，载《中州学刊》2005 年第 2 期；汪庆华:《名誉权、言论自由和宪法抗辩》，载《政法论坛》2008 年第 1 期；杨士林:《“公众人物”的名誉权与言论自由的冲突及解决机制》，载《法学论坛》2003 年第 6 期；

⑦ 魏永征、白净:《从沙利文原则到雷诺兹特权:对借鉴外国诽谤法的思考》，载《新闻记者》2007 年第 8 期。

⑧ 贺卫方:《传媒与司法三题》，载《法学研究》1998 年第 6 期；魏永征:《被告席上的记者——新闻侵权论》，上海人民出版社 1994 年版，第 235 页；陈泰志:《论新闻诽谤指控的定性依据及防控对策》，载中国新闻法制研究中心编:《新闻法制全国学术研讨会论文集》，中国民主法制出版社 1999 年版，第 108 页；侯健:《舆论监督与名誉权问题研究》，北京大学出版社 2002 年版，第 167－168 页。

建议依据原告身份或争议性质引入某种倾斜保护政策。[①]

最后,有学者注意到,在我国特殊的国情之下权利冲突和协调并不能完全地放入西方经典宪政理论框架之中去解释。有国外学者发现在中国特有的政治框架之中,名誉侵权诉讼的功能是多元的。在传统的保护个人名誉权利或平衡言论自由的功能之外,中国的名誉侵权诉讼还成为强势地方公权力机关与外来或上级监督机关进行博弈的工具、普通公民防御公权力侵害的工具、司法机关等为拓展自身权威以进行制度创新的工具。[②] 我国学者则认为我国的新闻媒介都直接或间接隶属于国家机关,新闻媒体"第四权力"的地位并不存在,因此舆论监督等权利协调方式仅仅是属于"党和政府自我调整、自我完善的重要措施"。[③]

纵观我国关于基本权利冲突及其协调实现的学术研究成果,总体上还是相当丰富的。由于我国名誉权案件发生较多,可供研究的现象极其丰富,加之学者研究的角度也比较多样,研究成果已有相当程度的积累,但还是有以下不足之处:

第一,对于一般权利冲突的产生的原因往往只有法理学者从抽象的理论层面加以探讨,而本书所研究的具体权利冲突的产生原因,特别是宪政发展的本源性原因并没有得到很好的解释。因此,对于宪法在协调权利冲突中的作用学界并没有基本共识,甚至有人还在怀疑和排斥宪法是协调权利冲突的首要的和根本的方法。这也导致其他一系列宪法与部门法研究的不足和偏差。

第二,对于在宪法上衡量冲突权利的地位,学界要么偏向于一般衡量方法的探讨,要么偏向于冲突利益的抽象排序,或国外宪法观点的简单照搬,再要么干脆拒绝宪法的衡量,尤其对于在我国具体的宪政发展条件下如何衡量言论自由与人格权的相对地位,缺少系统的、符合实际的论述。对于我国人格权、言论自由、新闻自由的实际保护状况,以及相互关系缺乏有针对性的研究。

---

① 张新宝:《名誉权的法律保护》,中国政法大学出版社1997年版,第105—112页;王利明:《公众人物人格权的限制和保护》,载《中州学刊》2005年第2期。

② Benjamin L. Liebman, Innovation Through Intimidation: An Empirical Account of Defamation Litigation in China, Harvard International Law Journal, 2006, Vol. 47, No. 1, Part III.

③ 魏永征、张鸿霞:《考察"公众人物"概念在中国大众媒介诽谤案件中的应用》,载《中国传媒报告》2007年第4期。

第三，对于宪法协调与衡量基本权利冲突的结果如何贯彻实施的问题，我国学者的研究最为薄弱。虽然宪法与部门法关系的很多宪法学基础理论问题得到了澄清，但一方面，部门法与宪法"两张皮"的现象依然严重，单纯强调宪法最高法律效力已无法满足本书的研究；另一方面，学界特别是宪法学界热衷于探讨基本权利的第三人效力、宪法私法化等并不符合中国宪政体制和实际情况的理论制度，形成了以司法权为中心的基本权利冲突协调论，忽视了立法权作为实施宪法同时也是贯彻实施宪法协调权衡基本权利冲突结果的基础性地位。

第四，在部门法研究中，也有一些基础性问题没有解决好，阻碍了宪法权衡结果的实施。首先，我国立法上侵害名誉权的法律概念本身还有很多有待研究之处，如诽谤的含义、诽谤与侮辱的区别及其适用范围、新闻侵权是否需要独立保护、隐私权的含义和范围等都缺乏系统的探讨和研究。其次，关于证明责任分担的研究不深入，分歧较大；关于抗辩事由的研究则不够系统，尤其对各个抗辩事由在协调基本权利冲突中的功能及其相互关系缺乏研究。最后，关于刑法协调基本权利冲突的相关罪名研究比较薄弱，对于刑法与民法的适用是否应该秉承司法价值一元化原则未作探讨。

第五，对国外宪法法律理论和经验的借鉴偏重于某一个国家或地区，并且限于介绍和照搬，因此在理解上产生很多误解和偏差，在借鉴中也缺乏针对我国国情的检验和反思。特别是对美国公众人物理论和实质恶意制度的偏好，甚至阻碍了法学界对其他更适合我国国情的域外法制经验进行研究和借鉴。此外，对于其他国家或地区保护人格权的民法和刑法适用情况，也存在一些认识上的误解和偏差。

第六，对人格权保护的司法实践研究，我国和国外学者作出了一些优秀的研究成果，特别是对于非法律因素对名誉权审判的干扰和公众人物理论在我国实际适用情况的分析，可谓是重大的创新和突破。但是，对于实践中我国各级法院在适用法律和相关司法解释时的总体特征和倾向并不明朗，对法院如何利用个案平衡和自由裁量在遵守宪法、适用法律的前提下达到基本权利冲突的动态协调认识不深入。

总的来说，大部分学者并没有在现有国情与理论愿景之间找到良好的平衡点，要么过于乐观，主张简单的法律移植；要么过于悲观，认为我国的变化始终没有超越旧有的政治协调模式。因此，如何在我国现行宪法的框架和国情下协调好言论自由与人格权的关系，探寻我国言论自由与人格权的最优协调方式，使两项基本权利能够达至平衡，就需要探究基本权利冲突现象背后的实质原因是什么，与国外相比我国基本权利冲突问题所处的宪政环境和国情具有哪些共性和特殊性，现代民主、宪政和法治社会条件下协调基本权利冲突的普遍经验有哪些，如何针对我国的特殊问题和国情借鉴他人的经验，如何看待我国已有的权利协调方式，我国宪法言论自由与人格权的发展和意旨是什么，如何在我国平衡协调宪法言论自由与人格权的关系，如何综合运用宪法、立法、司法等多种手段和措施构建具体的平衡协调机制等等。

需要说明的是，本书虽然属于宪法学研究，但是要解决本书所讨论的议题不可能仅仅限于宪法和宪法学。本书研究的出发点——各类名誉权纠纷，在我国传统上都属于部门法的内容，主要涉及民事侵权法和刑事诽谤罪。因此，民法和刑法是无法回避的专业领域。除此之外，本书还将涉及宪法相关法律、行政法乃至政党政策等等领域；在学科上，也将引入法理学、民法学、刑法学乃至法学之外的政治学、新闻学等等学科知识和方法。但是，本书研究所采用的核心方法是法权分析方法。法权分析方法认为最重要的法现象是权利和权力。权利是个体利益和个体所有之财产的法律存在形式，它们三者之间在一定条件下能够转化或还原；权力是公共利益和公共机关所有之财产的法律存在形式，这三者之间在一定条件下也能够转化或还原。权利权力统一体，即法权是法律承认和保护的社会整体利益的法学反映；从经济内容看，它是归属已定之财产的法学反映。法权是社会经济过程的产物，其发展演变的根本动力是物质资料的生产活动。[①] 在法权分析方法的贯穿之下，本书将以我国宪法中的言论自由和人格权为理论节点，并以此体现本书作为宪法学研究成果的学科特色。

① 童之伟：《法权与宪政》，山东人民出版社 2001 年版，第 18－43 页。

# 第一章

# 政治协调方式的起源及其缺陷

以往学界探讨我国的基本权利冲突问题总是习惯于讨论改革开放以后，尤其是《刑法》《民法通则》等基本法律颁布实施之后的情况。那么在此之前，没有完善的刑事和民事立法，没有诽谤罪也没有名誉权规定，似乎也就没有我们法学研究人员比较熟悉的名誉权纠纷。因此，按理来说，在这段时间就不应该有什么基本权利冲突现象。但是，如果稍加研究就会发现，这并非事实。在1982年《宪法》颁布实施之前基本权利冲突就已存在，只不过此时的“权”大都是法外之权，而“权利”冲突也是依靠政治手段而不是民法、刑法等法治手段加以协调的。为了仔细研究这段特殊的历史，首先还得从一切“权”的法律基础——宪法文本开始。

## 第一节　宪法文本

### 一、宪法文本中的人格权与言论自由

言论自由是现代宪法中最重要的公民基本权利之一，也是现代民主的基础性制度之一。无论是社会主义国家的宪法还是资本主义国家的宪法都非常重视对言论自由的保护，我国也不例外。新中国历史上的五部宪法——一部临时宪法和四部正式宪法[①]，每部都明文列举了言论和出版自由

① 一部临时宪法是《中华人民共和国政治协商共同纲领》(以下简称《共同纲领》)，四部正式宪法分别是1954年颁布实施的《中华人民共和国宪法》(以下简称“1954年宪法”)、1975年颁布实施的《中华人民共和国宪法》(以下简称“1975年宪法”)、1978年颁布实施的《中华人民共和国宪法》(以下简称“1978年宪法”)和1982年颁布实施的《中华人民共和国宪法》(以下简称“1982年宪法”)。

以及集会、结社、游行、示威等与言论自由密切相关的宪法基本权利。同时，这几项自由权利都是被放在同一个条款中，构成学界常说的“言论六自由”。除了一般规定，各部宪法中还有一些特别规定和特殊规定。特别规定是指对特别种类的言论形式所作的专门宪法规范。比如除了1975年宪法之外，其他几部宪法都对两类特别言论——科学研究和文学艺术创作作了特别保护规定。特殊规定是指在特定时代影响下出现的关于言论自由方面的特殊宪法规定。比如《共同纲领》第49条对保护真实新闻和禁止诽谤的规定；1975年宪法和1978年宪法中关于“大鸣、大放、大辩论、大字报”的规定；1978年宪法中“百花齐放、百家争鸣”的规定等。特别规定是宪法保护言论自由的细化和具体化，其意义和影响当然是积极的。而特殊规定则比较复杂，有的在当时起到了积极的作用，有的则起到了消极的作用，还有的积极和消极两方面的作用都有而且其影响一直延续到今天。但不管宪法的具体实施情况如何，仅就新中国成立以来几部宪法的文本看，言论自由受到了我国立宪者和修宪者的高度重视，在整个宪法基本权利体系中占有重要的地位。

与言论自由相比，人格权在我国宪法中发展的历史则显得曲折一些。《共同纲领》中涉及基本权利的条款不多，而且仅有的几条也很简单，人格权自然不在其中。但是，一些与人格权相关的基本权利，如思想自由、通讯自由、人身自由、居住自由和迁徙自由等则被明确写入《共同纲领》第5条。1954年宪法对公民基本权利的列举是比较完备的，但遗憾的是当时的立宪者依然没有重视人格权的宪法保护。不过，与《共同纲领》比起来，1954年宪法在具体人格权及其相关基本权利的列举上进步还是相当大的。比如第90条规定：“中华人民共和国公民的住宅不受侵犯，通讯秘密受法律的保护。中华人民共和国公民有居住和迁徙的自由。”同时，关于人身自由的条款也规定得更加完善，第89条规定：“……任何公民，非经人民法院决定或者人民检察院批准，不受逮捕”。

如果这部宪法能够得到切实的实施，各部门法的立法和司法实践能够及时跟进，公民的各项人格权本应该得到比较好的保护。然而，事与愿违，从1957年开始各种大大小小的政治运动绵延了20年，一部制定良好的宪法迎来的却是法制建设和人权保护状况的急转直下。在各种人权当中，人格权及其相关基本权利是被侵犯得最多、最严重的，“文革”末期制定的1975年宪法便是这种状况的最好注解。与1954年宪法相比，1975年宪法首先缺少了通讯秘密、居住和迁徙自由的相关条款；其次，在人身自由方面，1954年宪法的“非经人民法院决定或者人民检察院批准，不受逮捕”也变成了“非经人民法院决定或者公安机关批准，不受逮捕”；最后，在“文革”中曾严重侵害公民人格权的“大鸣、大放、大辩论、大字报”作为“人民群众创造的社会主义革命的新形式”写进了1975年宪法的“总纲”。1978年宪法部分恢复了1954年宪法的既有成果，并且在修宪的过程中开始对1975年宪法进行反思。[①] 但是，在整体上，1978年宪法在人格权保护方面并没有比1975年宪法进步多少，尤其是通讯秘密、居住和迁徙自由依然被排斥在宪法之外。

这种状况直到1982年宪法颁布实施才有了根本的转变。这部现行宪法在着力恢复1954年宪法的基础上又做了重大突破，其标志就是第38条人格尊严不受侵犯条款的增加。[②] 这一条款的增加既是修宪者对过去几部宪法文本在人格权保护方面的经验教训的总结，也是修宪者对我国人格权保护的实践历史的反思。[③] 除此之外，1982年宪法还进一步完善了人身自由、住宅不受侵犯、通信自由和通信秘密的实体性和程序性规定。2004年宪法修正案又增加了“国家尊重和保障人权”，进一步完善了整个公民基本权利体系的逻辑结构，也为将来我国宪法的人格权保护实践，特别是将来利用宪法解释扩展人格权的具体含义打下了基础。与1954年宪法相比，1982年宪法在人格权规定方面唯一的遗憾是没有恢复公民居住和迁徙自由的规定。

## 二、协调基本权利关系的相关条款

像其他大多数国家或地区的宪法一样，除了列举言论自由和人格权的宪法条款之外，我国宪法也没有明确协调两种基本权利关系的宪法规范，但是在一些相关宪法规范的发展脉络中却能够清晰地看到我国宪法协调这两种权利的冲突，特别是协调针对公权力的言论与公权力主体的人格利益之间的冲突的意图。《共同纲领》第19条第2款规定“人民和人民团体有权向人民监察机关或人民司法机关控告任何国家机关和任何公务人员的违法失

① 1980年9月10日，《第五届全国人民代表大会第三次会议关于修改〈中华人民共和国宪法〉第四十五条的决议》取消了1978年宪法第45条中“有运用‘大鸣、大放、大辩论、大字报’的权利”。

② 1982年宪法第38条规定：“中华人民共和国公民的人格尊严不受侵犯。禁止用任何方法对公民进行侮辱、诽谤和诬告陷害。”

③ 蔡定剑：《宪法精解》，法律出版社2004年版，第133页。

职行为”是我国宪法监督权的雏形。[①] 当时，作为一项宪法基本权利在监督的方向上它还是单向的，对于公权力来说这种监督权也是被动的、消极的。1954 年宪法在“公民的基本权利和义务”部分基本沿用了《共同纲领》第 19 条的规定，[②]肯定了公权力与公民的被动监督关系。在此基础上，1954 年宪法进一步把中国共产党的优良作风“密切联系群众”上升为宪法规范并置于“总纲”第 17 条之中，要求“一切国家机关必须依靠人民群众，经常保持同群众的密切联系，倾听群众的意见，接受群众的监督”。对于公权力主体来说，这也就是在被动的监督之外增加了公权力对公民的主动依靠、联系和倾听。同时，1954 宪法直接把这种主动关系建立在民主的基础上，即紧接着第 18 条规定：“一切国家机关工作人员必须效忠人民民主制度，服从宪法和法律，努力为人民服务。”

这种在“总纲”中规定公权力对人民的主动服务和联系关系、在“公民的基本权利和义务”部分规定公民对公权力的监督关系的模式也被后三部宪法所采纳，只是在具体规定上有所不同。1975 年宪法在“总纲”部分增加了“坚持无产阶级政治挂帅”，其代价是把“倾听群众意见，接受群众监督”和“一切国家机关工作人员必须效忠人民民主制度，服从宪法和法律”都抛弃了。1978 年宪法在“总纲”中删去了“坚持无产阶级政治挂帅”，恢复了“倾听群众意见”“接受群众监督”和国家机关工作人员必须“模范地遵守宪法和法律”的规定，并且增加了“国家坚持社会主义的民主原则，保障人民参加管理国家，管理各项经济事业和文化事业，监督国家机关和工作人员”的规定。1982 年宪法虽然没有恢复 1954 年宪法“一切国家机关工作人员必须效忠人民民主制度”的规定，但是在 1978 年宪法的基础上把一切国家机关工作人员必须“服从宪法和法律”提升为一项重要的宪法原则在“序言”和“总纲”第 5 条中单独规定。而在“公民的基本权利和义务”部分，1982 年宪法则增加了一项更加宽泛的监督权利：批评建议权，即“中华人民共和国公民对于任何国家机关和国家工作人员，有提出批评和建议的权利”。同时，1982 年宪法还为公民的监督权增设了一条禁止性规定：“不得捏造或者歪曲事实进行诬

---

① 我国学者把 1982 年宪法中与此对应的条款，即第 41 条所规定的基本权利称为“监督权”。参见韩大元主编：《宪法学》，高等教育出版社 2006 年版。

② 1954 年宪法第 97 条前半部分规定：“中华人民共和国公民对于任何违法失职的国家机关工作人员，有向各级国家机关提出书面控告或者口头控告的权利。”

告陷害”。

从党的优良传统到宪法规范，从单向的被动监督到双向的主动联系与被动监督兼而有之，从狭义的控告申诉到广义的批评建议，这都是社会主义民主的具体表现和细化，同时也是宪法对公权力主体的人格利益与关涉公权力的言论之间关系的调整。对于公权力来说，这些宪法规范意味着国家机关工作人员应该主动地限制对自我名誉(社会评价)、肖像(形象)、隐私(秘密)等利益的保护，尊重、宽容并认真对待公民的各种关涉公权力的言论，特别是于己不利的批评建议和申诉控告；在公民这边，则意味着监督各种公权力主体的言论自由应该得到最大限度的扩展和保护，其底线仅仅是“不得捏造或者歪曲事实进行诬告陷害”。[①] 从我国宪法有关条款的发展可以看出，无论其实施状况如何，四部正式宪法在公权力主体的人格利益与关涉公权力的公民言论之间都作出了明确的选择，即限制前者、保护后者。这种选择的清晰程度不仅比绝大多数同时期的资本主义国家宪法要高，也比大多数同时期的社会主义国家宪法要高。但是，非常可惜，我国宪法的这一优点在相当长的时间里仅仅停留在纸面上，究其根源则可以追溯到新中国成立之初《共同纲领》所秉持的“人民权利观”。

## 第二节 “人民权利观”下的新闻权力

### 一、法本质的阶级意志统治论与“人民权利观”

《共同纲领》的制定有其复杂的历史背景，除了政治的、军事的背景之外，还有一项非常重要的法律背景，即废除国民党旧法统。[②] 这项在中国法制史上影响重大的政治措施经过了一个从领导人的主张到政党政策再到宪法的发展过程，[③]其背后的法理基础就是赫赫有名的法本质上是统治阶级意志论。1949 年 2 月 28 日，中共中央发布的《关于废除国民党的六法全书与确定解放区的司法原则的指示》对此有一段精辟的概括：“法律是统治阶级

① 如果不作扩大解释，与“不得捏造或者歪曲事实进行诬告陷害”相衔接的部门法规范应该仅指刑法中的“诬告陷害罪”。

② 许崇德：《中华人民共和国宪法史》(上卷)，福建人民出版社 2005 年版，第 13－17 页。

③ 李龙、刘连泰：《废除“六法全书”的回顾与反思》，载《河南省政法管理干部学院学报》2003 年第 5 期。

公开以武装强制执行的所谓国家意识形态。法律和国家一样，只是保证一定统治阶级利益的工具。国民党的六法全书和一般资产阶级法律一样，以掩盖阶级本质的形式出现，但实际上既然没有超阶级的国家，当然也不能有超阶级的法律。六法全书和一般资产阶级法律一样，以所谓人人在法律方面一律平等的面貌出现，但是实际上在统治阶级与被统治阶级之间，剥削阶级与被剥削阶级之间，有产者与无产者之间，债权人与债务人之间，没有真正共同的利害，因而也不能有真正平等的法权。”

在当时，这并不仅仅是一个政党所持有的法律观，实际上也是受到整个社会认同的主流法律基础理论，因为经过充分民主讨论而制定的《共同纲领》也深受法本质统治阶级意志论的影响，尤其是在公民基本权利部分。《共同纲领》中凡是涉及权利的条款其主体用的都是“人民”，整部《共同纲领》没有出现“公民”二字，但在涉及公民义务的条款中用了两次“国民”的概念。[①] 对此，受党中央委托主持制定工作的周恩来是这样解释的：“有一个定义须要说明，就是‘人民’与‘国民’是有分别的。‘人民’是指工人阶级、农民阶级、小资产阶级、民族资产阶级，以及从反动阶级觉悟过来的某些爱国民主分子。而对官僚资产阶级在其财产被没收和地主阶级在其土地被分配以后，消极的是要严厉镇压他们中间的反动活动，积极的是更多地要强迫他们劳动，使他们改造成为新人。在改变以前，他们不属人民范围，但仍然是中国的一个国民，暂时不给他们享受人民的权利，却需要使他们遵守国民的义务。这就是人民民主专政。这是对我们中华人民共和国的团结和生产有利的。”[②]

这段权威解说表明在法本质统治阶级意志论的影响下，《共同纲领》所秉持的是一种“人民权利观”，而非现在已成为常识的“个人权利观”。两种权利观的区别在于：以一定范围的阶级为构成要素的人民替代了平等的、无差别的个人成为宪法基本权利的主体。这种差别主要从两方面影响了我国公民基本权利保护的实践：一方面，基本权利享有主体的范围是由一些高度政治化的标准划定的。由于人民是由一定范围的阶级构成的，而阶级的划

---

① 参见《共同纲领》第 8 条和第 42 条。

② 周恩来受党中央委托在中国人民政治协商会议第一届全体会议做的题为《关于〈中国人民政治协商会议共同纲领〉草案的起草经过和特点》的报告。参见中共中央文献编辑委员会编：《周恩来选集》，人民出版社 1980 年版，第 368—369 页。

分又取决于一定时期的国家和执政党的方针政策，一旦某人被划入某一阶级，而这一阶级又不属于人民的范畴，此人的基本权利也就自然被剥夺了。这一点在人格权保护的实践上体现得尤为明显。另一方面，“人民权利观”还会使某些本来由个人享有的基本权利变成由公共利益之最高代表——国家代为行使的权力。在新中国的法制史上，言论自由保护的实践最能体现这一点。下面就从《共同纲领》第49条入手论述“人民的言论自由”是如何被权力化的。

## 二、《共同纲领》第49条

《共同纲领》第49条规定：“保护报道真实新闻的自由。禁止利用新闻以进行诽谤，破坏国家人民的利益和煽动世界战争。发展人民广播事业。发展人民出版事业，并注重出版有益于人民的通俗书报。”仅从字面来理解，这一条款是非常超前的，因为新闻的真实性和诽谤都是当代处理人格权与言论自由冲突的核心问题之一。但加入“人民权利观”这一理论背景后，大家就会发现第49条的“原意”与现代法学所理解的新闻真实与诽谤大不相同。

有两位当时参加了《共同纲领》讨论的政协新闻界代表对第49条的理解就很能说明这种不同。这两位代表是胡乔木和刘尊棋。胡乔木时任中共中央政治局秘书和新华通讯社社长，特殊的身份使他既参与了《共同纲领》的草拟，又作为政协新闻界代表参加了《共同纲领》的讨论和表决通过。在《共同纲领》通过实施后他又先后担任过新华社社长、新闻总署署长、中共中央宣传部副部长等新中国新闻领域的要职。① 在《共同纲领》正式通过实施之前，他在全国新闻工作者协会筹备会上的讲话中就专门论述了第49条的意义所在。② 刘尊棋同样也是第一届全国政治协商会议的新闻界代表之一，在新中国成立后他还担任了出版总署国际新闻局副局长等要职。③ 1950年初，他在《人民日报》上发表了一篇题为《在共同纲领下 新闻工作者的努力方向》的文章，对胡乔木的有关观点又作了详细的论述。④ 可以说胡乔木的讲话是对第49条的权威解释，刘尊棋的文章则是对第49条的权威解释的解释。

---

① 刘中海等编：《回忆胡乔木》，当代中国出版社1994年版，第392—393页。

② 《胡乔木传》编写组编：《胡乔木谈新闻出版》，人民出版社1999年版，第48—49页。

③ 于友：《刘尊棋》，人民日报出版社1996年版，第190页。

④ 参见刘尊棋：《在共同纲领下 新闻工作者的努力方向》，载《人民日报》1950年1月4日第5版。

胡乔木认为:“共同纲领第四十九条规定保护报道真实新闻的自由,我们认为十分重要。在国民党统治下,我们不能报道真理。在宣传虚伪的所谓新闻自由的资本主义国家,资产阶级的报纸、杂志和广播用不真实的和有害于人民的新闻,蔽塞人民的耳目,毒害人民的思想。反对这样做的新闻工作者就受到迫害。只有在社会主义国家和人民民主国家,新闻工作者传播真理的自由才能受到政治和物质的保障。我们中国现在是有这些保障了。我们全国的人民新闻工作者,一定要全心全意地贯彻共同纲领第四十九条的方针。我们一定要充分地报道人民大众战胜反动派建设新生活的努力。我们一定要正确地勇敢地使用批评和自我批评的武器,使得我们的各级人民政府和各界同胞,能够经常地修正错误,改善工作。”①

从这段讲话中可以看出第 49 条所规定的新闻自由具有四个特点:②

首先,《共同纲领》第 49 条的主要立法目的是反对国民党和资产阶级统治下的虚假的新闻自由。因为在他们的支配下,新闻工具掌握在少数独占资本家手中,从而导致“一切新闻事业就变成了他们追求利润、麻醉和欺骗人民、任意毁谤、‘自由’地煽动战争、散播法西斯思想的最恶毒的手段”;“在这样的制度之下,新闻工作者没有报道真实新闻的自由,读者和听众没有知道真实新闻的自由。这是罪恶和死亡的方向。”

其次,只有在社会主义国家和新民主主义③国家才能真正保障“报道真实新闻的自由”。因为在社会主义国家,“报纸、无线电广播、和一切其他新闻的武器都是劳动人民自己的财产,动员和教育广大人民的工具,更由于千百万工农新闻工作者的参加而成为国家建设的可靠支柱”。尽管在新民主主义国家中“私营企业还或多或少的存在着,但主要的新闻事业则一律属于国营或公营。纯商业性的报纸在人民民主国家中已经完全绝迹”。“我们的绝大部分的新闻事业也已不是或不可能属于利润追求的企业范围,而基本上是以工人阶级为领导的人民公营事业了。我们最主要的考虑是符合不符合人民的利益,而检查我们工作的标准是人民政协所通过的‘共同纲领’。这样就使我们有条件来把与人民利益有关的一切真实新闻、真实问题、真实

---

① 《胡乔木传》编写组编:《胡乔木谈新闻出版》,人民出版社 1999 年版,第 49 页。

② 以下四个特点介绍中的引号文字均出自刘尊棋:《在共同纲领下 新闻工作者的努力方向》,载《人民日报》1950 年 1 月 4 日第 5 版。

③ 胡乔木所说的“人民民主”显然是指以新民主主义为代表的新式民主,而不是泛指一般的民主。

缺点、真实威胁、真实活动、与真实的进步和胜利，报道出来。”

再次，判断新闻是否真实的标准是实质性的人民利益，而不是某种形式化的“客观中立”。“《共同纲领》中的‘保护报道真实新闻的自由’，与‘客观主义’是没有丝毫关系的。我们今天的社会大部分生活还充塞着旧的腐朽的渣滓。一个庸俗的新闻记者，抱着‘有闻必录’的态度，可以终日忙于罗列这些未死的现象，而不注视新生的真实，那是对人民没有任何贡献的。”“我们社会中的婚姻纠纷和凶杀案件，并没有因为人民政府的成立而忽然消灭。这都是生活中的真实存在。军事和外交的秘密当然也是真实的存在。但是恐怕只有丧失爱国心和责任心的新闻记者才会利用‘保护报道真实新闻的自由’这一条款来任意从中取材吧。无原则地‘报道真实’必然流于对资产阶级‘客观主义’的投降。”

最后，作为一条新闻事业的纲领，第 49 条不仅仅是要求大家消极地遵守，而且要求全国的新闻工作者积极投身于当前“最大的真实”的新闻报道工作，这种“最大的真实”包括“人民大众战胜反动派建设新生活的努力”和“勇敢地使用批评和自我批评的武器”两方面。“人民新闻事业的共同使命就在于把国家建设的计划和活动真实地报道出来，动员人民为争取更高的生活水平而作战；支持和平政策，发展和加强各民族间的友谊合作，为争取各大小国家的独立完整、为国际的和平安全而战斗；暴露民主的敌人和帝国主义与一切反动派的侵略阴谋，号召所有爱好和平的民族为争取民主的原则、为暴露法西斯余孽和根除其思想而战斗。”“今天中国的‘真实’的另一部分，还是不健全的，妨碍我们前进的。对于这一部分，有责任心的新闻工作者要进一步运用他们的新闻工具为批评与自我批评的武器。”

这种“人民权利观”下的新闻自由与“个人权利观”下的新闻自由有着显著的区别：在“个人权利观”下，新闻自由的主体是公民个人而非政治化的人民集体；它虽然也反对虚假的新闻和诽谤，但是其判断新闻真实性的标准是形式化的“是否符合客观真实”或“有充分理由确信”而非实质化的人民利益；作为消极自由，它所要防御的是国家权力的侵害，并且不论这种国家权力的性质如何；作为积极自由，它的意义仅仅局限于国家为公民实现这种自由提供的必要的物质、政治和法治的条件，而非号召广大新闻工作者专注于“当前最大的真实”。

## 三、新闻自由演变为新闻权力

在新中国成立前后，我国绝大部分的新闻媒体机构很快成为国家权力机关，成为人民利益的代言人。1948 年，中共中央就发出通知，要求对私营报刊、通讯社等新闻机构采取特殊的经济政策："报纸刊物与通讯社是一定阶级、党派与社会团体进行阶级斗争的一种工具，不是生产事业，故对于私营报纸、刊物与通讯社，一般地不能采取对私营工商业同样的政策。除对极少数真正鼓励群众革命热情的进步报纸刊物，应扶助其复刊发行外，对其他私营的报纸、刊物与通讯社，均不容采取鼓励政策。"①实践中，新闻事业领域的社会主义改造也的确比其他行业完成得快得多。以报纸为例，1950 年 3 月全国私营报纸还有 58 家，到 1951 年 8 月私营报纸锐减至 25 家，《大公报》《文汇报》等新中国成立前有相当影响的私营报纸相继实行公私合营。到 1953 年初，全国的报纸都实现了公私合营。公私合营在开始的时候还保留了一些报纸的私股，同时由政府给予适当投资或贷款作为公股，以扶持报纸发展。不久，私股逐渐被退还，全国的报纸都成为公营报纸。② 当时另两种重要的新闻传播机构即通讯社和广播电台的社会主义改造则比报纸更快。③虽然在 50 年代的头几年里，党中央曾经在全国推行过报纸"企业化经营"，④但这只是为了缓解新中国成立初报业在生存和发展中面临的经济困难所采取的临时性措施。这种"企业化经营"与我们今天正在进行的、由市场经济推动的新闻事业改革截然不同，因为正像刘尊棋所言："我们的绝大部分的新闻事业也已不是或不可能属于利润追求的企业范围"⑤。从实际效果看，报纸企业化经营的结果并没有促成整个新闻事业的活泼和繁荣，反而是在

---

① 1948 年 11 月 8 日《中共中央关于新解放城市中中外报刊通讯社处理办法的决定》，载中国社会科学院新闻研究所编：《中国共产党新闻工作文件汇编》(中)，新华出版社 1980 年版，第 189 页。

② 方汉奇、陈业劭主编：《中国当代新闻事业史(1949—1988)》，新华出版社 1992 年版，第 6 页。

③ 同上书，第 6－13 页。

④ 两个推行报纸企业化经营的权威性文件是中共中央 1949 年 12 月 30 日批转的《中央人民政府新闻总署党组"关于全国报纸经理会议的报告"》和中宣部 1950 年 9 月发布的《关于报纸实行企业化经营情况通报》，分别参见中国社会科学院新闻研究所编：《中国共产党新闻工作文件汇编》(上)，新华出版社 1980 年版，第 294－295 页；中国社会科学院新闻研究所编：《中国共产党新闻工作文件汇编》(中)，新华出版社 1980 年版，第 20－21 页。

⑤ 方汉奇、陈业劭主编：《中国当代新闻事业史(1949—1988)》，新华出版社 1992 年版，第 6 页。

发行、广告等方面限制了报业竞争,加剧了全国报纸内容的单一化。[①]

与经营方式国有化相适应的是管理体制上的党政化。在《共同纲领》颁布实施后,中央人民政府曾经设立了新闻总署主管全国的新闻机构。对此胡乔木评价道:“我们新闻界同人对于共同纲领列有新闻工作的专条,和中央人民政府设有新闻总署这两点,感到极大的鼓励。”[②]在新闻总署主管下,新中国的新闻管理体制曾出现过短暂的党政分开,依法管理。但仅仅两年之后,新闻总署即被撤销,新闻工作由中宣部统管,中国的新闻管理体制又恢复到之前的党政合一的状态。[③] 从 1954 年下半年开始,随着《人民日报》改由中共中央直接领导,各级地方党报也改由党委直接领导。[④] 在这种体制下,各级党委的机关报成为当时新闻传播体系中的核心力量,发行量和影响力都占据了全国各类报纸的首要地位。在报纸之外,新华通讯社迅速成为全国唯一的一家通讯社,它统管全国各地方通讯社,受权代表中央人民政府发布国内重大新闻和外交性新闻,并负责对全国的报纸、广播电台供给稿件。在广播事业方面,随着六大行政区建制的取消,中央人民广播电台也很快成为全国垄断性的广播电台。[⑤]

经济体制上的公有化和管理体制上的党政化使得新中国的新闻传播机构成为事实上的国家机关,而新闻传播机构的国家化也就意味着新闻的采集、制作、编辑和发表都成为国家权力行为,新闻自由变成了新闻权力。在当时新闻的权力化基本上等同于言论自由的权力化,因为相对于现在发达的科学技术和传播媒介方式来说,当时各种形式的言论表达和传播更加依赖于传统的新闻媒体,尤其是报纸。但是,这种权力化的言论自由与钳制言论自由的新闻管制是有本质区别的。因为在新中国成立初,无论是废除旧法统的法本质统治阶级意志论还是《共同纲领》的“人民权利观”都是经过民主的政治协商会议的充分讨论的结果,是全国各阶层和政党代表的主动选择。同样,新闻传播机构的国家机关化既是执政党执政理念的具体化,也是

---

① 宁启文:《1949 年—1956 年大陆报业企业化经营概述》,载《新闻与传播研究》2001 年第 2 期。

② 《胡乔木传》编写组编:《胡乔木谈新闻出版》,人民出版社 1999 年版,第 49 页。

③ 郑保卫主编:《中国共产党新闻思想史》,福建人民出版社 2004 年版,第 312—316 页。

④ 孙旭培:《新闻学新论》,当代中国出版社 1994 年版,第 277 页。

⑤ 方汉奇、陈业劭主编:《中国当代新闻事业史(1949—1988)》,新华出版社 1992 年版,第 5—10 页。

各阶层新闻工作者对国民党反动派统治下的新闻压制体制反思的结果。这与人民群众在强权之下被迫接受的新闻管制和言论压迫是截然不同的。同时在最初的一段时间里,作为国家机关的各新闻传播机构的的确确能够关注新中国建设事业的“最大的真实”,体现全国人民的根本利益。只是因为民主和法制建设没有跟上,再加上执政党的路线政策又出现偏差,这种新闻权力才逐渐偏离人民的利益,在一段时间内真的成为压制言论自由的工具。虽然从纸面看,1954 年宪法的公民基本权利又回到“个人权利观”,但是因为这部宪法并没有得到很好的实施,本应如“临时宪法”一样只发挥临时作用的“人民权利观”却在事实上长期主导着中国的政治实践。由此造成的后果是,本应在短期内就归还给公民权利的新闻权力成为日后中国主导新闻管理体制的理论支柱。

## 第三节 政治协调方式的特点和作用

### 一、在报纸上开展的批评与自我批评运动

一般说来,言论自由是基本权利冲突中相对积极的一方,冲突是否发生、怎样发生,基本上都取决于各种社会主体是否积极发表言论以及发表什么样的言论。因此,当言论自由权力化,社会最主要的言论表达机构都成为党政机关,基本权利冲突是否会发生以及怎样发生就主要取决于掌握新闻传播机构的国家权力是如何代表人民行使“言论自由”的。新中国成立之初,中国共产党保持着高度的自律,并且积极地利用自己掌握的新闻传播媒体开展了声势浩大的“批评与自我批评”运动,把矛头指向了官僚主义,指向了各级党政机关及其工作人员。虽然此时的新闻传播机构是掌握在国家权力手中的,但是国家权力的高度自律却能够体现人民的利益,主动地限制党政机构及其工作人员的人格利益,提供一个公民个人发表言论,特别是发表针对国家权力主体的批评言论的平台。

新中国成立后,报纸上的批评与自我批评起源于 1950 年 4 月 19 日中共中央发布的《关于在报纸刊物上展开批评和自我批评的决定》(以下简称

“1950年《决定》”)。[①] 1950年《决定》在一开始就强调中国共产党在掌握国家权力后吸引人民群众在报纸刊物上对执政党工作中的缺点和错误进行公开批评的重大意义，“因为今天大陆上的战争已经结束，我们的党已经领导着全国的政权，我们工作中的缺点和错误很容易危害广大人民的利益，而由于政权领导者的地位，领导者威信的提高，就容易产生骄傲情绪，在党内党外拒绝批评，压制批评。由于这些新的情况的产生，如果我们对于我们党的人民政府的及所有经济机关和群众团体的缺点和错误，不能公开地及时地在全党和广大人民中展开批评与自我批评，我们就要被严重的官僚主义所毒害，不能完成新中国的建设任务”。在这种高度自觉自律的精神的指导下，1950年《决定》要求“使得人民群众能够自由地在报纸刊物上发表他们对于党和人民政府的批评和建议，纵然这些批评和建议并非完全成熟与完全正确，而他们也不会因此受到打击与嘲笑，乃是提高人民群众的觉悟性和积极性，吸引人民群众踊跃参加国家建设事业的严重步骤。因此党的各级领导机关和干部必须对于反映群众意见的批评采取热烈欢迎和坚决保护的革命态度，而反对对群众批评置之不理、限制发表和对批评者实行打击、报复与嘲笑的官僚主义态度”。

除了对一般意义的说明，1950年《决定》还规定了四项具体措施，其中一些内容既涉及保护言论自由和人格权的问题，也涉及协调这两种基本权利间冲突的问题。比如，对于领导机关与报刊记者编辑的关系问题，1950年《决定》要求报纸刊物上的批评应由记者和编辑独立负责，发表批评党和国家机关及其工作人员的稿件不再必须事先征得被批评的组织和人员的同意。“报纸刊物的人员对于自己不能决定真伪的批评仍然可以而且应当征求有关部门的意见，但是只要报纸刊物确认这种批评在基本上是正确的，即令并未征求或并未征得被批评者的同意，仍然应当负责加以发表。”再比如，对于普通公民言论发表的真实性以及新闻来源保密问题，1950年《决定》要求：“读者来信中的有益的批评，凡报纸刊物能判断其为真实者，应当加以发表。投书者应将真实姓名住址告知报社，但报社得依投书者的要求代守秘

---

① 中国社会科学院新闻研究所编：《中国共产党新闻工作文件汇编》(中)，新华出版社1980年版，第5—6页。需要说明的是，受苏联经验的影响，批评与自我批评主要是在报纸上开展的，广播上的批评与自我批评从一开始就受到了限制，到后来还曾一度被禁止。参见方汉奇、陈业劭主编：《中国当代新闻事业史(1949—1988)》，新华出版社1992年版，第79页。

密。"对于批评稿件的后续处理和更正问题，1950 年《决定》要求："批评在报纸刊物上发表后，如完全属实，被批评者应即在同一报纸刊物上声明接受并公布改正错误的结果。如有部分失实，被批评者应即在同一报纸刊物上作出实事求是的更正，而接受批评的正确部分。如被批评者拒绝表示态度，或对批评者加以打击，即应由党的纪律检查委员会予以处理。上述情事触犯行政纪律的法律的部分，应由国家监察机关司法机关予以处理。"

1950 年《决定》的颁布实施极大地繁荣了政治生活中的批评言论。以当时在全国发行量最大、影响也最大的"人民日报"为例，从 1950 年开始，《人民日报》上的批评报道或文章的数量迅速增加。1949 年《人民日报》全年发表批评性稿件 347 篇，1950 年增加到 753 篇，1951 年猛增了一倍还要多，达到 1749 篇。1952 年批评性稿件的篇数虽然略有下降，但也有 1741 篇。只是从 1953 年开始，批评性稿件才开始减少。从 1951 年到 1953 年平均下来每天刊登的批评性稿件超过 4 篇。[①] 除了自己开展批评与自我批评，《人民日报》还经常以报纸工作述评的方式对地方报纸的批评与自我批评工作作出评估，并给予指导和支持。[②]

宽松的言论氛围使得公民非常信任新闻媒体，加之当时全国的各个报纸刊物普遍都非常重视群众来信，使得公民个人对党政机关的批评性言论能够以各种形式向社会表达并引起执政者的重视。在这方面，《人民日报》依然是全国报纸的楷模。从 1951 年 1 月开始，《人民日报》的"人民园地"组改为"读者来信"组，后来又升级为部，成为专门负责处理读者来信来访的工作部门。[③] 在报纸版面上，从 1952 年开始该报的《读者来信》专栏扩大为专版，并且先后设有《来信摘要》《来信综述》《读者来访》《答读者问》《新人新事》等在社会上非常有影响的栏目。1953 年上半年，该报逐月在报纸上公布"读者来信来访处理情况"，详细列出了每月读者来信来访的件数、人数以及来信刊用件数和其中内容的分类统计数等。比如 1953 年 7 月 11 日《人民日报》第 2 版在《读者来信》栏题下醒目地发布了两起来访消息，并且加了"编者按"，向读者报告："六月份来访者 418 人，谈问题 153 件。处理情况：当面解

---

① 方汉奇主编：《中国新闻传播史》，中国人民大学出版社 2002 年版，第 343 页。

② 张千祥：《手足之间》，载人民日报报史编辑组编：《人民日报回忆录：1948—1988》，人民日报出版社 1988 年版，第 349—350 页。

③ 林晰：《充满群众声音的读者来信组》，载人民日报报史编辑组编：《人民日报回忆录：1948—1988》，人民日报出版社 1988 年版，第 352 页。

决 115 件，转有关机关查处 36 件，应在本报发表以下两件。同时，收到有关机关答复信 53 件(包括 6 月前转办的)。这些处理结果已及时函告访者”。此外，《人民日报》还规定了处理读者来信的期限、催询处理结果的制度，要求力争对于每件来信来访都有答复。到 1955 年，《人民日报》每天收到的来信中，属于批评、建议、控诉和揭发性信件约占总数的 1/3。① 虽然直接见报的来信只是一小部分，但是那些没有被单独发表的来信往往成为报纸编辑部写评论文章的依据和材料，成为党和政府制定政策、检查工作的参考材料。②

## 二、20 世纪 50 年代的“新闻官司”

批评言论的繁荣必然会在现实中造成批评言论发表者与批评对象之间的矛盾，从而产生争议。但是，在 20 世纪 50 年代，这种争议并不像现代的新闻官司发生在平等的民事主体之间，而是无一例外地发生在不同的国家、党政机关及其干部之间。

发生在 1950 年《决定》发布实施之后一个月的河北省霸县干部非法干涉陈小辰与刘西耕婚姻自由案即是典型一例。1950 年 5 月 15 日《天津日报》社会服务版发表了署名“陈少云”(即陈小辰)的群众来信，反映河北省霸县干部非法干涉她的婚姻自由。陈小辰是河北省霸县六区疙疸村人，她丧夫后与外村男青年刘西耕产生感情，并未婚生育一名女婴。在陈小辰的哥哥陈克堂的逼迫下，陈小辰被迫将婴儿掐死。后陈小辰与刘西耕成婚，但他们的婚姻遭到了陈克堂和疙疸村村干部的阻挠，并一直闹到霸县人民法庭(即霸县人民法院)。霸县人民法庭不顾事实，即以陈小辰的溺婴行为判处她半年徒刑，并在判决书中对陈小辰与刘西耕的婚姻横加非难。

此事见报后，立刻引起霸县人民法庭、河北省天津专区分院的不满。他们写信到天津日报社，声明《天津日报》登出的来信与事实不符，要求更正。天津专署张子善专员在致《天津日报》的信中认为：“关于贵社刊登的霸县县府干涉婚姻自由一文，经追问霸县县府与陈小辰(即报载之陈少云)报告，与

---

① 方汉奇、陈业劭主编：《中国当代新闻事业史(1949—1988)》，新华出版社 1992 年版，第 63 页。

② 林晰：《充满群众声音的读者来信组》，载人民日报报史编辑组编：《人民日报回忆录：1948—1988》，人民日报出版社 1988 年版，第 353 页。

事实不符。……我们认为如将此荒唐不真实的、甚至某些坏分子恶意攻击政府信誉的报道，作为教育群众的资料，这与人民报纸的真实性与实事求是的精神不相吻合，且恐助长坏分子进一步造谣破坏。"之后，天津专署分院又怀疑署名"陈少云"的群众来信是刘西耕所写，因此将他传到霸县人民法庭拘押了一个多月。其间，霸县人民法庭还为刘西耕代写更正书并令其按指印后寄交天津日报社。

《天津日报》认为此案不仅侵犯了陈小辰与刘西耕的婚姻自由，而且"侵犯了刘西耕的人身自由，妨碍人民和报纸的联系"，因而关系重大，所以致函《人民日报》，要求该报对此发表意见，以明是非。《人民日报》随即展开调查，同时邀请最高人民法院派员调查处理此案。1950 年 9 月初，最高人民法院完成调查并对该案作出了处理。《人民日报》把调查报告和最高人民法院院长沈钧儒作出的处理意见书全文登载，在处理意见书中，最高人民法院认为："天津专署分院和霸县人民法院对天津日报发表陈小辰信件后，不从人民政府和人民报纸及其与人民的正确关系上去考虑问题，不本着'有则改之，无则加勉'的精神去认真检查工作中的缺点和错误，而只一味要求报社更正，并在传讯投书人之后，滥用职权，给予羁押。这种行为，严重的妨害了人民群众与报纸的联系，损害了人民政府的威信。"①据此，最高人民法院要求河北省人民法院分别处分相关责任干部。

另外一件因为压制批评而引发的黄逸峰事件在当时的影响更大。1951 年 12 月 3 日，《人民日报》刊登了华东交通专科学校署名"一群学生"的来信，批评该校在教学、学制、设备以及建设开支等方面的缺点，并提出若干改进的建议，信中仅个别情节与事实有些出入。来信发表后，华东军政委员会交通部部长兼华东交通专科学校校长的黄逸峰组织全校师生员工进行讨论，并要求学生和教师员工写联名信寄往《人民日报》要求更正。其间部分校领导把《人民日报》的批评文章斥为"捏造事实""完全错误""破坏性污蔑性的""破坏校誉""诽谤学校"等等。与此同时，黄逸峰还布置眼线清查写信者。《人民日报》按照投书者的要求代守秘密，一直没有公布写信人的身份信息。可是黄逸峰和部分校领导却公然违反《共同纲领》关于保护人民通讯自由的规定，非法截获《人民日报》给写稿者该校学生薛承风的信。之后，黄逸峰等

---

① 《关于陈小辰与刘西耕的婚姻问题》，载《人民日报》1950 年 9 月 9 日第 3 版。

校领导便不断以学校的名义对薛承凤进行打击报复，逼迫其退学。薛承凤遂再次致信《人民日报》，将在校所受的打击告诉了报社。

人民日报社将信转到了中共中央华东局办公厅。华东局接信后组织检查组前去检查，黄逸峰又百般对抗检查。检查组经三个月的努力才最终查明了事实真相，但黄逸峰却拒不承认错误。最终，中共中央华东局批准华东局纪律检查委员会开除黄逸峰党籍的决定，并建议华东行政委员会呈报中央人民政府，撤销黄逸峰的一切行政职务，同时给其他相关领导干部以相应处分。[①]《解放日报》刊文揭露了黄逸峰压制批评、欺骗组织的事实经过，《人民日报》于 1953 年 1 月 23 日在第 3 版转发了这篇文章，并在第 1 版刊发了对黄逸峰的处理决定，配发社论《压制批评的人是党的死敌》。之后不久，中共中央还专门批转了《华东局关于公布黄逸峰事件的通知》，号召各地检查类似"黄逸峰事件"的问题，择其重要者在报上公布。[②]

除了这些比较成功的事例，也有一些进行得不太顺利的批评个案。1956 年，人民日报社驻安徽记者站记者于明在采访中发现安徽省委主要领导人在农业技术改革中有要求过急、强迫命令的情况，不少干部和群众对此很有意见。7 月，在安徽省党代会上，许多代表又对这种情况提出了批评，担心这将给生产建设造成损失，但是安徽省委对这些问题并没有引起足够的重视。于是，于明便根据当时党代会的实际情况写了一篇报道，反映了实际情况，批评了安徽省委自我批评精神不够。这个报道经过安徽省委分管文教的书记审查，发表在 7 月 18 日《人民日报》第 4 版的头条位置。安徽省委主要领导人看到报纸后大为光火，认为报道不符合实际情况，批评了审稿的书记。随后，省委主要领导人给撰文记者于明施加压力，要求他到人民日报社对该文进行更正。于明据理力争，顶住压力，如实向报社作了汇报，人民日报社随即向党中央请示。与此同时，安徽省委也直接向中央书记处、中宣部发去长篇电报，要求党中央责成《人民日报》进行更正。中央没有对该报道的事实进行调查和判定，只是决定把安徽省委的更正电文在《人民日报》上照登。于是《人民日报》在 8 月 6 日的第 4 版刊登了这封电报，并加了一个

① 解放日报编辑部：《黄逸峰等压制批评、欺骗组织的事实经过》，载《人民日报》1953 年 1 月 23 日第 3 版。

② 中国社会科学院新闻研究所编：《中国共产党新闻工作文件汇编》(中)，新华出版社 1980 年版，第 246—247 页。

似是而非的“编者按”:“安徽省直属机关出席省第一次党代表大会的代表,对于本报七月十八日刊登的安徽省召开党代表大会的报道有不少意见,认为这一报道和标题都有缺点,经本报编辑部检查,也认为这一报道和标题确有缺点。现在将安徽省直属机关党委会反映的意见发表如下,作为更正。”一篇鲜明的600来字的批评报道却引来一篇稀里糊涂的1600多字的更正,这在《人民日报》的历史上是绝无仅有的。①

类似这样的“新闻官司”还有很多,比如1949年7月—11月的庞家堡事件、1950年3月的濮阳运粮事件、②1951年9月的纪凯夫事件③、1953年2月鞍山《工人生活报》开展批评遭压制事件④、1957年四五月间的左叶事件⑤等等。只是这些“新闻官司”并不是以“权利”的面目出现在民事诉讼的法庭之上,而是以“权力”的形式出现在中央对地方、上级对下级的政治监督之中。新闻机构往往代表了中央或上级党政机关,被批评的对象则是地方或下级党政机关及其工作人员。因此,用“权力冲突”来称呼此时的基本权利冲突可能更恰当。当然,权力冲突只是表面的形式,冲突的实质还是个人利益,只是双方都必须透过“权力”机制才能形成冲突:公民个人的、批评公权力的言论利益必须经过“人民权利观”的过滤,透过新闻权力机构才能得以实现;而国家权力主体即党政机关及其工作人员的人格利益,也是通过各种权力机制与代表人民利益同时也体现了公民个人利益的新闻权力发生正面交锋。从这些具体的事例中可以看到,报纸批评与自我批评既是产生冲突的原因,也是协调冲突的方式之一。表面看起来,通过在报纸上开展批评与自我批评似乎能够非常合理地协调两种权力之间的冲突,进而合理地协调公民利益与政府机关及其工作人员的利益之间的冲突。但在实践中,这种协调方式非常脆弱并且协调的效果极不稳定,其缺点很快就显现出来了。

---

① 于明:《记者生活中的是与非》,载人民日报报史编辑组编:《人民日报回忆录:1948—1988》,人民日报出版社1988年版,第102—104页。

② 这两起事件的具体过程参见李庄:《人民日报风雨四十年》,人民日报出版社1993年版,第153、155页。

③ 《武汉市卫生局副局长宋瑛等严重压制群众批评应受处分》,载《人民日报》1951年9月11日第3版。

④ 方汉奇主编:《中国新闻传播史》,中国人民大学出版社2002年版,第343—344页。

⑤ 高粮:《左叶事件影响所及》,载人民日报报史编辑组编:《人民日报回忆录:1948—1988》,人民日报出版社1988年版,第121—123页。

## 第四节　政治协调方式的缺陷

在报纸上开展批评与自我批评其实质是一种政治协调方式，即由最高国家权力机关发出政策指示，由作为国家权力机关一部分的新闻媒体具体执行，通过政治运动的形式发动各界力量发表大量公开的批评性言论，以此限制其他国家权力主体的人格利益。这种政治协调方式最大的问题就是其必须高度依赖于权力自身的自律。因此，当党的政策发生变化，自律的紧迫性发生松动的时候，批评与自我批评很快就会减弱，有时甚至是大起大落。加之新闻媒体是实质上的国家权力机关，虽理想中是人民利益的代言人，但现实中当党的政策执行者觉悟不高，或者政策方针本身发生偏差的时候，作为权力的新闻媒体不仅无力帮助纠正，而且往往成为错误政策迅速推行的渠道。正因为此，在报纸上开展批评与自我批评不仅越来越难，而且逐渐凸显出政治协调方式带来的负面作用。

### 一、"报纸不得批评同级党委"

上文曾提到1950年《决定》首次提出了报刊上的批评"都由报纸刊物的记者和编辑负独立的责任"。但是，当时在实践中，普遍的情况是报纸编辑人员对1950年《决定》中的"某些规定，一直未敢彻底执行，主要是'即令并未征求或并未征得被批评者的同意，仍然应当负责加以发表'这一条。记者写批评稿一般小心翼翼，慎之又慎，即使自己确认批评稿的内容是正确的，也必需'征求'并尽量'征得'有关当事人或者其上级机关的同意，然后才敢发表"①。

1956年的安徽省委更正批评报道事件就是这种矛盾的典型表现。从1950年到1952年，经过三年的批评与自我批评，批评的数量和质量就开始下降，这当中来自被批评地方的党委的反对意见大是主要原因之一。1953年3月，中宣部作出《关于党报不得批评同级党委问题给广西省委宣传部的复示》，明确了党报与党委之间的关系："党报是党委会的机关报，党报编辑部无权以报纸与党委会对立。"党报编辑部如有不同意见，可以向同级党委

① 李庄：《人民日报风雨四十年》，人民日报出版社1993年版，第155页。

会或向上级党委、上级党报直至中央提出,“但不经请示不能擅自在报纸上批评党委会,或利用报纸来进行自己与党委会的争论,这是一种脱离党委领导的做法,也是一种严重的无组织无纪律的现象”①。1953 年 7 月,中共中央也作出规定,要求人民日报社和新华通讯社派驻地方的记者必须服从地方高级党委的指导。对于人民日报社派驻地方的记者站和特派记者,党中央要求其撰写的报道计划必须经过当地党委批准,而对于新华通讯社的地方记者,则要求他们撰写的“反映地委以下工作中的情况和问题的资料,可直接发给新华社总社;反映省市一级工作中的问题的资料,要送给省市委负责人阅后发给新华社总社;如省市委对资料提出不同意见而记者认为仍应向中央反映时,应将省市委意见一并报告新华社总社”。②

1954 年 7 月,针对报纸工作中出现的一些问题,中共中央于发布了《关于改进报纸工作的决议》(以下简称“1954 年《决议》”),其中对于报纸批评与自我批评工作总的精神是鼓励和支持的,但是在具体措施上又再次批评了少数报纸曾发生过脱离党委的倾向,并强调“报纸编辑部要在党委领导下积极负责”,“批评的态度和观点必须正确,严格按照党的原则、中央的决议和党委的意图办事”,完全放弃了 1950 年《决定》所秉持的记者和编辑独立负责的精神。③ 虽然 1956 年 8 月中共中央在为支持《人民日报》大改版发布的重要文件《批转〈人民日报〉编辑委员会向中央的报告》中再次回归 1950 年《决定》,强调《人民日报》“是党中央的机关报又是人民的报纸”,“今后《人民日报》发表的文章,除了少数中央负责同志的文章和少数的社论外,一般地可以不代表中央的意见,而且可以允许一些作者在《人民日报》上发表同我们

---

① 中国社会科学院新闻研究所编:《中国共产党新闻工作文件汇编》(中),新华出版社 1980 年版,第 279 页。这就是著名的“报纸不得批评同级党委”的来历。但值得注意的是,引发这一重要文件的报纸批评事件本身并没有什么错误,而且可以说是非常成功的。具体事件经过参见靖鸣:《“党报不得批评同级党委”——1953 年广西〈宜山农民报〉批评中共宜山地委事件及其争论的前前后后》,载《新闻与传播研究》2004 年第 3 期。

② 这两个规定分别是 1953 年 7 月 30 日发布的《中共中央关于〈人民日报〉记者和特派记者的规定》和 1953 年 7 月发布的《中共中央关于新华社记者采写内部参考资料的规定》。

③ 中国社会科学院新闻研究所编:《中国共产党新闻工作文件汇编》(中),新华出版社 1980 年版,第 322－325 页。由于特殊的国内外环境,1954 年《决议》在报纸批评问题上偏向保守,其中的一些具体措施和措辞也多被现代学者诟病。参见孙旭培:《新闻学新论》,当代中国出版社 1994 年版,第 276－277 页;童兵:《新闻批评和政治民主——对“党报不得批评同级党委”规定的历史考察》,载《中国人民大学学报》1988 年第 4 期。

共产党人的见解相反的文章”。但是，非常可惜，随着“反右派”斗争的开始，《人民日报》大改版的成果很快被完全否定，新闻改革也就此中断，报纸批评与党委的关系又摆向了一味强调领导和服从的另一边，而且这一摆就是二十多年，以致我们今天仍然受到这种体制的影响。

## 二、政治运动数起数落

首先，中国共产党的路线方针的变化左右着报纸批评与自我批评的大局。新中国成立之初的新民主主义路线正确地估计了当时的社会生产力，也比较注重民主建设，因此才有动力提出在报纸上开展批评与自我批评。随着在过渡时期总路线的执行中出现急躁冒进的“左倾”倾向，在报纸上开展批评与自我批评的原动力也被大大削弱。特别是当忽视了客观经济规律的社会主义建设总路线被提出之后，批评与自我批评就完全被反击“右倾”思想的大批判和歌功颂德、报喜不报忧的“大跃进”所替代。

其次，在大部分时间里在报纸上开展批评与自我批评并不能算是国家宣传工作的主要任务，一旦有更重要的宣传重点出现，原本可被用来进行批评与自我批评的新闻资源必然会受到影响。从土地改革、抗美援朝到减租救灾、镇压反革命再到剿匪反霸、“一化三改造”、过渡时期总路线等等，这些宣传任务往往需要大量的报纸版面、记者调查、群众来信等，而同时期的批评与自我批评自然就需要作出牺牲了。

最后，在实践中报纸上的批评与自我批评很少是独立开展的，几次批评的高潮都是借了其他政治运动的光。最开始是“三反”“五反”运动。从1950年到1952年报纸集中揭发和批评的一批重大典型事件都与这两项运动有关，如刘青山、张子善因贪污国家财产被判处死刑案件的连续报道，山西省交通局多起重大贪污案件的报道，上海奸商王康年用破旧脏棉充作药棉坑害志愿军的报道，重庆非法资本家组织“星四聚餐会”进行盗骗国家资财等“五毒”活动的报道等等。[①]

到1952年下半年，随着“三反”“五反”运动宣告胜利结束，报纸上的批评与自我批评便开始陷入困境。然而，1953年初，“新三反”运动将矛头直指官僚主义，要求“从处理人民来信入手，检查一次官僚主义、命令主义和违法乱

① 孙旭培：《新闻学新论》，当代中国出版社1994年版，第271页。

纪分子的情况，并向他们展开坚决的斗争。凡典型的官僚主义、命令主义和违法乱纪的事例，应在报纸上广为揭发”[①]。随之，报刊上的批评与自我批评又恢复了生机，这个阶段大多数的批评事例也都是围绕反对官僚主义进行的，如上文提到过的黄逸峰事件、鞍山《工人生活报》开展批评遭压制事件。但是，没过半年，“新三反”突然把矛头转向了“分散主义和主观主义”，[②]运动也随之宣告结束，报刊上的批评与自我批评也正式进入一个长达两年多的低潮期。到 1956 年 7 月，借助《人民日报》大改版的东风，报纸的批评与自我批评才又有所回暖。但是，从 1957 年下半年开始，“大鸣大放”“反右派”斗争扩大化、“大跃进”“反右倾”“文化大革命”等等政治运动接踵而至，报纸上健康的批评与自我批评就再没有恢复过，直到十一届三中全会的召开局面才有所好转。

报纸上批评与自我批评运动的潮起潮落也直接反映在报纸上批评稿件的发表数量和形式上。《人民日报》1953 年发表的批评性稿件共 1027 篇，较之上一年度已有大幅减少，而且大多数稿件都集中在上半年“新三反”运动开展时期。到 1954 年，批评性稿件的发表数量更是锐减到 210 篇，仅为 1952 年的 12%。[③] 1955 年也没有很大的起色，全年仅有 731 篇批评报道。[④] 1956 年经历大改版之后，《人民日报》批评稿件发表数量明显增加。和改版前一个月只发表 29 篇批评性稿件相比，7 月《人民日报》共发表各类批评性稿件 150 篇，如果扣除版面增加因素，实际增加也达到了一倍多。改版后《人民日报》的日均发表批评性稿件的数量也达到了 1951、1952 年的水平，平均每天保持发表 4 至 5 篇。[⑤] 更可喜的是，信息新闻和社会新闻的数量大大增加，学术性讨论和争鸣也开始出现，广告业务也有所恢复。[⑥] 但是，《人民日报》大改版仅仅持续了一年不到的时间便戛然而止。

---

① 1953 年 1 月 5 日《中央关于反对官僚主义、反对命令主义、反对违法乱纪的指示》。该指示由毛泽东起草。参见中共中央文献研究室编：《建国以来重要文献选编》第 4 册，中央文献出版社 1993 年版，第 8—9 页。

② 《积极而稳步地领导反官僚主义的斗争》，载《人民日报》1953 年 7 月 26 日第 1 版。

③ 方汉奇主编：《中国新闻传播史》，中国人民大学出版社 2002 年版，第 344 页。

④ 同上。

⑤ 钱江：《〈人民日报〉1956 年的改版》，载《新闻与传播研究》1988 年第 3 期。

⑥ 关于此次改革的具体内容可参见《人民日报》为改版专门发表的社论《致读者》载（《人民日报》1956 年 7 月 1 日第 1 版）。改版后的效果分析可参见孙旭培：《新闻学新论》，当代中国出版社 1994 年版，第 288—289 页。

## 三、失控的批评与自我批评

建立在“人民权利观”基础之上的报纸批评与自我批评本身也是以政治运动的方式展开的，在实践中运用得不好容易脱离实际，有时甚至演变为政治斗争并对公民基本权利造成侵害。这在文化领域表现得最明显。在1957年“反右派”斗争扩大化开始前，在报纸上已经有过三次用政治斗争的方式展开的学术批判，它们分别是1951年对电影《武训传》的批判、1954年对俞平伯红学观点和胡适派资产阶级唯心论思想的批判，以及1955年开始的对胡风个人和对所谓“胡风反革命集团”的批判。这些批判不仅在理论上、观点上有一些根本性的错误，而且在方法上粗暴蛮横，把学术争论演变为政治批判，严重损害了学术研究和争论的自由。

比如，《人民日报》1951年5月20日的社论题为《应当重视电影〈武训传〉的讨论》，但实际上报纸只登“一边倒”的观点，不刊登不同意见的争论。俞平伯一开始就被定性为胡适派资产阶级唯心论的代表，失去答辩的自由。[①] 而在对胡风文艺思想的批判过程中则干脆利用“媒体审判”把胡风判作反党、反革命分子，剔除出“人民”的范围，然后再顺理成章地剥夺他的公民基本权利。言论表达自由的丧失自不用说，就连他的私人通信也被当作反革命的罪证材料在报纸上公布。[②] 而作为人大代表，胡风更是先被公安部门以“反革命罪”逮捕再被全国人大常委会“追认”，而且这一羁押就是十年，直到1965年胡风才被北京市高级人民法院判处14年有期徒刑，剥夺政治权利6年，“文革”中又被“文革”小组加判为无期徒刑。至于受“胡风反革命集团”牵连而遭受错误批判、逮捕、审查、劳教的公民更是多达2100余人。[③] 而具有讽刺意味的是，1955年初《人民日报》开始批判胡风的时候距离中华人民共和国的第一部正式宪法颁布实施还不到一年。

## 四、基本权利的双输

经过了“反右派”斗争扩大化、“大跃进”和“反右倾”运动，全党的自律意识被大大削弱，批评性言论也几近枯竭。虽然在20世纪60年代初，中国共

---

① 孙旭培：《新闻学新论》，当代中国出版社1994年版，第273页。

② 同上书，第274页。

③ 黎辛：《关于“胡风反革命集团”案件》，载《新文学史料》2001年第2期。

产党曾经调整过方针政策，报纸的批评与自我批评稍有起色，但是不久“文革”开始，刚刚有所好转的形势又急转直下。而这次，首遭打击的是新闻机关本身，其表现是整个新闻事业的严重萎缩。到1968年年底，全国报纸总数仅余42种，全国性的报纸只剩下4种。报纸的信息量相较50年代更少，信息的种类也更加单一。各地方报纸80%以上的版面都用来刊载新华电讯和《人民日报》等中央级报刊的文章，完全没有了地方报纸的特色，几乎都成了《人民日报》的翻版，出现了新中国成立以来也是中国新闻史上罕见的“千报一面”的特殊景象。[①] 公民个人的观点、建议和思想完全失去了表达的空间，所谓的代表人民利益的言论自由不仅无法体现公民个人的利益，更是在实践中经常严重背离公民的个人利益。更严重的是，此时的党报彻底沦为帮助推行错误政策的工具，新闻权力也彻底蜕变为权力新闻。[②] 实质化的新闻真实不仅没有捍卫新闻真实，反倒成为少数人制造虚假新闻的借口。特别是以“大跃进”时期为代表的大规模制造虚假新闻的风气，不仅损害了新闻媒体自身的声誉，而且也给国家的生产建设造成了巨大的损失。

报纸上的批评与自我批评基本上消失得无影无踪了，取而代之的是各种各样的针对个人的新闻暴力。就像对胡风和“胡风反革命集团”的批判模式一样，报纸上对学术思想观点的批判往往从简单粗暴的阶级斗争的立场出发，利用报刊把批判的对象宣判为某某分子、某某集团成员，接着就是无穷无尽的人身攻击、隐私揭发，乃至人格侮辱、暴力迫害，不用说言论自由，就是人身自由和尊严都丧失殆尽。同时，受到侵害的已经不局限于普通公民，几乎所有表达过或正在坚持表达批评性言论的公民都遭受到侵害，即使曾经是最高国家领导人之一的刘少奇也未能幸免。反观以往受到限制的国家权力主体的人格利益此时却极度膨胀。在一段时期内，全国的报纸上上下下充斥着各种各样的领袖语录、巨幅醒目的伟人照片、每日必登的领导指示、不吝辞藻的赞颂美誉。各种新闻传播媒介都成为少数人制造全党和全国人民对毛泽东的个人崇拜的重要工具。除了最高领导人，林彪和“四人帮”也都受到了新闻报刊的特殊照顾，关于他们的照片、名字排序、新闻排版

---

① 方汉奇主编:《中国新闻传播史》，中国人民大学出版社2002年版，第406页。

② 曾经长期担任《人民日报》编辑工作的胡绩伟事后用“党报变帮报”来形容当时新闻报纸的尴尬地位和作用。参见胡绩伟:《新闻工作论说集》，工人出版社1989年版，第165—189页。

都有一套严格的规定，有时甚至不惜人为制造虚假的新闻或照片。[①] 在地方上，一些党政领导人也同样控制和利用新闻媒体，排除异己争权夺利，推行极“左”的政策，制造虚假地方典型，而其个人则得以迅速赚取社会知名度，积累政治资本。[②]

随着“四人帮”反革命集团的粉碎，“文革”和权力权利冲突同时宣告终结。在经过了真理标准的大讨论之后，报纸批评与自我批评再次回归《人民日报》。[③] 随着1982年宪法的颁布和实施，特别是一大批刑事、民事和诉讼法律的制定，新闻侵权官司在数年之内就形成了井喷的态势，这也就预示着法治协调方式的复兴。不过，政治协调方式在我国并没有消失，经过一番改良它依然发挥着重要的作用。

---

① 有些对领袖人格利益保护的措施甚至到了极其荒谬的地步，人民日报社老记者李庄在回忆录中就记述了“文革”期间报纸对毛泽东的“肖像权”的一种特殊保护：“一次，人民日报头版有毛泽东大幅照片，二版一条新闻的标题有‘打倒帝国主义、各国反动派’字样。如果对着太阳看，二版‘反动派’三字正好跟头版的头像重叠，于是出了大错。”李庄：《人民日报风雨四十年》，人民日报出版社1993年版，第300页。

② “文革”中的山西省昔阳县大寨大队就是典型一例。参见方汉奇、陈业劭主编：《中国当代新闻事业史(1949—1988)》，新华出版社1992年版，第194－195页。

③ 20世纪80年代初，《人民日报》秉承50年代报纸批评与自我批评的精神，主导了李国才事件、“西水东调”事件和“渤海2号”事故等一系列涉及省部级官员的批评大案。参见胡绩伟：《新闻工作论说集》，工人出版社1989年版，第305－306页。

第二章

# 法治协调方式的宪法基础

1976年10月“四人帮”倒台，“文革”宣告结束。但是，“文革”中推行的“左”倾错误路线并没有得到全面纠正，大面积的权力权利冲突也没有马上结束，一些错案，特别是“恶毒攻击”罪案件在全国各地仍大量存在。[①] 直到1979年底形势才有根本好转。十一届三中全会开始全面认真地纠正“文革”中及以前的“左”倾错误，停止“以阶级斗争为纲”的思想路线，作出了把工作重点转移到社会主义现代化建设上来的战略决策，并且着重提出了健全社会主义民主和加强社会主义法制的任务：“为了保障人民民主，必须加强社会主义法制，使民主制度化、法律化，使这种制度和法律具有稳定性、连续性和极大的权威，做到有法可依，有法必依，执法必严，违法必究。从现在起，应当把立法工作摆到全国人民代表大会及其常务委员会的重要议程上来。检察机关和司法机关要保持应有的独立性；要忠实于法律和制度，忠实于人民利益，忠实于事实真相；要保证人民在自己的法律面前人人平等，不允许任何人有超于法律之上的特权。”[②]以此为契机，在民主和法制建设的大进程中，法治协调方式逐渐兴盛了起来。

## 第一节　人格权：虎头蛇尾

十一届三中全会闭幕之后不久，我国就迅速启动了恢复国家法制的浩

---

① 何兰阶、鲁明健主编：《当代中国的审判工作（上）》，当代中国出版社1993年版，第143页。

② 《中国共产党第十一届中央委员会第三次全体会议公报》，载《人民日报》1978年12月23日第1版。

大工程，这个工程的重要主题之一就是总结历史教训，加强公民基本权利的法律保护。在这些公民基本权利当中，人格权无疑是最重要的。

## 一、人格权法律保护体系基本框架的形成

1979年6月，五届全国人大二次会议一次性通过了7部法律，其中与保护人格权有着直接关系的是《刑法》和《刑事诉讼法》。[①] 1979年《刑法》第2条把“保护公民私人所有的合法财产，保护公民的人身权利、民主权利和其他权利”列为“中华人民共和国刑法的任务”之一。[②] 相似的条款也出现在1979年《刑事诉讼法》第2条“中华人民共和国刑事诉讼法的任务”之中。与此相适应，1979年《刑法》设置了“侵犯公民人身权利、民主权利罪”专章，该章第1条即第131条便规定：“保护公民的人身权利、民主权利和其他权利，不受任何人、任何机关非法侵犯。违法侵犯情节严重的，对直接责任人员予以刑事处分。”这一条在新中国刑法历次草稿中均未出现，是此次刑法制定过程中新增加的，增加这一条正是“鉴于十年动乱期间，林彪、江青反革命集团实行封建法西斯专政，使广大干部和人民群众的人身权利、民主权利和其他权利横遭摧残，处于丝毫得不到保障的悲惨境地，因此明确写上这一条……”[③]

除了带有原则性规定的第131条，该章另有18条规定是为保护公民具体权利而设置的，其中与人格权有关的就占到8条。第138条诬告陷害罪和第145条侮辱罪、诽谤罪直接是为保护公民的名誉权设置；第144条的非法搜查他人身体、住宅罪及非法侵入他人住宅罪和第149条的隐匿、毁弃或者非法开拆他人信件罪则与保护公民的隐私权有关；第136条的刑讯逼供罪，第137条的“打砸抢”罪，第143条的非法拘禁罪、非法剥夺他人人身自由罪，以及第144条的非法管制他人罪则与人身自由保护密切相关。这些条款绝大部分是在已有草稿的基础上修改、完善而订立的，而第145条侮辱罪、诽谤罪则是完全新增的，其立法目的同样源自对现实历史教训的反思：“鉴于林彪、江青反革命集团横行时期，造谣诽谤、侮辱人格现象层出不穷，使广大干

---

① 其他5部法律是《地方各级人民代表大会和地方各级人民政府组织法》《全国人民代表大会和地方各级人民代表大会选举法》《人民法院组织法》《人民检察院组织法》《中华人民共和国中外合资经营企业法》。

② 其中“民主权利”是这部刑法在1963年的33稿基础上新增的。参见高铭暄编著：《中华人民共和国刑法的孕育和诞生——一个工作人员的札记》，法律出版社1981年版，第22页。

③ 同上书，第179页。

部和群众连做人的最起码的尊严都得不到保护，因此，人们普遍要求制定法律，惩治那些侮辱人、诽谤人的无耻之徒。随着民主生活的健全，这种呼声越来越高，要求越来越迫切。这条就是在这种背景下应运而生的。”[①]在加强保护公民人格权的同时，1979年《刑法》有些条款的设计也注意到了言论自由的协调平衡。第138条第2款将“不是有意诬陷，而是错告，或者检举失实”的行为排除出诬告陷害罪之外和第146条规定国家工作人员对控告人、申诉人、批评人实行报复陷害罪即是典型。

对这些保护公民权利的法律条文，彭真在五届人大七次会议上所做的《关于七个法律草案的说明》（以下简称《说明》）[②]也专门作了解释。《说明》认为刑法规定严禁刑讯逼供，严禁聚众“打、砸、抢”，严禁非法拘禁，严禁诬告陷害主要是由于“在‘文化大革命’中，由于林彪、‘四人帮’大搞刑讯逼供、打砸抢、非法拘禁和诬陷、迫害，造成了大批冤案、假案、错案，后果极为严重”。对侮辱罪、诽谤罪，《说明》认为刑法虽然规定了“以暴力或者其他方法，包括用‘大字报’、‘小字报’，公然侮辱他人或者捏造事实诽谤他人，情节严重的，处三年以下有期徒刑或者拘役”，但是“我们必须继续坚持不抓辫子、不扣帽子、不打棍子的‘三不主义’，保护工作中的批评和反批评，讨论问题时不同意见的相互争论，以及对领导、对工作提出批评建议的权利，这些必须同诽谤、侮辱严格加以区别。国家既不允许以刑法（草案）的这个规定为借口压制批评、压制民主，也不允许以民主为借口对他人进行侮辱诽谤”。彭真的说明再次表现了在刑法制定过程中立法者吸取历史教训，加强保护公民人格权利的强烈愿望。另外，在加强保护公民人格权利的同时，立法者也没有忽视言论自由，特别是防止公权力对批评性言论的压制。

1979年《刑事诉讼法》是程序法，涉及公民实体权利的条款并不多，但其中的一些基本制度和细节设计同样体现了限制国家权力，保护公民人格权利的立法意图，比如对于容易侵害公民权利的逮捕、拘留、侦查等强制措施和侦查手段，《刑事诉讼法》都设置了必要的程序性法律规范，并且根据司法独立的精神，特别强调了法院、检察院和公安机关办案“必须以事实为根据，

---

① 高铭暄编著：《中华人民共和国刑法的孕育和诞生——一个工作人员的札记》，法律出版社1981年版，第192—193页。

② 彭真：《关于七个法律草案的说明——一九七九年六月二十六日在第五届全国人民代表大会第二次会议上》，载《人民日报》1979年7月1日第1版。

以法律为准绳”，本来“这是当然的道理，现在特别加以申明，是为了防止滥行逮捕拘留，诬陷和侵犯干部、群众的人身权利、民主权利和其他权利”。再如，为了防止“文革”中经常发生的诬告和作伪证现象的发生，《刑事诉讼法》在相关条款中还作了特别规定（第 60 条关于诬告，第 68、115 条关于伪证）。这么规定，主要是“针对前些年发生诬告、伪证的恶劣现象，除在刑法（草案）中规定了诬陷罪、伪证罪和诽谤罪外，在刑事诉讼法（草案）中又规定了法院、检察院和公安机关在接受控告、检举时，应当向控告人、检举人说明诬告、捏造证据应负的法律责任，告诉他们不要捏造事实。在询问证人时，要告诉他应当如实地提供证据、证言；如有意作伪证或者隐匿罪证要负法律责任。并规定，法院查明证人有意作伪证或者隐匿罪证时，应当依法处理”[①]。

与 1979 年《刑法》和《刑事诉讼法》比起来，当时的母法——1978 年宪法在公民基本权利保护方面就要逊色许多。1980 年召开的五届全国人大三次会议决定系统地修改 1978 年宪法，并成立宪法修改委员会。[②] 在修改 1978 年宪法的过程中，恢复和完善公民基本权利自始就是重要的议题之一。在 1981 年 1 月底宪法修改委员会秘书处草拟的“宪法草稿”中就已经新增了禁止非法拘禁、禁止非法搜查公民身体、禁止刑讯逼供等保护人身自由的具体措施，并且“增写了公民的人格尊严和荣誉不受侵犯，禁止用任何方法手段对公民进行侮辱、诽谤或者诬陷”。[③] 虽然在委员会内部对这些新增的条款也存有不同意见，[④]但从日后的实际进程看这些保护公民人身权利和人格权的条款不仅没有被削弱反而得到了加强。到 1982 年 2 月，秘书处草拟的《中华人民共和国宪法修改草案（讨论稿）》在列举的公民人身权利和人格权种类、条款设置和具体文字表述等方面就已经与 10 个月后正式颁布实施的 1982 年宪法基本上没有什么区别了。这主要表现在“讨论稿”把“住宅不受侵犯”从人身自由条款中独立出来单独作为一条，并增写了“禁止非法搜查或进入公民的住宅”；把通信自由从言论自由条款中独立出来，与恢复自

---

① 彭真：《关于七个法律草案的说明——一九七九年六月二十六日在第五届全国人民代表大会第二次会议上》，载《人民日报》1979 年 7 月 1 日第 1 版。

② 许崇德：《中华人民共和国宪法史》（下卷），福建人民出版社 2005 年版，第 351 页。这个建议是中共中央委员会在向五届人大三次会议主席团提交的《关于修改宪法和成立宪法修改委员会的建议》中提出的。

③ 许崇德：《中华人民共和国宪法史》（下卷），福建人民出版社 2005 年版，第 379－380 页。

④ 同上书，第 380 页。

1954年宪法的“通信秘密”一起单独作为一条，并增加了除在特定条件下公安机关和检察机关可以依法对通信进行检查外，任何组织或者个人不得以任何理由妨碍公民的通信秘密自由的规定；独立的人格尊严条款也正式得到确立，具体表述为“公民的人格尊严不受侵犯。禁止用任何方法对公民进行侮辱和诽谤”[①]。

总的看来，在此次宪法修改过程中，修宪者和广大参与修宪讨论的学者、民众对于宪法中公民人身权和人格权的修改意见分歧不大。“这部分的内容大都是新加的，它是总结了‘文化大革命’的严重教训而写出来的。没有‘文化大革命’，谁能想到我们国家中还会有非法拘禁、搜查、逮捕等行为的产生，谁会想到大批干部和群众会遭到残酷迫害。所以宪法上虽然没有明确写‘文化大革命’的字样，但实际上包含了‘文化大革命’的教训。第三十七条中所谓非法拘禁、搜查，是指‘文化大革命’中那种随意抓人、关押人、隔离审查和抄家等非法行为。第三十八条中所谓侮辱、诽谤，是指‘文化大革命’中那种乱批判人、斗争人、戴高帽子、挂牌子、游街、乱戴政治帽子、用大字报侮辱和诽谤人等非法行为。”[②]

要吸取历史教训、有针对性地加强人格权保护的思想同样深刻地影响了1986年颁布的《民法通则》。《民法通则》在结构上最大的特点就是突破了以往各国或地区民法典的结构形式，设了专章列举民法保护的“民事权利”，其中更是史无前例地专门设置了一节“人身权”。[③] 该节第101条仿照1982年宪法第38条的表述模式列举了名誉权和人格尊严：“公民、法人享有名誉权，公民的人格尊严受法律保护，禁止用侮辱、诽谤等方式损害公民、法人的

① 许崇德：《中华人民共和国宪法史》（下卷），福建人民出版社2005年版，第390页。与最后颁布实施的1982年宪法相比，“讨论稿”的人格尊严条款仅仅在禁止性规定中少了与侮辱、诽谤相并列的“诬告陷害”，最后增加“诬告陷害”显然是为了与已经生效实施的1979年《刑法》相衔接。

② 肖蔚云：《我国现行宪法的诞生》，北京大学出版社1986年版，第137－138页。对于这几条的立宪背景和目的，我国另外两部研究1982年宪法的权威专著也都持相同的看法，参见全国人大常委会办公室研究室政治组编著：《中国宪法精释》，中国民主法制出版社1996年版，第161、163页；许崇德：《中华人民共和国宪法史》（下卷），福建人民出版社2005年版，第497页。

③ “目前，在世界各国的民法典或民法总则中，还没有哪个国家把人身权利单独作为一节，进行具体规定。至多是在规定知识产权的财产权利时，对人身权利作些相应规定，或者是在亲属权、婚姻权、监护权的有关章节中作些规定。把人身权利集中起来，单独作为民事权利中间的一节，是我国《民法通则》最先开创的。”参见《民法通则讲话》编写组编：《民法通则讲话》，经济科学出版社1986年版，第232页。

名誉。”除了名誉权和人格尊严，该节还列举了姓名权（第 99 条）、肖像权（第 100 条）和荣誉权（第 102 条）等具体人格权。此外，在侵权损害赔偿上，《民法通则》也突破了传统社会主义民法损害赔偿理论，明确规定了对人身权利的非财产性侵害可以要求赔偿。[①] 之所以有如此多的突破，其中一个重要原因就是“过去如果对公民或法人的人身权利有足够的重视和法律保障的话，就不致于发生‘文化大革命’中那些严重侵犯人身权利的恶性行为。直到现在，许多公民或法人还不确切知道他们有什么样的人身权利，怎样行使和保护这些权利，以致于在民事活动中侵犯人身权利的违法行为屡有发生”[②]。

相似的历史背景和立法思想把 1982 年宪法、1979 年《刑法》和 1986 年《民法通则》中的人格权保护制度密切联系起来。从部门法到宪法，再从宪法到部门法，从具体的侮辱、诽谤和诬告陷害到抽象的人格尊严再回到具体的名誉权、肖像权、姓名权、荣誉权，仅仅 7 年时间，中国的人格权法律保护框架就基本成形。[③] 但是，在极度的权利饥渴症之下“速成”的人格权法律保护体系也隐藏了一些不足和矛盾。最主要的问题是对“人格尊严”的理解和使用过于政策化，仅仅重视其宣示的功能而忽略了其被实施、适用和解释的潜能，导致这个本来具有深厚哲学理论基础，兼具抽象开放性和具体指向性的人权概念，仅仅被当作隶属于人身自由的单项人格权利或数种人格权利的集合。[④]

对宪法“人格尊严”的狭隘理解也直接导致《民法通则》人格权部分的立法局限：一方面，“人格尊严”被当成具体的民事权利与名誉权相并列；另一方面，整个人身权部分缺乏可资扩充解释的“兜底”条款或概念。[⑤] 当最高人

---

① 《民法通则讲话》编写组编：《民法通则讲话》，经济科学出版社 1986 年版，第 13 页。

② 同上书，第 232—233 页。

③ 迄今为止，宪法中的人格尊严及其相关公民基本权利还没有修改过，虽然《侵权行为法》已经制定出台，但《民法通则》中的相关法规依然有效。唯有《刑法》在 1997 年大幅修订，但是“人身权利”部分的整体罪名设置格局变化并不大，其改变主要是在立法细节上更加规范、更加科学。1997 年《刑法》人身权利部分的修改及其主要立法理由参见赵秉志主编：《新刑法典的创制》，法律出版社 1997 年版，第 298—336 页。

④ 对 1982 年宪法第 38 条宪法原意的考察和批评参见周伟：《宪法基本权利司法救济研究》，中国人民公安大学出版社 2003 年版，第 66—68 页；林来梵：《人的尊严与人格尊严——兼论中国宪法第 38 条的解释方案》，载《浙江社会科学》2008 年第 3 期。

⑤ 王利明主编：《人格权法新论》，吉林人民出版社 1994 年版，第 159—160 页；杨立新、尹艳：《论一般人格权及其民法保护》，载《河北法学》1995 年第 2 期。

民法院发现《民法通则》遗漏了一项重要的人格权——隐私权的时候，它并没有通过解释“人格尊严”来解决问题，最终只能将“以书面、口头等形式宣扬他人的隐私”作为侵害名誉权的方式之一。[①] 相同的问题还出现在 1993 年最高人民法院制定《关于审理名誉权案件若干问题的解答》的过程当中。当时对于隐私权有两种意见：“一种观点认为：虽然我国立法上目前还没有保护公民隐私权的规定，但实践中既然有此需要，就应该通过司法解释补充立法的不足、明确保护公民的隐私权。另一种观点则认为，在司法解释中明确保护公民的隐私权确有越权立法之嫌，况且，隐私权是自然人享有的对其个人的、与公共利益无关的个人信息、私人活动和私有领域的进行支配、不受他人非法干预的权利。只有通过立法才能解决保护公民的隐私权的问题。名誉权纠纷中涉及的只是隐私权中极小的一部分内容，即有损他人名誉的隐私。所以，在名誉权的司法解释中确立保护公民的隐私权的观点是不能成立的。”[②]上述解答最终采纳了第二种观点，依然沿用 1987 年《民法通则》解释的做法，只是将擅自公布有损他人名誉的隐私的行为认定为侵害他人名誉权的行为。

## 二、宪法“人格尊严”的发展

然而，随着学术界对“人格尊严”的研究不断深入，特别是对国外先进法制经验的引进和介绍，[③]我国的立法机关和司法机关也在不断加深对“人格尊严”和人格权的理解认识，并用实际行动改进“人格尊严”在公民权利体系中的功能定位，完善人格权的法律保护体系。

在全国人大及其常委会方面，1993 年颁布的《澳门特别行政区基本法》就做了一个重要的突破。《澳门特别行政区基本法》第 30 条第 1 款几乎复制了 1982 年宪法第 38 条：“澳门居民的人格尊严不受侵犯。禁止用任何方法

---

① 最高人民法院《关于贯彻执行〈中华人民共和国民法通则〉若干问题的意见（试行）》第 140 条。

② 梁书文、杨立新、杨洪逵编著：《审理名誉权案件司法解释理解与适用》，中国法制出版社 2001 年版，第 10 页。

③ 民法学者比较早就注意到应借鉴德国《基本法》“一般人格权”来解释我国宪法的“人格尊严”。参见梁慧星：《中国人身权制度》，载《中国法学》1989 年第 5 期。而宪法学界借鉴国外经验深入研究“人格尊严”则基本上是 2000 年以后的事。参见林来梵：《从宪法规范到规范宪法》，法律出版社 2001 年版，第 165—176 页；李累：《宪法上“人的尊严”》，载《中山大学学报（社会科学版）》2002 年第 6 期；周伟：《宪法基本权利司法救济研究》，中国人民公安大学出版社 2003 年版，第 59—71 页。

对居民进行侮辱、诽谤和诬告陷害。”而第 2 款“澳门居民享有个人的名誉权、私人生活和家庭生活的隐私权”中的“隐私权”是 1982 年宪法和 1986 年《民法通则》都没有列举的。反观 1990 年颁布的《香港特别行政区基本法》，在居民的基本权利和义务部分没有人格尊严条款，也没有列举名誉权和隐私权。之所以会有这种差别，是因为《澳门特别行政区基本法》受到葡萄牙宪法的影响，[①]而葡萄牙宪法是典型的欧洲大陆风格，所以非常重视“人的尊严”的保护，葡萄牙 1976 年《宪法》第 1 条就规定：“葡萄牙是建立在人的尊严和人民意愿的基础上的主权共和国，它以建立一个符合共同目标的自由和正义的社会为使命。”[②]第 26 条第 1 款规定：“承认人人均有个人身份权、民事资格权、公民资格权、名声和名誉权、肖像权、言论权、私人生活及家庭生活隐私权”。而香港地区受英国的影响，作为英美法系的代表，英国的公民基本权利没有保护“人格尊严”的传统，隐私权在香港回归之前的英国也没有得到法律的确认。[③] 当然，《澳门特别行政区基本法》并不适用于我国内地，因此其实际影响比较有限，但是在学理上这确实是一个宪法“人格尊严”承接大陆法系传统，扩展和包容新兴人格权利的实例。

另一类人格权立法方面的重大进展体现在一些为保护特定公民群体而制定的法律中。1990 年颁布的《残疾人保障法》第 3 条第 2 款规定：“残疾人的公民权利和人格尊严受法律保护。”其中“人格尊严”与“公民权利”的并列足见“人格尊严”的地位。同时，由于第 3 条属于该法的“总则”部分，因此其列举的残疾人公民权利既是最重要的残疾人公民权利，又是整个残疾人公民权利保护的基本原则。[④] 同样的，在 1991 年颁布的《未成年人保护法》中，“尊重未成年人的人格尊严”作为保护未成年人应当遵循的原则之一，被写入该法第 4 条。[⑤] 此外，《未成年人保护法》还首次在法律层面明确保护“隐

---

① 王叔文等：《澳门特别行政区基本法导论》，中国人民公安大学出版社 1994 年版，第 198 页。

② 不过，这里的“人格尊严”还是指“人的尊严”，其原文为“dignidade da pessoa humana”。

③ 关于英国法上的隐私权保护参见本书第四章相关内容。

④ 该法第 1 条规定的是《残疾人保障法》的立法目的，第 2 条是划定残疾人的范围，第 3 条就是列举残疾人的重要公民权利。第 3 条共有 3 款，其中第 1 款规定的是残疾人的平等权：“残疾人在政治、经济、文化、社会和家庭生活等方面享有同其他公民平等的权利。”第 3 款是禁止性规定：“禁止歧视、侮辱、侵害残疾人。”

⑤ 《未成年人保护法》第 4 条规定：“保护未成年人的工作，应当遵循下列原则：（一）保障未成年人的合法权益；（二）尊重未成年人的人格尊严；（三）适应未成年人身心发展的特点；（四）教育与保护相结合。”

私”。该法第30条规定:“任何组织和个人不得披露未成年人的个人隐私。”1993年颁布的《消费者权益保护法》则首次把人格尊严和人身自由纳入民法精神损害赔偿和行政处罚事由的范围,该法第43条规定:“经营者违反本法第二十五条规定,侵害消费者的人格尊严或者侵犯消费者人身自由的,应当停止侵害、恢复名誉、消除影响、赔礼道歉,并赔偿损失。”[①]当然,“人格尊严”也还常常作为一般单项权利出现在立法中。比如1992年颁布的《妇女权益保障法》第39条规定:“妇女的名誉权和人格尊严受法律保护。禁止用侮辱、诽谤、宣扬隐私等方式损害妇女的名誉和人格。”[②]1998年颁布的《执业医师法》第21条“医师在执业活动中享有下列权利”中的第5项规定:“在执业活动中,人格尊严、人身安全不受侵犯”。1999年颁布的《预防未成年人犯罪法》第36条第2款规定:“家庭、学校应当关心、爱护在工读学校就读的未成年人,尊重他们的人格尊严,不得体罚、虐待和歧视。……”

2004年“国家尊重和保护人权”被写入宪法后,有一批与保护人权密切相关的法律纷纷进行修改,“人格尊严”和人格权在立法中的地位进一步提升。2005年制定的《治安管理处罚法》在总则部分的第5条第2款规定:“实施治安管理处罚,应当公开、公正,尊重和保障人权,保护公民的人格尊严。”这是我国法律首次把“人格尊严”与“人权”相并列,并且是作为基本原则写入有“小刑法”之称、与公民基本权利密切相关的《治安管理处罚法》之中。[③]与之前1986年制定、1994年修订的《治安管理处罚条例》相比,《治安管理处罚法》不仅在处罚的对象、处罚种类、处罚程序等实施治安管理处罚的具体制度上有多处改进,充分体现了限制警察权力、尊重和保障人权的精神,在具体人格权利及其相关权利保护方面,《治安管理处罚法》也要系统和科学许多。《治安管理处罚法》把原来《治安管理处罚条例》放在两个条文当中的“侵犯人身权利、财产权利的行为”单独作为一节。相应的,原来屈身于一个

---

① 《民法通则》所规定的精神损害赔偿仅限于其第120条规定的姓名权、肖像权、名誉权和荣誉权。参见梁书文、杨立新、杨洪逵编著:《审理名誉权案件司法解释理解与适用》,中国法制出版社2001年版,第98页。

② 这一条与《民法通则》第101条非常相似,只是“宣扬隐私等方式损害妇女的名誉和人格”显然是照搬了最高人民法院为保护“隐私”而对《民法通则》第101条所作的解释。

③ 值得注意的是,“尊重和保障人权,保护公民的人格尊严”一开始并没有写入2004年10月国务院提交全国人大常委会讨论的《治安管理处罚法(草案)》,这两条原则是2005年6月十届全国人大常委会第十六次会议讨论草案时才决定写入的。

法律条文之中的人身权利被拆分为数条不同的条款，并作了进一步的细化和扩充。除了拆分的条文外，《治安管理处罚法》还新增了一些应受处罚的违法行为类型，如“捏造事实诬告陷害他人，企图使他人受到刑事追究或者受到治安管理处罚的”“偷窥、偷拍、窃听、散布他人隐私的”和“煽动民族仇恨、民族歧视，或者在出版物、计算机信息网络中刊载民族歧视、侮辱内容的”等等。其中，“诬告陷害”和“煽动民族仇恨、民族歧视”在《刑法》中都是有相应规定和罪名的（第243、249条），而“偷窥、偷拍、窃听、散布他人隐私的”在《刑法》中还没有相应的规定或罪名。由于《治安管理处罚法》是适用于所有公民的，所以这一突破表明隐私权已经被我国立法机关完全接纳。同一年，《妇女权益保障法》也被修订，原法中的“妇女的名誉权和人格尊严受法律保护”被扩充为“妇女的名誉权、荣誉权、隐私权、肖像权等人格权受法律保护”。其中的“隐私权”是第一次出现在我国法律层面的立法文本中。而更值得注意的是其中“等人格权”的表述，因为这是一种典型的“一般人格权与具体人格权相结合的立法体例”。[①] 这些立法技术上的处理和新兴人格权利的确认，表明全国人大及其常委会已经改变了过去对1982年宪法中“人格尊严”的狭隘理解，开始倾向于学习欧洲大陆法系的传统做法，把“人格尊严”锻造为一个更加抽象同时又不失法规范性的一般人格权概念。

除了立法机关，我国司法机关在人格权法律制度的建构方面也做了很多工作，其中最主要的是最高人民法院所作的各类关于人格权的司法解释。这些司法解释全部集中在民法领域。2001年3月，最高人民法院发布了《关于确定民事侵权精神损害赔偿责任若干问题的解释》，其第1条借助列举精神损害赔偿诉由的机会造就了一个非常完整和系统且非常“超前”的人格权体系：“自然人因下列人格权利遭受非法侵害，向人民法院起诉请求赔偿精神损害的，人民法院应当依法予以受理：（一）生命权、健康权、身体权；（二）姓名权、肖像权、名誉权、荣誉权；（三）人格尊严权、人身自由权。违反社会公共利益、社会公德侵害他人隐私或者其他人格利益，受害人以侵权为由向人民法院起诉请求赔偿精神损害的，人民法院应当依法予以受理。”

说其完整，是因为这条司法解释综合了《民法通则》《消费者权益保护法》等既有民事法律中人身权利和人格权利的所有立法成果，统一使用“人

---

① 王利明主编：《人格权法新论》，吉林人民出版社1994年版，第61—62页。

格权利”概念囊括了民事立法中已经出现的各类人身权利和人格权利。说其系统，是因为这条司法解释没有简单地并排列举权利，而是按照一定的标准和功能把所有的人格权利分成了三类。第一类生命权、健康权和身体权是“物质性人格权”，是人格的自然属性的具体表现；第二类和第三类则是“精神性人格权”，属于人格的“社会属性”的具体表现。人格尊严权、人身自由权之所以要与其他“精神性人格权”分开单独构成一类，是因为这两个人格权利作为民事权利首先规定在《消费者权益保护法》中。鉴于其对自然人人格权利的保护具有普遍意义，该解释将其扩展到普遍适用范围。说其“超前”，则是因为这条司法解释用了两种截然不同的方法弥补《民法通则》在人格权保护方面的不足。参与制定该解释的法官明确指出，“人格尊严权”就是“一般人格权”，是人格权利一般价值的集中体现，因此，它具有补充法律规定的具体人格权利立法不足的重要作用。[①]

然而，有趣的是，当面临一项急需补充的立法不足——隐私权时，最高人民法院的解释又转而向“公序良俗”求助：“侵权法理论和有关国家和地区的立法实践以及判例学说一般采取‘违反公序良俗’作为判断依据。故《解释》参考有关国家和地区立法将侵权行为类型化的方法，将侵害隐私纳入违反公序良俗致人损害的侵权类型中予以规定，同时涵盖了不能归入第一款‘权利侵害’类型中的侵害其他人格利益的案件类型。人民法院在审判实践中，已有实际运用公序良俗原则确认侵权行为违法性的案例，如在他人卧室墙上安装摄像机侵害隐私案等。现实生活中类似这样没有具体的权利侵害类型，但确属违反公序良俗的案例还会层出不穷，司法解释予以规定，对这类案件的处理提供了依据。鉴于我国法律没有‘公序良俗’的提法，《解释》根据《民法通则》第 7 条的规定，采取‘社会公共利益’或者‘社会公德’的提法，其规范功能与‘公序良俗’原则基本是一致的。”[②]于是，在人格权法中就出现了两个口袋，一个是来自德国的“一般人格权”，一个是来自法国的“公

---

① 梁书文、杨立新、杨洪逵编著：《审理名誉权案件司法解释理解与适用》，中国法制出版社 2001 年版，第 94—99 页。这当中有一个矛盾的地方，该法官一方面把“人格尊严”归为人格的社会属性的具体表现，另一方面又把“人格尊严”看作“一般人格权”，看作“人格权利一般价值的集中体现”。宪法学中广义的“人格尊严”和狭义的“人格尊严”所制造的混乱在这里似乎也被“依据”和“遵守”了。

② 梁书文、杨立新、杨洪逵编著：《审理名誉权案件司法解释理解与适用》，中国法制出版社 2001 年版，第 99—100 页。

序良俗”。[①] 但暂时抛开这些矛盾不说，这个司法解释是我国法律实务部门第一次将“人格尊严”作为一般人格权看待。

这样的人格权司法保护体系在最高人民法院 2008 年 2 月 4 日颁布的《民事案件案由规定》中再次得到发展。该规定的第一部分就是“人格权纠纷”，其中第 1 项是“生命权、健康权、身体权纠纷”，之后从第 2 项到第 9 项依次是“姓名权纠纷”“肖像权纠纷”“名誉权纠纷”“荣誉权纠纷”“隐私权纠纷”“婚姻自主权纠纷”“人身自由权纠纷”“一般人格权纠纷”。“婚姻自主权”在立法和学术传统上一直是被放在婚姻家庭法和身份权之中的，这次则被归入人格权，这应该也是一个进步。另外，这一次最高人民法院完全抛弃了“人格尊严”，直接用上了没有任何现行法律依据的外来学理概念“一般人格权”。

## 三、与实践脱节的“人格尊严”

人格权在部门法立法和司法中快速发展的同时，宪法上的“人格尊严”却处于停滞状态。

首先，宪法上“人格尊严”的原意本身就具有缺陷。虽然 1982 年宪法新增第 38 条人格尊严条款是借鉴国外宪法的经验，但是我们仅仅是“参考外国宪法的有关条款”[②]，没有参考这些条款背后的宪法基本权利理论。虽然没有权威的公开资料证明这一点，但是从之后的学理解释完全可以看出这种不足。在 1983 年出版的《我国公民的基本权利和义务》中，张庆福先生是这样解释“人格尊严”的：“所谓人格，从法律上说是作为权利与义务主体的独立的资格。历史经验表明，人们只有从政治、经济各方面彻底摆脱受剥削受压迫的地位才能真正享有人格尊严不受侵犯的权利，公民的身体、荣誉等才能不被侮辱和诽谤。”[③]其中“人格”的定义与 1982 年民法学上的“权利能力”几乎一致：“民事权利能力，亦包括义务能力，为可以享有民事权利、负担民事义务的资格。具有权利能力的人，即具有法律上的人格，成为民事权利的

---

① 已经有学者在学理上指出，在侵权法法条结构和解释机制方面存在两种截然不同的模式，即德国模式与法国模式。中国不应该盲目学习针对德国自身的特定问题而产生的德国模式，否则会陷入消化不良和学理冲突。参见薛军：《揭开“一般人格权”的面纱——兼论比较法研究中的“体系意识”》，载《比较法研究》2008 年第 5 期。此处正好是一个消化不良与学理冲突的实例。

② 吴家麟编：《宪法学学习指导书(修订本)》，中央广播电视大学出版社 1989 年 1 版，第 94 页。

③ 张庆福、皮纯协：《我国公民的基本权利和义务》，四川人民出版社 1983 年版，第 57 页。

主体。”[①]1986 年《民法通则》颁布实施之后，张庆福先生对“人格尊严”又作了相应的补充：“所谓人格，在法律上，是指一个人作为权利与义务的主体的独立的资格。公民的人格尊严，是指公民作为法律关系主体的独立资格应当受到尊重。人格尊严不受侵犯，主要是指公民的姓名权、肖像权、名誉权、人身等不被侮辱和诽谤的权利。人格尊严不受侵犯权是我国公民不可缺少的重要权利，若否定一个公民的人格尊严不受侵犯权，后果将不堪设想，等于剥夺了这个公民的一切权利。”[②]曾参与过 1982 年宪法制定工作的许崇德先生对这一概念的理解也大同小异：“所谓人格，在法律上是指作为权利和义务的主体必须具有的资格。内容包括：姓名权、肖像权、名誉权、荣誉权和人身权。尊重人格，这是公民最起码的权利。”[③]这一解释也是 20 世纪八九十年代的宪法学通说。这种解释是倒置的，由于我们没有深入探究宪法上“人格尊严”应该具有什么样的含义，并考虑其对立法和司法所应具有的功能，因此不得不反过来用民法的“人格”和“人格权”来解释宪法的“人格尊严”。

其次，十几年后当我们逐渐开始注意到“人格尊严”背后深藏着的精深理论之后，却缺乏有效的宪法解释机制，把国外的法制经验比较好地融入我们的宪法和法律之中。立法机关是有权适用宪法的，但是其所能做的仅仅是将宪法条文简单复制到立法中，基本不对宪法本身或者宪法与立法之间的关系作出说明。同时，就是单纯的复制也常常出现不一致的情况，有的法律将“人格尊严”当作一般单项权利，如《民法通则》、1992 年的《妇女权益保障法》等，有的又把“人格尊严”放在立法的总则当中，赋予其基本权利保护之原则的地位，如 2005 年的《治安管理处罚法》、1990 年的《残疾人保障法》、1991 年的《未成年人保护法》等。而司法部门本就无权适用宪法，于是当需要补充人格权的立法漏洞时，其转而直接从源自国外法制经验的学理中寻找依据，硬生生地把“一般人格权”植入民事人格权制度中，并在理论上造成了一定的混乱。这样的司法解释与宪法其实是毫无关系的，而且到最后连形式上的联系也被彻底割断。因此，虽然这些年立法和司法中的人格权保护制度发展迅速，但基本上与宪法是脱节的。时至今日，距离 1982 年宪法颁布实施已经三十多年，1982 年宪法第 38 条人格尊严条款似乎还停留在当年

---

① 佟柔、赵中孚、郑立主编：《民法概论》，中国人民大学出版社 1982 年版，第 29 页。

② 张庆福主编：《中国宪法概论》，河北教育出版社 1988 年版，第 245 页。

③ 许崇德、王向明、宋仁：《中国宪法教程》，人民法院出版社 1988 年版，第 221 页。

对“文革”深深反思的时代中，眼见各种因为社会飞速发展给人格权保护带来的挑战而“无动于衷”。

## 第二节 言论自由：言大于行

### 一、言论自由条款的恢复和发展

如果说“文革”结束后，开启人格权保护历史的是1982年宪法，那么重新开启言论自由保护历史的就应该是1978年宪法。

1978年宪法是在“两个凡是”的错误方针和“文革”时期遗留的“左”倾错误思想的指导下制定的，因此学界对这部宪法的评价并不高。[①] 但从宪法的局部，从个别基本权利的角度来说，1978年宪法对言论自由及其与民主的关系却是着墨颇多的。这主要是因为，在1978年宪法制定期间，“四人帮”已经倒台，修宪者已经开始反思他们在“文革”中破坏民主法制、侵害公民民主权利的种种行为和制度缺陷。这在叶剑英所做的《关于修改宪法的报告》（以下简称《报告》）中表现得最为明显。[②]《报告》多次提到要加强社会主义的民主和法制建设，提到要健全选举制度，加强全国人民代表大会的职能，恢复公检法，加强宪法实施等等具体的宪法修改内容。此外，《报告》还强调要“总结同‘四人帮’斗争的经验，清除‘四人帮’的流毒和影响”，尤其是在破坏法制，侵害公民权利等方面，他们“用专政手段残酷迫害革命群众和革命干部，严重地破坏了社会主义法制，使人民的正当的民主权利以至人身安全失去保障”。“既摧残民主，也破坏集中，破坏社会主义的纪律，破坏国家统一和人民团结。我们现在肃清‘四人帮’的流毒和影响，就要大力恢复和发扬民主传统，同任何破坏民主生活、侵害公民权利的行为作斗争……”

在这种思路下，《报告》多次提到了要加强言论自由的保护，虽然使用的都是政治语言。如《报告》提出：“联系群众，就要充分信任人民群众，尊重广大群众的革命责任感，爱护广大群众的社会主义积极性和首创精神；就要和

---

① “由于路线、方针不正确，决定了1978年宪法不可能是一部好的宪法。”参见许崇德：《中华人民共和国宪法史》（下卷），福建人民出版社2005年版，第322页。

② 叶剑英：《关于修改宪法的报告——一九七八年三月一日在中华人民共和国第五届全国人民代表大会第一次会议上的报告》，载《人民日报》1978年3月8日第1版。

群众呼吸相通，认真听取群众的批评和意见，特别是对于领导机关和领导者的批评和意见。一切来自基层和群众的善意批评，应当受到热情的鼓励。人民群众揭发国家机关中坏人坏事的权利，应当受到充分的保障。”与此相联系，《报告》还提到群众路线：“我们讲群众路线，多少年了，但是现在还有一些干部，由于‘四人帮’的流毒和自己世界观没有得到很好的改造，背离了群众路线。有的不调查，不蹲点，有事不同群众商量，不关心群众疾苦，不参加集体生产劳动，不以平等态度对待人民群众。有的高高在上，独断专行，压制不同意见，把人家嘴巴都封住，在那里瞎指挥，弄虚作假。”再比如关于“百花齐放、百家争鸣”的方针，《报告》认为“对于人民内部的思想问题、学术问题、艺术问题，只能采取说理的批评的讨论的方法，决不容许采取专政的方法”。同时，“在六项政治标准的前提下，艺术上不同的形式和风格可以自由发展，科学上不同的学派可以自由争论，艺术和科学中的是非问题，要通过艺术界科学界的自由讨论，通过艺术和科学的实践去解决”。即使是沿用1975年宪法的“大民主”和“大鸣、大放、大辩论、大字报”，《报告》也要强调这种“大民主”是“无产阶级领导下的大民主”，是“要有广泛的民主，又要有高度的集中”的“大民主”，它不同于“四人帮”所鼓吹的“越乱越好”，“踢开党委闹革命”，“矛头向上就是大方向”的伪“大民主”。

中共十一届三中全会延续了这种要加强民主，加强保护公民言论自由的思想。“由于在过去一个时期内，民主集中制没有真正实行，离开民主讲集中，民主太少，当前这个时期特别需要强调民主，强调民主和集中的辩证统一关系，使党的统一领导和各个生产组织的有效指挥建立在群众路线的基础上。在人民内部的思想政治生活中，只能实行民主方法，不能采取压制、打击手段。要重申不抓辫子、不扣帽子、不打棍子的‘三不主义’。各级领导要善于集中人民群众的正确意见，对不正确的意见进行适当的解释说服。宪法规定的公民权利，必须坚决保障，任何人不得侵犯。”①

紧接着中共十一届三中全会之后颁布实施的1979年《刑法》在兼顾言论自由方面也做了很多工作。首先，当时对是否采纳“恶毒攻击”罪还有争议，最后中央政法小组作出决定不再采用这条罪名：“十多年来，在处理‘恶毒攻

---

① 《中国共产党第十一届中央委员会第三次全体会议公报》，载《人民日报》1978年12月23日第1版。当然，1978年宪法在指导思想上的局限性决定了其保护公民言论自由的思想不可能得到切实的实施。

击'案件方面混淆两类矛盾十分严重,许多地方怕批判为右倾,把对中央领导同志提意见或者说了一些错话,甚至反对林彪、'四人帮'的言论,都被定为'恶毒攻击',作为现行反革命打击。这种做法对发扬民主非常有害。因此,草案稿中没有规定'恶毒攻击罪'。我们认为,对这类问题应实事求是地加以分析,正常的民主权利应予保障,真正做到'言者无罪';属于侮辱、诽谤的以侮辱诽谤罪论处;只有极少数以反革命为目的煽动群众抗拒、破坏国家法律、法令实施的,才以反革命论罪。"①

其次,为了总结"文革"十年浩劫的教训,避免对敌斗争扩大化,不给动辄扣上"反革命"帽子的错误做法留下可乘之机,1979 年《刑法》给所有反革命罪增设了一个构成要件,即"以推翻无产阶级专政的政权和社会主义制度为目的"。②

再次,关于反革命煽动罪(第 102 条)。出于防止片面性和表面性,防止搞"思想犯罪",发生"文字狱"的考虑,1979 年《刑法》在原草案的基础上作了反复的推敲,进一步明确和限定了反革命煽动罪的客观要件。③

最后,在制定侮辱、诽谤罪时,考虑到我国地大人多,经济文化落后,文明程度不高,侮辱、诽谤不分情节,一概当作犯罪处理,事实上是办不到的,这样做也是无益的。因此,条文限定只有"情节严重的"才构成犯罪;而且对侮辱、诽谤罪,除其严重危害社会秩序和国家利益的(如因侮辱、诽谤引起严重后果的)以外,规定"告诉的才处理"。④ 彭真在说明侮辱、诽谤罪时还特别提到:"当然,我们必须继续坚持不抓辫子、不扣帽子、不打棍子的'三不主义',保护工作中的批评和反批评,讨论问题时不同意见的相互争论,以及对领导、对工作提出批评建议的权利,这些必须同诽谤、侮辱严格加以区别。国家既不允许以刑法(草案)的这个规定为借口压制批评、压制民主,也不允

① 高铭暄、赵秉志编:《新中国刑法立法文献资料总览》(下),中国人民大学出版社 1998 年版,第 2003 页。

② 彭真:《关于七个法律草案的说明——一九七九年六月二十六日在第五届全国人民代表大会第二次会议上》,载《人民日报》1979 年 7 月 1 日第 1 版;高铭暄编著:《中华人民共和国刑法的孕育和诞生——一个工作人员的札记》,法律出版社 1981 年版,第 136—137 页。

③ 高铭暄编著:《中华人民共和国刑法的孕育和诞生——一个工作人员的札记》,法律出版社 1981 年版,第 147—148 页。

④ 同上书,第 193 页。

许以民主为借口对他人进行侮辱诽谤。”①

## 二、取消“四大”与公民直接言论②

“大鸣、大放、大辩论、大字报”简称“四大”。“四大”产生于1957年的“反右运动”，盛行于“文革”，并作为“人民群众创造的社会主义革命的新形式”写入1975年宪法的“总纲”部分。1978年宪法继续保留了“四大”，只是将其从“总纲”挪到了“公民的基本权利和义务”部分，并与言论自由放在同一条文中。但是，到1980年4月，五届全国人大常委会十四次会议讨论了中共中央关于取消“四大”的建议，通过了《关于建议修改宪法第四十五条的议案》。同年9月，五届全国人大三次会议表决通过了这项议案，并作出《关于修改〈中华人民共和国宪法〉第四十五条的决议》，其中关于修改的理由非常简洁：“为了充分发扬社会主义民主，健全社会主义法制，维护安定团结的政治局面，保障社会主义现代化建设的顺利进行”。

然而，取消“四大”的直接原因并不是来自对“文革”的反思，而是中共十一届三中全会召开之后，在1978至1979年之间，随着党内外思想的活跃和政治环境的宽松，社会上出现了不利于党的领导和社会主义现代化建设的言论和行为，其中最主要的是“西单墙”事件以及在这次事件中出现的以“大字报”和地下刊物为主要形式的违法犯罪活动。在1979年6月五届全国人大二次会议上，不少代表个别或联名向大会提出关于修改1978年宪法第45条，取消该条文中的有关“四大”规定的提案。同年11月，在五届人大常委会十二次会议上，许多常委针对“西单墙”问题又提出了这一要求。③

1980年1月16日，邓小平在谈到维护安定团结的政治局面时也严厉批评了以“西单墙”为代表的社会思潮，并详细分析了各种社会不安定因素和主要对策，最后他提出：“我们坚持发展民主和法制，这是我们党的坚定不移

---

①　彭真：《关于七个法律草案的说明——一九七九年六月二十六日在第五届全国人民代表大会第二次会议上》，载《人民日报》1979年7月1日第1版。

②　笔者认为，按照言论表达的方式可将言论自由分为制度性言论自由和公民直接言论自由。制度性言论自由的表达需要依赖一定的“制度”，如一定组织、审核、制造、公布、传播等等，这类言论主要包括新闻、出版、广告、学术研究、艺术创作、大学授课等。公民直接言论自由的表达不需要任何附加的组织支撑，公民个人可通过一些便捷的途径直接发表个人言论，以前主要是依靠墙报（即“大字报”）、公共场所的演讲、民谣、口传消息等形式；现代信息社会则以电子邮件、BBS、博客、手机短信、微博、微信等等渠道为主。

③　李春：《“大鸣、大放、大辩论、大字报”的兴起、入宪与废除》，载《兰州学刊》2006年第12期。

的方针。但是实现民主和法制，同实现四个现代化一样，不能用大跃进的做法，不能用‘大鸣大放’的做法。就是说，一定要有步骤，有领导。否则，只能助长动乱，只能妨碍四个现代化，也只能妨碍民主和法制。‘四大’，即大鸣、大放、大字报、大辩论，这是载在宪法上的。现在把历史的经验总结一下，不能不承认，这个‘四大’的做法，作为一个整体来看，从来没有产生积极的作用。应该让群众有充分的权利和机会，表达他们对领导的负责的批评和积极的建议，但是‘大鸣大放’这些做法显然不适宜于达到这个目的。因此，宪法有关‘四大’的条文，根据长期实践，根据大多数干部和群众的意见，党中央准备提请人大常委会和全国人大审议，把它取消。”①

同年2月，这个建议和这段话的主要思想被中共十一届五中全会采纳："全会认为，发扬社会主义民主和健全社会主义法制，保证群众有充分的权利和机会，表达他们对国家大事的意见，对党政领导提出建议和进行批评，是我们党的坚定不移的方针。但是经验证明，大鸣、大放、大辩论、大字报，即所谓‘四大’，不是实现这个目标的好方法。‘四大’作为一个整体，没有起过保障人民民主权利的积极作用，反而妨碍了人民正常行使自己的民主权利。为了有利于消除不安定的因素，全会决定向全国人民代表大会建议，把中华人民共和国宪法第四十五条中关于公民‘有运用大鸣、大放、大辩论、大字报的权利’的规定，予以取消。”②同年9月，五届全国人大三次会议作出了《关于修改〈中华人民共和国宪法〉第四十五条的决议》(1980年9月10日通过、公布)正式取消了1978年宪法中“有运用‘大鸣、大放、大辩论、大字报’的权利”的规定。

修改宪法，取消“四大”的决定无疑是非常正确的，这不仅解决了当时的社会问题，而且是中国宪政史上的一大进步。“四大”产生于1957年的“反右运动”，盛行于“文革”，是“大民主”、群众运动和政治批斗的重要开展形式，曾经给公民个人的人格尊严造成严重侵害，对整个社会秩序也造成了严重破坏。③ 因此，邓小平总结历史经验作出“这个‘四大’的做法，作为一个整体来看，从来没有产生积极的作用”的判断无疑也是符合历史事实的。

---

① 《邓小平文选》第2卷，人民出版社1994年版，第256—257页。

② 《中国共产党第十一届中央委员会第五次全体会议公报》(1980年2月29日通过)。

③ 这也是修改宪法取消“四大”的重要原因，全国人大代表和全国人大常委会委员对此讨论较多。参见罗平汉：《大字报的兴衰》，载《书摘》2003年第11期。

但是，如果不把“四大”看作一个整体，而是抛开那些特殊的政治理念，将其一个一个分拆开，并把它们看作公民言论表达的具体形式的话，“四大”还有没有在宪法中存在的价值呢？比如“大字报”，又称墙报，作为一种言论表达手段在历史上古已有之，并且也绝非我国所独有。这种言论表达形式可能会被少数人利用于不良的目的，对社会造成危害，但大多数时候它是普通民众在特殊时期表达不满的最有效方式，对社会的进步能起到促进和矫正的作用。在“文革”晚期，一些公民也是自发地利用“大字报”揭露和批判林彪、“四人帮”反革命集团，并逐渐于 1976 年春天达到了高潮，而这也敲响了整个“文革”的丧钟。① 这些言论自由的表达方式是对社会有益还是对社会有害，关键还是看其表达的内容和目的。在现代法治社会，要设定区分有益与有害的标准，保护有益的言论，惩罚有害的言论，当然要依靠法律和法治。邓小平也注意到了这一点，他说：“经济搞好了，教育搞好了，同时法制完备起来，司法工作完善起来，可以在很大程度上保障整个社会有秩序地前进。”只是在 80 年代初连法制都还没有完善，更遑论法治。因此，针对当时的情况，邓小平果断地作出决定：“法制要在执行中间逐步完备起来，不能等。现在这样一大批犯罪分子不严肃处理，那还说什么法制？对于各种破坏安定团结的人，都要分别情况，严肃对待。”②

但是，非常遗憾的是，这些问题并没有随着我国法制体系的建设和法治化进程的推进而得到解决。实际上，直到今天关于“四大”的整体与个体、具体历史背景和一般的表达方式之间的关系，这些有待澄清的理论问题给我国的言论自由法律保护带来了很多的问题。作为整体的“四大”被取消是否意味着作为个别形式的公民表达言论的方式也要被完全禁止？如果允许墙报或其他形式的公民直接言论存在，是否应该由法律来保护这类言论自由？除了保护之外，又应该如何划清对社会无害的言论与对社会有害的言论之间的界限？对不同的言论应该如何立法保护、如何立法限制、如何立法惩罚？有了立法之后还需要哪些配套制度和措施？这些本应在 20 世纪解决的问题一直遗留并隐藏在我国宪法之中。当新世纪到来，“四大”的某些言论

① 牧惠：《大字报的兴衰》，载《同舟共进》2002 年第 4 期。

② 《邓小平文选》第 2 卷，人民出版社 1994 年版，第 255 页。

表达方式借助现代科学技术和传播方式的革新而重新被广泛运用的时候,[①]这些问题便以各种出乎人们意料的方式爆发出来。

## 三、新闻法起草工作全面受阻

在修改宪法、取消"四大"之后,我国的言论自由法律保护制度构建曾经迎来了一个历史性的转机,这便是新闻法的正式起草。

中共十一届三中全会之后,要求保护新闻自由,进行新闻立法的诉求几乎是与加强人格权法律保护的诉求同时提出的。1980 年 9 月,上海代表赵超构在五届全国人大三次会议的小组会议上提出了制定新闻法的口头建议。一些政协委员在同时召开的全国政协会议上也就制定新闻法问题发表了一些意见,认为报纸要敢于为国家和人民的利益说话,应有保证言论、出版自由的法律。10 月 29 日,首都新闻学会在北京举行了新闻法研讨会。1981 年新年前夕,全国人大常委会法制委员会副主任张友渔在答记者问中明确表示:"我看需要立个新闻法。办事有个法好。……国家立个新闻法有两个方面的好处:一方面保障新闻自由,保障新闻工作者的正当权利;另一方面限制、制裁违背宪法和法律的言论。"[②]

1982 年中共十二大明确提出:"社会主义的物质文明和精神文明建设,都要靠继续发展社会主义民主来保证和支持。建设高度的社会主义民主,是我们的根本目标和根本任务之一。"[③]当年颁布实施的 1982 年宪法又为新闻法的制定提供了坚实的宪法基础。当 1983 年六届全国人大一次会议上几位人大代表再次提出要求制定新闻法的提案时,[④]该提案被转到当时主管新闻工作的中宣部新闻局。经过研究,1984 年 1 月初中宣部新闻局向中央提出《关于着手制定新闻法的请示报告》,建议由全国人大常委会教科文卫委员会牵头组成起草小组,着手筹备新闻立法工作。该报告经中共中央书记处书记胡乔木和全国人大常委会委员长彭真分别批示同意后,新闻法起草小组随即成立,新闻法的制定工作正式开始。此后,全国人大常委会科教文

---

① 有关互联网与"大字报"关系的论述可参见胡一刀:《大字报与互联网》,载《南风窗》1999 年第 4 期。

② 刘国明:《中国新闻立法的进展和难点》,载《新闻爱好者》2003 年第 11 期。

③ 胡耀邦:《全面开创社会主义现代化建设的新局面——在中国共产党第十二次全国代表大会上的报告》(1982 年 9 月 1 日)。

④ 锺沛璋:《政治文明与新闻立法——兼议新闻立法正当时》,载《同舟共进》2003 年第 2 期。

卫委员会会同中国社会科学院新闻研究所创建了新闻法研究室，开展了广泛的资料收集、学术研究和意见征集调查工作。但是，在 1985 年 11 月，新闻法起草工作仅仅开展了不到两年的时间，新闻法研究室险遭撤销，研究和起草工作也停顿了好几个月。1986 年 4 月，相关工作恢复没多久，起草工作再生波折：1987 年 1 月，新闻出版署正式成立，根据有关领导的指示新闻法起草工作转由该署负责，全国人大常委会科教文卫委员会仅仅负责继续进行相关研究工作。同时，有关方面还决定成立新闻法起草上海小组，这样一时之间就形成了三个事实上的新闻法起草小组。[①]

不过，1987 年 10 月召开的中共十三大则明确提出："必须抓紧制定新闻出版、结社、集会、游行等法律，建立人民申诉制度，使宪法规定的公民权利和自由得到保障，同时依法制止滥用权利和自由的行为。"[②]到 1988 年，新闻出版署牵头的新闻法起草组、新闻法起草组上海小组和中国社会科学院新闻研究所新闻法研究室各拿出了一个新闻法草稿，在北京征求意见，社会各界对这三个草案进行了热烈的讨论。[③] 1988 年 2 月、4 月和 7 月，中央领导同志也多次听取了制定新闻法的工作汇报。[④] 1989 年 1 月，新闻出版署新闻法起草小组又带着《新闻法（征求意见稿）》和《新闻记者暂行条例（征求意见第 7 稿）》到上海征求专家意见。[⑤] 2 月，当时主持新闻法起草的新闻出版署署长，正式向新闻界宣布万众瞩目的新闻法的"正式草案"将力争于年底前提交全国人大常委会审议。[⑥] 但不久由于种种原因，新闻法的起草工作再次被搁置。

进入 90 年代之后，新闻立法工作虽然没有被立即搁置，但是已经全面转入低潮。公众只能从一些零星的公开信息中隐约看到新闻法起草工作仍在

---

① 成立上海小组主要是一方面为了使两个小组的工作得以互相充实，另一方面如果中央不能制定出一个全国性的法律，作为一个试验的基础，上海这个全国最大的城市可以将上海小组的新闻法草案作为地方性法规予以实施。参见江经清：《王强华介绍新闻法起草组工作》，载《新闻记者》1988 年第 12 期。

② 赵紫阳：《沿着有中国特色的社会主义道路前进——在中国共产党第十三次全国代表大会上的报告》（1987 年 10 月 25 日）。

③ 李赤：《三个新闻法文稿初次露面 首都新闻界就制订新闻法中的问题开展学术讨论》，载《新闻记者》1988 年第 10 期。

④ 同上。

⑤ 杨望：《新闻法起草组派员专程到沪听取意见》，载《新闻记者》1989 年第 3 期。《新闻记者暂行条例（征求意见第 7 稿）》是作为新闻法的替补来草拟的，功能类似于后来的《出版管理条例》。

⑥ 孙旭培：《新闻法：最需要的法律 最困难的立法》，载《新闻知识》1999 年第 9 期。

继续。第八、九届全国人大常委会继续将新闻法、出版法列入立法规划。1993年11月，中央宣传思想工作领导小组将新闻法、出版法列入《宣传思想文化工作法规制度建设近期规划》中。此外，中宣部也将新闻法、出版法分别列入“九五”“十五”立法规划建议。[①] 1998年全国人大常委会委员长李鹏在接受德国《商报》记者采访时曾谈到：“我们将按照法定程序制定一部符合中国国情的新闻法。”[②]此时参与起草工作的只剩下新闻出版署牵头的新闻法起草小组一家。尽管这个小组依然在努力推进新闻出版法的出台，但是结果却令人失望。1990年和1993年《出版法》草案曾两度被提交立法机关审议，但均未通过。而《新闻法》草案却因意见始终不统一，从未提交全国人大常委会审议过。曾参与这段起草工作的新闻法制研究中心副主任宋克明曾经总结道：“这个事实告诉我们：新闻法的制订不可能在近期完成。”[③]

正是在这种波折之中，“新闻法的制订不可能在近期完成”的主导思想逐渐占了上风，这也就意味着制定新闻法、出版法的工作将被全面搁置。1997年1月2日，国务院出台了《出版管理条例》，这部行政法规被认为是新闻法、出版法暂时不能出台情况下的“新闻出版业的主要法律依据”。[④] 同年4月，新闻出版署公布了《新闻出版业2000年及2010年发展规划》，把完成“建立以《出版法》《新闻法》和《著作权法》为主体及与其配套的新闻出版法规体系”的时间拉长到2010年。

进入21世纪后，全国人大及其常委会再没有在正式公开的文件中提到要制定新闻出版法，[⑤]有关主管领导更是多次公开表示我国暂时不会制定新闻出版法。2002年时任新闻出版总署副署长的柳斌杰在接受记者采访时谈到：“《新闻法》在大多数国家都没有。新闻自由的含义太广，理解多有不同，中国制定《新闻法》条件不成熟，过早出台可能不利于新闻传播的发展。因此，中国目前不会制定《新闻法》。”[⑥]2003年6月，中宣部通知各省、自治区、

---

① 刘国明：《中国新闻立法的进展和难点》，载《新闻爱好者》2003年第11期。

② 《李鹏接受德国商报记者采访》，载《人民日报》1998年12月2日第1版。

③ 宋克明：《美英新闻法制与管理》，中国民主法制出版社1998年版，第227页。

④ 同上书，228页。

⑤ 2008年10月公布的十一届全国人大常委会立法规划依然没有新闻法或出版法的立法计划。资料来源：http://www.npc.gov.cn/npc/xinwen/syxw/2008—10/29/content_1455985.htm，最后访问日期：2008年11月25日。

⑥ 《新闻出版总署副署长柳斌杰谈新闻出版业改革》，http://www.xwcbj.gd.gov.cn/news/html//zxdt/article/9309934291493.html，最后访问日期：2008年11月26日。

直辖市委宣传部，要求对文化立法情况进行调查，并对全国的文化立法提出意见和建议，最后调查的结论是目前我国《新闻法》《出版法》的出台条件尚不成熟，过早出台会影响我国新闻出版业的健康发展，建议先制定有关新闻管理的行政法规，或在相关法律中体现新闻法律规范的条款，也可在一些地方进行试点。

2008 年 11 月，升任新闻出版总署署长的柳斌杰做客强国论坛时再次解释了我国为什么没有《新闻法》的原因："新闻立法的难度是很大的。……大家在认识上还很不一致。加之目前我国的传媒事业正在发展，依赖于计算机、互联网、数字化这些新的技术，传媒也正在发展，正像胡锦涛总书记所讲的那样，像互联网新媒体这样，未知领域远远大于已知的领域，你还不了解它，你还不掌握它，它将来会是一个什么局面，会对我们整个传播带来哪些深刻的变化，你还没有规律性的认识，所以，在这样一种情况下，我想任何一个负责任的人都会感觉到这是相当困难的。所以，不如我们暂时让它再发展一段，利用国家的其他法律、政府的管理条例，让我们这个事业更加成熟、更加发展，在更加恰当的时期再来谈论这个问题，会更合适一点。"①

## 第三节　言论自由法律保护制度的结构性失衡

新闻法起草受阻的影响并不仅仅限于新闻法本身，而是波及整个言论自由法律保护制度的构建，在其他相关立法、行政管理、政党政策、学术研究等多方面造成言论自由法律保护的滞后，从而导致一种结构性失衡。

### 一、新闻工作指导思想与学术研究的转向

中共十一届三中全会之后一段时间，党对资本主义新闻自由的批判提的并不是很多，但是在 20 世纪 90 年代，对资本主义新闻自由的批判成为党的新闻工作指导思想的重要组成部分。1989 年 11 月，江泽民在《关于党的新闻工作的几个问题》的讲话中就明确指出："西方国家标榜的'新闻自由'，实质就是资产阶级的新闻自由，是为维护资产阶级利益和资本主义制度服务的。西方国家的法律对新闻活动有许多限制，比如规定不得登载国家军

---

① 《新闻出版总署署长柳斌杰谈新闻出版事业的发展》，http://www.people.com.cn/GB/32306/54155/57487/7466904.html，最后访问日期：2008 年 11 月 26 日。

事机密;不得煽动暴动或叛乱;不准危害社会秩序;不得诽谤他人等等。西方国家的新闻事业,不论是由政党、政府举办,还是由私人举办都有财团或政治集团为背景。新闻从业人员的活动,如果违背了他们所从属的财团或政治集团的意志、利益,就会被解雇。对劳动群众来说,即使法律条文上有办新闻事业的自由的规定,事实上也是不可能实现的。在那里,说到底,是有钱就有自由,没有钱就没有自由,有多少钱就有多少自由。有时报刊上也登载一些资产阶级内部互相攻讦、互相争吵的东西,给人以新闻自由的假象。其实这种自由也不是无限度的,仍然是以不损害资产阶级的整体利益为前提的。对于试图改变资本主义制度的新闻活动,法律从来没有放弃过惩罚。""国际敌对势力和国内顽固坚持资产阶级自由化立场的人,把'新闻自由'作为实现和平演变的一个重要手段。在这个问题上,特别是我们的新闻工作者,必须有清醒的认识,必须保持高度警觉,毫不留情地揭穿他们的骗局。"①

伴随着新闻工作指导思想变化的是相关学术研究的薄弱,尤其是新闻法起草受阻之后,学术界不约而同地集体转向,避开相对敏感的课题,转而选择风险更小、社会关注度更高的热点话题。20 世纪 80 年代,几个新闻法立法小组及其负责人先后开展了多次较大规模的群众性讨论。1985 年 1 月和 3 月,全国人大教科文卫委员会副主任胡绩伟先后在上海、广州、成都、重庆和深圳(约见香港地区新闻界人士)等地召开新闻法座谈会。1989 年 1 月,新闻法起草小组派员携《新闻法(征求意见稿)》到上海听取意见,上海新闻界讨论了三天。接着,上海《新闻记者》月刊开辟《新闻立法笔谈》专栏,专门对《新闻法(征求意见稿)》发表意见。2 月 24 日,新闻记者杂志社等单位又发起新闻立法报告会,有十位人士发表演讲,数百人冒雨参加。② 当时讨论的问题非常全面,不仅涉及新闻法的方方面面,更重要的是很多观点都是针对中国新闻工作和新闻管理体制的现实问题,如新闻法是早出台还是晚出台?强调立足现实还是根据形势的发展,制定适度超前的新闻法?是否允许民营报纸,即自然人能不能办报?新闻法是新闻自由的保障法,还是新闻自由的限制法?怎样保障新闻自由?对新闻事业的性质和作用应该如何

① 江泽民:《关于党的新闻工作的几个问题》(1989 年 11 月 28 日在中宣部全国新闻工作研讨班上的讲话),载《十三大以来重要文献选编》(中),人民出版社 1991 年版。

② 魏永征:《中国新闻法学研究的回顾与前瞻》,载魏永征:《新闻法新论》,中国海关出版社 2002 年版,第 264—265 页。

认识，新闻事业是否仅仅是宣传工具？如何用法的形式界定新闻的功能？怎样开展对政要和政府部门的舆论监督？舆论监督要不要上级批准？新闻侵权的法律责任如何确定？是否建立侵权纠纷的仲裁制度？新闻工作者的自律和职业道德是否应在法律上有所规定？[①]

当时不仅仅只有口头的学术讨论，一批新老学者和新闻事业工作者还做了很多有分量的学术研究，其内容除了涉及这些现实迫切需要解决的问题之外，还包括很多基础性的资料整理，比如新中国成立前中国历史上出现过的新闻法规、新中国成立前后中国共产党的新闻政策汇编、国外新闻法规翻译及其新闻法制状况介绍等等。进入 90 年代之后，类似这样规模的、涉及广泛的学术讨论再没有出现过。[②] 在学术研究方面一些曾经是热点并且关系到新闻法律制度基本框架的核心问题长时间被敏感化并乏人问津。比如关于新闻自由的研究，有学者通过检索和统计相关论文发现，90 年代的论文发表数量明显减少，而且“真正关于新闻自由理论本身的研究并不多，大多数研究是以新闻自由与其他各相关因素的关系作为切入口”[③]。其他如制定新闻法的目的、是否允许民营报纸、法治下的舆论监督平等、新闻事业性质和作用的法律定性等方面的学术成果发表状况也大多如此。反倒是“新闻侵权”这类原本在新闻法起草工作中相对次要的问题突然成为学术热点，并且在相当长的时期内成为与新闻法有关的学术研究的唯一焦点。[④]

## 二、言论自由的立法断层

新闻法的立法过程对言论自由及其相关宪法权利的立法保护起到了一

---

① 李赤：《三个新闻法文稿初次露面 首都新闻界就制订新闻法中的问题开展学术讨论》，载《新闻记者》1988 年第 10 期。

② 孙旭培：《中国大陆的新闻法研究》，载《传播研究简讯》总第 22 期，2000 年 5 月。

③ 郑保卫、樊亚平、周雅丽：《新时期我国新闻自由研究述评》，载《当代传播》2008 年第 1 期。不过，1990、1991 年是个例外，因为这两年以新闻自由为研究对象的论文“主要内容是论述新闻自由的阶级性，强调马克思主义的新闻自由观和无产阶级的党性原则，批判西方新闻自由思想”。另外，陈慧通过对维普网的论文统计发现：“1991 至 1999 年，关于新闻自由的论文加起来不过寥寥 6 篇，还不及 2000 年一年的研究数量。”参见陈慧：《1991—2006 年新闻自由研究综述》，载《湖南大众传媒职业技术学院学报》2008 年第 1 期。

④ 魏永征：《中国新闻法学研究的回顾与前瞻》，载魏永征：《新闻法新论》，中国海关出版社 2002 年版，第 269 页；孙旭培：《中国大陆的新闻法研究》，载《传播研究简讯》总第 22 期，2000 年 5 月。

个消极的示范作用，大家都明白这些公民基本权利应该由法律来落实，但是如果对这种基本权利本身的理解及其依靠法律落实的具体方法还存在较大分歧那就暂时不要立法，先加强行政管理，等到社会发展使大家能够达成共识了再来考虑制定保护权利的法律。

出版自由和新闻自由联系紧密，因此出版法和新闻法基本上是捆绑在一起起草的，其命运自然也是一样。结社法与新闻法的命运也非常相似。1987年中共十三大曾明确提出制定结社法的立法任务，并委托民政部起草结社法草案。从1987年开始，民政部按照国务院指示，开始了结社立法的工作，经过五年多的努力，十易其稿，于1993年报送国务院。[①] 但最终这部法律草案并没有进入正式的立法议程，而以政府管理结社行为为目的制定的《社会团体登记管理条例》《基金会管理办法》《民办非企业登记管理暂行条例》等行政法规和部门规章成了事实上的“结社法”。结社法难产的直接原因同样是因为党和政府对结社自由权利性质及我国民间社团组织的社会定位在认识上不够统一。集会、游行和示威三项自由也是捆绑在一起进行立法起草工作，其间也经历了数次波折，最终在1989年10月由全国人大常委会通过。但是，这部法律并不是一部全面落实宪法基本权利的立法，其特殊的历史背景决定了它的内容更加偏重限制和管理公民的集会、游行、示威行为。[②] 因此，抛开法律位阶的形式区别，在实际效果上这几项自由的法律保护状况与新闻、出版和结社的立法状况非常相似。此外，1982年宪法第41条规定的批评、建议、申诉、检举和控告权同样与言论自由密切相关，但切实保护这些权利的立法要么不够完备，要么仍处于起草准备阶段。

除了宪法直接列举的言论自由相关权利之外，还有一些重要的宪法未列举权利也缺乏法律的保护和落实。比如知情权虽没有明确写入我国宪法，但它是公民实现言论自由的前提条件。然而，我国的政府信息公开制度构建起步晚，进程慢。2007年虽然制定实施了《政府信息公开条例》，但刚开始实施就面临了诸多的困难和阻力。至于其他类型的信息公开制度，如司法机关判决文书公开、案件侦查信息公开等刚刚起步，而如公职人员财产申报及公开、立法机关议事讨论记录公开等尚付阙如。

---

① 《民政部杨衍银副部长在北京市第三次社会团体管理工作会议上的讲话(1993年12月4日)》，载民政部社团管理司管理处编：《社会团体管理工作手册》(内部资料)，1996年7月，第122页。

② 郭道晖：《法的时代呼唤》，中国法制出版社1998年版，第677页。

## 三、新闻法治抑或新闻法制

上文提到的柳斌杰署长的观点基本上代表了中国新闻立法的另一种思路：在搞不清新闻法是保护新闻自由还是限制新闻自由的情况下，干脆就不要制定法律，先出台一些必要的、争议不大的“其他法律、政府的管理条例”，等到新闻事业本身发展比较成熟了，各方关于如何保护新闻自由的意见也比较统一了，再来讨论如何制定新闻法、出版法，如何落实宪法规定的言论出版自由。这种立法思想主导了中国将近二十年。于是一批行政法规、部门规章逐渐成为目前我国最重要的“新闻法”。其中重要者如国务院发布的《广告管理条例》《音像制品管理条例》《电影管理条例》《出版管理条例》《印刷业管理条例》《外国记者和外国常驻新闻机构管理条例》《互联网信息服务管理办法》；新闻出版署发布的《期刊管理暂行规定》《报纸管理暂行规定》《关于认定淫秽及色情出版物的暂行规定》《关于部分应取缔出版物认定标准的暂行规定》《内部资料性出版物管理办法》《报刊刊载虚假、失实报道处理办法》《互联网出版管理暂行规定》《报社记者站管理办法》《新闻记者证管理办法》等等。这些行政法规和部门规章涉及新闻出版的方方面面，基本上都是出于行政管理的需要制定的，虽然在施行的效果上有些法规可以起到部分的保护新闻出版自由的作用，但是总的来看，这些行政法规、部门规章都只是现有新闻出版管理体制的肯定和强化，基本没有为了保护公民新闻出版自由而作出制度上的改进。

对此仅以《出版管理条例》中的一个制度即可说明。该条例第 1 条明确把“保障公民依法行使出版自由的权利”列入其立法目的之中，而且第 23 条第 1 款还规定：“公民可以依照本条例规定，在出版物上自由表达自己对国家事务、经济和文化事业、社会事务的见解和意愿，自由发表自己从事科学研究、文学艺术创作和其他文化活动的成果。”如果按照世界通行的理解和做法，这种“在出版物上自由表达”的自由理应包括公民私人（包括个人和法人）创办报纸、期刊乃至报社、出版社、通讯社的自由。[①] 但是，“公民可以依照本条例规定”却藏了玄机。该条例第 9 条第 1 款规定：“报纸、期刊、图书、音像制品和电子出版物等应当由出版单位出版。”然后第 11 条再把设立“出

① 20 世纪 80 年代三个新闻法草案在是否允许私人办报的问题上就有过分歧。参见江经清：《王强华介绍新闻法起草组工作》，载《新闻记者》1988 年第 12 期。

版单位”的条件限定为“有符合国务院出版行政主管部门认定的主办单位及其主管机关”，即要遵守既有的国家所有的新闻机构所有制和与之相伴的新闻管理体制的规定。“这个以前三个“新闻法”文稿都没有的‘三段论’，概而言之，就是‘公民有自由，媒介归国家’，是我国迄今为止对于公民出版自由的最权威界定。按此规定，出版物（书、报、刊、音像制品等）必须由国家认可的机构所设立的出版单位出版，公民享有在这些出版物上自由表达的权利，公民不得自行设立出版单位，也不得自行印制出版物。”[①]

## 四、立法中的结构性失衡

尽管1979年《刑法》在兼顾言论自由方面做了很多工作，但是这些工作主要是针对特定的历史经验教训做出的。当时的立法者并没有对刑法中涉及协调实现言论自由的法条进行系统性的、前瞻性的整理和研究，也没有比较、考察和借鉴国外刑法在这方面的先进经验，因此留下了很多不足之处。本来经过将近二十年的实践，到1997年《刑法》修改时立法者有机会在这些方面作出进一步改进，但是很可惜，虽然这次刑法修改在立法的规范性、科学性上取得了很多成果，但是真正从兼顾言论自由的目的作出的修改寥寥无几。比如把“反革命罪”改为“危害国家安全罪”，主要是“考虑到我们国家已经从革命时期进入集中力量进行社会主义现代化建设的历史新时期，宪法确定了中国共产党对国家事务的领导作用，从国家体制和保卫国家整体利益考虑，从法律角度来看，对危害中华人民共和国的犯罪行为，规定适用危害国家安全罪比适用反革命罪更为合适”[②]。修改后，这部分罪名更加精炼了，但是有些罪名使用的概念涵盖的范围更大了。[③]

1997年《刑法》也新增了一些涉及言论自由的罪名，如侵犯商业信誉罪、散布恐怖信息罪、散布虚假信息罪等。[④] 同时，1979年《刑法》中一些遗留的问题未予明晰，比如侮辱、诽谤罪中那条争议颇多的自诉例外条件：“严重危

---

① 魏永征：《中国媒介管理法制的体系化——回顾媒介法制建设30年》，载《国际新闻界》2008年12期。

② 王汉斌：《关于〈中华人民共和国刑法（修订草案）〉的说明》，1997年3月6日在第八届全国人民代表大会第五次会议上 。

③ 赵秉志主编：《新刑法典的创制》，法律出版社1997年版，第153页。

④ 有人统计过《刑法》中与言论自由有关的罪名共有15个。参见杜承铭、吴家清等：《社会转型与中国宪法自由权制度的完善》，北京大学出版社2005年版，第172页。

害社会秩序和国家利益的”。学理解释是:“这一款之所以这样规定,主要是考虑有些人侮辱了中央领导人以后,中央领导人不便于亲自告诉的情况,司法机关应主动地进行追究,以维护中央领导人的名誉和人格。但这里所指的‘国家利益’不应包括把中央领导人看成党和国家的代表,通过攻击他们来攻击党和政府、攻击社会主义制度,并以此来煽动群众推翻党的领导和社会主义政权而危害‘国家利益’的情况,对于后者完全应以煽动颠覆国家政权罪论处。”①

有“小刑法”之称的《治安管理处罚法》也是如此。《治安管理处罚法》的前身是1986年颁布的《治安管理处罚条例》,该条例在1994年还被部分修改过。但是,从1986年到2005年,在一些涉及言论自由的法条的制定和修改过程中,立法者同样很少考虑兼顾言论自由的保护。其中最典型的是对制造谣言扰乱社会秩序的行为的界定。1986年《治安管理处罚条例》第19条第5项规定:“造谣惑众,煽动闹事的”,第6项规定:“谎报险情,制造混乱的”。这样的立法基本上用的是日常用语,概念模糊,涵盖的可受惩罚的行为极广。1994年全国人大常委会将该条例第19条第5项修改为:“捏造或者歪曲事实、故意散布谣言或者以其他方法煽动扰乱社会秩序的”。这样的修改规范了法律用语,限制了谣言的范围,应该算是一种进步。然而,2005年的《治安管理处罚法》却又退了一步,其第25条第1项规定:“散布谣言,谎报险情、疫情、警情或者以其他方法故意扰乱公共秩序的”。“散布谣言”没有了主观状态的限制,“谎报”的范围也进一步扩大。此外,与《治安管理处罚条例》相比,《治安管理处罚法》大幅扩大了可受处罚的行为种类,其中需要兼顾言论自由的就增加了7项:第24条第3项在大型群众性活动中展示侮辱性标语、条幅等物品的;第42条新增的4项对人格权的保护;第47条煽动民族仇恨、民族歧视,或者在出版物、计算机信息网络中刊载民族歧视、侮辱内容的;第55条煽动、策划非法集会、游行、示威,不听劝阻的。行政法中类似《治安管理处罚法》这样较少或基本没有兼顾言论自由的还有《国家安全法》《保守国家秘密法》《档案法》《广告法》等等。

2005年修订的《妇女权益保障法》在协调保护言论自由方面也有重大缺陷。该法新增了一项保护妇女人格权的制度。该法第42条第2款规定:“禁

---

① 于志刚主编:《危害国家安全罪》,中国人民公安大学出版社2003年版,第188页。

止通过大众传播媒介或者其他方式贬低损害妇女人格。”第59条规定:“违反本法规定,通过大众传播媒介或者其他方式贬低损害妇女人格的,由文化、广播电影电视、新闻出版或者其他有关部门依据各自的职权责令改正,并依法给予行政处罚。”2008年新修订的《残疾人保障法》也采纳了相同的规定。这项制度的设计对言论自由的协调平衡兼顾考虑得较少。首先,保护对象过于宽泛。这里的“妇女”“残疾人”不仅可以理解为对作为妇女、残疾人的公民个人,而且可以理解为对“妇女”“残疾人”这个群体的诽谤,即群谤。[①]群谤是一个非常复杂的问题,其争议的言论是以一定群属特征划定的一个群体的公民,其背后往往有复杂的历史、社会、文化、道德或宗教的因素纠结缠绕,要保护这个群体的人格权还是把这些争议言论留给公众继续讨论需要非常仔细和谨慎的权衡。其次,立法用语过于模糊。仅仅用“贬低损害某某的人格”作为判断是否违法的标准实在过于简单,尤其是现代社会的言论越来越多元、开放和复杂,没有更加明确的标准,没有抗辩事由极容易造成对公民言论自由和新闻自由的侵害。

此外,在民事法方面,虽然1986年《民法通则》在人格权和人身权保护上面做了很多工作和突破,但是在兼顾言论自由方面,这部民事法律同样乏善可陈,不过好在司法机关利用司法解释部分弥补了民事立法在这方面的缺陷,这部分将在下一章中详述。

到目前为止,可能只有2007年颁布的《突发事件应对法》算是个例外。2006年6月,全国人大常委会审议国务院提交的《突发事件应对法》草案时,有两条限制新闻媒体发布突发事件信息的条款引起了巨大的争议。其中第45条规定:“履行统一领导职责或者组织处置社会安全事件的人民政府应当按照有关规定统一、准确、及时发布有关突发事件应急处置工作的情况和事态发展的信息,并对新闻媒体的相关报道进行管理。”第57条规定:“新闻媒体违反规定擅自发布有关突发事件处置工作的情况和事态发展的信息或者报道虚假情况,情节严重或者造成严重后果的,由所在地履行统一领导职责的人民政府处5万元以上10万元以下的罚款。”起草者对这两条的解释是,

① 英美法的诽谤法中有“group defamation”的概念,我国台湾地区学者法治斌将其译为“群谤”。在美国比较多的群谤与种族歧视有关,在欧洲比较著名的例子是有学者否定二战时期德国纳粹对犹太人的大屠杀。在我国法律中也有针对群谤的立法,典型的如1997年《刑法》第249条煽动民族仇恨、民族歧视罪,第250条出版歧视、侮辱少数民族作品罪。

首先，这么规定是为了在政府真实、准确、及时地发布信息的前提下，防止因个别新闻媒体编发没有根据的信息或者传言或者报道虚假情况，误导社会公众，引起不必要的社会恐慌。其次，第57条规定只有在情节严重或者造成严重后果的情况下才适用处罚，不是说媒体今后报道突发事件就要受处罚，也不是违反规定报道就要处罚。再次，这么规定不仅不会影响新闻媒体正常报道有关突发事件的信息，而且有利于提高有关信息报道的准确性和权威性，使新闻媒体都能够成为负责任的媒体。最后，这么规定也是为了与我国现行一些法律、行政法规对某些种类的突发事件的信息发布、报道的规定接轨。比如，《防震减灾法》第16条规定，地震的短期预报和临震预报，由省、自治区、直辖市人民政府按照国务院规定的程序发布。任何单位包括新闻媒体，或者从事地震工作的专业人员关于短期地震预报或者临震预报的意见，不得擅自向社会扩散。《重大动物疫情应急条例》第20条规定，重大动物疫情由国务院兽医主管部门按照国家规定的程序，及时准确发布；其他任何单位和个人不得公布重大动物疫情。《破坏性地震应急条例》第32条规定，新闻单位应当根据抗震减灾指挥部提供的情况，按照规定及时向公众发布震情、灾情等有关信息，并做好宣传、报道工作等。[①]

但是，出人意料的是，草案中的这两条不仅引起了新闻从业者、学者和公众的争议，连部分起草者和立法者也表示了异议。异议者的意见又不约而同地集中在新闻自由和知情权的保护上，认为这两条规定有可能侵害突发事件中新闻媒体的权利和公民的知情权，反而不利于突发事件的处理。[②]最终全国人大常委会认为“媒体所起到的正面作用应该充分肯定。此外，草案关于‘违反规定’的表述含义不清，有可能成为某些地方政府限制媒体正常报道突发事件的借口，不利于媒体对其谎报瞒报行为开展舆论监督”，因此删除了第45条中“并对新闻媒体的相关报道进行管理”的规定和第57条。但是，作为妥协，最后公布的《突发事件应对法》又新增了第54条：“任何单位和个人不得编造、传播有关突发事件事态发展或者应急处置工作的虚假

① 陈菲、田雨：《国务院法制办：媒体正常报道突发事件不受干预》，http://politics.people.com.cn/GB/8198/106624/106687/6463238.html，最后访问日期：2009年1月4日。

② 段宏庆、叶逗逗、王冰：《突发事件应对法草案“突发争议”》，http://www.china.com.cn/news/txt/2007—08/27/content_8752889.htm，最后访问日期：2009年1月4日。

信息。”[①]

## 第四节 基本权利规范虚置[②]

要想更加深入地理解人格权和言论自由这两项基本权利的宪法基础，尤其是实践中这两项基本权利的宪法保障状况，仅仅梳理宪法文本的变迁和部门法的司法实践并不够。为此，我们有必要对我国宪法基本权利规范实施的总体状况做些必要的研究和总结。

改革开放之后，我国的人权事业逐渐走上了正轨，期间虽经历波折，但进步和发展始终是主流。尤其是进入 21 世纪以来，无论是在人权理念的更新，还是在人权立法的完善，抑或是在人权发展的配套建设方面，我们所取得的成就均堪称斐然。[③] 但是，不可否认的是，我国的人权建设依然有很多不足之处。特别是在近几年，随着社会的快速发展，整个社会对宪法保护基本权利的要求和期望越来越高。但与此同时，一些严重侵害公民基本权利的现象开始增多，如非法征收、暴力拆迁、“黑监狱”“被精神病”“躲猫猫”、各种类型的冤假错案、“短信”诽谤和“跨省追捕”、个人信息保护制度建设的停滞不前、就业歧视和教育不公、举步维艰的“独立选举人”、丑闻不断的官办慈善、接二连三的有毒有害食品侵权事件等等。这些问题和矛盾的根源在哪里呢？从宪法学的角度来说，其根源就在于宪法的实施保障没有得到应有的重视。人权事业的推动，依靠的是经济建设的飞速发展、政治权力的自我纠错、意识形态的自我革新、科学技术的快速进步、文化教育水平的迅速提升、社会文明程度的自然提高、公民意识的不断增强等等。而原本应该成为主角的基本权利规范，似乎只能在修宪的时候风光一把，过后就总是被有意无意地晾在一边。于是乎我们每向前进一步，带来的不是息事宁人，而是更多的诘难和抱怨。这种尴尬的境地就源自基本权利规范的全面虚置。

---

① 程刚、崔丽：《突发事件应对法草案删除“媒体不得违规擅自发布”》，载《中国青年报》2007 年 8 月 25 日第 3 版。

② 本节原载于莫纪宏、翟国强主编：《宪法研究（第十三卷）》，社会科学文献出版社 2012 年版。原文标题《论基本权利规范的虚置》，编入本书时作了必要的修改。

③ 郭道晖：《人权六十年：从否定到回归》，载《炎黄春秋》2011 年第 4 期。

## 一、基本权利规范如何被虚置

宪法实施保障制度一直是我国宪政建设的一个软肋。在现行宪法中，这一现状对基本权利部分的影响是最大的。“总纲”部分规定的是我国的基本国家制度，其中大部分都是已有国策和制度的总结、宣示，因此除少数条款之外，宪法实施保障制度的滞后对这一部分的影响不大。至于“国家机构”部分，由于绝大多数条款都是具体的、技术性的规范，加之配套的法律法规相对完善，因此即使缺乏行之有效的宪法争议解决机制，这部分规范总体上并没有被完全虚置。唯独基本权利规范在实践中出现了一种被全面虚置状况。①

什么是虚置？在日常语言中就是指视而不见、束之高阁、置之不理。这可能也是很多人对基本权利规范实施的大致印象。② 但是，通过更进一步的思考和观察我们就会发现，基本权利规范的虚置比日常语言要复杂得多。其主要表现如下：

**1. 重立(修)宪，轻实施**

宪法实施的最重要手段是完善的法律衔接和切实有效的违宪审查制度。基本权利规范也不例外。但我国一直比较重视立宪和修宪，而忽视宪法的实施。

首先，宪法相关法中的基本权利立法存在大量空白，多数基本权利规范的法律衔接亟待完善。③ 目前已有的立法中，比较齐全的是特殊群体权利的保障立法，其他的作为普遍性权利保障的立法多处于空白状态，如新闻法、出版法、结社法以及言论自由、宗教信仰自由、批评建议权、控告检举权、申

---

① 需要说明的是，这里所说的“基本权利规范”不仅是指 1982 年宪法第二章“公民的基本权利和义务”中的基本权利条款，而且包括该章节中的基本义务条款、第一章“总纲”中若干与基本权利有关的条款，如第 12、13 条中的财产权，第 11、18 条中的经营权，第 14 条中的社会保障权等。

② 关于公民对公民基本权利规范的认识状况，参见韩大元先生主持的两次关于公民宪法意识的调查报告。参见韩大元、王德志：《中国公民宪法意识调查报告》，载《政法论坛》2002 年第 6 期；韩大元、秦强：《社会转型中的公民宪法意识及其变迁——纪念现行宪法颁布 25 周年》，载《河南省政法管理干部学院学报》2008 年第 1 期。

③ 王广辉：《论中国特色社会主义法律体系中的宪法及其相关法——以基本权利的立法完善为视角》，载《河南社会科学》2010 年第 5 期；郭延军：《改善宪法与法律衔接状况初论》，载《法学评论》2008 年第 1 期。

诉权、社会救助、社会保险、知情权等方面的立法。[①] 即使是少数几项基本权利有专门性法律相衔接,其立法的理念、完备程度以及实施状况也都不尽如人意,比如《集会游行示威法》。这部法律制定于一个比较特殊的历史时期,其立法目的是以管理和限制为主。如今,因为各种社会矛盾,事实上的游行示威活动比较普遍,且绝大多数的诉求是具体的、社会性的,与纯粹的政治诉求无关,也很少引起大的社会秩序的动荡。在这种情况下,《集会游行示威法》的滞后是显而易见的。与此类似的还有选举法。随着社会的发展,尤其是当普通公民参与选举活动的热情越来越高的时候,《人民代表大会和地方各级人民代表大会选举法》在选区划分、非户籍人口的选民登记、候选人提名的公开化、候选人推荐、选举的竞争性、选举委员会的独立性、选举纠纷的解决和权利救济等等方面的立法缺陷就暴露出来了。在实践中,这些问题已经严重阻碍了公民行使选举权和被选举权。

其次,由于缺少一套切实有效的宪法实施保障制度,基本权利规范得不到权威解释并与社会发展脱节。全国人大常委会拥有宪法赋予的监督宪法实施的权力,但是却始终怠于履职。[②] 即使在法治实践中违宪法规越来越多、危害越来越大,其依然未针对宪法中的基本权利规范的核心涵义作出任何一个正式的宪法解释或违宪(合宪)决定。[③] 比照域外国家或地区的行宪经验可以发现,基本权利规范的适用、阐释和发展主要就是依靠违宪审查制度。因此,缺乏有效的违宪审查机制对基本权利规范的发展影响无疑是最大的。在宪法实施保障制度比较完善的国家或地区,基本权利的含义绝不仅仅局限于宪法文本中那几十、几百个文字。通过相关宪法条款的适用,仅

---

① 王广辉:《论中国特色社会主义法律体系中的宪法及其相关法——以基本权利的立法完善为视角》,载《河南社会科学》2010 年第 5 期。虽然这些基本权利大多有相应的行政法规作为配套,但是这些条例都是以具体的行政事务和政策为出发点的管理法,而不是公民权利的保障法。

② 熊建明:《宪法实践样态的一个解析——以全国人民代表大会常务委员会 2007—2010 年四个工作报告为例》,载《环球法律评论》2010 年 6 期。

③ 从 2003 年孙志刚事件开始,越来越多的人依据宪法和《立法法》的规定向全国人大常委会提交建议书,要求对有关违宪的法律法规启动违宪审查程序。如 2003 年由网友发起的"对公务员录用限制乙肝携带者规定进行违宪审查的建议";2004 年胡星斗教授递交的"对二元户口体制及城乡二元制度进行违宪审查的建议书";2005 年检察官杨涛等联名致信全国人大常委会建议对《婚姻登记条例》及《黑龙江省母婴保健条例》进行审查;2007 年 69 位学者、律师联署签名的"关于废止劳动教养制度的建议";2009 年北大 5 教授提交的"关于对《城市房屋拆迁管理条例》进行审查的建议";2011 年郝劲松律师提交的"关于对《铁路客运运价规则》进行违宪审查的建议书"等。针对这些建议,全国人大常委从未作出正面回应。

某一项基本权利的宪法涵义往往就能达到汗牛充栋的地步。这从各国或地区宪法判例中基本权利类案件与行政机关类案件的比例便可窥见一斑。更为重要的是，在持续的解释活动之中，宪法规范才能够被理性地用于解决一个接一个的社会重大问题，才能够跟上时代的发展。远的不说，就以我国台湾地区为例。在“司法院”大法官成立的头 30 年里，该机构几乎没有作出什么人权解释。随着政治形势的宽松，从第四届大法官开始人权解释才逐渐出现。而当“戒严”解除之后，人权解释的数量急速增长。[①] 第五、六届“司法院”大法官作出的人权解释比例均超过 70%。[②] 从内容上看，这些解释既涵盖了所有的基本权利规范，同时也解决了一些社会重大而敏感的问题。如死刑与生命权、服兵役义务与宗教信仰自由、强制思想改造与思想自由、限制人身自由之正当程序与比例原则、个人财产征收与财产权、契约自由限制之比例原则、律师会见被告之监听与诉讼权、公民之差别待遇与平等权、租税法定主义、诽谤罪与言论自由、惩罚新闻跟访与新闻自由等等。除了“宪法”明确列举的权利，“司法院”大法官还与时俱进，通过解释发展出数种“宪法”未列举权利，如家庭权、人格权、结婚自由、接近使用传播媒体之权利、讲学自由、隐私权及资讯隐私权等等。[③] 笔者不厌其烦地举例就是为了说明，我国台湾地区遇到的这些问题我们大陆地区一样也遇到了或正在遇到。我们要比的不是谁问题多，而是比较不同的面对和解决方法有什么不一样的社会效果。

**2. 集体性宪法“失语症”**

即使宪法的实施保障制度尚不完善，但宪法依然是我国的根本大法，基本权利是国家合法性之根本，基本权利规范理应成为国家权力活动的最高行为准则。立法机关、行政机关和司法机关，以及以执政党为首的其他各类

---

① 这里的人权解释，主要是指由人民提出而作出的解释。参见李建良：《人权维护者的六十年回顾与时代挑战——试探大法官人权解释的多数困局》，载廖福特主编：《宪法解释之理论与实践》第六辑（下册），“中央研究院”法律学研究所筹备处 2009 年版，第 473、477、479、484 页。

② 数据来源于“司法院”大法官官方网站，http://www.judicial.gov.tw/constitutionalcourt/uploadfile/E100/第一届至第六届大法官作成解释之統計數據表.htm，最后访问日期：2011 年 9 月 30 日。

③ 以上相关判决分别参见：释字第 194 号、第 263 号、第 476 号解释；释字第 490 号解释；释字第 567 号解释；释字第 384 号、第 436 号、第 639 号、第 653 号解释；释字第 400 号、第 579 号解释；释字第 580 号解释；释字第 654 号解释；释字第 596 号、第 614 号解释；释字第 217 号解释；释字第 509 号解释；释字第 689 号解释；释字第 242 号解释；释字第 399 号解释；释字第 362 号解释；释字第 364 号解释；释字第 380 号解释；释字第 603 号解释。

政治组织也都有责任在自己的职责范围之内大力推动基本权利规范的实施。尤其是当遇到相关权利争议时，应当在各自职权范围之内适时引述相关条款，并作出必要的说明或阐释。然而，现实的情况却是基本权利规范常常被有意或无意地规避，哪怕遇到的只是基本权利方面的争议，讨论的是某一项基本权利。这方面有一个很有趣的例子。言论自由与人格权的冲突协调是宪法、刑法和民法都必须面对的问题。但是，每次碰到这个问题，对于言论自由，大家都避而不谈。1979 年《刑法》颁布之时彭真在相关立法说明中对诽谤罪的论述是这样，[①]30 年后公安部[②]和最高人民检察院[③]面对"短信诽谤"时同样是这样。最高人民法院在名誉权解释的工作中也采取了相似的策略。无论是非正式的最高人民法院院长采访新闻，[④]还是正式的最高人

---

① "我们必须继续坚持不抓辫子、不扣帽子、不打棍子的'三不主义'，保护工作中的批评和反批评，讨论问题时不同意见的相互反驳，以及对领导、对工作提出的批评建议的权利，这些必须同诽谤、侮辱严格加以区别。国家既不允许以刑法（草案）的这个规定为借口压制批评、压制民主，也不允许以民主为借口对他人进行侮辱诽谤。"参见彭真：《关于七个法律草案的说明——一九七九年六月二十六日在第五届全国人民代表大会第二次会议上》，载《人民日报》1979 年 7 月 1 日第 1 版。也许有人会说，"对领导、对工作提出的批评建议的权利"不是 1982 年宪法第 41 条的规定吗？但是，彭真发表这个说明是在 1979 年，当时有效的宪法是 1978 年宪法，在这部宪法中并没有批评建议权。不管 1982 年宪法的制定受到彭真个人多大的影响，在当时"对领导、对工作提出的批评建议的权利"依然只是一个政治术语，而不是宪法术语。对于立法的主导者有意无意对宪法问题采取趋避态度的现象，有学者将其称为"立法中的意识形态思维"。参见秦前红：《宪法学者为什么总是缺席国内重大立法活动？》，http://www.calaw.cn/article/default.asp? id=1794，最后访问日期：2011 年 9 月 28 日。

② "随着国家民主法制建设的不断推进，人民群众的法制意识和政治参与意识不断增强，一些群众从不同角度提出批评、建议，是行使民主权利的表现。部分群众对一些社会消极现象发牢骚、吐怨气，甚至发表一些偏激言论，在所难免。如果将群众的批评、牢骚以及一些偏激言论视作侮辱、诽谤，使用刑罚或治安处罚的方式解决，不仅于法无据，而且可能激化矛盾，甚至被别有用心的人利用，借机攻击我国的社会制度和司法制度，影响党和政府的形象。"参见《公安部关于严格依法办理侮辱诽谤案件的通知》（公通字〔2009〕16 号）。

③ "批捕案件质量不高甚至错捕，不仅严重侵犯当事人的权利，而且严重损害检察机关公信力，严重影响党和政府形象。""有些地方办理的诽谤案件出现的一些问题，侵犯了当事人的合法权益。""不能把对个别领导干部的批评、指责乃至过激的言语当做诽谤犯罪来办。"参见徐日丹：《为提高批捕诽谤案件办案质量，高检院将建立批捕诽谤案件报上一级院审批制度》，载《检察日报》2010 年 8 月 7 日第 1 版。

④ "对报刊上发表文章引起的名誉权纠纷，要区分正当的舆论批评与侵犯名誉权的界限，既要依法保护名誉权，又要依法支持舆论监督。"参见苏宏宇：《任建新谈：恰当处理名誉权案》，载《法制日报》1988 年 7 月 20 日第 1 版。

民法院工作报告，[①]抑或具有法律效力的司法解释，[②]所有应该引述1982年宪法第35条的地方几乎都被“舆论监督”所代替。

除了国家机关，执政党对基本权利规范的引述状况同样不尽如人意。仅以现行宪法颁行之后的6次全国党代会报告为例，最直接地引述基本权利规范或推动其发展的只有3类情形。首先是中共十三大报告中提到的：“必须抓紧制定新闻出版、结社、集会、游行等法律，建立人民申诉制度，使宪法规定的公民权利和自由得到保障，同时依法制止滥用权利和自由的行为。”接着是中共十五大和十六大报告中都提到的“尊重和保障人权”最终被写进宪法。中共十七大和十八大报告中都提到了“人权”“知情权、参与权、表达权、监督权”“平等参与、平等发展的权利”。[③] 除此之外，还有一个细节值得玩味。除了中共十三大报告较为准确地使用了“公民”概念之外，其他几届党代会报告更多的是用“人民”作为权利的主体，如中共十五大报告、十六大报告和十八大报告使用的“保证人民依法享有广泛的权利和自由”，中共十七大报告使用的“保障人民的知情权、参与权、表达权、监督权”。众所周知，“人民”是一个政治概念，在正式的宪法文件中只有《共同纲领》使用过“人民”作为基本权利的主体，自1954年宪法开始就一直使用“公民”。

**3. 宪法条款核心含义真空化**

宪法实施不力，加之各个国家机关和政治组织对基本权利规范的轻视，基本权利的宪法内涵难免会出现真空现象。这种真空化在某些重大社会争议当中表现得尤其明显。比如最近几年争议越来越大的死刑存废问题。先是最高人民法院收回死刑核准权，接着是《刑法修正案（八）》取消了13个罪名的死刑适用，再加上药家鑫案、夏俊峰案、李昌奎案等争议案件的接连发生，死刑问题成为一个社会热点话题。然而，无论是全国人大常委会、法工委还是各方官员、舆论媒体、广大民众，不管是支持废除死刑，还是反对废除

---

① “既坚持有利于保护公民的合法民事权益不受侵害，又支持正当的社会舆论监督。”参见任建新：《最高人民法院工作报告》，载《最高人民法院公报》1989年第2期。

② 最高人民法院在《关于刘兰祖诉山西日报社、山西省委支部建设杂志社侵犯名誉权一案的复函》（〔1999〕民他第32号）指出：“该报道的内容未有失实之处，属于正常的舆论监督。”。

③ 从宪法学的角度看，这些仅有的引述也有不少问题。比如中共十三大报告提到的“必须抓紧制定新闻出版、结社、集会、游行等法律”，因为种种原因至今没有完全实现。中共十五大、十六大、十七大和十八大对基本权利规范的发展也只停留在概念的提出阶段，缺乏具体含义的阐释，尤其是缺乏解决保障这些权利所面临的主要问题的方略支撑，在实践中依然难免流于形式。

死刑，极少看到以生命权为基础的说理和探讨。[①] 宪法上的生命权到底是什么意思？有什么意义？在现代中国社会，保留死刑是否必要？怎样处理强势的刑事政策、固有的文化传统与宪法上的生命权的关系？如果有必要保留死刑，那么什么情况下才可以剥夺一个人的生命？如何审查个别罪名是否适用死刑？同样是经济犯罪，为什么盗窃罪可以不适用死刑，但是贪污贿赂犯罪却依然要保留适用？同样是实践中极少适用的非暴力犯罪，走私文物罪可以不适用死刑，为什么煽动颠覆国家政权罪要保留适用？即使是严重的暴力犯罪，偶发的、明显无后续社会危害性的犯罪个案是否应该适用死刑？这其中有什么样的具体标准？再有，适用死刑的过程如何遵循正当程序原则？有没有什么与一般刑罚不同的特殊要求？现有的死刑核准程序是否符合这些要求和原则？如果有自首情节、立功情节怎么办？什么情况可以"免死"，什么情况不能？证明有罪的证据有明显瑕疵怎么办？面对这些问题，我们的宪法竟无言以对。

与此类似的还有1982年宪法第38条。这一条款背后有深远的"历史原意"，[②]但非常可惜的是，这么重要的一个条款却未得到很好的适用和发展。30年来，它的荣光似乎还停留在被写入宪法的那一刻。"人格尊严"究竟是类似德国《基本法》中的一般人格权那样的抽象权利，还只是一项与名誉权类似的具体权利？[③] 为什么民法学者从未探讨这一条款的"立宪原意"，就一口咬定是前者？民法中的"人格尊严"与宪法中的"人格尊严"有什么关系？人格权、隐私权、个人信息保护等等与"人格尊严"又有什么关系？"人格尊严"与当代社会急速进步给人权带来的挑战有什么关系？当别的国家或地区利用其各自的"人格尊严"解决巨型政府数据库与个人信息保护，堕胎、避孕和生育控制，少年儿童的特殊保护，新闻媒体与公民隐私权冲突等等问题

---

① 当然，很多学者还是注意到了死刑存废与生命权的关系。如王建勋：《刑法修正案，削减死刑彰显对生命权的尊重》，载《东方早报》2010年8月24日；《取消13项死刑罪 表明对生命权的尊重》，载《华西都市报》2011年2月27日第3版。

② 关于第38条的制定背景参见肖蔚云：《我国现行宪法的诞生》，北京大学出版社1986年版，第137－138页；许崇德：《中华人民共和国宪法史》(下卷)，福建人民出版社2005年版，第497页。

③ 大多数宪法学者都倾向于前者。参见刘志刚：《人格尊严的宪法意义》，载《中国法学》2007年第1期；秦前红、韩永红：《宪法"基本权利核心概念"研究——基于中日比较的视角》，载《广东社会科学》2008年第1期；林来梵：《人的尊严与人格尊严——兼论中国宪法第38条的解释方案》，载《浙江社会科学》2008年第3期；谢立斌：《中德比较宪法视野下的人格尊严——兼与林来梵教授商榷》，载《政法论坛》2010年第4期。

的时候，我们是不是也可以这么做？我们的问题有没有什么特殊的地方？该怎么解决？类似生命权和“人格尊严”这样的真空化在其他一些基本权利中也非常多，只是限于篇幅在此无法一一展开。

**4. “隐性宪法”暗流涌动**

基本权利核心含义的真空化所造就的只是一个个的宪法“真空”，在实践中，这些“真空”很快会被各式各样的意识形态、传统文化、法律法规、政治惯例所填充。久而久之，这些临时性的、替代性的东西逐渐得到强化、固化，甚而制度化、体制化，最后竟成为事实上的“宪法”，一种“隐性宪法”。[①] 这方面最典型的例子莫过于言论自由。从《共同纲领》开始，我国的宪法文本中一直都有与言论自由相关的条款内容。上文曾经提到过，20 世纪 80 年代中期，我国还曾经着手制定新闻法。但是，到了 80 年代末期，这项工作被迫暂停。进入 90 年代，关于重启新闻法起草工作又现过一些零星的消息，但是逐渐地，全面搁置争议的做法占了上风。正是在这样的一个过程中，1982 年宪法第 35 条及其相关条款逐渐出现了“真空”。实践中这些“真空”逐渐被各种隐性“言论自由”所代替。首先是执政党的新闻理念和思想。如新闻事业的“耳目喉舌”论；坚持新闻事业党性原则；坚持正确的舆论导向、以正面宣传为主；实行正确的新闻批评和舆论监督；坚持真实性原则，力求从总体上、本质上以及发展趋势上把握事物的真实性等等。依据这些理念和思想，新中国成立后我们很快就形成了一套新闻管理体制，其特点是经济上的完全国有化和非营利化、组织性质上的事业化（在某些特殊的历史时期甚至是国家机关化）、管理体制上的党政化和内容控制上的有限民主化。改革开放之后，我们虽然在经济方面采取了很多改革措施，但是这种管理体制的基本面貌并没有改变。同时，当新闻法的制定被全面搁置之后，这种体制进一步通过一系列的宣传纪律、法律法规和政治惯例得到固化。抛开其优点和不足暂且不论，这一整套新闻理念和管理机制实际上就是现实有效的“言论自由”及其保障制度。

其实，不仅是具体的基本权利，在人权基本理论中也存在着“隐性宪法”。本来，仅就现行宪法的文本看，很难判断不同的权利之间的轻重关系。但是，在我国政府发布的若干人权报告中则一直强调：“中国政府始终把解

① 需要说明的是，“隐性宪法”并不是宪法，它只是我国在迈向宪政的过程中暂时出现的一种政治和法律现象。

决人民的生存权和发展权问题放在首位，坚持以经济建设为中心，大力发展社会生产力，使经济和社会发展突飞猛进，综合国力显著增强，人民生活水平大幅度提高，实现了从贫困到温饱和从温饱到小康的两次历史性跨越。"①暂且不论我国宪法中是否包含有生存权或发展权，这一观念无疑在基本权利体系中注入了一个价值秩序：生存权和发展权比其他权利更重要。如果结合这些报告的其他内容看，这一观念还可以进一步引申为：人民集体的权利比个人权利更重要、积极权利比消极权利更重要、政府的积极作为比消极限权更重要。显然，这些冥冥之中支配着我国宪政实践的"隐性宪法"并非出自宪法本身，而是宪法规范出现真空化之后的填充物。

## 二、主要原因

以往学界常常会从宏观的视角来看待宪法实施领域中的不足，如我国尚处于社会主义初级阶段，经济发展水平不高，政治体制改革相对滞后，行宪经验不足，公民法律意识不强等等。但是，如果以更加微观的视角来重新审视这些不足的话，就会发现造成基本权利规范全面虚置的是一些具体而微的原因。

### 1. 行宪的现实阻力

首先，基本权利规范的实施，无论是消极权利还是积极权利均有赖于对国家权力的限制。② 在我国，权力存在过分集中等问题。因此，很多时候我们只能依赖于权力的自我限制，有时甚至是依赖于领导人个人觉悟和法治意识的高低。一旦政治体制改革和法治建设的进程整体放缓，冷落乃至忽视基本权利规范的情况就会在整个体制内迅速蔓延。

其次，源自西方文化传统的宪政理念与我们固有的传统文化难免发生龃龉不合。这不仅是指"旧中国留给我们的，封建专制传统比较多，民主法制传统很少"③。有些我们自认为是优点的传统文化，同样也可能为基本权利的实施带来阻碍。比如，宗教信仰自由源自西方历史上宗教与世俗国家或地区、宗教与宗教之间的斗争史。而在我国历史上，"各种宗教地位平等，

---

① 国务院新闻办公室：《中国人权发展 50 年 》，2000 年 2 月。

② 比如教育、医疗和社会保障的投入看似是决定于国家收入的整体增加，但其实质是决定于国家税收和财政支出的法治化和民主化。

③ 《邓小平文选》第 2 卷，人民出版社 1994 年版，第 332 页。

和谐共处，未发生过宗教纷争”[1]。也正因此，我国的当政者一直缺乏在宗教事务中保持中立的传统或动力，再加上宗教又常常裹挟着民族关系、国际关系、社会秩序、民俗文化等等，于是我们的宗教与公权力之间总是存在一种剪不断理还乱的复杂关系。这当中，公权力既有对宗教事务的过渡参与或介入，也有对宗教信仰自由的不当限制。[2]

最后，还有一个改革的时机问题。万事总是开头难。如果一旦错过了一次好的启动时机，再想重新开始往往就需要面对更大的困难。由于“隐性宪法”已经形成一套固有的制度体系，再加上虚置的现实与大家的理想之间差距越来越大，就容易导致自上而下的改革在路径依赖的现实退避之中趋于保守，而自下而上的民主推动则容易在巨大的困难面前失去耐心而趋于非理性。

**2. 基本权利规范的实施在执政党的政策体系中的地位不高，长期与经济建设、政治体制改革等捆绑在一起，缺乏应有的相对独立性**

在我国的主流意识形态中，基本权利规范的实施往往被放在人权这个主题之下讨论，而人权又只是政治体制改革或民主政治建设之下的一个子课题。比如上文提到的几次全国党代会报告引述和发展基本权利规范的内容，全部都是放在“政治建设和政治体制改革”或“坚定不移发展社会主义民主政治”这类大标题之下的。至于经济建设，它既是马克思主义理论的重心，也是我国当前社会主义建设的中心。因此，很自然的，我们会认为人权保障的水平决定于一定的经济发展水平，或者说社会经济发展本身就代表着人权水平的提高；具体基本权利的保障也必须以经济手段为主，或者说那些能够通过经济手段推动发展的基本权利就更重要一些。这些认识本身并没有错，但是一旦陷入教条便会在实践中带来这样一个后果：只要我国还处于发展中国家的行列，经济还不够发达，人权建设就需要顾及我们的特殊国情，基本权利的实施就要有所为、有所不为；只要政治体制改革无法全面启动，或者社会主义民主政治的发展进程遇到了难以突破的瓶颈，基本权利规范就只能跟着被全面虚置。这使我们丧失了很多可以先行一步的机会，因

---

① 中华人民共和国国务院新闻办公室：《中国的宗教信仰自由状况》，1997 年 10 月。

② 参见郭延军：《我国处理政教关系应秉持什么原则》，载《法学》2005 年第 6 期；韩大元：《试论政教分离原则的宪法价值》，载《法学》2005 年第 10 期。此外，非三自教会即俗称的“家庭教会”的法外存在与我国现有的宗教法规和政策之间的关系，参见段琦、唐晓峰：《2008 年中国基督教现状及研究——简论中国教会组织的多元存在格局及张力》，载金泽、邱永辉主编：《中国宗教报告(2009)》，社会科学文献出版社 2010 年版，第 136—142 页。

为有些具体基本权利的实施措施只要具备一定经济、政治条件就可以实质性地往前推开。正所谓勿以恶小而为之,勿以善小而不为。

**3. 一些基础性的法治条件尚不完备**

首先,我们缺乏一套行之有效的宪法实施保障制度,这其中最重要的莫过于违宪审查制度。违宪审查对于基本权利规范的重要性上文已经论述过,此处不再赘述。

其次,公权力纵横配置尚不完善。从横向配置来说主要有两个问题。一是立法权尚无法完全承担起自己的职责,尤其是很多应该由全国人大及其常委会来完成的立法工作由于种种原因大都交给了行政机关,再加上全国人大常委会怠于行使其监督宪法实施的权力,这就使得全国人大与国务院之间的立法授权常常陷入尴尬境地,法律保留原则变得有名无实。二是司法独立无法保障。一个国家的法院本应该是处于各种基本权利争议的第一线,法官应该是对我国基本权利规范实施状况最为敏感的一个群体。但是,现实的情况是,在我国敏感的不是法官的专业精神,而是基本权利方面的案件,是基本权利规范,是宪法学的术语。① 究其原因,正是因为我国缺乏一个保障法官只依据法律独立行使审判权的宪政理念和制度环境。在公权力的纵向配置方面,问题最大的是地方党政领导权力过大,地方立法中甚至出现逾越权限解释法律、曲解基本权利规范的现象。这是基本权利规范虚置最终转化为大面积违宪的重要原因之一。

最后,在国家权力的配置当中还有人的问题,即我国各级党政领导和公务员的选任机制不完善,他们当中受过专门的宪法学训练的比例过低。宪法的实施最终是依靠具体的人,特别是公权力从业者。因此,他们是否受过良好的宪法学教育、是否具备良好的行宪意识将直接决定公权力部门遵守和实施宪法的水平。但从我国党政领导人的教育背景看,专门学习过宪法的可谓是凤毛麟角。而我们每年毕业的宪法学研究生能够到人大、国务院、法院、检察院、公安等关键部门工作的也非常少。此外,还有学者指出,由于全国人大常委会在组成人员的选任机制上存在缺陷,导致其大部分在职人

---

① 近些年一些地方法院也开始逐渐打破禁锢,引述宪法,利用宪法基本原理和精神增强判案的说理依据,在法院的合宪性解释方面做了不少探索工作。但是,由于最高人民法院对此一直讳莫如深,地方法院在引用宪法的过程中也出现了一些乱像。比如越权适用宪法、引述错误、为了引述而引述等。参见童之伟:《宪法适用如何走出"司法化"的歧路》,载《政治与法律》2009 年第 1 期。

员的进取精神相对弱化，进而影响到常委会的组织活力。[①]

**4. 社会精英缺乏面对复杂问题的胆识**

在我国，基本权利规范的实施的确是事关重大，往往牵一发而动全身，因此也更需要政治精英和知识精英在面对这些问题时既要有“胆”，也要有“识”。但如果有了问题或争议，动辄搁置，而且一搁就是10年、20年，这恰恰说明我们的社会精英们缺乏面对这些问题的勇气和智慧。在此，举一个“反例”也许更能说明问题。选民推荐候选人在我国一直是一个比较敏感的问题，主管机关对这个问题一直采取回避的态度。[②] 但是，时任上海市委书记的俞正声曾在一个公开场合却非常理性地对此作出了回应：“群众推荐不能认为是不正常的现象，要分析四种情况：第一种是有的人是真正希望参与对党和政府的监督，这个是要支持的；第二种是他想参与监督但没有经验，有时候说话偏激，这个也要支持，不要在乎；第三种可能是为了个人出风头，我看也没有什么了不起；而第四种可能就是出于想推翻现有制度，追求西方制度。”[③]其实，有责任的不光是政治精英。我们这些以宪法研究为职业的学术从业者也有一定的责任。有学者已经敏感地意识到我国宪法学者总是缺席国内重大立法活动，而产生这种情况的重要原因之一是“诸多立法活动，需要宪法学者在睿智之外，还有扎实的部门法功底与对实践问题的真切把握，惜乎诸多宪法学者在此方面表现出先天不良”[④]。

**5. 社会自身的进步使得基本权利规范虚置的情况越来越突出**

不可否认，这些年来我国人权保障事业的发展可谓是突飞猛进。一个切实的感受就是公民享有的权利越来越多，享有的自由度也越来越大。但

---

① 熊建明：《宪法实践样态的一个解析——以全国人民代表大会常务委员会2007—2010年四个工作报告为例》，载《环球法律评论》2010年6期。

② 曾有全国人大常委会法制工作委员会负责人对这个问题作出过回应。参见霍小光、周婷玉、崔清新：《人大法工委：“独立候选人”没有法律依据》，载《新华每日电讯》2011年6月9日第4版。但其表述如“由选举委员会统一组织开展对代表候选人的介绍活动”，“我国……没有所谓的‘独立候选人’，‘独立候选人’没有法律依据”并不合乎法理。参见童之伟：《“‘独立候选人’无法律依据”的说法不正确》，http://www.chinaelections.org/NewsInfo.asp? NewsID＝208391，最后访问日期：2011年9月28日。

③ 陈中小路、徐燕燕：《听俞正声上党课——“执政者的声音”》，载《南方周末》2011年6月23日第A6版。当然，俞正声所使用的依然是政治的语言和方式，如果能够使用法律的术语和思维方式把这个问题重新阐述一下，特别是把第四种情况列举清楚，则更加符合依法治国的要求。

④ 秦前红：《宪法学者为什么总是缺席国内重大立法活动？》，http://www.calaw.cn/article/default.asp? id＝1794，最后访问日期：2011年9月28日。

是，这种进步反倒产生了一个奇怪的现象：以前法治保障水平比较落后的时候，忽视宪法的实施可能问题还不大；反倒是我们取得了巨大进步的今天，问题却显现出来，而且越是进步，问题越多、越严重，基本权利规范的虚置也越是“扎眼”。三十多年前，我们刚刚恢复高考，从来不会觉得招生政策有什么问题；三十多年后，参加高考的人数已近千万，录取率超过 70%，[①]但是我们却发现高考招生政策中的不平等是多么的显而易见。[②] 三十多年前，公开批评国家或地方领导人是不可想象的事情，而且也没多少人觉得这是一个问题；三十多年后，我们不仅可以光明正大地在媒体上开展舆论监督，而且可以利用手机短信、BBS、微博等对某位官员进行“实名举报”，当出现“跨省追捕”、秋后算账、因言获罪的事例之后，我们会群情激昂、义愤填膺。三十多年前，我们为新中国第一部刑事诉讼法的制定欢欣鼓舞；三十多年后，收容审查和劳动教养制度先后被废除，新刑事诉讼法也已颁布实施，但是我们对人身自由保护现实状况的担忧并未减少。再比如上文提到的死刑复核权收归最高人民法院、《刑法修正案（八）》废除 13 项死刑罪名，以及国务院不定期地编制人权白皮书、制定国家人权行动计划并进行评估等改革措施，本来都是我国人权事业进步的标志性举措，但是由于宪法规范的缺位，我们在解决问题的同时却又制造了更多的问题。类似这样的悖论，还有很多。这也从反面证明了，以往那种不自信的宏观原因论已经不符合实际了，我国经济、政治、文化的发展的确是跑在了宪法的前面。基本权利规范走向全面实施不仅已经具备了基本的社会条件，而且是异常紧迫了。

## 三、对法治建设的影响

基本权利规范虚置的最直接后果就是对整个宪法权威的损害。宪法在一国法制体系中具有最高的法律效力，但不管是进步还是退步，总是把宪法文本晾在一边，会动摇上上下下维护宪法、实施宪法的信心和决心，进而伤害到对宪政的渴求，甚至会危及我们既有的法治建设成果。那么这种危害是怎样发生作用的呢？基本权利规范的长期虚置对整个法治所造成的影响

---

① 《教育部：2011 年高考总人数 933 万 录取率 72.3%》，http://edu.qq.com/a/20110603/000447.htm，最后访问日期：2011 年 9 月 29 日。

② 关于高考招生政策合宪性的分析，参见张千帆：《大学招生考试多元化的宪法底线——兼论高考分省自主命题与大学自主招生制度的违宪性》，载《法商研究》2010 年第 5 期。

就像热量从一个金属金字塔的顶端自上而下地、一层一层地传导，这种传导不是简单的效应递减的物理反应，而是一个接一个的、能量不断倍增的化学反应。具体来说，这种传导作用在以下几种途径中展开：

**1. 在国家权力体系中的传导**

上文讨论过，我国的宪法实施保障制度不完善，使得基本权利规范得不到有效的实施。这种状况持续的时间一长，基本权利规范会出现真空化，接着就是各种各样的“隐性宪法”开始滋生，填补那些实践中宪法真空化留下的空白。到这个阶段，问题基本上还只停留在中央层面，而且看起来也还不是太严重。但是，再进一步地传导下去，到了一些具体的管理领域和地方，恶果就显现出来了。比如《人口与计划生育法》在制定的时候并没有很好地权衡生育权、生命权和财产权等基本权利，因此在一些关键的地方总是“语焉不详”。如第19条规定：“实行计划生育，以避孕为主。”这种似是而非的法律留白，到了地方竟然变成了赤裸裸地强制“终止妊娠”。还有第41条规定：“不符合本法第十八条规定生育子女的公民，应当依法缴纳社会抚养费。”其中的“社会抚养费”不是罚款，所以征收的金额、程序全由地方定，更重要的是这笔钱还不用上缴国库。可想而知，各个地方性法规围绕这笔费用会有多少“发明创造”。① 在最后的基层执行阶段又会出现什么情况呢？除了因为超生而遭受强制堕胎、强制节育、非法扣押等事件外，竟然还出现了邵氏“弃儿”这样挑战人类良知底线的恶性事件。② 从基本权利规范虚置到似是而非的立法，再到地方上的恶法，最后的结果就是恶政。实际上，这个发展的过程还没有结束，它还在继续往下传导，其表现形式就是各种各样的非理性诉求方式，上访截访再上访③、民意审判④、群

---

① 王贵松：《中国计划生育制度的合宪性调整》，载《法商研究》2008年第4期。

② 上官敫铭：《邵氏“弃儿”》，载《新世纪周刊》2011年第18期。

③ 对于这种信访与维稳的怪圈可参见李秀林：《警惕信访恶性循环》，载《南方农村报》2009年12月31日。

④ 近来，一些公共事件的发展往往表现为民意与公权力的直接交锋。暂且不论这种方式是否能解决问题，即使某些被认为“让人民满意”的个案其实也往往隐含着法治的失败。比如轰动一时的“开胸验肺”事件，实际上是依靠卫生部门违法作为平息的。参见董保华：《从“开胸验肺”事件看劳动者权益保障的法治命题》，载《法学》2009年第9期。而广受好评的“李双江之子打人事件”的解决，其实靠的是公安部门的违法决定。参见童之伟、孙煜华：《李双江之子案的处理有违国法理性人情》，http://www.chinaelections.org/NewsInfo.asp? NewsID=214819，最后访问日期：2011年9月29日。

体性事件[①]，甚至是以死相逼、以暴制暴[②]。这些非理性的解决问题的方式实在是贻害无穷，长此以往社会会走向失控。这对执政党、对国家、对我们整个民族来说都是需要警惕的，因为我们在这方面的历史教训比世界上任何其他一个民族都要深刻。

**2. 在法制体系中的传导**

基本权利规范的实施会对部门法产生巨大的影响，这在宪法实施保障制度比较完善的国家或地区表现得尤为明显。反过来，把相关宪法条款放在一边，不适用、不解释、不发展、不研究，宪法同样会对部门法产生显著的影响。只是这种影响是反向的。

首先，基本权利规范的虚置架空了整个宪法相关法体系。比如上文提到过的新闻法、结社法、宗教团体法、个人信息保护法等。[③]

其次，失去了基本权利规范的审查，一些明显违反宪法的法律法规得以大量存在、长期存在。比如，《城市流浪乞讨人员收容遣送办法》实施了20年才因为孙志刚案被废止。再比如，《城市房屋拆迁管理条例》同样是实施了20年，直到2011年才被《国有土地上房屋征收与补偿条例》废止，新条例修正了原条例中大部分违反宪法的内容。[④] 另外，不要忘记，收容遣送背后还有历史更加“悠久”的劳动教养制度，城市房屋拆迁之后也还有问题更加严重的集体土地上的房屋征收。[⑤]

---

① 根据有关统计数据，我国各类群体性事件一直呈现出快速的增长趋势。参见孙立平：《社会失序是当下的严峻挑战》，载《经济观察报》2011年2月28日第10版；米艾尼：《未来10年群体性事件成执政最大挑战》，载《瞭望东方周刊》2010年第4期。

② 前者如各地暴力拆迁中“自焚”事件；后者如杨佳事件、钱明奇事件。

③ 王广辉：《论中国特色社会主义法律体系中的宪法及其相关法——以基本权利的立法完善为视角》，载《河南社会科学》2010年第5期。

④ 现在有很多媒体人将孙志刚案和《城市房屋拆迁管理条例》的修改视为一种舆论监督推进法治进步的成功模式。不得不说，这种法治“成果”是用了多少血的代价换来的，是通过多么剧烈的“全民动员”的方式推进的。其社会成本之高，代价之惨痛实在不应将其视作一种常态。参见张千帆：《中国宪政的路径与局限》，载《法学》2011年第1期。

⑤ 具有讽刺意味的是，《城市流浪乞讨人员收容遣送办法》和《劳动教养试行办法》与我们的现行宪法是在同一年颁布实施的。

最后，基本权利的虚置会给现有的法律制度造成一种“木桶效应”。[①] 如果把一部法律比作一只木桶的话，基本权利规范的虚置就像是一把随时待命的锥子，一锥子扎下去，我们的人权保障“水平面”就随之下降。更可怕的是，我们常常无法预计这把锥子会扎在哪，会扎得多低、多深。比如，《刑法》第 246 条第 2 款关于诽谤罪亲告例外的内容就是这样一个被扎破的漏洞。[②] 除了诽谤罪，在刑法当中可能威胁到公民言论自由的地方还有很多，比如煽动类犯罪及损害商业信誉、商品声誉罪等。[③] 在实践中，甚至有些一眼看上去与言论自由毫无关系的罪名也可能被用作打压报复的工具，比如非法经营罪、偷税罪、贪污罪、受贿罪、寻衅滋事罪等等。刑法如此，民法、行政法也是如此；实体法如此，程序法也是如此；立法如此，执法、司法更是如此。只要那把锥子依然锋利，我们就无法保证法律“木桶”的完好无损。

**3. 在学术研究中的传导**

首先，受到影响最大的当然是宪法学自身。法学是一门非常讲究实践的学科，没有实践就会导致研究对象的缺乏，进而危及其学科的独立性基础。翻开 20 世纪八九十年代的宪法学教科书，基本权利的内容本来就少，[④] 论述的时候还不得不大量借用其他学科的概念和理论。这几年研究基本权利的成果越来越多了，研究方法上的独立品格也越来越高，但真正以本国的实践为论说核心和基础的作品依然稀缺。尤其是结合域外经验，运用宪法学基本原理深入分析本国宪政实践的成果更是难得一见。学术研究的困境直接影响到宪法在高等教育中的地位。尤其是在当下法学教育正在向着职业教育迈进的时候，宪法这门“没什么用处”的学科更是有被边缘化的倾向。

其次，基本权利规范的虚置同样会给部门法的研究造成很多困扰和阻

---

① “木桶效应”是指一只木桶想盛满水，必须每块木板都一样平齐且无破损，如果这只桶的木板中有一块不齐或者某块木板下面有破洞，这只桶就无法盛满水。换句话说，一只水桶能盛多少水，并不取决于最长的那块木板，而是取决于最短的那块木板或最低的那个漏洞。参见厉以宁：《经济、文化与发展》，生活·读书·新知三联书店 1996 年版，第 133 页。

② 借由这个漏洞，在全国已经发生了多起利用诽谤罪侵害公民言论自由的案件。参见雷丽莉：《从 20 起诽谤案件看公权力追究公民言论责任的路径》，载《法治新闻传播》2010 年第 5 辑，中国检察出版社 2010 年版，第 42—46 页。该文统计的案件中有 15 起是诽谤罪案件，1 起是损害商业信誉罪案件，另有 4 起属于治安管理处罚案件。

③ 有学者统计认为，刑法当中与言论自由相关的罪名多达 47 个。参见刘守芬、牛广济：《试析我国宪法中的言论自由在刑法中的规制》，载《法学家》2006 年第 3 期。

④ 童之伟：《中国 30 年来的宪法学教学与研究》，载《法律科学》2007 年第 6 期。

碍。在各个部门法中，行政法与宪法的关系是最密切的，尤其是基本权利方面的宪法相关法大多就属于行政法。因此，基本权利规范的虚置必定会严重限制我国行政法学的研究领域和发展空间。至于民法、刑法、经济法、民事诉讼法、刑事诉讼法等其他部门法学，同样也会受到影响。[①] 比如，法人几乎是所有部门法都要面对的基础性问题。但在我国，法人的种类和法律性质极其混乱。为什么会出现这种情况？其中一个非常重要的原因就是在宪法上我们还没有解决好公民结社组织、宗教团体、群众自治性组织、新闻媒体单位、工会、人民团体、地方政府、政党等等的法律性质问题。这些问题基本都与相关的基本权利规范有关。

最后，基本权利规范的虚置还会阻碍宪法学与其他学科之间的良性联系，并且对各个相关学科的研究工作产生不利的影响，这既包括法学，也包括非法学以及各种法学与非法学的交叉学科。我国的宪法学主动关注其他部门法问题的非常少，尤其是当面对同一个现象或问题的时候，我们常常对别人的观察结果置若罔闻。与此同时，笔者也经常听到其他学科的学者抱怨，当遇到宪法学方面的难题时往往找不到现成的答案，最终还是不得不自己动手研究宪法，解决问题。这种现象在基本权利的研究中尤为明显。不过，这还不是最严重的。如果说法律是最低限度的道德，那么基本权利规范就是这个最低限度的道德的“底线”。如果宪法“底线”出现了问题，或者说连宪法学自己都搞不清这条“底线”在哪，那其他学科的研究就难免会犯“没有底线”的错误。而一旦失去了“底线”，哪怕仅仅是无心地向那些不应该成为底线的“隐性底线”妥协，那么其研究成果究竟是能够推动社会进步，还是阻碍社会的进步，甚或起到相反的作用就要打个大大的问号了。

## 四、如何矫治

在我国，基本权利规范被虚置的时间长、程度深、范围广，要矫治这一顽症就必须从具体的基本权利及其相关法律制度入手，多管齐下，由易而难，有步骤地从以下几个方面着手推进改革：

**1. 执政党需要采取更加开放和务实的态度，正视改革开放三十多年来**

---

① 关于宪法与部门法的关系，学界最有影响的事件莫过于围绕《物权法》草案合宪性展开的一系列争论。关于这场争论的过程和主要成果及观点参见韩大元：《回应与挑战：中国宪法学研究新进展》，载《法学家》2007 年第 1 期。

**的主要问题和矛盾，主动作出变革**

(1)重视基本权利规范与某些意识形态之间的现实张力，不可长期搁置争议并放任这些意识形态成为隐性“宪法”的发源地。[①]

(2)仔细甄别各种相关方针、政策是否符合基本权利规范及宪法精神：符合的，应当使用宪法和法律的语言加以重新阐释和发扬；有争议或不相符合的，则应当厘清争议，依据宪法的要求和现实的发展逐步进行改革。[②]

(3)适时提升基本权利规范在党的重要决议和政策中的地位，无论是经济建设还是民主政治建设，都应当以公民基本权利的切实保障为底线，而与基本权利相关的政策则应当直接以宪法为依据。

(5)重塑基本权利与政治体制改革之间的关系，把加强消极基本权利的保障作为推进政治体制改革的核心内容之一。

(6)要完善政党制度，建立执政党与宪法之间的良性互动关系，一方面中国共产党应当逐步开始使用宪法条款和原理阐述重要决议和政策；另一方面，在理顺党的领导与宪法的关系基础上实现政党制度的法治化。

在这6点建议中，第1、2点建议是宪法规范得以适用的前提性条件。这是因为在现有制度框架内，我国的宪政建设必须在党的领导下进行，基本权利规范走向全面实施的起点也应该是党的自我限权和改革。也就是说，没有这两项工作的基础，仅有其他改革措施，基本权利规范依然得不到实质性的实施。而只要这两项工作能够启动，哪怕其他相关方针、政策的改革还没有完成，各国家权力机关都可以在自己的职责范围内为推进基本权利的实质性实施开展一些力所能及的工作。

---

① 这里所说的“某些意识形态”并不是指四项基本原则、中国特色社会主义理论、党的基本路线等核心执政理念和思想，而仅仅是指一些具体的、针对某一领域的政治习惯、主张或措施。

② 比如舆论监督，它本身是一个非常民主的措施，其中有很多具体的理念和做法，如对公权力的监督、对媒体责任的强调、对新闻真实性的要求等等，完全可以在言论自由的框架内用法治的方式去进一步总结和发展；而另一些内容比如事无巨细、面面俱到的党管新闻的体制则需要因势利导，适时改革。关于后者，已经有学者提出了非常具体的建议：“建立以党报为中心、由多种类多层次的报纸组成的多样化的报业结构，报纸可以有党报与非党报之分，机关报与非机关报之分，有政治报与非政治报之分，有全民所有制与集体所有制之分，公办民办之分。所有这些报纸都是为人民服务的，但它们执行社会政治功能发挥上述两种作用时，允许各有侧重，促使报纸各具风格。对于这种多层次的新闻事业，应该有两种标准管理，一个是法律标准，一个是党性标准。非党的报纸，只要服从宪法和包括新闻法在内的各种法律(至于报业按新闻职业道德自律，这是一种自我约束，其必要性自不待言)；党的机关报除遵守宪法和法律以外，还有党性的标准，即在依法工作的基础上，还要执行党的决议和指示。”参见孙旭培：《新闻学新论》，当代中国出版社1994年版，第196页。

**2. 改进国家权力配置的相关制度，逐步为基本权利规范的实施创造良好的制度条件**

这方面需要采取以下几项具体的措施：

（1）完善人民代表大会制度，使全国人大及其常委会能够切实地履行其宪定职责。

（2）建立切实有效的宪法实施保障制度，在全国人大或其常委会之下设立宪法监督委员会，制定宪法监督委员会法，适时开展公民基本权利方面的宪法审查工作。①

（3）推进司法体制改革，保障司法独立，完善法院对抽象行政行为的司法审查制度，赋予法院对法规、规章和其他规范性文件的实质性审查权力。

（4）完善法律保留制度，严格限制行政立法和地方性立法的权力。

（5）完善地方人大和选举制度，扩大直接选举的范围，完善全国人大常委会以及地方各级人大常委会任职人员的法定任职条件，增强各级常委会的组织活力。

（6）在公务员考试录用中增加宪法与行政法的内容，并且要逐步增加其分数比重；在内容上可以先以国家机构为主，以后逐步增加基本权利的内容。

（7）在司法考试中逐步增加宪法学的分数比重，而且要改变现在这种以考察记忆力为主的考试形式，增加案例分析、事例分析等能力方面的考核内容。

**3. 多个国家机关共同努力，实现基本权利规范的全面实施**

（1）全国人大。首先，全国人大应当加强研究基本权利规范的法律衔接，适时重新启动相关立法的起草工作；其次，全国人大及其常委会可以尝试通过增加立法程序透明度的方法，公开回应一些立法过程中的合宪性争议，并就法律草案中的合宪性问题作出权威说明；再次，与前两项工作可以同时进行的是开展系统性的法律清理工作，启动对行政法规、地方性立法、部门规章等的实质性审查工作，发现有违宪违法的情况应当尽速废止或监督修改。

（2）宪法监督委员会。在成立初期，宪法监督委员会的受案范围可以仅限于国家机关提起的宪法争议，并主要通过合宪判决或宪法咨询等方式加

---

① 这个观点在学界得到的支持比较多。相关学术观点的总结参见陈云生：《宪法监督司法化》，北京大学出版社 2004 年版，第 525－549 页。至于具体制度设计细节不是本书的重点，而且就我国面临的主要问题来说，关键是把理论付诸实践，而不是在具体备选方案上纠缠。

强对基本权利规范的解释。在不同的基本权利之间，也可以从政治风险较小，情况较为简单的基本权利问题入手，进而逐步过渡到较为敏感，情况较为复杂的基本权利。[①] 随着民主政治建设的推进，可以再逐步允许公民间接乃至直接提起宪法诉讼，同时适时增加违宪判决，增加针对敏感问题、重大问题的宪法适用和解释，发展出符合我国宪政体制的基本权利基础理论和解释理论。[②]

(3)最高人民法院。最高人民法院首先应当明确法官适用法律与遵守宪法之间的关系，[③]并开始尝试依据基本权利规范或宪法精神对相关法律作出解释，同时对下级法院引述宪法和合宪性解释活动作出指导。在逐步鼓励各级法官在审判中合理引述宪法条款的同时，既要避免越权释宪，也要避免错误引述和无谓引述。在条件成熟时，全国人大和最高人民法院还应当共同研究法院适用法律与违宪审查制度的对接，即法院在审判工作中遇到疑似违宪的法律、法规时，将其提交全国人大常委会或专门违宪审查机构进行审查的程序和制度。

**4. 宪法学应当重新审视基本权利研究的对象和方法，真正回归本国的宪法实践和问题**

(1)认真和审慎地对待“隐性宪法”。当代中国基本权利研究最引人注目的成就莫过于从单一的法哲学层面进行价值性研究到晚近将宪法权利作为一种法规范进行法解释学研究的方法论转变”[④]。但是，在当前的形势下，

---

① 也有学者从完善我国现有宪法解释制度的角度论证了这一观点，参见韩大元：《宪法解释的理论与方法——〈宪法解释程序法〉的意义、思路与框架》，载《浙江社会科学》2009年第9期。

② 其实，一个违宪审查机构能作出多少违宪判决，能对其他机关起到多少限权作用完全是因地而异、因时而异的。比如日本最高法院在违宪判决方面一直很消极，但这并不妨碍其对公民基本权利规范作出重要的宪法解释。参见裘索：《日本违宪审查制度》，商务印书馆2008年版，第127－133页。反过来，我国台湾地区的“司法院”大法官在20世纪六七十年代的政治氛围中也照样能够为基本权利的解释做出贡献。参见李建良：《人权维护者的六十年回顾与时代挑战——试探大法官人权解释的多数困局》，载廖福特主编：《宪法解释之理论与实践》第六辑(下册)，“中央研究院”法律学研究所筹备处2009年版，第479－482页。对于我国的基本权利规范实施来说，最重要的是摒除偏见，跨出这关键的第一步，哪怕只是一小步，也足以使我国的基本权利规范暂时摆脱全面虚置的境地。

③ 关于我国宪政体制内法院与宪法适用、宪法遵守的关系参见童之伟：《宪法适用应依循宪法本身规定的路径》，载《中国法学》2008年第6期；童之伟：《法院“依照法律”规定行使审判权释论——以我国法院与宪法之关系为重点的考察》，载《中国法学》2009年第6期。

④ 翟国强：《新中国宪法权利理论发展评述——以方法论为视角》，载《北方法学》2010年第3期。

基本权利规范的最大问题是其被长期虚置以及由此形成的各种“隐性宪法”。不重视这个现实，再好的学说也难免陷入“鸵鸟”策略。因为不解决这个前提性的困境，即使有了完善的违宪审查制度，我们也拿不出可资解释的宪法。因此，我们不应当忽视与基本权利相关的各种意识形态、传统文化、政治史、政治哲学、执政党的重要决议与文件、政策和方针、领导人讲话、管理体制、行政法规、规章、纪律、“红头文件”等材料和现象的研究。当然，与以往不同的是，我们不是用这些研究对象来解释宪法，而是用宪法来解释这些研究对象。[①]

(2)深化宪法事例的研究。在没有违宪审查制度支撑的情况下，我国的宪法事例研究已经取得了非常可观的成就。[②] 但是，作为学术研究来说，在注重个案研究的同时，也应当把更多的注意力放在单个现象背后的共性问题上面。同时，应当通过深入的挖掘找到产生这些问题的根源所在，并在此基础上再结合比较法，系统性地提出解决问题的方法。唯有如此，学术方能具有前瞻性，而不至于总是被现实牵着鼻子走。

(3)加强与其他学科之间的良性互动。宪法学中的基本权利所涵盖的内容是非常庞杂的，涉及的社会现象非常广泛，因此学习和尊重其他学科的研究成果是我们必须做的。当然，在借鉴的同时，我们也应当随时准备纠正别人的错误，为他人做好“底线服务”。

(4)重视理性的学术批判。批判本应该是学术的天然职责，但是在宪法学界，那种既切中现实要害，又具有建设性的学术研究并不多见。反倒是法理学者、部门法学者、律师、法官、检察官，甚至是非法学学科的经济学家、社会学家、新闻学家、政治学家，有时对宪政领域的问题看得更准，提出的见解更加独到。但是，在我们这个时代其实是更需要真正来自宪法学的专业批判。

---

① 当然，这里的解释应该是秉持宪法精神的解释，而不是把“隐性宪法”视作“不成文宪法”或“宪法惯例”。参见强世功：《中国宪法中的不成文宪法——理解中国宪法的新视角》，载《开放时代》2009 年第 12 期。有关该学术观点的争议可参见姚岳绒：《关于中国宪法渊源的再认识》，载《法学》2010 年第 9 期；周永坤：《不成文宪法研究的几个问题》，载《法学》2011 年第 3 期；姚岳绒：《中国宪法语境中不宜使用“不成文宪法”——评周永坤教授的相关论述》，载《法学》2011 年第 6 期。

② 最具代表性的成果是韩大元教授从 2005 开始主持编撰的《中国宪法事例研究》和胡锦光教授从 2007 年开始编撰的《中国十大宪法事例评析》(2007 年第一本名为《2007 年中国典型宪法事例评析》)。

(5)在基本权利部分的教学中寻找突破点,改变宪法学在高等教育中持续被边缘化的趋势。在本科教育中应当适当压缩基本理论和国家机构的内容,增加基本权利部分的比重,并且在教学内容上注意围绕具体的宪法事例和部门法展开;在专业学位教育中,需要在课程设计上力求突破,从一些学科的交叉热点中开拓新的教学领域;[①]在公务员培训和职业再教育当中,应当以社会热点问题为导向,将宪法原理融入社会现实当中。

① 比如基本权利与部门行政法、民权与科学技术等。

# 第三章

# 实践中的权利协调方式

1982年宪法实施之后，随着法治建设和民主政治的发展，权利协调开始逐渐走向法治化的道路。当宪法人格权通过《刑法》《民法通则》等法律开始实施之后，法治化的权利协调加速发展，并一度成为法治实践和学术研究的热点。但是，由于宪法言论自由立法实施的结构性失衡，法治协调方式的作用范围受到了限制。而在法治协调方式所不及的地方，政治协调方式依然大量存在。于是在当代中国的法治实践中，权利协调便呈现出一幅看似矛盾的景象：一方面，法治协调方式发展势头非常迅猛；另一方面，政治协调方式却也没有多少退避谦让的意思。

## 第一节　法治协调方式在司法中的发展与困境

由于法治协调方式在司法实践中的发展主要集中在民法领域，而且主要是名誉权侵权的司法保护领域，因此本节内容将以名誉权侵权的司法解释和审判活动为主。

### 一、对人格权的溺爱

本书引言部分曾经比较过我国名誉权侵权纠纷和国外同类案件的受案数量，从中可以发现我国名誉权侵权案件的受案数远远多于其他国家或地区的同类案件数量。这可以说明我国司法实践中对公民名誉权的保护力度是相当大的。就像市场经济的供求关系，某样商品能够满足广大消费者的需求、价廉物美、童叟无欺，销量就会节节攀升，时间长了还有可能成为知名品牌。反之，商品的市场反响始终不佳，销量就很难上得去，时间一长，就会形成乏人问津的局面。以名誉权为代表的人格权诉由就像是知名品牌，不断吸引着公民向法院提起诉讼。

除了受案数量，从最高人民法院（下称“最高院”）在以名誉权为代表的人格权纠纷案件审理方面投入的精力也可以看出司法实践中人格权受保护的程度。名誉权案件不仅数量庞大，有的案情还非常复杂，涉及的法律问题也比较前沿，而《民法通则》中规范人格权及其侵权的法律条文又过于简单。虽然最高院在1988年制订了《关于贯彻执行〈中华人民共和国民法通则〉若干问题的意见（试行）》，但对名誉权、肖像权、姓名权和隐私作的解释远远不能满足地方各级法院的需求。于是，从《民法通则》正式实施的第二年开始，最高院就开始酝酿制定名誉权案件审判方面的专门司法解释。[①] 而在专门司法解释出台之前，最高院已经开始通过各种形式处理名誉权案件的疑难问题。1987年3月26日上海市高院向最高院提出了《关于侵害名誉权案件有关报刊社应否列为被告和如何适用管辖等问题的请示报告》，1988年1月15日最高院作出了批复，对上海市高院提出的问题作了明确的答复。[②] 从此开始，最高院几乎每年都要作出一到两个人格权方面的批复、复函或答复。到1993年，最高院共作出了10件这样的批复、复函和答复，其中9件是关于名誉权纠纷案件审判的，1件是关于肖像权纠纷案件审判的。从1988年到1993年，经过5年时间的酝酿、起草和准备，《关于审理名誉权案件若干问题的解答》（法发〔1993〕15号，以下简称“1993年《解答》”）终于出台。1993年《解答》以问答的形式规定了11个规范条文，它在吸纳之前最高院已经作出的各类相关批复、复函和答复的基础上规范了名誉权侵权的管辖和受理、侵权认定以及责任承担问题。

然而，1993年《解答》出台不到两年，最高院就不得不针对地方法院审判名誉权案件中的新问题再次作出复函和答复，而且仅1995年一年就作了三个复函，1996年又作了一个答复。1996年4月，最高院向各级人民法院发出了名为《关于总结审理名誉权案件经验的通知》的调查提纲，开始着手第二

---

① 徐迅:《最高院就名誉权案件颁布司法解释——周贤奇大法官接受记者专访阐述有关问题》，载《新闻记者》1993年第11期。

② 《最高人民法院关于侵害名誉权案件有关报刊社应否列为被告和如何适用管辖问题的批复》（法民复〔1988〕11号）。

份名誉权方面的专门司法解释。经过两年的时间，到 1998 年 9 月，《关于审理名誉权案件若干问题的解释》（法释〔1998〕26 号，以下简称“1998 年《解释》”）正式发布。1998 年《解释》也是以问答的形式出现的，全文共有 11 个问答，在规范的内容上也基本涵盖了管辖、受理、侵权认定和责任承担等几个方面，因此它也被认为是 1993 年《解答》的“继续、发展和深化”。①

1998 年《解释》标志着最高院在名誉权司法解释方面的工作告一段落。从 1998 年至今，最高院只在 1999 年和 2000 年作出过两个针对名誉权个案的复函，另外在 2000 年还作出过一个针对肖像权个案的复函。② 在加强司法解释工作的同时，最高院也时常通过《最高人民法院公报》公布名誉权纠纷判例。从 1987 年开始到 2009 年 20 多年的时间里，最高院共公布过 14 个名誉权案例、3 个肖像权案例和 2 个诽谤罪案例。③ 这些案例一般都是一定时期内比较有代表性的案例，其对各地法院审判各种类型的名誉权案件起到了一定的指导作用，从中也能表现出最高院协调权利的发展方向。20 多年间，最高院一共出台了 2 个名誉权专门司法解释，作出了 17 个名誉权案件的复函和 2 个肖像权案件的复函，公布了涉及权利协调的人格权案例 17 个，其中 13 个名誉权案例、3 个肖像权案例和 2 个诽谤罪案例。④ 截至 2008 年，最高院发布的司法解释、复函和案例参见表 3-1。

**表 3-1 最高院发布的人格权司法解释、复函和案例表**

| 年份 | 1987 | 1988 | 1989 | 1990 | 1991 | 1992 | 1993 | 1994 | 1995 | 1996 | 1997 | 1998 | 1999 | 2000 | 2001 | 2002 | 2003 | 2004 | 2005 | 2006 | 2007 | 2008 | 总数 |
|---|---|---|---|---|---|---|---|---|---|---|---|---|---|---|---|---|---|---|---|---|---|---|---|
| 司法解释 | | | | | | | 1 | | | | | 1 | | | | | | | | | | | 2 |
| 名誉权司法复函 | | 1 | 2 | 2 | 1 | 2 | 2 | | 3 | 1 | | | 2 | 1 | | | | | | | | | 17 |
| 肖像权司法复函 | | | | | 1 | | | | | | | | | 1 | | | | | | | | | 2 |
| 名誉权 | | 1 | 1 | 3 | | 1 | 1 | | | | | 1 | | | 1 | 1 | 1 | | | 1 | 1 | 1 | 14 |
| 肖像权 | 1 | | | | | | | | | | | | | | | | 1 | | | | 1 | | 3 |
| 诽谤罪 | | 1 | | 1 | | | | | | | | | | | | | | | | | | | 2 |

① 梁书文、杨立新、杨洪逵编著：《审理名誉权案件司法解释理解与适用》，中国法制出版社 2001 年版，第 35 页。

② 由于这些司法解释有相当一部分内容并不是为了单纯保护人格权，而是为了协调权利冲突制定的，所以其具体内容将在分析我国言论自由的法律保护制度和协调权利冲突的司法实践时再分别详细介绍。

③ 2007 年的一个名誉权案例和一个肖像权案例是同一个案例，参见《李海峰等诉叶集公安分局、安徽电视台等侵犯名誉权、肖像权纠纷案》，载《最高人民法院公报》2007 年第 2 期。

④ 需要说明的是，在最高院公布的名誉权案例中有个别案例与言论自由无关，参见《倪培璐、王颖诉中国国际贸易中心侵害名誉权纠纷案》，载《最高人民法院公报》1993 年第 1 期。

每年法院受理的人格权案件的数量在全部民商经济类案件中所占的比例是非常低的，历年均保持在 0.2%以下，但是针对这不到 0.2%的案件，最高院却付出了数倍的努力。有学者统计了 1987 年到 2004 年间最高院发布的民商经济类司法解释，包括各类复函，总数正好是 350 件。[①] 在此期间，最高院就名誉权案件的审理发布了 2 个专门司法解释、17 个司法复函、2 个肖像权案件的复函，那么最高院在人格权方面所作的司法解释总数是 21 个，占到同期民商经济类司法解释的 6%。在《最高人民法院公报》公布的案例方面，截止到 2008 年 11 月，《最高人民法院公报》公布的案例总数是 731 个，其中民商经济类(不包括知识产权类)共 333 个。表 3-1 中涉及权利协调的人格权类案件一共是 17 个，这个数字占到《最高人民法院公报》公布案例总数的 2.32%，占民商经济类的5.1%。最高院对于只占到民商经济类案件数 0.2%的人格权案件却花了数十倍的努力来解决问题，足见最高院对人格权案件的重视。

从这些案例、复函和司法解释的内容看，最高院的工作重点还是公民人格权的保护而不是言论自由。在 17 件司法复函中，除 1 件与权利协调无关外，有 10.5 件是有利于原告的，只有 5.5 件是倾向于保护被告的，其比例接近 2∶1。[②] 在 18 个公报案例中，只有 2 个案例是被告胜诉，其余的都是原告胜诉，这两者的比例更是高达 8∶1。在 2 件名誉权专门司法解释中，明显有利于名誉权保护的问答共有 10 条，而明显用于兼顾言论自由保护的只有 5 条，剩下的 5 条或者两种倾向都有，或者看不出明显的倾向性，或者与权利协调无关，暂且称之为“中立问答”。那么有利于名誉权保护、兼顾言论自由与中立的问答数之比正好是 2∶1∶1。如果结合历年名誉权纠纷案件受理数

---

① 纪诚：《最高人民法院司法解释：一个初步的考察》，中国政法大学出版社 2007 年版，第 270—271 页。

② 《最高人民法院关于侵害名誉权案件有关报刊社应否列为被告和如何适用管辖问题的批复》中的两款倾向性不同，所以这两款各计 0.5 条。该批复第 1 款规定：“报刊社对要发表的稿件，应负责审查核实。发表后侵害了公民的名誉权，作者和报刊社都有责任，可将报刊社与作者列为共同被告。”这明确了报刊社的侵权责任，显然是有利于原告的。第 2 款规定：“如果原告只对作者起诉的，由作者户籍所在地的基层人民法院管辖，受诉法院可追加报刊社为被告；如果原告只对报刊社起诉的，由该报刊社所在地的基层人民法院管辖，受诉法院可追加作者为被告；如果原告把作者和报刊社作为共同被告起诉的，一般由报刊社所在地的基层人民法院管辖为宜。”由于是以被告住所地为地域管辖原则，因此可以说对原告是不利的。

量变化来分析，还可以发现法院受理案件数量增长最大的两个年份是1993年和1999年，分别增长了20.2%和17.78%。而2件名誉权专门司法解释正式颁布的时间恰巧是1993年和1998年。按理来说，1993年《解答》和1998年《解释》是以“既坚持有利于保护公民的合法民事权益不受侵害，又支持正当的社会舆论监督”为基本精神制定的，其实施应该能对名誉权案件的受理数量起到一定的抑制作用。但是，事实却恰恰相反，名誉权纠纷不是越来越少了，而是越来越多了，而且是历史性的大增长，这种“巧合”本身足可作为2件专门解释总体上有利于原告、有利于保护名誉权的明证。

当然，名誉权纠纷的增多还有其他方面的原因，比如新闻媒体自身的发展、民事诉讼的发展、法院在中国社会中的作用不断加强、[①]公民的权利意识越来越高、法治的进步等等。[②] 但这些原因都无法解释1993年和1999年这两次突如其来的案件受理数大增长。至于说这其中的具体因果关系，由于我国判决书公开制度尚不完善，因此无法细致分析，只能做些大致的推断。比如，司法解释中名誉权案件地域管辖和立案制度的改变，就很有可能是名誉权纠纷案件受案数猛增的主要原因之一。根据1988年《最高人民法院关于侵害名誉权案件有关报刊社应否列为被告和如何适用管辖问题的批复》，对于以报刊社和记者为被告的一审名誉权案件基本上是由被告所在地人民法院管辖。1991年颁布的《民事诉讼法》及其解释规定，因侵权行为提起的诉讼，由侵权行为地或者被告住所地人民法院管辖，侵权行为地包括侵权行为实施地、侵权结果发生地。1993年《解答》依此改变了1988年批复关于地域管辖的规定。1998年《解释》进一步把“侵权结果发生地”解释为“包括了受侵权的公民、法人和其他组织的住所地”。这一改变一方面是为了解决因新闻出版引起的侵权结果发生地过于广泛引起的管辖权争议，另一方面便是出于有利于受害人名誉权保护方面的考虑。[③]

民事立案制度的改变与地域管辖的情况有些相似。在1993年《解答》颁布之前，某些地方法院会对名誉权侵权的诉讼请求进行实质性的审查，在诉

---

① Benjamin L. Liebman, Innovation Through Intimidation: An Empirical Account of Defamation Litigation in China, Harvard International Law Journal, 2006, Vol. 47, No. 1, pp. 47-48.

② 张西明：《关于新闻侵害公民名誉权行为的研究》，载《新闻与传播研究》1995年第3期。

③ 梁书文、杨立新、杨洪逵编著：《审理名誉权案件司法解释理解与适用》，中国法制出版社2001年版，36—38页。

讼之外就开始平衡兼顾公民的言论自由。[①] 1993 年《解答》第 1 条问答虽然依据 1991 年《民事诉讼法》第 108 条对名誉权案件的受理作出了规范，但对地方法院的做法既没有完全禁止，也没有明确支持。这也导致在实践中各地方法院在审查起诉时标准差别很大。[②] 1998 年《解释》虽然没有对名誉权案件受理作出规范，但是在 1998 年《解释》发布的前一年，最高院发布了《关于人民法院立案工作的暂行规定》，统一了民事案件的立案制度，明确实行了立案与审判分开的原则。这一改变主要是为了加强对当事人的诉权的保障，在名誉权案件的审判中也就是加强对原告权利的保障，同时必然导致更多的名誉权纠纷进入实质的审判程序，增加名誉权案件的受理数。反过来，从一个侧面也可以说明，兼顾言论自由的问答条款对案件受理数量的抑制作用并不大。

## 二、对舆论监督的兼顾协调

与《民法通则》不同的是，最高院并没有完全忽视权利协调问题。1988 年，刚上任不久的最高人民法院院长任建新在接受记者采访时就指出："对名誉权纠纷案件，要查明是否构成侮辱、诽谤。对报刊上发表文章引起的名誉权纠纷，要区分正当的舆论批评与侵犯名誉权的界限，既要依法保护名誉权，又要依法支持舆论监督。"[③]此后，"既坚持有利于保护公民的合法民事权益不受侵害，又支持正当的社会舆论监督"的表述还被写入最高院的工作报告。[④] 二十多年来，最高院所做的很多工作都是围绕这一论断展开的，这在 1993 年《解答》和 1998 年《解释》之中表现得最明显。1993 年《解答》和 1998

---

① 高实：《严格执法 正确审理名誉权案件》，载《人民司法》1989 年第 2 期；刘涌：《关于新闻侵权诉讼的思考》，载《人民司法》1989 年第 6 期；上海市高级人民法院：《支持正当的新闻舆论监督 保护公民、法人的名誉权》，载《人民司法》1989 年第 7 期；张双龙、崔志坚：《慎重立案 精心处理》，载《人民司法》1989 年第 2 期；庞战秋：《论新闻侵害名誉权的立案标准》，载《当代法学》1990 年第 3 期；惠钟渊：《侵害名誉权案件的立案与审理》，载《法学》1992 年第 2 期。

② 北京市的法院就坚持对名誉权案件的立案进行严格的审查，参见李大元：《新闻报道侵害名誉权案件的受理问题》，载《新闻与传播研究》1995 年第 3 期；广东的法院则认为不应该对当事人的起诉进行实质审查，而应该严格依照《民事诉讼法》的有关规定进行立案受理，参见李琦、胡志超：《广东新闻侵权诉讼研究》，载《新闻与传播研究》1996 年第 4 期。

③ 苏宏宇：《任建新谈：恰当处理名誉权案》，载《法制日报》1988 年 7 月 20 日第 1 版；上海市高级人民法院：《支持正当的新闻舆论监督 保护公民、法人的名誉权》，载《人民司法》1989 年第 7 期。

④ 《最高人民法院公报》1989 年第 2 期。这里的"舆论监督"实际上就是指言论自由，可能是为了避免使用当时尚属敏感的法学术语，任建新院长借用了一个比较稳妥的政治概念。

年《解释》是最高院所作的名誉权案件审判指导和解释工作的集大成者，两件解释都是以问答的形式制定的，各有 11 个问答，其中大部分条款仍然是“有利于保护公民的合法民事权益不受侵害”，但也有相当一部分条款意在“依法支持舆论监督”，其中最主要的是以下几个方面：

**1. 基本真实原则**

1993 年《解答》第 7 问和第 8 问是认定侵害名誉权成立与否的基本原则。第 7 问第 4 款规定：“因新闻报道严重失实，致他人名誉受到损害的，应按照侵害他人名誉权处理。”第 8 问规定：“因撰写、发表批评文章引起的名誉权纠纷，人民法院应根据不同情况处理：文章反映的问题基本真实，没有侮辱他人人格的内容的，不应认定为侵害他人名誉权。文章反映的问题虽基本属实，但有侮辱他人人格的内容，不应认定为侵害他人名誉权。文章的基本内容失实，使他人名誉受到损害的，应认定为侵害他人名誉权。”这两条中的“严重失实”“基本真实”和“基本内容失实”指的是同一个意思，即影响或者决定认定是否构成侵权性质的问题（事实、内容）。所以，不决定事件性质的“细节失实”就可以被排除在认定侵权的条件之外。[①]

这方面的典型案例是北京信远斋饮料厂诉《北京晚报》、朱华侵害名誉权案。1988 年 7 月 25 日，《北京晚报》记者随市防疫站对北京信远斋饮料厂进行检查，发现该厂生产存在诸如车间不洁，有苍蝇等卫生问题，市防疫站对该厂作出罚款 1700 元的处罚。此后记者写出题为《飞蝇聚车间，杂物堆墙角，信远斋饮料厂昨日被罚款》的批评报道，刊于 7 月 26 日《北京晚报》头版上。后该厂以报道失实，构成对该厂名誉权的侵害为由向北京市东城区法院提起诉讼。庭审中原告就一些细节问题展开争辩，如原告从没有缴纳过罚款、生产车间的苍蝇并没有多到“聚集”的程度等。一审法院认为被告的批评报道虽然细节与事实有出入但其内容基本属实，判决驳回原告的诉讼请求。原告不服，上诉于北京市中级人民法院，最后北京市中级人民法院维持了东城区法院的判决。[②]

**2. 对文学作品及其编辑出版单位的有限保护**

1993 年《解答》第 9 问以文学作品描写人物的现实指向性为主要标准认

---

① 梁书文、杨立新、杨洪逵编著：《审理名誉权案件司法解释理解与适用》，中国法制出版社 2001 年版，第 50 页。

② 魏永征：《被告席上的记者——新闻侵权论》，上海人民出版社 1994 年版，第 15－17 页。

定侵权与否。如果作品本身就是“描写真人真事的文学作品,对特定人进行侮辱、诽谤或者披露隐私损害其名誉的”,或者“虽未写明真实姓名和住址,但事实是以特定人或者特定人的特定事实为描写对象,文中有侮辱、诽谤或者披露隐私的内容,致其名誉受到损害的”,应认定为侵害他人名誉权。但如果“不是以生活中特定的人为描写对象,仅是作品的情节与生活中某人的情况相似,不应认定为侵害他人名誉权”。另外,编辑出版文学作品的单位并不需要像报刊社一样附有审查核实义务,在被认定侵权时需要承担全部或连带责任。[①] 发表文学作品的编辑出版单位只需要在作品已被认定为侵害他人名誉权或被告知明显属于侵害他人名誉权后,刊登声明消除影响或采取其他补救措施,只有“拒不刊登声明,不采取其他补救措施,或继续刊登,出版侵权作品的”才会被认定为侵权。这既是符合实际的需要,也是为了有利于贯彻“双百”方针、繁荣文艺创作。[②]

针对这类案件,最高院曾作出过两个司法复函否定了文学作品的侵权。第一个是 1995 年 6 月针对邵文卿诉黄朝星侵害名誉权案作出的函。被告黄朝星撰写的报告文学作品《红杏枝头——瑞昌市人民医院变迁记》中有一个人物“元老”,原告邵文卿认为这个人物就是自己。最高院认为该人物“未指名道姓,不是指特定的人,其特征描写与原告邵文卿并不相符,原告不应对号入座”[③],并认定该文学作品不构成侵权。另一个是针对都兴久、都兴亚诉高其昌、王大学名誉权纠纷一案作出的复函。高其昌、王大学创作了历史小说《关东魂》,其中的人物都本德在历史上确有其人。都本德的后代认为小说对都本德的描写与历史不符侵害了其名誉权。最高院经研究认为,被告创作《关东魂》的“主观动机是弘扬爱国主义精神,在塑造都本德这一反面人物时确有一定的生活素材为依据,作者主观上没有损害都本德名誉的故意,小说中使用都本德真实姓名虽有不妥,但都本德在历史上确实担任伪职,据

---

① 报刊社对刊登稿件的审查核实义务是由最高院《关于侵害名誉权案件有关报刊社应否列为被告和如何适用管辖问题的批复》规定的。在此基础上,1993 年《解答》第 6 问确定了新闻侵权中新闻出版单位的诉讼地位:“因新闻报道或其他作品发生的名誉权纠纷,应根据原告的起诉确定被告。只诉作者的,列作者为被告;只诉新闻出版单位的,列新闻出版单位为被告;对作者和新闻出版单位都提起诉讼的,将作者和新闻出版单位均列为被告,但作者与新闻出版单位为隶属关系,作品系作者履行职务所形成的,只列单位为被告。”

② 梁书文、杨立新、杨洪逵编著:《审理名誉权案件司法解释理解与适用》,中国法制出版社 2001 年版,第 12 页。

③ 《最高人民法院关于邵文卿与黄朝星侵害名誉权案的函》,1995 年 6 月 1 日。

此情况，以不认定小说《关东魂》损害了都本德的名誉权为宜”[①]。

**3. 对特殊言论形式的保护**

1998年《解释》中有数个问答对名誉权的受案范围作出了规范，排除了对几类特殊言论的受理。首先，区分了“内参”和“内部刊物”。1998年《解释》第2问规定了“内参”，即“有关机关和组织编印的仅供领导部门内部参阅的刊物、资料等刊登的来信或者文章”不属于名誉权案件的受案范围，但“机关、社会团体、学术机构、企事业单位分发本单位、本系统或者其他一定范围内的内部刊物和内部资料，所载内容引起名誉权纠纷的，人民法院应当受理”。其次，内部行政行为即“国家机关、社会团体、企事业单位等部门对其管理的人员作出的结论或者处理决定”，与“内参”的地位相似，1998年《解释》第4问把这种“言论”也完全排除在受案范围之外。最后，公民的检举和控告。1998年《解释》第5问把一般的公民检举、控告行为排除在受案范围之外，但“如果借检举、控告之名侮辱、诽谤他人，造成他人名誉损害，当事人以其名誉权受到侵害向人民法院提起诉讼的，人民法院应当受理”。这与1982年宪法第41条是相衔接的，即排除了过失造成的失实，只有以“借检举、控告之名侮辱、诽谤他人，造成他人名誉损害”为目的的故意才属于法院的受案范围。

这三种特殊言论中争议较大的是“内参”刊登的文章侵害公民名誉权法院是否受理的问题。这个问题源自范应莲诉敬永祥等侵害海灯法师名誉权案。该案的涉诉文章最开始是被告以信件的形式寄给新华通讯社，新华通讯社将其发表在《内参选编》和《国内动态清样》两份非公开发行的刊物上。《内参选编》和《国内动态清样》虽然都是党内秘密刊物，专供一定级别的党员领导干部参阅，但前者属于“秘密”级别，发行范围广，发行量大，而后者则属“机密”，发行范围非常小。[②] 1991年底，四川省高院向最高院请示敬永祥在党内秘密刊物上撰文是否构成侵害名誉权，最高院的复函给出了否定的回答，但没有对“内参”的性质作正面回答，而是绕了个弯子，给敬永祥写信的行为作了定性：“敬永祥写给新华通讯社的信因系刊登于机密刊物《国内动态清样》和秘密刊物《内参选编》，且写信的真正动机难于查明，故写信的

---

① 《最高人民法院关于都兴久、都兴亚诉高其昌、王大学名誉权纠纷一案的请示报告的答复》，1996年12月10日。

② 刘海涛、郑金雄、沈荣：《中国新闻官司二十年(1987—2007)》，中国广播电视出版社2007年版，第268页。《内参选编》由新华社在科(乡)或相当于这一级的党员干部内发行，发行量达到了七十多万份。

行为可不认定为损害海灯、范应莲的名誉权。"后来随着案情的发展,涉诉文章又被发表到其他公开刊物,"内参"的问题就被暂时搁置下来。[①] 1998 年 8 月 17 日该案二审宣判,一个月后 1998 年《解释》正式施行,直接将"内参"排除在名誉权侵权纠纷案件受理范围之外。最高院给出的理由主要是,作为特殊内部刊物的"内参"与其他一般内部刊物在功能性质、秘密级别和传播范围等方面都有区别。[②]

**4. 对评论言论的有限保护**

1998 年《解释》第 9 问规定:"消费者对生产者、经营者、销售者的产品质量或者服务质量进行批评、评论,不应当认定为侵害他人名誉权。但借机诽谤、诋毁,损害其名誉的,应当认定为侵害名誉权。新闻单位对生产者、经营者、销售者的产品质量或者服务质量进行批评、评论,内容基本属实,没有侮辱内容的,不应当认定为侵害其名誉权;主要内容失实,损害其名誉的,应当认定为侵害名誉权。"虽然这里受保护的评论仅仅限于消费者和新闻单位对产品、服务质量的评论,但一般公民,即消费者的评论言论却受到了特殊的保护。这与公民的检举、控告有些相似,仅仅有过失并不构成侵害,也就是说,"只要不是借机诽谤、诋毁,即使情绪激动,言辞偏激,说了一些过头的话,或者批评、评论依据的事实不够真实,也不应认定为侵权"[③]。

这条司法解释很大程度上源自中国国际贸易中心诉吴祖光侵害名誉权案。1992 年 6 月,《中华工商时报》以一个超市搜查顾客引发的名誉权案件为背景发表了一篇名为《红颜一怒为自尊》的文章。著名剧作家吴祖光据此撰写了《高档次事业需要高素质员工》一文,对搜查顾客的中国国际贸易中心提出批评。文中使用了诸如"洋奴意识""混账话""好狂妄""恬不知耻"等语词,原告认为这是侮辱性语言,侵害了原告的名誉权,遂诉至法院。法院最终的判决认为,吴祖光的批评文章是其从不同角度对中国国际贸易中心不尊重顾客的行为所进行的批评,均属正当舆论监督范畴,不构成对中国国际贸易中心名誉权的侵害。[④]

另一个广东的案例则更能够体现这条解释在司法实践中的作用。2001

---

① 梁书文、杨立新、杨洪逵编著:《审理名誉权案件司法解释理解与适用》,中国法制出版社 2001 年版,第 250—251 页。

② 同上书,第 38—39 页。

③ 同上书,第 50 页。

④ 郁郁乎:《吴祖光 走向法庭始末》,载《当代司法》1995 年第 7 期。

年 3 月，被告刁桓昌因使用原告深圳日大饲料厂供应的有毒饲料导致其养殖的部分鸭子死亡而将该饲料厂告上法庭。《梅州日报》根据当事人提供的情况和有关机关提供的检验报告、证据证言等撰写了批评报道，之后梅州电视台又依据此报道专门制作了一期节目。深圳日大饲料厂认为这些新闻报道不实侵害了其名誉权。法院首先认定了饲料厂与刁桓昌之间的纠纷这一客观事实，然后依据 1998 年《解释》第 9 问第 1 款和第 2 款对作为一般消费者的刁桓昌和两家新闻单位的行为分别作了认定：刁桓昌对原告的批评、评论属于正当的自我保护措施，没有主动贬损原告的故意，因此不构成侵权；梅州日报社和梅州电视台的新闻报道有事实依据，内容基本属实，没有侮辱性语言，同样也不构成侵权。最后两审法院均判决原告败诉。[①]

在司法实践中，2003 年第 2 期《最高人民法院公报》刊登的余一中诉新闻出版报社侵犯名誉权案判决，表明最高院已经承认了把对评论言论的保护扩大到其他类型评论的做法。2002 年前后，原告余一中连续发表多篇文章对《钢铁是怎样炼成的(电视连续剧文学剧本)》提出批评。2000 年 6 月 26 日，由被告主办的《新闻出版报》刊登文章对余一中的观点提出反批评。这篇反批评文章及其附随的"编者按"认为，余一中的批评"已不是严肃的学术研究，而是在借题发挥肆意攻击"，"如果带着政治和自己的狭隘眼光、偏见来评判一部被公认了的优秀文学作品，这种批评的用心就值得怀疑"，并认为"这个论争不是纯学术的，也不是鸡毛蒜皮的小是小非，而是关系到是否坚持中国先进文化前进方向的原则之争"。随后余一中向法院提起诉讼。南京市鼓楼区人民法院在判决中首先排除了"诽谤"，因为被告涉诉文章中"凡涉及原告余一中之处，均引用余一中评论文章中的原话，不存在捏造事实的情况"。剩下的就是有没有"侮辱"的问题。法院认为，被告涉诉文章"除对《钢铁是怎样炼成的》一书和同名电视连续剧表达了与原告余一中相反的观点外，并无损害余一中人格或者名誉的言辞"，而且"对一部作品的社会价值进行评价，每个人均可以根据法律赋予的言论自由权，充分发表自己的意见。原告余一中作为外国文学专业的学者，公开发表对外国文学作品的评论或批评，是其行使学术批评的正当权利，应当得到尊重。但是，余一中公开发表的观点是否正确，也应该允许他人争论甚至辩驳。社会科学是

---

① 李琦主编:《民事侵权法实证分析》，中国法制出版社 2005 年版，第 176－185 页。

在争论、辩论中发展的。就学术讨论而言，对不同的意见，应该有一定的容忍度，不能因为对方言辞激烈，就认为是侵权。只要双方的争论不违反法律的禁止性规定，都不应承担法律责任。”据此法院判决驳回原告诉讼请求。此后，原告虽上诉，但二审法院维持了原判。

**5. 对新闻源的保护和责任区分**

首先是新闻单位报道政府公开信息的免责。1998 年《解释》第 6 问规定：“新闻单位根据国家机关依职权制作的公开的文书和实施的公开的职权行为所作的报道，其报道客观准确的，不应当认定为侵害他人名誉权；其报道失实，或者前述文书和职权行为已公开纠正而拒绝更正报道，致使他人名誉受到损害的，应当认定为侵害他人名誉权。”这一规定的理论基础是公民的知情权和政府信息公开制度，即公众有权了解国家机关为公众利益而从事公共事务、国务活动的情况，而新闻报道正是公众了解这种情况的根本途径。所以，只要新闻单位报道客观而准确，即应免除侵权责任。[①] 其次是主动新闻源和被动新闻源提供者的责任。1998 年《解释》第 7 问规定：“主动提供新闻材料，致使他人名誉受到损害的，应当认定为侵害他人名誉权”；“因被动采访而提供新闻材料，且未经提供者同意公开，新闻单位擅自发表，致使他人名誉受到损害的，对提供者一般不应当认定为侵害名誉权；虽系被动提供新闻材料，但发表时得到提供者同意或者默许，致使他人名誉受到损害的，应当认定为侵害名誉权。”

冷传军诉广西《党纪》杂志社、广西日报社等名誉权侵权纠纷案是这方面的典型案例。1998 年 1 月，广西区纪委主办的《党纪》杂志在 1998 年第 1 期刊发了一篇通讯《青春大控诉：谁害少女终身残疾？》，揭露了百色市公安局干警冷传军帮助发廊老板强迫他人卖淫的事件。冷传军认为这些报道基本内容严重失实，严重损害了其人格和名誉，遂诉至法院。一审法院经过审理认定，《青春大控诉：谁害少女终身残疾？》是根据百色市公安、检察、纪检等有关部门调查所取得的材料及被告记者采访有关当事人后据所得的事实撰写的。该文有些细节虽然不够翔实，但文章反映的问题基本真实，没有使用对原告冷传军人格有侮辱性的语言，原告冷传军受到党纪、政纪的处分不是因为该文造成的，而是党政机关根据调查所得的事实对冷传军作出了处

---

① 梁书文、杨立新、杨洪逵编著：《审理名誉权案件司法解释理解与适用》，中国法制出版社 2001 年版，第 42—43 页。

分决定。《党纪》等报刊刊登、载载该文的行为是行使国家新闻单位职权、依法行使舆论监督的行为。一审法院最后判决,驳回原告冷传军的诉讼请求。原告上诉后,二审法院支持了一审法院的判决。①

关于新闻单位报道政府公开信息的免责,最高院在 1999 年还专门针对个案作出过一件司法复函。1995 年 3 月 10 日,《山西日报》依据山西省检察院、山西省直纪工委及山西省委宣传部三个单位作出的联合调查报告刊登了一篇新闻报道,揭露被告刘兰祖与其女婿贾卯清共谋以报销假发票手段侵吞一万多元公款。刘兰祖认为该新闻严重失实,并且违反宣传纪律侵害其名誉权,遂诉至法院。一审审理期间,因为山西省检察院正在调查贾卯清一案,所以本案中止诉讼。两年后检察院没有认定贾卯清的行为构成犯罪,本案恢复审理后,一审法院认为检察院并未认定原告有犯罪行为,并且联合调查报告属内部调查报告,未经有关领导部门同意不能作为新闻报道的依据,因此判决被告败诉。被告不服判决上诉后,二审法院就争议的焦点——联合调查报告能否作为新闻依据向最高院发出请示报告。最高院的复函认为:"贾卯清和刘兰祖合谋侵吞公款的行为已经有关纪检部门予以认定,并给予贾卯清相应的党纪处分,山西日报社和山西省委支部建设杂志社(以下简称支部建设杂志社)将相关事实通过新闻媒体予以报道,没有违反新闻真实性的基本原则,该报道的内容未有失实之处,属于正常的舆论监督。根据最高人民法院有关司法解释的规定精神和本案的具体情况,山西日报社和支部建设杂志社的行为,不构成对刘兰祖名誉权的侵害。"山西省高院据此判决驳回了刘兰祖的诉讼请求。②

## 第二节　法治协调方式在实践中的主要问题

最高院颁布的名誉权司法解释在很大程度上起到了缓解言论自由法律保护结构失衡的作用,特别是司法解释与一批有代表性、有影响的人格权纠

---

① 李成连:《舆论监督与新闻侵权的界限——一起状告六媒体索赔三百万的名誉侵权案审结后的思考》,载《新闻记者》2001 年第 1 期。

② 刘海涛、郑金雄、沈荣:《中国新闻官司二十年(1987—2007)》,中国广播电视出版社 2007 年版,第 382—387 页;最高院《关于刘兰祖诉山西日报社、山西省委支部建设杂志社侵犯名誉权一案的复函》(〔1999〕民他第 32 号)。

纷案件相结合[①]，使得名誉权法律保护制度成为迄今为止我国法律制度中最活跃也最有效的协调基本权利冲突的法律制度。但最高院的工作效果也仅仅是局限于“缓解”。实践中，我国法院的审判实践在协调保护言论自由方面还是有不少问题。

## 一、名誉权侵权构成和抗辩体系不完善

我们的立法，不管是刑法还是民法，对名誉权侵权的基本行为方式都规定得非常简单，从中几乎无法判定其具体的构成要件和抗辩事由。1997年《刑法》第246条规定：“以暴力或者其他方法公然侮辱他人或者捏造事实诽谤他人，情节严重的，处三年以下有期徒刑、拘役、管制或者剥夺政治权利。”从中只能看出诽谤的构成要件之一是“捏造事实”。《民法通则》则更简单，其第101条规定：“公民、法人享有名誉权，公民的人格尊严受法律保护，禁止用侮辱、诽谤等方式损害公民、法人的名誉。”1988年最高院颁布的《关于贯彻执行〈中华人民共和国民法通则〉若干问题的意见（试行）》第140条对名誉权侵权的具体方式作出解释：“以书面、口头等形式宣扬他人的隐私，或者捏造事实公然丑化他人人格，以及用侮辱、诽谤等方式损害他人名誉，造成一定影响的，应当认定为侵害公民名誉权的行为。”其中有四项行为方式，即“宣扬他人的隐私”“捏造事实公然丑化他人人格”“侮辱”和“诽谤”，至于各项行为方式的具体构成、抗辩及其相互关系也没有更详细的规定。

1993年《解答》对名誉权侵权的认定作了比较详细的规定，但是依然问题很多。对于“侵害名誉权责任应如何认定”，1993年《解答》第7问首先是套用了一般侵权行为的构成要件：“是否构成侵害名誉权的责任，应当根据受害人确有名誉被损害的事实、行为人行为违法、违法行为与损害后果之间有因果关系、行为人主观上有过错来认定。”在这条一般原则之下，又规定了

① 这里的“结合”有两层意思，一方面是指这些司法解释在个案中的适用；另一方面，这些司法解释绝大部分都来自审判经验的总结，有些就直接源自一两个案例的判决及其复函。比如，1993年《解答》第6问中的发表侵权新闻文章的报刊社和作者可作为共同侵权人，就源自赵正正诉姚诗煌等侵害名誉权案和曹蕾、曹国均、刘金娣诉庄玉兴等侵害名誉案，参见《最高人民法院关于侵害名誉权案件有关报刊社应否列为被告和如何适用管辖问题的批复》；1993年《解答》第5问中的死者名誉受保护问题，就源自陈秀琴诉魏锡林、《今晚报》侵害名誉权案，即《荷花女》名誉权纠纷案，参见《最高人民法院关于死亡人的名誉权应依法保护的复函》，不过1993年《解答》对这一复函作了一个小的修改，即将“死者名誉权”改为“死者名誉”。

3 项具体的认定标准:(1)“以书面或口头形式侮辱或者诽谤他人,损害他人名誉的,应认定为侵害他人名誉权”;(2)“对未经他人同意,擅自公布他人的隐私材料或以书面、口头形式宣扬他人隐私,致他人名誉受到损害的,按照侵害他人名誉权处理”;(3)“因新闻报道严重失实,致他人名誉受到损害的,应按照侵害他人名誉权处理。”第 2 项是专为隐私权开的“特别通道”,暂且不论。第 1 项基本上是简单重复了相关立法的内容,对于什么是诽谤、什么是侮辱并没有进一步规定清楚。而第 3 项就不仅仅是简单重复的问题了,它在规范层次上就有些不清不楚。

侮辱和诽谤是世界各国或地区公认的名誉权侵权的方式,是经过上千年历史发展而来的,有其固有的科学性和规范性,规范完整的话完全可以涵盖所有的侵犯名誉权的行为。[①] 最高院司法解释没有在诽谤和侮辱的规范统领之下添加侵权行为方式,而是平白无故地增加一项独立的名誉权侵权方式,即“因新闻报道严重失实,致他人名誉受到损害的”,有学者称其为“新闻侵害名誉权”。[②] 紧接着 1993 年《解答》第 8 问和第 9 问又专门针对“因撰写、发表批评文章引起的名誉权纠纷”和“因文学作品引起的名誉权纠纷”再次单独作出认定标准,前者是依据文章内容是否基本真实、是否有侮辱他人人格作为标准,后者则主要以文学作品的现实指向性为判断标准。于是,作为名誉权侵权最基础的诽谤和侮辱都还没有搞清楚怎么判定,又凭空叠加出数种特殊的名誉权侵权方式和认定标准。

上述立法和司法解释存在缺陷,使得学者和法官对诽谤的构成要件和抗辩事由的理解出现混乱。其中最主要的争议是陈述虚假是由原告证明的诽谤的构成要件,还是陈述事实是被告证明的诽谤的抗辩事由。有学者认为,在我国陈述虚假是诽谤的构成要件,原告需要承担陈述虚假的举证责任,同时真实也可作为被告的抗辩事由。[③] 有学者又认为:“传播事实真实不是侵害名誉权民事责任的抗辩事由,而是构成要件方面的问题。”同时,“为了证明被告传播的事实具有法律上的真实性,被告方必须承担相应的举证和证明责任”。[④] 还有学者认为应该仿照英美法的做法:“新闻侵害名誉权行

---

① 诽谤和侮辱的发展历史参见本书第四章。

② 王利明、杨立新主编:《人格权与新闻侵权》,中国方正出版社 2000 年版,第 604 页。

③ 魏永征:《新闻传播法教程(第二版)》,中国人民大学出版社 2006 年版,第 171—174。

④ 张新宝:《名誉权的法律保护》,中国政法大学出版社 1997 年版,第 175—176、177 页。

为的构成要素有三：一是行为人实施了传播有损他人名誉的内容的行为；二是所传播的内容有特定的指向；三是所传播的内容具有'诽谤性'，即行为具有不法性。"[①]其中第3项"诽谤性"要求言论是虚假的。同时，该学者主张真实应该作为抗辩事由，但是对证明责任的分配则语焉不详。[②]

司法实践中，地方法院对司法解释的理解更加矛盾，它们有的在审查起诉阶段要求原告负陈述不实的举证责任，如果没有充分的证据证明被告陈述虚假将被驳回起诉；[③]有的则认为应该在实质审判阶段实行举证责任倒置，要求被告负证明真实的举证责任；[④]还有法院认为新闻侵害名誉权应该不同于一般的名誉权侵权，应实行"谁报道，谁举证"的举证责任分配。[⑤]除此之外，关于过错、损害结果以及诽谤与侮辱之间的联系和区别，学理上和实践中也存在诸多争议。

## 二、"基本真实"抗辩的适用标准不统一

关于1993年《解答》中所规定的"基本真实"，一位法官的评价非常中肯："何谓'基本内容失实'，现行法律和司法解释并未规定一个明确的标准，审判实践中各地法院掌握的分寸亦不相同。如某报披露刘晓庆偷漏税上百万元，实际上刘只有数额不大的漏税行为，酿成'新闻官司'后，法院认定文章内容基本失实构成侵权；而某报报道某公司从事非法经营，非法牟利700万元，实际上只有50万元，一审法院认定主要情节失实构成侵权，二审改判内容基本属实不构成侵权；又如某报报道李谷一在'一次演出中'当众宣告韦唯得了艾滋病，实际上李是在彩排时而不是在演出中说这番话的，法院认定文章内容基本失实；而某报刊登报告文学《体育明星海外大走穴》，在'功勋卓著的指挥员'一节下，有'王文教（羽毛球教练，现已回国）'几字，法院以王出国探亲经过批准，并非走穴捞钱为由认定内容基本失实，构成侵权。可见

---

① 王利明、杨立新主编：《人格权与新闻侵权》，中国方正出版社2000年版，第608页。

② 同上书，第645－647页。

③ 曹亚瑟：《说"和记者打官司"》，载《中国记者》1988年第12期。

④ 李大元：《新闻报道侵害名誉权案件的受理问题》，载《新闻与传播研究》1995年第3期。这种认识在地方法院的审判实践中属于"通说"。参见魏永征：《名誉权案事实真伪的举证责任及相关问题——评杨义巢诉胡肖琼侵害名誉权案》，载《国际新闻界》2008年第2期。

⑤ 刘海涛、郑金雄、沈荣：《中国新闻官司二十年(1987—2007)》，中国广播电视出版社2007年版，第84－86页；贾安坤：《新闻官司的举证责任》，载中国新闻法制研究中心编：《新闻法制全国学术研讨会论文集》，中国民主法制出版社1999年版。

由于缺乏统一客观的评判标准，法院在此问题上随意性较大；而法院认定失实部分属基本内容还是一般内容无须陈述理由，当事人也较容易表示不理解甚至不服从。”[①]

实际上，不仅是“基本真实”中的“基本”没有明确的标准，就是“真实”的含义也有很大争议。2003 年的陈明亮、宋玉林诉北京青年报社、吴思名誉权侵权案即是一例。2002 年 4 月《北京青年报》连载吴思所著《毛泽东的农民——陈永贵》一书，其中提到陈永贵参加过日伪特务外围组织“兴亚会”，当过大寨村伪维持会的代表等历史情节。陈永贵的夫人和儿子向法院提起诉讼，称北京青年报社和吴思“杜撰情节”、侵犯死者陈永贵的名誉权。被告吴思认为自己的著作并非杜撰，每个历史情节都有确实的权威性文献记载来源，包括县志等地方志、权威学术期刊中的回忆性文章，以及作者亲自对有关权威作者、人员及单位进行的采访、考证。但二审法院认为：“评价历史人物应当真实、客观。吴思撰写的《毛泽东的农民——陈永贵》一文引用了大量他人所写回忆性文章，而回忆性文章系作者根据本人及当事人的回忆，对历史事件的追记，未经考证，非权威文献记载。因此，引用回忆性文章再创作，应对事件、人物予以评考、核实。吴思在《毛泽东的农民——陈永贵》一文中，对陈永贵的大量历史事件予以评价，无证据证实吴思对所引用的他人所写回忆性文章，进行了考证。”据此，判决北京青年报社和吴思败诉。[②]此案判决招致学界广泛质疑。[③]

广州华侨房屋开发公司诉中国经济体制改革杂志社名誉权纠纷案却采用完全不同的“真实”标准。[④] 广东省广州市天河区人民法院一审判决认为：“界定新闻报道的内容是否严重失实，应以其所报道的内容是否有可合理相信为事实的消息来源证明为依据。只要新闻报道的内容有在采访者当时以

---

① 李琦、胡志超：《广东新闻侵权诉讼研究》，载《新闻与传播研究》1996 年第 4 期。

② 需要说明的是，撰写和提供这些回忆性文章的作者包括与陈永贵本人有深入交往的新华社高级记者、驻大寨报道组组长，有昔阳县本县、曾花费大量时间采访大量知情人了解陈永贵早期生活的第一位陈永贵的传记作者，有中共中央党史研究室专门负责党史研究的人员，有曾历任 21 军军长、69 军军长、北京军区副司令、山西省军区司令员、山西省委第一书记兼革委会主任的离休干部、少将、陈永贵历史问题的直接知情人，有曾亲自到组织部查阅过陈永贵档案的陈永贵的昔阳老乡、新华社驻山西分社记者，还有其文章被载入《山西文史资料》的陈永贵的长子陈明珠等等。有关内容可参见北京市第一中级人民法院（2003）一中民终字第 8549 号民事判决书。

③ 参见孤云：《吴思：潜规则居然不潜了》，载《深圳商报》2004 年 2 月 21 日。

④ 该案事实经过参见引言相关部分的介绍。

一般人的认识能力判断认为是可以合理相信为事实的消息来源支撑，而不是道听途说甚或是捏造的，那么，新闻机构就获得了法律所赋予的关于事实方面的豁免权，其所报道的内容即使存在与客观事实不完全吻合之处，也不能认为是严重失实。在本案中，被告在其出版的《中国改革》杂志2003年第7期刊登的《谁在分‘肥’》一文，是被告记者刘萍根据原告的‘2002年度工作报告’、原告‘职工代表提案及处理答复情况表’、‘市总、市直机关工会调查来电整理’、‘2000年度职工大会续会职工意见归纳’、‘《南方日报》编辑部第49期‘情况反映’’等材料整理而撰写的关于原告企业经营和改革活动的报道。报道所依据的上述材料，在一般人看来均相信其为真实的，因此，《谁在分‘肥’》一文所报道的内容虽个别地方与原告企业经营、改革的情况有出入，但其主要内容是以上述消息来源为依据，所反映的问题基本真实。”①

地方法院对于“真实”的理解上的分歧在肖传国诉方是民系列案件中体现得更明显。2005年9月，方是民依据大量网上的公开资料对知名医学教授、院士候选人肖传国发明的“肖氏反射弧”提出质疑，认为这一理论并未得到国际医学界的认可。同时，方是民还对肖传国的简历提出质疑，认为他二十多年来在国际期刊上发表的论文仅有四篇，他罗列的国际最高奖也有夸大和造假的成分。为此肖传国在武汉和北京两地提起多个名誉权侵权诉讼。在2005年武汉中院审结的肖传国诉中国协和医科大学出版社、方是民名誉权侵权案中，法院最终判决认为：“方是民为证明其言论属实，举出大量在网上收集的材料，但这些材料没有到有关网站和肖传国等处核实，无法证明其内容的真实性。按照《最高人民法院关于审理名誉权案件若干问题的解答》第八条的规定，‘文章的基本内容失实，使他人名誉受到损害的，应认定为侵害他人名誉权’，故应当认定方是民的侵权事实成立。”②

就相似的事实，北京市高院却作出了截然相反的判决：“通过网络检索资料已经成为当前公众获取信息之重要来源，公民据此信息发表评论，并无向相关网站及被评论人核实之义务。如认为公民在发表评论前负此义务，未履行该义务而对他人做出负面评论即构成名誉侵权，则势必将置公民于或歌功颂德，或噤若寒蝉之境地，评论自由几无可能，况要求公民在发表评论前履行此义务实无实现之可能。……依据现有证据，方是民在对肖传国

① 广东省广州市天河区人民法院(2003)天法民一初字第1832号民事判决书。

② 湖北省武汉市中级人民法院(2006)武民二终字第817号民事判决书。

的职业身份、论文数量进行阐述并据此对肖传国的学术水准、是否符合参选中科院院士的资格等问题发表评论时，其所依据的资料为肖传国任职的纽约大学、武汉协和医院、主编的杂志、任董事的公司等网站中有关肖传国的介绍以及相关专业领域权威检索机构的论文、名词检索报告等，应当认为上述资料的来源是直接且正当的，内容上会使正常人认为有一定的可信性和权威性，故方是民对其检索的网络资料已经尽到了善良管理人的注意义务，其据此发表的评论亦未明显超出其检索资料可合理推知的范围，其评论主观上不存在故意虚构事实，侮辱、诽谤他人之恶意，即使其所依据的网络资料和据此发表的评论有不够准确之处，亦不应构成名誉侵权。”①

## 三、其他抗辩事由的法律漏洞和缺陷

首先，关于报道政府公开信息和社会公开言论的免责在实践中就有不少不甚合理的限制。1998 年《解释》虽然承认新闻报道所依据的政府公开信息是不需要证明的事实，但是在《最高人民法院公报》刊登的一个案例中，法院不仅要求新闻媒体有责任主动报道后续的、最终的、最有“权威”的部门发布的公开信息，而且要求新闻媒体为提供权威信息的政府部门或官员所犯的错误承担连带责任。1996 年广西壮族自治区人民检察院法纪处依据钟山县人民检察院的逮捕决定书写作了《法官黄仕冠、黄德信徇私舞弊被逮捕》一文，投稿于《广西法制报》。《广西法制报》匿名将该文发表。该文主要报道了黄仕冠、黄德信两位法官因为犯罪被检察机关批准逮捕的事实。3 年后，终审法院判决黄仕冠、黄德信无罪，两原告遂分别起诉广西法制报社和文章主要撰写人广西壮族自治区人民检察院法纪处处长范宝忠。在原告起诉时，被告并未收到原告的更正申请，也没有获悉法院的最终判决。整个案件的争议焦点在于依据国家机关“内部”文书撰写的新闻是否就是“严重失实”？什么才是“事实”，是检察机关的逮捕文书，还是法院的终审判决？最高院在《关于广西高院请示黄仕冠、黄德信与广西法制报社、范宝忠名誉侵权一案请示的复函》中给出的答案是：该文“内容严重失实，且在人民法院判决黄仕冠、黄德信无罪后，范宝忠、广西法制报社拒绝进行更正报道和后续报道，根据我院《关于审理名誉权案件若干问题的解释》的有关规定，其行为

① 北京市高级人民法院(2007)高民终字第 1146 号民事判决书。

侵害了黄仕冠、黄德信的名誉权,范宝忠、广西法制报社依法应承担相应的民事责任”。此外,1998年《解答》虽然区分了主动新闻源和被动新闻源,但是“立法原意”仅仅在于区分责任承担者,并不是为了免除新闻媒体证明真实的责任:“需要指出的是,主动新闻源,包括由被动转化为主动的新闻源承担责任,无疑减轻了发表者的责任,但这并不意味着免除发表者的责任。发表者不予或者疏于审查核实,也应当承担相应的责任。”①

其次,关于文学作品,1993年《解答》第8问的规定同样是模糊而充满矛盾。什么是“描写真人真事的文学作品”?什么是“以生活中特定的人为描写对象”的文学作品?文学创作的常识告诉我们,只要是文学就存在虚构的成分,一部小说中的人物往往是好几个或好几种现实人物的结合体。既然如此,那又何来“描写真人真事”呢?争议更大的是,“虽未写明真实姓名和住址,但事实是以特定人为描写对象”中的“事实”是指哪些事实?身高体貌相似是不是“事实”?某些生活经历相似是不是“事实”?姓名、生活地点发音相似是不是事实?种种疑问使得凡是涉及文学作品的名誉权侵权案件总是争论不休,最高院为了对这类案件加强指导也投入了大量精力。在其公报公布的14个名誉权侵权案件和2个诽谤罪案件中,有5个名誉权侵权案件和1个诽谤罪案件是因文学作品而起的;在17个名誉权司法复函中,也有5个是与文学作品有关的。其实,最高院公报所选择的判例争议并不大,倒是地方法院效仿最高院所推崇的认定标准作出的判决却往往引发强烈的质疑。如1991年的王国藩诉古鉴兹、中国作家出版社名誉权纠纷案。原告称被告古鉴兹撰写的小说《穷棒子王国》一书虽然没有使用王国藩的姓名,但是书中的“殷大龙”丑恶典型是对其影射,而且有侮辱诽谤性语言。原告要求停止发行《穷棒子王国》一书,收回并销毁未售之书,不准再版,赔偿损失。被告古鉴兹认为,殷大龙是一个拼凑的角色,书中的许多人物是虚构的,该书没有写王国藩,没有侵害其名誉权。被告中国作家出版社主张,《穷棒子王国》是小说创作,与任何真人真事无关,王国藩“对号入座”是不懂创作的规律所致,被告的行为没有构成对王国藩名誉权的侵害。在诉讼中,古鉴兹提出了二十余份材料,力图证实王国藩是一个应受到贬斥的人。法院查明:书中人名、地名与王国藩当年工作的遵化县及西铺村多处雷同;对殷大龙的

① 梁书文、杨立新、杨洪逵编著:《审理名誉权案件司法解释理解与适用》,中国法制出版社2001年版,第47页。

描写与当年王国藩的装束及个人经历的主要情节相同；认识王国藩的人看过《穷棒子王国》后均认为该书写的是王国藩，是对王国藩的丑化、贬低，在社会上造成了不良影响；书中确有侮辱诽谤的情节。①

2003年的涂怀章《人殃》诽谤案则更具争议。2003年8月，涂怀章发表了小说《人殃》。小说描写的是"文革"期间发生在某大学的极"左"闹剧。故事发生地在"大扬江、小含江交汇的两江三镇"，小说中的大学则"北临大扬江，南靠杉湖"，地处"宝树湾"，名为"两江师范学院"。2004年10月，曾在湖北大学(原武汉师范学院)工作的13名老教授、老干部认为涂怀章在书中写的就是自己，以涂怀章犯侮辱、诽谤罪并造成精神损害为由，向武汉市武昌区法院提起刑事诉讼附带民事诉讼。12月，因证据不足被驳回。13名原告提出上诉，武汉市中院将此案发回重审。2005年8月，武昌区法院不公开开庭审理了此案。一审法院认为，书中描写的故事发生地就是武汉，有关两江师范学院的描述让人很自然地想起当时的武汉师范学院。被告在小说中采取了名字变形，使用谐音或引申意思的方式对人物进行描写，使经历过审查的人看到小说后自然而然地想到书中人物就是13名自诉人。书中对人物的经历、职务、相貌特点的描写也与自诉人一样。法院认定："小说虽未写明真实姓名，但是以特定的人为描写的，先锁定人物对象，再捏造事实，人们根据作品能够推知出特定的诽谤对象，此手法足以损害人格和名誉；而涂怀章散布和赠书的行为表明存在捏造和散布虚假事实的行为。"因此，一审法院判定涂怀章犯诽谤罪，判处拘役六个月。②

最后，还有评论言论的认定和免责问题。虽然最高院支持了地方法院扩大公正评论适用对象的做法，但是如何具体适用这一原则还有很多关键的问题没有解决。其中最主要的是如何区分观点与事实、如何确定评论中所用语言的激烈程度。比如同样是学术评论认为他人的作品有抄袭的可

---

① 张新宝：《名誉权的法律保护》，中国政法大学出版社1997年版，第251页。不少作家对该案判决表示异议。如冯立三认为："王国藩是生活原型，殷大龙是艺术典型。""殷大龙概括着王国藩，却又超出王国藩。正因为这里存在一个典型化问题，古鉴兹才反复强调'殷大龙是个虚构的人物。'"参见冯立三：《无罪的文学与倒霉的官司》，载《工人日报》1993年3月24日。1993年3月，陈源斌等32位八届全国人大代表，其中包括著名科学家、著名作家、艺术家和党政部门负责人，向八届全国人大秘书处提交议案《呼吁依法保护公民创作权利，杜绝近年来对小说作品中人物对号入座而状告作家和出版社的不正常现象》。参见刘桂明：《张扬：从吃官司到写官司》，载《法制与新闻》1993年第1期。

② 湖北省武汉市武昌区人民法院(2005)武区刑自初字第35－44号刑事附带民事判决书。

能，一个判决认为这是事实，要求被告证明之；另一个则认为这是观点，是正常的学术讨论，尽管有些用词比较激烈。1996 年 4 月，在韩少功诉张颐武等名誉权纠纷案中，韩少功发表长篇小说《马桥词典》。同年 12 月 5 日，张颐武在《为您服务报》上发表《精神的匮乏》一文，文中指称：《马桥词典》“无论形式和内容都很像，而且是完全照搬《哈扎尔辞典》”。对于张颐武的评论，二审法院将其作为事实来看，判决认为：“关于一部作品‘完全照搬’另一部作品的判断，已不是单纯的文艺批评上的判断，而是对作品有无独创性（或原创性）所作的判断。按照著作权法的原则，‘完全照搬’即抄袭、剽窃，该行为是要受到法律和道德的否定评价的。对于一个职业作家尤其是具有一定知名度的作家而言，其职业生命在于独立创作作品，抄袭、剽窃无疑是对其职业道德和人格价值的自我否定，必然会导致社会公众的否定评价。张颐武在《为您服务报》上撰文断言《马桥词典》无论形式和内容都很像，而且是完全照搬《哈扎尔辞典》，肯定《马桥词典》是一部抄袭、剽窃之作，但诉讼期间未能举证证明，因此，张颐武的‘评论’缺乏事实根据……”①

在赵季平与刘鸿志、羊城晚报社、法制日报社名誉权纠纷案中，被告同样是质疑原告的作品有抄袭的嫌疑，法院却将其当作评论。1998 年 5 月 28 日，刘鸿志在《羊城晚报》上撰文《“好汉”与“王大娘”咋就这么像》，认为《好汉歌》的原曲是 1940 年前后流行全国的民俗歌曲《王大娘补缸》调，“《好汉歌》的旋律几乎与《王大娘补缸》完全一致，只是做了某些乐句的加花或压缩”。文章同时引用罗曼·罗兰的名言加以阐发：“要散布阳光到别人心里，先得自己心里有阳光——《水浒传》里的主题曲《好汉歌》，正是自己心里没有阳光，硬充好汉，把富于诙谐戏谑风格的民俗小调，硬套在一百零八位梁山好汉身上……”6 月 8 日，《法制文萃报》又以《“水浒传”的主题曲“好汉歌”竟是剽窃之作?》为题，转载了刘鸿志的这篇文章。法院在确认赵季平创作的《好汉歌》是汲取民间音乐素材不属于抄袭的事实后判决认为：“刘鸿志撰写的《‘好汉’与‘王大娘’咋就这么像》一文，提出了《好汉歌》和《王大娘补缸》这一民间小调风格相近的观点。羊城晚报刊登刘鸿志的文章后，又陆续刊登《‘好汉’咋就不能像‘王大娘’》等不同观点的文章，此过程是在新闻媒体上所进行的由《好汉歌》的音乐创作问题所引起的学术讨论。因而刘鸿志

① 海南省高级人民法院(1998)琼民终字第 39 号民事判决书。

的文章总体上仍属于学术讨论范畴，不构成对原告赵季平名誉权的侵害。……但应指出学术讨论应坚持严谨的学术精神和使用规范的语言。而刘鸿志在文章中使用的言辞比较尖刻，《法制文萃报》在转载时加了'竟是剽窃之作'的标题。对此，均应予以批评。"[①]

分别发生在2000年的恒升集团诉王洪、《微电脑世界周刊》等名誉侵权案[②]和2005年的宣科诉吴学源、《艺术评论》杂志社名誉权纠纷案是近年有关评论的争议最大的两个判例。对于恒升电脑案中的事实部分，二审法院仅仅是认为王洪的文章没有完整叙述与恒升集团联系维修的过程，因而在基本内容上部分失实。但是，对于王洪的评论部分，在没有对笔记本电脑的质量问题作出判断的情况下，二审法院径直判定"在该文中王洪还明显使用了号召抵制恒升产品的语言"，并据此作出侵权判决。[③]

宣科诉吴学源、《艺术评论》杂志社名誉权纠纷案的判决争议更大。音乐学家吴学源于2003年9月在《艺术评论》创刊号《文化打假：宣科及纳西古乐》栏目发表评论文章《"纳西古乐"是什么东西》。文中认为，"纳西古乐"是纳西族保留至今的原始古老的音乐，由具有原始社会遗风的歌舞、有七百年历史的大型管弦乐，以及唐宋元时期的词曲和道教科仪音乐组成等说法不符合科学，并据此认为"纳西古乐"主要推广人宣科是为了商业宣传而进行的文化造假。宣科认为吴学源是借学术评论之名，对自己的人身进行攻击、诽谤，遂诉至法院请求名誉权侵权损害赔偿。经过两审，原告均获胜诉。

云南省高级人民法院在终审判决中一方面承认，涉诉文章"是作者根据其研究对'纳西古乐'进行评论的学术文章……属学术评论性质，有其合理性。对正常的学术争论，法律不作干预"，另一方面又认为："文章中针对宣科的'谎言十分荒唐，完全是对观众的一种欺骗'、'毫无音乐常识的胡言乱语'、'不仅蒙蔽了广大的国内外观众、新闻媒体，也蒙蔽了许多不同级别的领导，一些社会名流、知名学者、国内一些不了解云南省音乐情况的音乐界人士，乃至蒙蔽了国外一些国家的高层官员'、'文化打假势在必行，这样的国际玩笑应该收场了'、'这完全是商业炒作行为，甚至是'挂羊头、卖狗肉'、'希望宣科先生切切不可利令智昏，今后的路要走好'等言辞，明显超出学术

---

① 北京市朝阳区人民法院(1998)朝民初字第6217号民事判决书。

② 该案事实经过参见引言相关部分的介绍。

③ 北京市第一中级人民法院(2000)一中民终字第1438号民事判决书。

评论的范畴，并针对上诉人宣科的人格提出质疑，违背了作为学术争论应遵循的公正评价的原则，丧失了学术评论应有的正当性，已构成对宣科的名誉侵权，应承担侵权赔偿的民事责任。”

更具争议的是该判决对杂志社的责任认定。法院先是认为：“《艺术评论》杂志社对涉案文章的栏目编排及文章反映的文化打假的内容由于其基础在于反对宣科宣扬‘假文化’，而是否属于‘假文化’法律难以作出评判”。随后法院又认定：“从一般社会公众的认知标准而言，涉案文章并不否认‘纳西古乐’中含有纳西民族的文化元素，只是对‘纳西古乐’中吸收了其他民族的文化而又冠以‘纳西古乐’的称谓提出不同意见，而‘纳西古乐’自被定义后，不仅得到大多数纳西族人民的承认，也得到了社会公众的普遍认可，仅因为吸收了其他民族的文化元素就被涉案文章及《艺术评论》杂志社称为‘假文化’显然于法无据，且不符合社会公众的评判标准，故《艺术评论》杂志社不仅对文章有审查疏忽的过失，更负有在栏目编排上侵权的主观过失，亦应承担相应的民事责任。”①

## 四、缺乏区分涉诉利益的有效机制

几乎是从法院依据《民法通则》受理名誉权侵权诉讼开始，我国就有了“名人官司”。最开始兴起的是以影视明星和社会知名人士为原告的名誉权案，如 1988 年的徐良诉上海文化艺术报社、赵伟昌名誉权侵权案，1990 年的迟志强诉李宣东、温州日报社名誉权侵权案，1992 年的李谷一诉汤生午、《声屏周报》社名誉权侵权案等。进入 20 世纪 90 年代以后，一些社会知名的法人也开始加入名誉权侵权的原告队伍。较早的如 1990 年的湖北省造纸公司诉湖北法制报社、李汉江名誉权侵权案，90 年代中期的兴运实业（成都）公司诉周林频谱总公司、黑龙江法制报社等侵害名誉权案，成都恩威集团公司诉四川经济日报社侵害名誉权案，还有 21 世纪的恒升集团诉王洪、《微电脑世界周刊》和生活时报社名誉侵权案，广州华侨房屋开发公司诉中国经济体制改革杂志社侵害名誉权案，以及深圳世纪星股份有限公司诉财经杂志社等等。以政府官员、法官、公务员、政府机构作为原告的名誉权侵权纠纷也发生了多起，如上文提到的黄仕冠、黄德信诉广西法制报社、范宝忠侵害名誉

① 云南省高级人民法院(2005)云高民一终字第 88 号民事判决书。对该案的质疑，参见梁治平：《名誉权与言论自由：宣科案中的是非与轻重》，载《中国法学》2006 年第 2 期。

权案，冷传军诉广西《党纪》杂志社、广西日报社等名誉权侵权纠纷案。

在这些名誉权案件中，作为被告的新闻媒体往往被判决败诉从而引起学术界和社会的普遍关注，引发了人们对名誉权法律保护制度中如何平衡保护言论自由的思考。对此，国内绝大多数学者都推崇引入源自美国的公众人物理论，认为为了保护与公共利益有关的言论自由，对政府官员、影视明星、社会知名人士等公众人物的新闻报道评论可以给予政策性的倾斜保护，同时对公众人物的人格权，包括名誉权、隐私权等予以限制和弱化。① 部分学者主张应该在公众人物理论的基础上借鉴美国的实质恶意法则或英国的公正评论抗辩。② 对于前者，"公务员或公众人物只有能够证明虚假性言论的传播者具有明知为非或者轻率地置是非于不顾的主观状态，才能获得损害赔偿"；对于后者，只要是有事实依据的、不侮辱他人的，评论中诸如观点片面、语言过激等不应认定为侵权。③ 还有学者近来介绍了其他国家或地区更多采用的"确信真实"原则，即如果言论关涉公共利益，那么言论发表者只要证明其发表言论时有理由确信其为真实即可免责，对于新闻媒体来说一般只需证明其报道之过程符合专业准则即可。④

在司法实践中，绝大多数法院判决并不会使用公众人物或是相似概念，但随着实务界支持这一理念的人越来越多，也有部分法院开始在判决书中使用公众人物或类似的概念。上文提到的广州华侨房屋开发公司诉中国经济体制改革杂志社名誉权纠纷案判决使用的确信真实原则即是一例，不过该法院并没有设置言论是否关涉公共利益的前提条件，似乎是认为新闻媒

① 张新宝：《名誉权的法律保护》，中国政法大学出版社 1997 年版，第 105－112、263－264 页；王利明：《公众人物人格权的限制和保护》，载《中州学刊》2005 年第 2 期。

② 主张借鉴实质恶意法则的包括贺卫方：《传媒与司法三题》，载《法学研究》1998 年第 6 期；魏永征：《被告席上的记者——新闻侵权论》，上海人民出版社 1994 年版，第 235 页；陈泰志：《论新闻诽谤指控的定性依据及防控对策》，载中国新闻法制研究中心编：《新闻法制全国学术研讨会论文集》，中国民主法制出版社 1999 年版，第 108 页；侯健：《舆论监督与名誉权问题研究》，北京大学出版社 2002 年版，第 167－168 页。主张借鉴公正评论抗辩的是张西明：《关于新闻侵害公民名誉权行为的研究》，载《新闻与传播研究》1995 年第 3 期。关于我国学者对公众人物理论研究的总结可参见魏永征、张鸿霞：《考察"公众人物"概念在中国大众媒介诽谤案件中的应用》，载《中国传媒报告》2007 年第 4 期。

③ 侯健：《舆论监督与名誉权问题研究》，北京大学出版社 2002 年版，第 4－5 页。

④ 魏永征：《从证明真实到证明确信真实》，载《时代传媒》（香港）2002 年第 6 期；魏永征、白净：《从沙利文原则到雷诺兹特权：对借鉴外国诽谤法的思考》，载《新闻记者》2007 年第 8 期。

体在名誉权侵权案件中的一般证明责任就是证明“确信真实”。① 在使用公众人物理论作成判决的案件中影响更大的是范志毅诉文汇新民联合报业集团侵犯名誉权纠纷案。上海市静安区法院在该案判决书中首次使用了“公众人物”的概念:“即使原告认为争议的报道点名道姓称其涉嫌赌球有损其名誉,但作为公众人物的原告,对媒体在行使正当舆论监督的过程中,可能造成的轻微损害应当予以容忍与理解。”②

此案判决之后,多位学者发表了评论,表示支持上海市静安区法院。而实务界人士也很快把这些理论和影响当作辩护理由,在这种背景之下一些法院也开始回应公众人物理论。2004 年的朱江洪诉仲大军名誉权侵权纠纷案即是一例。朱江洪是珠海格力电器股份有限公司董事长。仲大军在某杂志发表题为《格力再现褚时健式人物?》的文章,以格力集团内部的企业资产归属之争为例评论当时国内正在激烈争论的“管理层收购”现象。朱江洪以文章所述内容失实侵害其名誉权为由诉至法院。一、二审法院均以文章涉及原告部分严重失实为由判决被告败诉,同时在两份判决书中法院均对被告律师提出的公众人物理论进行了回应。一审法院明确拒绝适用公众人物理论,认为:“被告不能主观认为原告是‘公共人物’而按其标准进行‘评论’;不能以‘可能造成的轻微损害应当予以容忍与理解’和‘特殊对待’的观点对抗名誉侵权归责法则。理论上‘涉及公共事务和公共利益’的界定应有法定依据。”③二审法院虽然认为“公共人物的名誉权保护应适用反向倾斜保护规则”并无不当,“但目前没有法律明确界定‘公共人物’的范围,朱江洪是否属

---

① 广东省广州市天河区人民法院(2003)天法民一初字第 1832 号民事判决书。

② 上海市静安区人民法院(2002)静民一(民)初字第 1776 号民事判决书。该案事实经过参见引言相关部分的介绍。上海市静安区法院一审判决驳回原告起诉,后双方当事人均没有上诉。需要说明的是,正文中引述的这句话并不是法院判决的主要理由。法院判决侵权不成立的理由有三条:首先,被告主观上不存在过错,行为也不违法。其次,被告的报道并未对原告名誉造成损害后果。最后,被告的新闻报道是以为社会公众利益进行新闻宣传和舆论监督为目的,应当受法律保护。提到“公众人物”的这句话是第三条理由中的最后一句话。另外,值得注意的是法院对第一条理由的认定:“本案争议报道的消息来源并非被告主观臆造,且从其文章的结构和内容来看,旨在连续调查‘赌球传闻’的真实性,故被告主观上并不存在过错。虽然作为新闻媒体发表稿件,负有审查新闻来源真实性,防止侵害他人名誉权的积极义务。但是,新闻报道由于其时效性的特点,不能苛求其内容完全反映客观事实,原告涉嫌赌球的传闻在被告未作报道前,已在社会中流传,被告正是为了求证这一新闻事实的真实性和客观性,才作出了包括争议报道在内的一系列调查式报道,争议报道中没有对原告进行批评、诽谤,不存在恶意,故其行为也无违法性。”

③ 广东省珠海市香洲区人民法院(2004)香民一初字第 446 号民事判决书。

于公共人物范畴并不确定，也没有法律明确对公共人物的名誉权保护作出特殊于常人的规定，而且在本案中，即便朱江洪是公众人物，应当比常人更容忍公众的怀疑、质疑、指责和批评，但上诉人仲大军在虚构的事实基础上进行的指责甚至不当的比喻，亦要求朱江洪予以容忍，显然并不符合上述反向倾斜保护规则的本意，故该反向倾斜保护规则并不适用于本案，上诉人的理由不能成立”。[①]

同年，在唐季礼诉芮艳红、青年时报社等名誉权纠纷案中，法院在回应被告提出的公众人物理论时并未明确拒绝适用该理论，只是对适用该理论的限度作了更详细的阐述。[②] 上海市第一中级人民法院一审判决认为，被告不能证明陈美芬曾为原告怀孕跳楼一事的真实性，故认定该文严重失实。对于公众人物理论，法院认为：“原告唐季礼曾执导多部著名华语影片，在我国大陆地区享有一定的知名度，其行为会引发媒体、娱乐界甚至电影观众的关注，属于公众人物。公众人物较之普通人具有更高的新闻价值，对公众人物的报道会引发社会关注乃至于给新闻媒体自身带来更高的知名度和更大的经济利益。新闻媒体为履行其社会舆论监督职责，可以在合理限度内对公众人物进行报道，因此而造成之轻微损害公众人物亦须忍受。但是，公众人物的名誉权并非完全不受保护。新闻媒体对公众人物进行负面报道须遵循两大原则：一是新闻报道内容基本属实；二是报道内容须与公众人物在社会中所处的角色相关。报道内容基本属实，指报道的主要内容、主要情节、报道中所称有关被报道对象的基本情况属实。新闻舆论监督对社会的发展进步固然重要，但任何权力均应在合理限度内行使，不顾客观事实、不在乎被报道对象名誉的虚假新闻报道实属对舆论监督权的滥用。社会公众利益所应关切的内容，指报道的内容与该公众人物在社会公众中所处的角色相关。如果公众人物某方面的私人生活与其在公众中所处的角色无关，则该私人生活事项并不属于公众利益所要关切的内容。不能以公众人物的名誉权为代价来满足公众的猎奇心理。本案原告唐季礼虽属公众人物，但各相关被告之系争报道的主要内容虚假且不属于社会公众所应关切的内容，不能因为原告是公众人物即通过虚构的事实对其个人名誉进行诋毁。本案各被告关于

① 广东省珠海市中级人民法院(2004)珠中法民一终字第744号民事判决书。

② 该案事实经过参见引言相关部分的介绍。

公众人物名誉权不受保护的抗辩理由不成立。”①

## 五、对公民直接言论的过度惩治

因为新闻或小说侵犯他人名誉权而被他人以诽谤罪刑事自诉的在我国并不多，最后被判刑的就更少了，从公开的资料看，从1979年《刑法》颁布实施至今这样的案件总共只有6起。② 但是，近几年利用国家强制规范，包括刑法和行政法惩治公民直接言论和社会不良言论的情况逐渐增多，其中一些事例在合法性和合理性方面都有明显的瑕疵。

其中近几年社会舆论和学术界讨论最多的就是发生在各市、县级地方的“诽谤领导案”。2006年8月15日，重庆市彭水县教委人事科科员秦中飞针对该县几个涉及县政府的负面事件写了一首打油诗，并用短信与QQ将这首诗转发给了他的十多位朋友。诗中隐晦地使用了当地县委领导的名字，借以讽刺他们的能力和政绩。8月下旬，彭水县公安局以秦中飞诽谤彭水县县委书记和县长，涉嫌诽谤罪为由对其立案侦查、传讯并予以刑事拘留。9月11日，经县检察院批准，县公安局逮捕了秦中飞，交检察院审查起诉，9月28日又变更为取保候审。10月19日，此事经有关媒体报道后，引发了社会广泛关注。10月24日，在舆论压力之下，彭水县公安局撤销了对秦中飞取保候审的决定，承认以涉嫌诽谤罪对其立案侦查和逮捕是错误的，对给秦造成的伤害表示道歉。同时，彭水县检察院也主动提出申请国家赔偿问题，秦中飞10月25日下午拿到了因被错误关押了29天而得到的2125元国家赔偿金。③

另一起发生在山西稷山县的诽谤罪案件则没有这么好的结果。事情起因于2006年3月，时任山西省稷山县人大法工委主任的杨秦玉、原县委政策

---

① 上海市第一中级人民法院(2004)沪一中民一民(初)字第13号民事判决书。

② 根据有关学者的统计，因为新闻引发的诽谤罪案件都发生在上海，分别是1985年杜融诉《民主与法制》记者沈崖夫、牟春霖《二十年“疯女”之谜》诽谤案和1986年李宝善等诉《民主与法制》特约记者石莘元等《“文革”幽灵在这里游荡》诽谤案。因小说引发的诽谤罪案件有1988年上海判决的杨怀远诉作家张士敏《荣誉的十字架》诽谤案；1990年福建厦门判决的朱秀琴等诉作家唐敏《太姥山妖氛》诽谤案；1999年江西九江判决的陈然小说《喘息》诽谤案。参见魏永征：《新闻传播法教程(第二版)》，中国人民大学出版社2006年版，第186－187页。另外，加上本书提到的2005年湖北武汉的作家涂怀章小说《人殃》诽谤案就是6起。

③ 郭延军：《地方“一把手”应认真看待公民宪法权利——评秦中飞编发短信被拘案的起落》，载《法学》2006年第11期。

研究室副主任南回荣和农机局局长薛志敬共同就近几年稷山县政府的众多问题整理成举报材料，其中对县委书记的政策决策、私生活腐化等问题提出质疑。材料写成后，三人用匿名的方式将其邮寄给了稷山县的上级行政区域运城市的市委书记、市长，以及稷山县“四大班子”及各局办部分领导。材料寄出后，很快招来了警方调查。随后，杨秦玉、南回荣因涉嫌诽谤罪被刑事拘留。2006 年 8 月 8 日，稷山县检察院以诽谤罪对杨秦玉、南回荣提起公诉。8 月 21 日，稷山县法院判决杨秦玉和南回荣犯诽谤罪，分别被判处有期徒刑 1 年，缓刑 3 年。薛志敬外逃到太原后也被捕。2007 年 5 月 17 日，该县法院判决薛志敬犯诽谤罪，判处有期徒刑 1 年，缓刑 3 年。[①]

2007 年 1 月 1 日，山东高唐县民政局地名办主任董伟因为之前在百度贴吧高唐吧发帖，称“没钱了，还搞什么建设”，其中因有“孙烂鱼更黑”等语，被当地检察机关指控侮辱县委书记孙兰雨，被公安机关送进高唐县看守所，同时被关的还有王子峰、扈东臣。他们被当地电视台报道为“重大网络刑事犯罪团伙”，其中董伟、王子峰、扈东臣戴着手铐走进看守所、在拘留手续上签字、被审讯的画面被指示连续在《高唐新闻》节目中播出 10 天。这就是令人瞩目的山东高唐“诽谤领导案”，又称“高唐网案”。[②]

2007 年 6 月 28 日的《南方周末》曝光了孟州“书祸案”。河南孟州籍东平、闫进先等 6 位农民举报村办企业武桥酒厂经济问题，编发《正义的呼声》，历经 5 年的举报和上级的调查，最终酒厂被认定有 4 项经济问题涉嫌违纪，有 2 项涉嫌犯罪。可是，结局却出人意料——籍东平、闫进先等人被公安机关以涉嫌诬告陷害罪立案侦查。最后经过检察机关提起公诉，并经法院一审判决，籍东平等 6 人被以诽谤罪判处 6 个月有期徒刑。[③]

2008 年 1 月，《法人》杂志刊发了记者朱文娜撰写的文章《辽宁西丰：一场官商较量》。文章报道了辽宁西丰女商人赵俊萍因不满西丰县政府对其所拥有的一家加油站拆迁补偿的处理，编发短信讽刺县委书记张志国，被判诽谤罪。3 天后，西丰县公安局警察携带公安局立案文书和拘传文书，到北京《法人》杂志编辑部，要求拘传记者朱文娜。张志国在接受记者采访时说，

---

① 郭延军：《地方“一把手”不可公器私用违法止“谤”——评山西稷山“诽谤”案的侦检审》，载《法学》2007 年第 6 期。

② 刘畅：《山东高唐网络发帖“侮辱”县委书记事件调查纪实》，http://media.people.com.cn/GB/40606/6677809.html，最后访问日期：2009 年 2 月 15 日。

③ 何海宁：《孟州“书祸”》，载《南方周末》2007 年 6 月 28 日。

对西丰警察来京拘传记者一事毫不知情，但称报道确实有损西丰形象，并诽谤了他个人。2月5日，辽宁省铁岭市委宣布决定，责令张志国引咎辞职，并写出深刻检查。①

对这类案件，有学者以彭水“短信诽谤案”为例指出：“在我国的地方，尤其是在市、区、县等行政区域内，权力过分集中于党的书记，使其法律上能够统一指挥和协调党政和公检法，事实上可以不受法律制度制约地行使权力、在选定的范围内任意剥夺公民一些重要宪法权利。这种事情不是偶然的、也绝不是彭水一个地方才有的，秦中飞案不过是这方面的一个鲜活的例证。这种状况的存在对于建设法治国家和建设和谐社会都是很大的障碍，也是导致不少地方主要领导人因缺乏监督而独断专行，为所欲为，最后走上违法违纪甚至犯罪道路的重要原因之一。”②

除了指名道姓地“诽谤”领导个人，近来还有一类因为制造谣言而受到行政处罚甚至刑罚的案子。2007年7月26日，山东济南市因为大雨造成城内严重积水，城中的大型超市银座购物广场也未幸免，一位署名为“红钻帝国”的女网友因为在论坛上发了一句“我朋友的老八(爸)在银广的一个专柜卖场，她今天亲口给我朋友说的，你们银座死了多少人”，就被济南警方处以行政拘留的处罚，其依据是《治安管理处罚法》第25条第1款：“有下列行为之一的，处五日以上十日以下拘留，可以并处五百元以下罚款；情节较轻的，处五日以下拘留或者五百元以下罚款：(一)散布谣言，谎报险情、疫情、警情或者以其他方法故意扰乱公共秩序的”。③

无独有偶，2008年4月28日，山东胶济铁路发生旅客列车撞车重大事故，一名ID为“SS山地师”的高密网友因为转载了一篇《火车相撞特大内幕!》的帖子，夸大了死亡人数的数字，被公安机关依据同样的法律处以行政拘留。④

除了“信息化谣言”，对口口相传型谣言惩罚过重的也有实例。2007年9

---

① 刘万永：《负面报道涉及县委书记 辽宁西丰公安进京抓记者》，载《中国青年报》2008年1月7日。

② 郭延军：《地方“一把手”应认真看待公民宪法权利——评秦中飞编发短信被拘案的起落》，载《法学》2006年第11期。

③ 曹筠武：《“7·18”，济南黑色3小时》，载《南方周末》2007年7月26日第A2版。

④ 张东锋：《普通网友转帖被拘 山东高密警方拘留一青年，引发网络争议》，载《南方都市报》2008年5月5日第AA24版。

月 21 日，一名妇女在陕西宝鸡市陈仓区虢镇医院猝死，随后关于这名妇女的死与城管有关的传言迅速传开，并引发了死者家属与当地政府的冲突。事后证明，城管与该妇女的死亡没有任何关系。当地公安部门没有追查到谣言的制造者，但是仍然处罚了积极传谣的鲁某和唐某，唐某因为 72 岁高龄依法没有执行行政拘留，而 69 岁的鲁某则被处以 15 天的行政拘留。①

2008 年 7 月 1 日，上海发生了举国震惊的袭警案，一位名叫杨佳的北京青年持刀连刺了 10 位民警和一位保安，造成 6 死 5 伤的惨案。就在案发的第二天，苏州青年郑啸寅在某网络论坛中匿名发了几篇帖子，说杨佳是因为闸北公安分局民警打伤其生殖器，使其丧失生育能力而萌生报复袭警的。随后这个传言迅速在国内外媒体间传播。② 7 月 14 日，郑啸寅被上海市检察院第二分院以涉嫌诽谤罪批准逮捕，其理由是："检察机关认为，郑啸寅利用互联网捏造事实，严重损害了执法民警的名誉和公安机关的形象，其行为已触犯刑法第 246 条涉嫌诽谤罪。"③

2007 年 8 月北京电视台临时记者訾北佳因为制作了假新闻"纸箱馅包子"，被北京市二中院一审以损害商品声誉罪判处有期徒刑一年，也是一个责任承担过重的例子。④ 訾北佳造假新闻的依据是群众电话举报，从某种程度来说也是匿名言论造就了后来的不良言论。当然，这其中訾北佳的署名造假行为起到了更关键的作用，而且是在主流新闻媒体上传播，危害更大。但是，即便如此，其行为在犯罪客体、主观要件等方面并不符合损害商品声誉罪的构成要件。⑤

在这些案例中，各种制造和传播了不实消息的言论当然属于"谣言"之列，但这些不良言论并没有造成什么严重的损害后果，或者说损害后果并不是这些不良言论造成的。比如"红钻帝国"和"SS 山地师"的帖子在论坛上并

---

① 李勇钢、张红平：《农妇猝死街头引发"城管夺秤"谣言》，载《华商报》2007 年 11 月 22 日第 A1 版。如果新闻记者没有报道错的话，宝鸡公安局对鲁某拘留 15 天的行为是严重违法的，因为《治安管理处罚法》第 25 条的最高处罚是 10 日以下行政拘留。

② 施坚轩、刘建：《网上杜撰上海袭警案"内幕"　郑啸寅涉嫌诽谤罪被批捕》，载《法制日报》2007 年 7 月 15 日第 1 版。

③ 刘丹：《就袭警案编造散布谣言者，被上海检方批捕》，载《新华每日电讯》2008 年 7 月 15 日第 1 版。

④ 刘浦泉：《京城"纸馅包子"假新闻出笼前后》，http://news.xinhuanet.com/newmedia/2007－07/19/content_6401822.htm，最后访问日期：2008 年 8 月 9 日。

⑤ 季卫东：《制定新闻出版法当其时》，载《财经》2007 年第 17 期。

没有停留多久就被删除了，传播范围极其有限。而在陕西发生的案子，谣言的传播并不是唐某和鲁某个人造成的，而是城管多次暴力执法在群众中形成的既定评价造成的。郑啸寅和訾北佳所制造的谣言之所以会影响巨大，其背后都有政府信息不够公开的因素在起作用。地方政府为了严惩这些谣言不惜代价，宁可在适用法律和办案程序上犯下明显的错误。

## 六、司法独立保障不足

对于司法实践来说，还有一个本不该由本书论述但又不得不涉及的问题——司法独立。1982 年宪法第 126 条规定："人民法院依照法律规定独立行使审判权，不受行政机关、社会团体和个人的干涉。"关于这一条的实施状况，一直是中国法治建设的大问题，即司法尚未真正独立。因为司法不独立，被告要想在异地名誉权官司中胜诉变得十分困难；因为司法不独立，法院不得不在一些敏感大案中使用各种"战术"息事宁人；因为司法不独立，深圳市福田区法院可以因为一篇质疑其审判公正性的评论文章而到自己的上级法院起诉媒体；因为司法不独立，法院可以不问言论内容真实与否，直接依据"未经核实，直接通过媒体进行传播"而判决被告侵权；[①]因为司法不独立，秦中飞、郑啸寅、訾北佳等等可以因为一些小错误而遭受刑罚。

在名誉权纠纷案件中，如果司法不独立，受到损害的既有可能是处于被告的主张言论自由的一方，也有可能是处于原告的主张人格权的一方。央视《每周质量报告》2007 年 3 月报道了河北省晋州市海龙棉织厂生产"毒毛巾"事件，后经相关部门检验，该厂毛巾虽然不合格，但并未含禁止使用的强致癌物质。海龙棉织厂随后对央视提出侵害名誉权控告。庭审中发现，央视记者在暗访中具有明显的过错，报道内容属于严重失实。但是，北京市一中院却认定，"因毛巾产品与大众生活紧密相关，其安全问题涉及公众利益，

---

① 魏永征、张鸿霞：《考察"公众人物"概念在中国大众媒介诽谤案件中的应用》，载《中国传媒报告》2007 年第 4 期。此判决是大连市市民杨殿庆被诉侵犯名誉权案的终审判决。事情的经过是：1999 年 11 月 4 日，大连市市民杨殿庆在大连万港大酒店就餐时认为物价偏高，于是反映到大连中山区物价检查所。检查所核实后对酒店罚款 5000 元，返还杨 30 元。检查所领导向某报记者透露，酒店老板认识市政府某领导的秘书，该秘书过问了罚款一事，使罚款很难执行。杨知道后，于 11 月 17 日在大连电台热线直播节目中反映此事，认为该秘书干扰执法，给市政府抹黑。节目播出后的第二天，该秘书以名誉权受侵害为由起诉。2000 年 5 月，大连西岗区法院判决杨侵权，向该秘书道歉并赔偿 6000 元精神损失费。2000 年 11 月，二审法院维持原判。参见石树仁：《公众人物与舆论监督成本》，载《法制日报》2001 年 5 月 14 日第 5 版。

孟某某的海龙棉织厂作为生产毛巾的企业对于媒体与公众对其产品质量及安全的苛责，应予以必要的容忍”，终审驳回了海龙棉织厂的侵害控告。[①] 当然，从各类公开的判例和事例看，我国绝大多数的审判、调解是非常公正与合理的，否则本章的学术分析将是完全徒劳的。因为如果本章所分析的判例都是司法干预、司法腐败的结果，那如何保证笔者的分析结果是客观公正的呢？同时，即使明显是由司法不公造成的判例和事例也并非没有任何学术价值，因为造成司法不公，除了有法外因素干扰之外，宪法和法律本身的问题也是重要原因之一。这正是撰写本书的主要目的。

不过，我国协调基本权利共同实现的最大阻碍并不是法律之内的问题，而是法律之外的政治协调方式依然在发挥着重要的作用。

## 第三节　以舆论监督为核心的政治协调方式

按理来说，随着我国宪政和法治建设的推进，政治协调方式应该会运用得越来越少。但是，现实却并非如此，随着法治协调方式的发展，政治协调方式的确在一些领域内有所收缩，但在有些特定的领域当中，政治协调方式所发挥的作用不仅没有减弱，反而有所加强。

### 一、新时期的政治协调方式——舆论监督

1982 年宪法颁布实施之前，我国政治协调的方式主要是报纸上开展的批评与自我批评。包括中共十一届三中全会之后的一段时间内，在报纸上开展批评与自我批评依然是党中央所推崇的重要政策。

1980 年前后，以《人民日报》为代表的中央级党报还开展了多次轰动全国的批评与自我批评。1981 年 1 月，中共中央发布《关于当前报刊新闻广播宣传方针的决定》，肯定了一段时间以来开展报纸批评与自我批评所取得的成绩：“近年来，许多报纸刊物重视反映群众的意见和呼声，积极地开展批评和自我批评，增强了党和人民群众的联系，也提高了报刊和党的声誉。今后还要坚持这样做。各级党委要善于运用报刊开展批评，推动工作。”不过，这个决定也重申了 20 世纪 50 年代报纸批评与自我批评的纪律要求：“但是这

① 魏永征：《侵害名誉权案向媒体“倾斜”的恶劣“标杆”——评央视 V 海龙案》，http://media.stu.edu.cn/weiyongzheng/archives/30563，最后访问日期：2009 年 2 月 23 日。

种批评，必须在党的领导下进行。要注意方法和时机，要注意内外有别，坚持与人为善、治病救人。批评要选择典型事例，点名批评要慎重。事实一定要核对清楚。要事先听取党的有关部门的意见和被批评者本人的意见。在报刊点名批评比表扬的影响大得多，所以数量要有所控制，广播和电视则更要慎重。”

1982年宪法颁布实施之后，在党的权威文献中批评与自我批评很少再与报纸相联系，但这并不意味着在我国政治协调方式已经消失，这种协调基本权利冲突的形式只是被改造成了另一种监督方式——舆论监督。中共十三大报告首次提到了“舆论监督”：“要通过各种现代化的新闻和宣传工具，增加对政务和党务活动的报道，发挥舆论监督的作用，支持群众批评工作中的缺点错误，反对官僚主义，同各种不正之风作斗争。”从这一表述的后半段依然能够看到报纸批评与自我批评的影响。中共十三大报告是在报告的第五部分“关于政治体制改革”中提到舆论监督，政治体制改革实际上就是对国家权力结构和制度的改革。论述舆论监督的语句所处的小标题是“建立社会协商对话制度”。“建立社会协商对话制度”是单方面对权力机关的要求：“各级领导机关的工作，只有建立在倾听群众意见的基础上，才能切合实际，避免失误。领导机关的活动和面临的困难，也只有为群众所了解，才能被群众所理解。”因此，舆论监督同批评与自我批评有着明显的承接关系，两者都是一种通过新闻媒体实施的权力监督权力的手段。

中共十三大后不久，中共中央办公厅转发的《新闻改革座谈会纪要》(以下简称《纪要》)则更加直接地表现出了这种承接关系。《纪要》首先指出，要“正确开展批评，发挥舆论监督作用”，“实行公开批评，是要反对官僚主义，纠正各种不正之风，密切联系群众，加强舆论监督所必需的”，同时又指出批评稿件要事先征询有关领导机关和被批判者本人的意见。[①] 舆论监督实际上就是“党报不得批评同级党委”的延续和继承。

从中共十四大到十六大，三届党代会报告都提到了舆论监督，三个报告也都是将其看作通过新闻媒体实现的权力监督权力的一种方式。中共十四

---

① 与后来的政策不尽相同的是，《纪要》对这一规定作出了一定的限制，即只有“特别重要的批评稿件”才需要事先征询有关领导机关和被批评者本人的意见，不特别重要的批评稿件就不必经过这一程序，而且“受征询的组织和个人应尽快在合理期限内作出明确答复”。参见王强华、王荣泰、徐华西编著：《新闻舆论监督理论与实践》，复旦大学出版社2007年版，第33页。

大报告提出:“强化法律监督机关和行政监察机关的职能,重视传播媒介的舆论监督,逐步完善监督机制,使各级国家机关及其工作人员置于有效的监督之下。”中共十五大报告提到:“把党内监督、法律监督、群众监督结合起来,发挥舆论监督的作用。”中共十六大报告提到:“加强组织监督和民主监督,发挥舆论监督的作用。”这些表述与中共十三大报告一样都被放在“政治体制改革”这个大标题之下,所以很显然,这里的舆论监督是与“党内监督”“法律监督”“组织监督”等并列的一种监督国家权力的手段。

需要说明的是,表面看三届报告表述舆论监督的语句所处的小标题互不相同,但其实质内容是一致的,都是指的对权力的制约和监督。这三个小标题分别是“决策的科学化、民主化”“完善民主监督制度”和“加强对权力的制约和监督”。中共十四大报告使用的“决策的科学化、民主化”主要是指领导机关和领导干部的决策的科学化、民主化,强调“领导机关和领导干部要认真听取群众意见”,要“加强基层民主建设”,其核心就是指对权力的制约和监督。而中共十五大报告“完善民主监督制度”中提到的“完善监督法制,建立健全依法行使权力的制约机制”“直接涉及群众切身利益的部门要实行公开办事制度”“加强对宪法和法律实施的监督”“加强对党和国家方针政策贯彻的监督”“加强对各级干部特别是领导干部的监督”等,实际上也都是围绕着制约和监督权力展开的。中共十六大报告使用的“加强对权力的制约和监督”则更加简单明了,其囊括的监督权力的手段和方式较之“决策的科学化、民主化”与“完善民主监督制度”也更加丰富、更加系统、更加有针对性。比如中共十六大报告提出,要“重点加强对领导干部特别是主要领导干部的监督”“完善重大事项和重要干部任免的决定程序”“健全重大事项报告制度、质询制度和民主评议制度”等等。①

因此,三届党代会报告都是从制约和监督权力的角度来论述舆论监督的,而且是将舆论监督与组织监督、党内监督、法律监督等各种典型以权力监督权力的监督手段相提并论。当然,这种并列只表明执政党论述这些监督手段的角度是一样的,并不是说这些监督手段本身是一样的。舆论监督是一种特殊的以权力监督权力的方式,与其他典型的权力监督手段不同的

① 从这些权力监督手段的变化和发展也可以看出中国共产党对“加强对权力的制约和监督”的认识的深化和发展。虽然这几届党代会报告没有展开论述舆论监督,但是与其并列的其他监督手段的不断丰富也促进了舆论监督本身的内涵的发展。

是，它没有制度化的明文规定，没有严格的程序规范，没有法定的处理结果，更重要的是，它是一种注重“结果正义”，注重“坚持团结稳定鼓劲、正面宣传为主，牢牢把握正确的舆论导向”，以“帮助党和政府改进工作，密切党和政府同人民群众的联系，增强人民群众建设社会主义现代化的信心和热情”为根本目标的权力监督手段。[①] 在这一点上，舆论监督同报纸批评与自我批评的“以改正错误为目的”[②]也是一脉相承的。

2007年，中共十七大报告在论述制约和监督权力这个问题上与之前几届报告稍有不同。最大的区别是，前几届党代会报告一直是沿用“政治体制改革”这个大标题，而中共十七大报告首次使用“社会主义民主政治”代替了“政治体制改革”。“社会主义民主政治”较之“政治体制改革”，其最大的改进之处就是前者可以从公民权利和国家权力两方面来论述，而后者只能在国家权力体系框架之内单向度地讨论权力监督权力。中共十七大报告中有多处是从公民权利的角度来论述这个问题的，而且涉及的宪法基本权利种类之多在历届党代会报告中是从未有过的。尤其是报告首次提出了“要健全民主制度，丰富民主形式，拓宽民主渠道，依法实行民主选举、民主决策、民主管理、民主监督，保障人民的知情权、参与权、表达权、监督权”。

但是，非常可惜的是，中共十七大报告并没有明确把这“四权”与舆论监督联系起来，这也导致舆论监督虽被放入一个全新的框架——“社会主义民主政治”当中，但依然没有改变其权力监督权力的性质。这主要表现在，中共十七大报告中的舆论监督依然是与诸多的权力监督权力手段一起被放在“完善制约和监督机制”这一主题之下，其具体表述为：“落实党内监督条例，加强民主监督，发挥好舆论监督作用，增强监督合力和实效。”“党内监督条例”是指2004年2月颁布的《中国共产党党内监督条例(试行)》。该条例将舆论监督列为十种监督制度之一，并专门用一节的篇幅作了具体规定。在

---

① 《中共中央关于加强社会主义精神文明建设若干重要问题的决议》(1996年10月10日中国共产党第十四届中央委员会第六次全体会议通过)。江泽民也多次强调：“坚持正确的舆论导向，就是要造成有利于进一步改革开放，建立社会主义市场经济体制，发展社会生产力的舆论……”“舆论监督应着眼于帮助党和政府改进工作，解决实际问题，增进人民团结，维护社会稳定。”参见江泽民：《在全国宣传思想工作会议上的讲话》，载《新华月报》1994年第3期。

② 中国社会科学院新闻研究所编：《中国共产党新闻工作文件汇编》(中)，新华出版社1980年版，第322—325页。

党内规范层面就舆论监督专门作出规定，这在中国共产党历史上还是第一次。[①] 但《中国共产党党内监督条例(试行)》的制定目的是实现监督工作的规范化、制度化，其所囊括的各类监督制度主要是依据党章并总结党内监督的实践经验提炼、概括的制度，基本反映了党内监督的规律。因此，该条例更多的是总结现有的实践经验，而不是创新突破。关于舆论监督的规范也是延续了以往的做法，既强调“党的各级组织和党员领导干部应当重视和支持舆论监督，听取意见，推动和改进工作”，也强调“新闻媒体应当坚持党性原则，遵守新闻纪律和职业道德，把握舆论监督的正确导向，注重舆论监督的社会效果”；在监督的具体方式上，既包括“内部反映”，也包括“公开报道”。实际上，这样的规定也还是把舆论监督当作一种以权力监督权力的特殊手段。

到了中共十八大，“保障人民知情权、参与权、表达权、监督权”从“人民民主”中剥离了出来，被放入“健全权力运行制约和监督体系”中。原本尚具有某种独立价值的“四权”变成某种具体制度，成为保障“权力正确运行的重要保证”。这体现了作为重要的宪法基本权利的“四权”在党的主流意识形态中的性质和地位并不十分清晰。至于舆论监督，中共十八大报告并没有作出什么突破性的表述，同样是与“党内监督、民主监督、法律监督”等并列，其权力监督制度的性质也没有改变。

## 二、舆论监督的两种性质

历届党代会报告之所以是以权力而不是以权利的视角论述舆论监督，是由我国现实的新闻管理体制决定的。我国现有的新闻管理体制是在“党报体制”的基础上逐步发展而来的。在“党报体制”之下，党是所有新闻事业的唯一主管机关，党不仅是从大政方针上领导新闻媒体机关，而且通过各级党委宣传部门实际从事着新闻事业方方面面的微观管理。虽然逐步发展出政府管理、法制管理等多种管理体制，但党的管理仍然是整个新闻管理体制的核心。党的宣传部门实际上主导着新闻业的行政管理，我国新闻业不少管理规章、通知都是党的宣传部门和政府主管部门联合制定发出的，许多重要的决策性的会议，也是宣传部门和行政部门联合召开的，决定或决策是共

① 《党内法规首次就舆论监督作出规定》，http://www.people.com.cn/GB/shizheng/1026/2354173.html，最后访问日期：2009 年 2 月 23 日。

同实行的。[①] 相对来说，党的管理行为更加灵活，受到的约束更少，因为政府部门的管理一般需要受到依法行政和既有法制的约束，其管理方式相对规范、单一。而宣传部门的管理主要是依据各种政策、纪律、讲话等非规范形式的文件，除了单独或与行政部门联合发布抽象的规章、通知之外，在现实中还会直接向新闻机构传达、发出具体的命令、指示、指导等等。[②] 这种以党的领导和管理为核心的混合管理体制与国家权力的纵向分离相结合，形成了一个严密的“区位体系”，中央级新闻传播体系由中央级的党政部门管理，省、市、自治区新闻传播体系以及地市新闻传播体系和县市新闻传播体系则由其相应级别的党政部门管理。[③]

在这种新闻管理体制之中，舆论监督必然要以权力为后盾。2005 年 4 月，中共中央办公厅下发专门规范舆论监督的指导性文件《关于进一步加强和改进舆论监督工作的意见》，更加明确地表明了舆论监督的这种特殊性质：“舆论监督是社会发展的要求、新闻工作的职责、人民群众的愿望、党和政府改进工作的手段。”在这份文件中，新闻媒体机构与其管理者党委和政府部门之间更像是一种上下级的关系，而不是行政法意义上的行政主体与相对人之间的管理与被管理关系。从各级党委和政府及其工作人员来说，上述意见要求他们“支持新闻媒体特别是省级以上党报党刊、电台、电视台记者的采访活动，为采访报道提供方便。基层单位不得封锁消息、隐瞒事实、干涉舆论监督，不得以行贿、说情等手段对舆论监督进行干预。有关地方和部门应当对舆论监督作出积极反应，对媒体揭露的问题应当及时调查处理，并通过媒体公开处理结果”。而对于新闻媒体来说，则要求它们“要遵守新闻纪律，恪守新闻职业道德，拿不准的问题要请示，涉及重要、敏感问题的稿件要送审，不宜公开报道的问题可通过内参等途径反映”。“对领导干部的点名批评要从严控制，确需点名批评的，稿件要送被批评领导干部的上一级党委审阅，并经新闻媒体主要负责同志批准。”像批评与自我批评一样，舆论监督的重点依然是国家权力框架之内的自我监督，主要是中央对地方的监督、上级对下级的监督以及各级党政机关的自我监督。

正因为此，有学者认为：“我国的大众传播媒介都是国有资产，主要媒介

---

① 宋克明：《新闻事业的党的领导和五种管理体制》，载《现代传播》1994 年第 1 期。

② 桑玉堂：《新闻领导体制必须改革》，载《当代传播》1988 年第 3 期。

③ 孙旭培：《当代中国新闻改革》，人民出版社 2004 年版，第 46 页。

是党和政府直接控制的，众多的其他媒介也都分属于主要媒介、各个党政机构、党领导的团体。它们的重大批评报道，通常得到主管机构的指示，有的重大批评报道是由记者首先发起的，但事后必须得到主管机构的认可才能继续下去。……因而，媒介监督在我国某种程度上是党政权力的延伸或对这种权力的补充。”[①]这也是为什么长期以来我国主流的新闻媒体机构始终与公权力保持着密切联系。在20世纪50年代，“党委的机关报是党委的一个工作部门”[②]，报纸的批评基本上就是一级党委的决议，各报刊社就是国家权力机关。1963年开始各新闻单位被定位为事业单位，但是其经费依然是全部来自国家的预算，较之50年代其日常工作更加不具有独立性，因此是实际上的国家机关。

当然，中共十一届三中全会之后，新闻机构的经济和法律地位开始有所变化。从20世纪70年代末开始，各新闻出版机构的经费来源不再是单纯依靠国家财政，尤其是随着企业化经营等一系列的市场化改革，主流新闻机构不仅实现了独立核算、自负盈亏，而且可以创造巨大的经济利益，完全依靠国家财政预算的新闻出版机构越来越少。更重要的变化是，随着1982年宪法的颁布实施和《民法通则》《出版管理条例》等一系列重要的法律法规的制定，新闻机构被明确界定为“公民”“法人”“相对人”等法律权利主体而不是国家权力机关，主要通过各个新闻媒体所从事的舆论监督在宪法和法律看来，也是属于公民或法人行使权利的行为而不是国家机关的权力行为。“各种新闻媒介，无论是报纸、电视还是广播，无论全国性还是地方性的报纸，无论机关报还是其他报纸，至少从法律的明文规定来看，都是属于事业法人类的民事主体，而不是行政机关，与其他法人组织或公民地位平等，不存在任何支配被支配、管理被管理的关系，无权对他人发号施令，因此其实施监督的特征必然是协商性的，而不是强制性的”。“舆论对党和政府的这种监督作用，受到宪法的保护，是公民行使宪法赋予的言论自由权利和对于国家机关及其工作人员的批评建议权利的一种重要方式。这种以权利为保障的监督，与我国整个的监督体系中其他具有明显权力特征的监督形式，有本质的

---

① 陈力丹：《论我国舆论监督的性质和存在的问题》，载《郑州大学学报（哲学社会科学版）》2003年第4期。

② 1954年7月17日中央政治局通过的《中共中央关于改进报纸工作的决议》。参见中国社会科学院新闻研究所编：《中国共产党新闻工作文件汇编》（中），新华出版社1980年版，第328页。

差别。”[①]

但是，经济和法律地位的变化并没改变主流新闻机构的准公共机关性质。作为事业单位，其在经济上能够有一定的自主经营权利，但必须保持全民所有制的性质，不允许业外资本的进入；在政治上必须置于国家编制之内，按照党和国家的要求进行新闻传播和宣传活动，而不应受到任何经营活动的干扰和操控。[②] 唯有这种事业性质才能保证“现代化的新闻和宣传工具”成为党的“喉舌”，为党和政府做好各方面的宣传工作，并将舆论监督作为一项政治任务发挥其“党政权力的延伸或补充”的作用。

如果将舆论监督看作一种现实存在的现象，而不是建立在应然理想基础之上的抽象概念，就会发现，1982 年宪法颁布实施之后的舆论监督是一个极其复杂的权力和权利的复合体。从新闻机构与党的关系看，舆论监督是典型的政治协调方式，它是党和政府在现有权力架构之内实施的权力监督权力的一种重要方式，具体表现为中央对地方、上级对下级的监督以及各级党政机关的自我监督；作为事业单位并隶属于各级党委和政府的新闻机构是这一政治任务的具体执行者。但是，从新闻机构与社会其他主体的关系看，舆论监督又属于法治协调方式的调整对象，它是公民行使言论自由、批评建议权等的具体表现；在民事法律关系中新闻机构与其被监督的对象之间是平等的民事主体的关系，在行政法律关系中新闻机构与主管政府部门之间是行政相对人与行政主体之间的行政法律关系。由于我国没有完善的言论自由法律保护制度，新闻管理法治化进程缓慢，导致作为权力的舆论监督与作为权利的舆论监督之间并没有十分固定而明确的界限。

### 三、权利监督权力

改革开放三十多年来，新闻业的市场化改革使得某些领域中作为法治化权利协调对象的舆论监督在不断地扩展。从 20 世纪 70 年代末开始，我国的主流新闻机构逐步实现了“事业单位，企业化管理”，[③]从此也拉开了新闻改革的序幕，新闻机构的自主经营管理权一点点地逐步增加，从恢复广告经营、自办发行、扩版扩台，到开展多种经营、制播分离，再到人事用工制度、工

---

① 黄挽澜、魏永征：《舆论监督是一种软监督》，载《新闻界》2000 年第 3 期。

② 魏永征：《新闻传播法教程(第二版)》，中国人民大学出版社 2006 年版，第 381—387 页。

③ 魏永征、张鸿霞主编：《大众传播法学》，法律出版社 2007 年版，第 291—292 页。

资奖金制度改革等等。[①] 进入20世纪90年代，随着党中央明确提出要建立和完善社会主义市场经济，整个文化事业也逐步实现宣传与经营的“两分离”，从广告、印刷、发行到非新闻类广播电视节目制作、电影制作、部分广播电视频道，再到大部分出版社、部分非时政专业类报刊，各种文化事业一层一层地被剥离出来成为完全的市场主体，成为真正的文化产业。到目前为止，基本只剩下“主要新闻单位事业性质不变”这一条政策底线。[②]

新闻业市场化改革的直接效果就是新闻机构自身经济实力和自主权利的增加。经济实力的增加表现为两方面：一方面是新闻产出数量的增加。以报业、期刊为例。1978年我国只有报纸186种，总印数127.76亿份。[③] 到2005年，我国已有报纸1931种，总印数达到了417.69亿份。[④] 1978年我国期刊有930种，总印数7.62亿册。[⑤] 到2005年，全国共出版期刊9468种，总印数27.59亿册。[⑥] 在将近30年的时间里，报纸和期刊的种类都增长了10倍多，总印数都增长了3倍多。[⑦] 另一方面是新闻业创造的经济效益的增加。广告经营额是传统媒体产业的最主要经济来源，占到其中收入的80%左右，因此也最能反映我国传媒业的发展态势。[⑧] 自从1979年1月4日《天津日报》刊登改革开放后的第一条商业广告开始，[⑨]我国的广告经营额飞速

---

① 李良荣：《当前中国新闻改革的基本特点——纪念新闻改革25周年》，载《现代传播》2004年第5期。

② 2006年《关于深化文化体制改革的若干意见》作出了可以认为是具有终局性的定论：“党报、党刊、电台、电视台、通讯社、重点新闻网站和时政类报刊，少数承担政治性、公益性出版任务的出版单位实行事业体制。”参见魏永征：《新闻传播法教程(第二版)》，中国人民大学出版社2006年版，第391页；魏永征：《当前新闻改革的一条底线》，载《中国传播学：反思与前瞻——首届中国传播学论坛文集》，2002年。

③ 方汉奇主编：《中国新闻传播史》，中国人民大学出版社2002年版，第456、457页。

④ 林江主编：《中国报业发展报告2007：创造成就未来》，社会科学文献出版社2007年版，第23页。

⑤ 方汉奇主编：《中国新闻传播史》，中国人民大学出版社2002年版，第466页。

⑥ 崔保国主编：《2007年：中国传媒产业发展报告》，社会科学文献出版社2007年版，第6—7页。

⑦ 需要说明的是，在报纸、期刊行业我国奉行着严格的市场准入机制，而且在30年的时间里历经数次报纸、期刊整顿，报纸、期刊种类和总印数也几经沉浮。参见方汉奇主编：《中国新闻传播史》，中国人民大学出版社2002年版，第458—459页。

⑧ 崔保国主编：《2004～2005年：中国传媒产业发展报告》，社会科学文献出版社2005年版，第21页。

⑨ 魏永征、张鸿霞主编：《大众传播法学》，法律出版社2007年版，第291页。

增长。1981 年全国广告经营额还只有 1.18 亿元，仅占国民生产总值的 0.024%，但 20 年后的 2001 年全国广告经营额就达到 794.876 亿元，占国民生产总值的 0.843%。特别是 1991 年到 2000 年的 10 年间，广告经营额从 35 亿元增长到 712 亿元，年平均增速达到 35%，远高于同期 GDP 年增长 8%的速度。[①] 到 2006 年，全国广告经营额已经突破 1500 亿元大关，达到了 1573 亿元。[②]

新闻机构自主权利的增加并不仅仅是指其在经营业务上的自主权利增加，更重要的是指其在新闻机构的核心业务——新闻的采、写、编、评等新闻业务方面的自主权利的增加。从 20 世纪 80 年代开始的新闻媒体大众化和专业化，就是新闻机构自主权利不断增加的具体表现。在 20 世纪 70 年代末，最有影响的中央级媒体就是"一报(《人民日报》)一刊(《红旗杂志》)两台(中央人民广播电台和中央电视台)"，省市两级基本也有自己的"一报两台"。除了少数几份非党报外，党委机关报就是报纸的全部，没有其他性质的报纸、电台、电视台。[③] 计划经济下的媒体新闻以"硬新闻"，即党和政府机关的活动和各类会议、政策、文件的宣传为主，内容单一、乏味，其办报的对象实际上是各级领导干部，不是普通群众。新闻业的企业化经营得到推广之后，一些党报为了取得更好的效益，开始通过各种方式增加与"硬新闻"相对的"软新闻"，即社会新闻、娱乐新闻和经济新闻等普通老百姓喜爱的内容。最开始各级党报是通过扩版和周末版增加各类社会新闻，形成了一股周末版热、扩版热。[④] 现在依然存在的《南方周末》最早就是从广东省委机关报《南方日报》的周末版演变而来的。之后，便是晚报热。从 1979 年《南昌晚报》复刊开始到 1993 年，全国复刊和创刊的晚报猛增加到 104 家，销量占到日报的 1/2。其中较有影响的如《新民晚报》《北京晚报》《扬子晚报》《羊城晚报》等。由于晚报大多是由省会城市机关报主办，它们的成功给省级党报带来巨大的冲击。为了应对来自市场的冲击，各省级党报纷纷开始办起了与晚报相似、定位于城市居民的子报——都市报，作为党委机关报的延伸和补充。四川日报社的《华西都市报》、湖北日报社的《楚天都市报》、河南日报社

---

① 林晖：《未完成的历史——中国新闻改革前沿》，复旦大学出版社 2004 年版，第 15 页。

② 崔保国主编：《2007 年：中国传媒产业发展报告》，社会科学文献出版社 2007 年版，第 10 页。

③ 李良荣：《关于中国新闻媒体的双轨制——再论中国新闻媒体的双重性》，载《李良荣自选集》，复旦大学出版社 2004 年版，第 18—19 页。

④ 丁淦林主编：《中国新闻事业史(修订版)》，高等教育出版社 2007 年版，第 367 页。

的《大河报》、南方日报社的《南方都市报》等在诞生之初就取得了巨大的社会效益和经济效益。这便是 20 世纪 90 年代中后期开始的都市报热。[①] 现如今我国的报纸种类已经非常丰富，有党报、晚报、都市报、社会服务类报纸、企业类报纸、财经类报纸、专业类报纸等等。另外两大媒体电台、电视台也经历了一番类似的大众化和专业化的结构调整，形成了电台有综合电台、经济交通台和以文艺为主的专业台，电视台有新闻综合台（频道）、专业台（频道）、教育台（频道）的新格局。[②] 伴随着媒体结构的多元化，新闻的种类也逐渐丰富，覆盖的范围越来越广，从占据大量版面和篇幅的党和政府的会议、文件、精神到经济新闻、娱乐新闻、国际新闻、社会新闻再到近些年有长足发展的危机、灾难新闻。所有这些实际上都是新闻机构自主权利扩大的表现，它不是任何党政机关主动推动或计划的结果，基本上是市场化改革之后市场自身所催生的繁荣局面。

在这样的大背景下，舆论监督对于新闻媒体机构来说并不仅仅是上级布置的、被动的政治任务，同时也是其内在需求的、主动的经营手段和职业使命。在市场化的条件下，舆论监督并不仅仅表现为形式化的法律权利或自由，作为舆论监督的新闻本身就具有巨大的市场价值，是各个新闻机构追求和生产的重要新闻产品。[③] 尤其是原创性的事实调查类新闻监督，其揭露的问题越是严重，受到的关注越多，造成的社会影响越大，刊发这些新闻的媒体获得的经济效益和社会效益也就越丰厚。于是不断地发掘社会重大事件和话题便成为一些以市场为导向的报刊取得成功的秘诀。《大河报》以首先刊登张金柱案的详细报道而闻名全国，《南方都市报》则以独家报道和发掘孙志刚案引发了一次重大的宪政事件，《财经》杂志对“黑幕基金”“银广夏陷阱”的持续关注使其一跃成为财经类杂志的新锐，而《南方周末》更是因为持续地推出原创性的舆论监督报道而享有极高的社会声誉。因此，经过几

---

① 方汉奇主编：《中国新闻传播史》，中国人民大学出版社 2002 年版，第 461—462 页。

② 李良荣：《关于中国新闻媒体的双轨制——再论中国新闻媒体的双重性》，载《李良荣自选集》，复旦大学出版社 2004 年版，第 19 页。

③ 新闻媒体在现代民主社会中普遍承担着监督国家权力的重任，其背后既有市场经济的基础推动作用，也有民主政治理念的引导和需求。因此，在观念上舆论监督也被看作新闻从业者的天职，即使是在计划经济时代，这样的理念也影响着所有的报人，促使其在允许的范围内尽可能地实现对国家权力的监督。这也是为什么我国的报纸批评与自我批评和舆论监督在某些时期开展得比较热烈的原因。

十年的市场化改革，在我国已经出现了一些市场化程度比较高、运作比较规范的新闻媒体。它们开展的舆论监督比较少依靠公权力的支撑，而更多地表现为市场资本和新闻从业者职业精神的合力。用法律的语言来说，这就是权利对权力监督的实现与加强。①

## 四、权力监督权力

总的来说，这类以市场为导向的媒体还是少数，而另一种运用权力监督权力的方式开展舆论监督的新闻媒体则依然处于明显的强势。这类新闻媒体主要是依托现有的国家权力体系，因此在各个纵横层级的权力体系内部，舆论监督开展得好坏主要取决于其领导人或领导集体的意志。20 世纪 80 年代，在中央层面，《人民日报》在党中央部分领导的支持下曾经连续公开批评省部级政府官员，在全国引起了巨大的社会影响。在地方上，则有深圳蛇口工业区管委会主任袁庚支持青年群众在其辖区主办的报纸《蛇口通讯》上发文批评自己的事件，在全国引起巨大反响。20 世纪 90 年代之后，由于国内外形势的变化，党中央选择了相对稳妥的舆论监督政策，强调实施坚持正面宣传为主的方针，要求"有关党和国家方针政策的宣传要保持稳定性和连续性，防止由于宣传不当影响经济稳定和社会稳定。对于在小范围内进行的试验，宣传上要取谨慎的态度，不允许公开宣传与现行政策相抵触的东西，防止造成干部、群众的思想混乱"②。舆论监督一度出现低潮。

1994 年以后，形势有所改变，这主要得益于当年中央电视台所创办的《焦点访谈》栏目。在中央领导的支持和电视台自身的努力下，该栏目逐渐在舆论监督方面获得了较大的自由度，并形成了巨大的社会与政治的双重影响力。《焦点访谈》的收视率开播之初即高达 14%－15%，到 1998 年则上升到了 26%－27%，2000 年后有所下降，但也一直保持在 20%左右，在中央

---

① 有学者认为中国媒体的市场化变革并没有改变媒体与国家权力之间的关系，因此将其纳入权利与法治的框架之中加以理解并不符合中国的实际。See Benjamin L. Liebman, Innovation Through Intimidation: An Empirical Account of Defamation Litigation in China, Harvard International Law Journal, 2006, Vol. 47, No. 1, p. 96; Benjamin L. Liebman, Watchdog or Demagogue? The Media in the Chinese Legal System, Columbia Law Review, 2005, Vol. 105, No. 1, p. 9.

② 李瑞环：《坚持正面宣传为主的方针》，载《中国新闻年鉴(1990)》，中国社会科学出版社 1991 年版，第 9 页。

电视台所有栏目中仅次于《新闻联播》，平均每天有 3－4 亿人观看这一节目。[①] 随着该节目社会影响力的逐步扩大，中央领导同志对这个节目的关注度也越来越高，批示、指示的次数越来越多，力度也越来越强。据统计，2001年仅中央政治局常委以上领导同志就对《焦点访谈》的 20 多期舆论监督节目先后作过 30 次批示和指示。2002 年国务院办公厅还专门开设了《焦点访谈》督察情况反馈机制，就中央领导同志每一次对《焦点访谈》的批示，以国务院办公厅的名义正式行文有关方面，要求对批示后的监督情况进行反馈。在这样的强力支持下，中央和各地有关部门对《焦点访谈》舆论监督节目的反馈率几乎达到了 100％。[②] 一个新闻媒体享有这样的政治地位，可能只有 20 世纪 50 年代报纸批评与自我批评时代的《人民日报》能够比得上。

在地方上，则有 2002 年引起广泛关注的“长治经验”。在时任长治市委书记的吕日周的领导下，长治市委牢牢抓住市委机关报《长治日报》，大力开展新闻舆论监督，对失职、渎职和违法、违纪的官员开展尖锐的批评，进行有效的监督。从 2000 年吕日周担任长治市委书记起，《长治日报》先后发表了 600 多篇批评文章，涉及上至副市长在内的本地各级领导干部 800 多人。[③] 还有一些地方为了支持舆论监督专门制定了规范新闻舆论监督的规范性文件，比如 1999 年珠海市委制定了《珠海市新闻舆论监督办法(试行)》，其中甚至规定了“批评性报道刊播前，各新闻传媒要确保事实确凿，但任何被批评对象不得要求审稿”[④]。

更重要的是，总体的新闻管理体制决定了作为政治协调手段的舆论监督不仅是主流，而且它的一些基本规则也是所有的新闻媒体都必须遵守的。

**1. “坚持正确的舆论导向”**

党的新闻工作向来强调要为大局服务，注重把握宏观上的新闻真实性，坚持以正面为主的宣传原则。在新时期江泽民的这些要求概括为“坚持正确的舆论导向”：“坚持正确的舆论导向，就是要造成有利于进一步改革开放，建立社会主义市场经济体制，发展社会生产力的舆论；有利于加强社会主义精神文明建设和民主法制建设的舆论；有利于鼓舞和激励人们为国家

---

① 梁建增：《〈焦点访谈〉红皮书》，文化艺术出版社 2002 年版，第 81 页。

② 同上书，第 63、66 页。

③ 郑保卫：《“人治”－法治－长治——从长治经验看我国新闻舆论监督发展之路》，载《新闻记者》2002 年第 10 期。

④ 陶光元、王木林：《珠海：探索舆论监督之路》，载《新闻战线》1999 年第 8 期。

富强、人民幸福和社会进步而艰苦创业、开拓创新的舆论；有利于人们分清是非，坚持真善美，抵制假恶丑的舆论；有利于国家统一、民族团结、人民心情舒畅、社会政治稳定的舆论。”这也是开展舆论监督工作的基本要求：“舆论监督应着眼于帮助党和政府改进工作，解决实际问题，增进人民团结，维护社会稳定。宣传报道要注意把握好改革、发展和稳定的关系，局部和全局的关系，坚持唯物辩证法，防止片面性和简单化。”①

新闻媒体在进行舆论监督时一般都要把握上述原则，从政策标准、新闻业务和社会热点三方面仔细斟酌选题，在报道方式、揭露程度和播发策略上也需要谨慎把握。② 至于正面报道和负面报道的比例则需要严格控制。即使是以播放负面报道多而著称的《焦点访谈》，在播发负面舆论监督新闻的高峰期 1998 年也没有超过 50%，到 2002 年，这个比例更是降到 17%。③ 而同是央视的“揭黑”栏目《每周质量报告》则因为负面新闻太多而突然“变脸”。从 2003 年独立成一个 30 分钟的栏目后，该栏目把“揭黑”的对象逐渐从劣质餐巾纸、含氟牙膏、卫生筷等日用品扩展到黑心汤圆、毒火腿、劣质瓜子、毒腐竹等等食品安全。这些产品的质量问题与百姓的日常生活密切相关，因此该节目在社会上一度享有极高的声誉。在央视收视率排名中，《每周质量报告》基本稳定在播出当天前三名，在新闻频道所有栏目中综合评价也曾排在第一位。但是，2004 年 5 月 16 日原定播出的一期《每周质量报告》却在没有任何预告的情况下换成了其他节目。事后有消息透露说，停播的原因是有关主管部门觉得该期有关食品质量的节目做得不够严谨。更令观众感到不解的是，这次事件之后以揭露产品质量问题为卖点的《每周质量报告》也开始做起正面报道，而且一做就是两个月。从此以后，负面新闻的数量大幅减少，而正面报道和生活服务类的节目大幅增加。尤其是 2007 年 8 月到 11 月整整 4 个月竟然没有一期负面报道，而在此期间播放的《一千一百多道检测关口的背后》，是以 2008 年三鹿毒奶粉事件的主角石家庄三鹿集团

① 江泽民：《在全国宣传思想工作会议上的讲话》（一九九四年一月二十四日），载《中国新闻年鉴（1995）》，中国新闻年鉴杂志社 1995 年版，卷前第 4 页。

② 王强华、王荣泰、徐华西编著：《新闻舆论监督理论与实践》，复旦大学出版社 2007 年版，第 165—166 页；梁建增：《〈焦点访谈〉红皮书》，文化艺术出版社 2002 年版，第 165—212 页。

③ 王健：《〈南方周末〉深度报道风格的变迁》，载《新闻爱好者》2007 年第 11 期。

股份有限公司为专题的一期正面报道。[①]

**2.“报纸不得批评同级党委”**

这既是继承报纸批评与自我批评的老传统，同时也是坚持正确舆论导向和党管新闻体制的强化的结果：“重要的批评报道，要同有关的主管单位联系，听取他们的意见。批评报道发表以后，还要报道处理的结果，这也有利于提高报纸的威信。”“各级党委要经常研究讨论新闻工作。比如每一段时期的宣传方针、指导思想、报道重点、宣传效果等等，都应该在党委会上讨论。党委主要负责同志要亲自过问新闻宣传。要及时向新闻单位通报情况，下达任务，提出要求，并亲自审阅重要的社论、评论、新闻稿。”[②]在新的时代，这项政策的实施又展现出一些新的特点。

首先，“报纸不得批评同级党委”在新时代的实际表现是“报纸不得在同级党委辖区内开展舆论监督”。毕竟像袁庚、吕日周那样能够鼓励下级单位批评自己的领导还是极少数，绝大多数的地方新闻媒体为了顾及同级党委和政府，还是很少发表涉及本地的舆论监督新闻。大多数情况下，即使相关负面新闻已经被其他新闻媒体曝光并且受到全国关注，最接近事发地的当地媒体也大都保持低调，不会轻易发表原创性的后续调查或评论。

其次，非中央级新闻媒体不得进行跨地区监督。市场经济条件下的“报纸不得批评同级党委”又催生了跨地区监督。发表本地的舆论监督稿件限制太多，而发表涉及异地同级党政部门辖区地方的负面新闻调查和批评性评论文章限制则要少一些。在市场的推动和职业主义精神的指引下，一些以市场为主导的媒体必然会把关注的焦点放到外地。[③] 但这种“同级党委”之间的跨地区监督并不被党的纪律所允许。[④]

再次，无论是什么级别的新闻媒体，开展舆论监督涉及的党政机关或官

---

① 三鹿毒奶粉事件发生之后，有人在网络上将这期节目当作旧账翻出来，民众普遍质疑央视是收了三鹿的钱才为其大肆宣传。但这背后中国新闻体制的决定因素还是更大一些。当然，新闻媒体如何抵挡市场的诱惑保持其“事业性”和“公益性”在中国也是一个亟待解决的问题，而且由于我们的新闻管理体制和新闻媒体业的市场化并不完善，这个问题在中国还有一些特殊性。

② 江泽民：《关于党的新闻工作的几个问题》(1989 年 11 月 28 日在中宣部全国新闻工作研讨班上的讲话)，载《十三大以来重要文献选编》(中)，人民出版社 1991 年版。

③ 《南方周末》便是以跨地区监督多而著称，有人甚至戏称其为《北方周末》。参见孙旭培：《“跨地区监督性报道”析》，载《新闻三昧》2002 年第 2 期。

④ 有关内容可参见中共中央宣传部《关于加强和改进舆论监督工作的实施办法》(中宣发〔2005〕16 号)。

员层级越高，难度越大，以至于在将近三十年的舆论监督时代里还没有出现过针对省部级及以上的党政部门、官员的原创性舆论监督新闻。绝大部分的调查性舆论监督的对象集中在县处级及以下级别的底层党政部门官员，或者违法违纪、已有权威机关作出定论的各级党政官员。这便是俗称的“打苍蝇”和“打死老虎”。

最后，对于“犯规”的新闻媒体，上级主管部门使用最多的还是政治手段，法律手段要么用得少，要么是当作政治手段来使用的。1996 年 6 月 5 日，《北京青年报》头版刊出关于“娃哈哈果奶中毒事件”的报道，称安徽省三名女童喝下娃哈哈果奶后丧命。娃哈哈集团认为此报道严重失实，找到中央有关主管机关和领导要求处罚报社和相关人员。北京市委经过调查发现报道并未失实，但依然认为《北京青年报》违反了地方媒体不要报道外地新闻的新闻纪律，将社长调离，给总编辑“记过”、常务副总编“记大过”。[①] 2008 年 9 月 25 日，《财经时报》在其网站上突然登出公告称：“《财经时报》因为今年七月刊发的一篇企业报道被控失实，被上级主管机关认定为违反了‘媒体不得异地监督’‘新闻采访需履行正规采访手续’‘重大、敏感新闻稿件刊登前需与被报道方进一步核实、交换意见’等新闻宣传纪律，导致失当。上级主管机关决定对财经时报实施停刊整顿三个月的处罚。”[②]至于想阻挠舆论监督但又没有办法让上级主管机关强力介入的被监督对象来说，就只能采用其他办法，文明一些的如公关、说情、“走后门”直至行贿记者。[③] 而不文明的就使用各种暴力，要么使用不合法的暴力，打记者；要么是用合法的暴力，

---

① 徐泓、陈斌华主编：《影响未来中国传媒 30 人》，中国社会科学出版社 2005 年版，第 38 页。

② 《财经时报公告》，http://www.chinabusinesspost.net/，最后访问日期：2009 年 1 月 18 日。有消息说其受罚停刊是因为 2008 年 7 月发表的一篇报道《农行常德分行 46 亿巨额不良资产剥离真相》，该文被中国农业银行指为“完全是用谎言炮制而成一篇虚假新闻”。参见魏永征：《〈财经时报〉为什么受到纪律制裁?》，http://media.stu.edu.cn/weiyongzheng/archives/30086，最后访问日期：2009 年 1 月 18 日。

③ 两起比较著名的“封口费”事件是 2002 年山西繁峙矿难 11 名记者在采访过程中受贿事件和 2008 年山西霍宝干河煤矿记者收受“封口费”事件。参见《山西繁峙矿难 11 名记者采访过程中受贿内幕披露》，http://www.people.com.cn/GB/14677/14737/22039/2122468.html，最后访问日期：2009 年 1 月 18 日；《山西矿难封口费事件六家收钱媒体被曝光》，http://news.sina.com.cn/c/2008—10—30/163516557819.shtml，最后访问日期：2009 年 1 月 18 日。

“抓记者”。[①]

**3. 敏感事件的舆论监督不公开发表**

在我国涉及军队、武警、民族、宗教、港澳台和外国政府或组织等敏感领域，或重大突发事件，以及容易引发群体性事件的新闻、出版，一般均由主管宣传和新闻出版的党政机关进行严格的审查。[②] 当然，在我国涉及这些领域或事件的新闻舆论监督也不是完全没有，只是绝大部分涉及这类新闻的舆论监督稿件刊登在由新华社、《人民日报》、中央电视台等中央级媒体编制的“内参”上，面向大众公开发表的非常少。

2006 年 8 月，因为一篇关于台风“桑美”的内参报道引起的新华社与福建省委之争是这方面的一个典型事例。当年 8 月 10 日，台风“桑美”袭击我国东南沿海，浙江和福建严重受灾。新华社浙江分社记者在临近福建的苍南县采访时，得到了福建沙埕港受灾情况的一些线索，他们向总社报告以后前往沙埕港采访，结果发现当地有不少人死亡，而且当地政府救灾不力，并有失职和瞒报死亡人数等问题。随后这些采访内容被编发到新华社的内参之中。8 月 19 日，《福建日报》发表了福建省委书记的一番话，就报道“桑美”灾区一事严厉批评：“某些媒体，包括外省的新闻记者到受灾地区，道听途说，做了许多不实报道，网上也大肆炒作。”8 月 20 日到 24 日，由福建省委宣传部主管、福建省人民政府新闻办公室主办的福建东南新闻网，在其网站首页上，连续以“网友”名义刊登了《“桑美”风灾：拷问媒体良心》《天灾已走远，莫为人祸所击倒》《关于桑美台风之后的台风》三篇文章，直指新华社浙江分社。8 月 26 日，新华网随即发表了《为了新闻工作者的良知——“桑美”台风报道一线采访手记》，详细介绍了记者前往灾区采访的细节和始末，并配发一篇《灾区采访竟被诬“人祸”》的评论。

三天之后，福建方面再次回应，福建日报社旗下的《海峡都市报》发表了《福建记者赴桑美灾区采访 见闻有所不同》，对新华社的采访手记指名道姓，毫不客气地逐条批驳。新华社也不甘示弱，收集中国媒体对此场舌战的报

---

① 2008 年“抓记者”事件频发，年初有西丰公安进京抓捕《法人》杂志记者朱文娜，年末有太原市杏花岭区检察院干警进京抓捕中央电视台记者李某、《网络报》记者关键在太原采访时被河北省张家口市警方带走。这些事件的背后都有有关舆论监督的“案中案”。参见黄利：《今年频发“抓记者”背后都有案中案》，载《南方周末》2008 年 12 月 25 日。

② 有关内容可参见中共中央办公厅《关于进一步加强和改进舆论监督工作的意见》（中办发〔2005〕11 号）。

道及网民讨论，悉数搬上网上制成专辑。福建方面则继续在《海峡都市报》发表评论文章《舆论监督也要接受监督》，与新华社相抗衡。福建官方新闻媒体认为新华社浙江分社是"跨区域采访"，并且在采访中"不与当地党委政府联系，道听途说，一味夸大灾情，编造耸人听闻的细节，发表了大量严重失实的新闻报道和内参"。而新华社浙江分社则认为他们的采访是经过总社允许和指派的，新华社是全国性媒体，不存在跨省采访的问题。采访中他们根本联系不上当地党政部门，其报道内容都有确实的根据，不存在失实的问题。同时，在新华社记者采访的第二天，福建官方公布的死亡人数极不正常地大幅增长，另外仅供省部级以上党政官员看的内参也被不正当地上网公开了。① 虽然双方的争议并没有最后定论，但是耐人寻味的是，不知何时新华网和东南新闻网纷纷撤下了论战文章。只是事后新华社浙江分社因为"桑美"的连续报道获得数个重要荣誉，尤其是 2006 年度的"社长总编辑奖"集体一等奖②，似乎暗示着新华社不仅得到了公众舆论的普遍支持，同时也得到了上级宣传部门的肯定。

**4. 关于党政官员的隐私有特殊规定**

首先，涉及党和国家主要领导人的新闻出版活动有专门的党内规范。早在中共十一届三中全会，为了纠正过去对少数国家领导人的个人崇拜，会议就决定要"多歌颂工农兵群众，多歌颂党和老一辈革命家，少宣传个人"。随后在中共十一届五中全会通过的《关于党内政治生活的若干准则》第 2 条又作了正式规定。1980 年 7 月 30 日，针对现实中宣传老一辈革命家时仍然存在的过于突出个人，不够实事求是等问题，中共中央又专门发布了《关于坚持"少宣传个人"的几个问题的指示》，其中对新闻媒体出版老一辈革命家和其他革命英雄的个人传记或个人文集的行为进行了规范，要求各报刊社和出版社出版此类作品时"应比较慎重。今后这类传记和文集，有全国影响的应经中央宣传部核准，属于地方范围的应经省一级宣传部核准"；"对于重要人物或重要历史问题的宣传，报刊或出版社应注意遵照中央有关指示。"

---

① 马军：《新华社内参内容咋就上了网——新华社浙江分社记者细说舌战福建官方媒体内幕》，载《青年周末》2006 年 9 月 7 日第 A12 版。

② 新华社浙江分社获得的另一个重要荣誉是被《南方周末》评为"致敬！2006 中国传媒"排行榜之首"致敬之年度舆论监督"。参见《浙江分社获新华社社长总编辑奖集体一等奖》，http://www.zj.xinhuanet.com/newscenter/2007－11/01/content_11554799.htm，最后访问日期：2009 年 1 月 16 日。

1990年，中宣部、新闻出版署联合出台了《关于对描写党和国家主要领导人的出版物加强管理的规定》。[①] 该规定指出，近期一些描写党和国家主要领导人生平的出版物“在社会上产生了很大的影响。其中有一些作品是写得比较好的，但是总的来看，这类作品过多，存在不少值得重视的问题。例如，有的事实内容不准确、不真实，对人物的评价偏颇不公正；有的擅自公开党中央内部情况和领导人的重要言论；有的则热衷‘秘闻’、‘内幕’、‘隐私’、‘野史’，大量使用道听途说的传闻，捏造史实，杜撰领导人的心态、言论和领导人之间的关系，贬低甚至诬蔑革命领袖。这些问题在政治上损害了党的领导，不利于坚持四项基本原则和稳定大局”。针对这些既损害了领导人个人的人格权又损害了党和国家利益的行为，该规定要求：“出版、发表这类图书、文章必须十分严肃、慎重。所述史实一定要准确，观点必须符合党中央《关于若干历史问题的决议》《关于建国以来党的若干历史问题的决议》以及中央有关文件的精神。”围绕着这一基本要求，该规定对出版单位、选题报送、审读机关和程序以及违反规定的罚则作了详细规定。

此后，中共中央办公厅、中宣部、国务院办公厅、新闻出版署等党政机关还连续发布了多个相关文件，逐步将规范的对象扩大到新闻、出版、广播、音像、电视、电影等等，而保护的范围也从领导人扩大到他们的亲属。[②] 除了这些特殊的纪律和政策之外，在实践中也有一些限制党政官员隐私权的规范和实践。1995年4月30日，中共中央办公厅、国务院办公厅联合下发了《关于党政机关县(处)级以上领导干部收入申报的规定》，对党政干部的财产申

---

① 其中的“党和国家主要领导人”是指：现任或曾任党中央政治局的常委，国家主席、副主席，国务院总理，全国人大常务委员会委员长，中央顾问委员会主任，全国政协主席。

② 主要文件包括：《关于对描写党和国家主要领导人的出版物加强管理的规定》(中宣发文〔1990〕5号、〔90〕新出图字551号)；中宣部等部门《关于重大革命历史题材影视作品拍摄和审查问题的规定》(中宣通〔1990〕16号)、《中央宣传部、新闻出版署关于发表和出版有关党和国家主要领导人工作和生活情况作品的补充规定》(中宣发文〔1993〕5号)；《新闻出版署关于期刊发表有关党和国家主要领导人工作和生活文章、图片的规定》(新出期〔1994〕721号)；《新闻出版署关于出版反映党和国家主要领导人工作和生活情况的摄影画册的规定》(新出图〔1995〕215号)；《中共中央办公厅关于严格执行编辑出版党和国家主要领导同志讲话选编和研究著作有关规定的通知》(中办发〔1998〕32号)、《国务院办公厅关于进一步加强对有关出版物管理的通知》(国办电〔1998〕252号)、《中共中央办公厅、国务院办公厅关于印发〈中共中央宣传部、国家广播电影电视总局关于制作播出理论、文献电视专题片的暂行规定〉的通知》(厅字〔1998〕13号)、《新闻出版署关于加强和改进重大选题备案工作的通知》(新出图〔1999〕198号)；《中共中央办公厅关于加强对涉及党和国家主要领导同志的书籍、文章和影视等作品管理的通知》(中办发〔2000〕26)等等。

报作出了一定的规范和要求。1997年1月31日，中共中央办公厅、国务院办公厅又下发了一个与党政干部财产申报相关的文件《关于领导干部报告个人重大事项的规定》，要求副县（处）级及以上干部必须向有关党组织报告："（一）本人、配偶、共同生活的子女营建、买卖、出租私房和参加集资建房的情况；（二）本人参与操办的本人及近亲属婚丧喜庆事宜的办理情况（不含仅在近亲属范围内办理的上述事宜）；（三）本人、子女与外国人通婚以及配偶、子女出国（境）定居的情况；（四）本人因私出国（境）和在国（境）外活动的情况；（五）配偶、子女受到执法执纪机关查处或涉嫌犯罪的情况；（六）配偶、子女经营个体、私营工商业，或承包、租赁国有、集体工商企业的情况，受聘于三资企业担任企业主管人员或受聘于外国企业驻华、港澳台企业驻境内代办机构担任主管人员的情况。"但是，这两个党内规范由于效力层次低，申报程序过于简单，惩罚措施与时代脱节，再加上实施中的阻力过大，因此在实践中基本没有得到很好的实施。

### 五、21世纪以来的新挑战

总的来说，在我国，舆论监督仍然是一种政治协调方式。当然，它本身也在不断地变化，尤其是作为一种主要由党的政策、规范和纪律等等构成的制度体系，在执行环节不可能长久地保持一成不变。比如跨地区监督，虽然早就有内部纪律要求，2005年中宣部还曾经下发文件，明令"地方性媒体、都市类媒体不得跨地区进行监督采访报道，专业类媒体不得跨行业进行监督采访报道"①，但是在实践中，跨地区监督已经到了"屡禁不止"的地步。其根本原因在于市场经济条件下的信息流动是没有界限的，人的流动、物的流动、资本的流动等等都需要信息的快速流动。同时，在目前本地监督还比较困难的情况下，跨地区监督成为以市场为导向的地方媒体发展的重要出路。所以，跨地区监督的动力需求和发展趋势是不以人的意志为转移的。华南虎照事件、三鹿毒奶粉事件、山西娄烦山体滑坡事故瞒报事件等等的新闻舆论监督都有外地新闻记者和媒体在其中发挥重要作用。

---

① 《关于加强和改进舆论监督工作的实施办法》（中宣发〔2005〕16号）。一些依据此办法制定的地方党委规范和部门规范也有类似规定。如宁夏回族自治区党委办公厅发布的《关于进一步加强和改进舆论监督工作的实施意见》（宁党办〔2005〕60号）；国家广播电影电视总局制定的《关于切实加强和改进广播电视舆论监督工作的要求》，2005年5月10日。但是，新华社的规范则没有这样的规定，如《新华社加强和改进舆论监督工作的实施意见》（社总编字〔2005〕第31号）。

还有，随着政府信息公开逐步法治化，以往属于国家秘密或只有内参才能登载的新闻也逐渐可以公开发表了。2003年“非典”事件中政府从信息不公开到公开的戏剧性转变，成为遏制整个危机发展的关键转折点。深刻的教训凸显了政府信息公开在政府处理突发性公共事件中的重要作用。这次事件也成为我国政府信息公开史上的标志性事件，并直接推动了我国政府处理突发性公共事件的各项立法，同时也加速了政府信息公开立法的进度。[①] 紧跟着政府信息公开，突发公共事件中新闻自由度也增加了。2006年10月，中共中央发布的《关于构建社会主义和谐社会若干重大问题的决定》提出：“健全突发事件新闻报道机制，及时发布准确信息。”《突发事件应对法》立法过程中关于新闻自由的争论，以及“非典”之后新闻媒体在“大头娃娃”奶粉事件、2008春运雪灾、“5·12”汶川大地震、三鹿毒奶粉事件等等突发公共事件中发挥的重要作用，都是新闻自由不断增加的具体表现。除了公共卫生和自然灾害之外，在2008年一些与群体性事件有关的社会突发事件也开始成为新闻媒体深入报道的对象，如6月的贵州瓮安事件、7月的云南孟连事件、11月开始的各地出租车司机罢工事件等等。而在此之前，这些社会事件还属于新闻报道的“敏感选题”，在大众媒介中鲜有深入报道和剖析。此外，前些年的“审计风暴”之所以刮得迅猛，也是因为审计署能够把以前不公开的审计结果通过信息公开和新闻媒体向全社会公开。

在现代社会，还有一个权力协调遇到的挑战不得不提，这便是以互联网为代表的新兴媒体的迅猛发展以及由此带来的言论新格局。1994年4月20日，中国正式接入互联网。[②] 中国互联网络信息中心(CNNIC)于2015年2月3日发布的第35次《中国互联网络发展状况统计报告》显示，截至2014年12月，我国网民规模达6.49亿人，互联网普及率为47.9%，较2013年底提

① 2003年5月12日，国务院颁布的《突发公共卫生事件应急条例》第25条规定：“国家建立突发事件的信息发布制度。国务院卫生行政主管部门负责向社会发布突发事件的信息。必要时，可以授权省、自治区、直辖市人民政府卫生行政主管部门向社会发布本行政区域内突发事件的信息。信息发布应当及时、准确、全面。”2006年1月8日，国务院发布的《国家突发公共事件总体应急预案》规定：“突发公共事件的信息发布应当及时、准确、客观、全面。事件发生的第一时间要向社会发布简要信息，随后发布初步核实情况、政府应对措施和公众防范措施等，并根据事件处置情况做好后续发布工作。信息发布形式主要包括授权发布、散发新闻稿、组织报道、接受记者采访、举行新闻发布会等。”2007年4月5日，国务院颁布了《政府信息公开条例》。

② 崔保国主编：《2004～2005年：中国传媒产业发展报告》，社会科学文献出版社2005年版，第371页。

升2.1%;手机网民规模达5.57亿人,较2013年底增加5672万人。[①] 新浪微博自2009年8月推出以来,用户数量一直在大规模增长。到2013年12月,微博的月活跃用户(MAU)数量和日活跃用户(DAU)数量分别达到1.291亿和6140万。2013年12月,约70%多的用户通过移动设备使用微博,这些用户当月使用次数至少一次以上。[②]

相对于传统媒体,新媒体信息传播的最大特点在于其非制度成分更多、自由度更大、交互性更强。非制度成分更多是指随着BBS论坛、社区、讨论组、网络即时通讯工具、手机短信、博客、维基百科、微博、微信等等新兴传播方式的崛起,公民个人的直接言论不再需要类似传统媒体机构或专业人员的过滤,可以直接向全社会发布和传播。自由度更大是因为新媒体中的信息传播速度快,信息量异常巨大,使得任何形式的事前审查的效果都要大打折扣,而且其技术成本大大增加,并且肯定还将越来越大。交互性更强是指新媒体的信息传播并不是单向度的发布和接受,而是持续不断的、多元的发布一接收一反馈的过程。

互联网和手机等新兴媒体的社会影响力越来越大,它不仅改变了以往信息传播渠道——报纸、广播和电视三足鼎立的局面,同时也改变了公民言论自由的行使方式和公民直接言论的社会功能,而且这种改变的势头越来越强烈。在21世纪头几年,新兴媒体还需要借助传统媒体的平台才能形成"合力",比如夫妻看黄碟案、刘涌死缓改判案、黄静案、宝马车撞人案、日本人珠海买春案、京沪高铁案、孙志刚事件、深圳"妞妞"事件等都是首先在网络上出现,随后由传统媒体进行大范围的曝光或扩大,再引起包括网络在内的全社会的热烈讨论,最后形成强大的民意影响政府。[③] 这几年随着新兴媒体用户数的持续高速增长,往往是强大的网络民意已经形成,传统媒体再跟进。从厦门PX事件、上海磁悬浮事件、上海闸北袭警案,到三鹿毒奶粉事件中的国家质检总局局长李长江辞职等等都是如此。同时,随着照片、视频等多媒体工具的普及,一些舆论监督事件中的关键事实也开始在一些网络论坛上首发,华南虎照事件、蛆虫柑橘事件、北京火车站售票员"留票"事件、

---

① 《第35次中国互联网络发展状况统计报告》,http://www.cnnic.net.cn/hlwfzyj/hlwxzbg/hlwtjbg/201502/t20150203_51634.htm,最后访问日期:2015年12月8日。

② 《新浪微博关键数据:月活跃用户1.29亿》,http://www.techweb.com.cn/news/2014－03－15/2016696.shtml,最后访问日期:2015年12月8日。

③ 王绍光:《中国公共政策议程设置的模式》,载《中国社会科学》2006年第5期。

“公费出国门”事件、哈尔滨林松岭事件、深圳猥亵女童事件等就是典型代表。传统新闻媒体在这些事件中更像是一个配角，一个转述事实的平台。更重要的是，各级党政领导越来越重视新兴媒体中的言论和民意。2008 年 6 月 20 日，胡锦涛到人民网强国论坛直接与网友交流，[①]之前广东省委书记更是直接约见网友畅谈时政。[②]

但是，对照着我国政治协调权利方式的基本特点看，新兴媒体舆论监督并没有脱开其生存的大环境。监督对象层次低、重大敏感公共事件讨论受限制多、可利用的政府公开信息少、对政府机关和官员的监督依然十分困难。另外，以大量交互式的公民匿名言论为基础的网络监督并不适合长期有效地开展舆论监督，其固有的缺陷使其在参与舆论监督的过程中会产生很多副作用，尤其容易混淆对公权力的监督和对私权利的监督，把一般违反道德的个人问题当作重大公共事件施以最严厉的“民意”裁判和惩罚，并严重侵犯他人的公民基本权利。

## 第四节　信息时代的匿名言论[③]

信息时代的公众言论的表现形式较之以往有了很大的改变，其中最显著的就是大量大众化匿名言论的制造和传播。网络匿名言论是最常见的，各种网络论坛、聊天室、电子邮件、博客、即时聊天工具等等成为信息时代匿名言论的主要集散地。此外，有“第四媒体”之称的手机短信也是一种重要的匿名言论传播方式。[④] 这些新兴的言论形式对我国的言论自由保护制度的建设提出了很多新的要求。但是，言论自由本来就是我国宪政制度建设中比较薄弱的一环，于是老的问题还没有解决，新问题又来了。2008 年发生的郑啸寅诽谤案正好暴露了这当中的种种矛盾和不足。

---

① 吴绮敏、孙承斌：《唱响奋进凯歌 弘扬民族精神——记胡锦涛总书记在人民日报社考察工作》，载《人民日报》2008 年 6 月 21 日第 1 版。

② 刘海健、胡键、段功伟：《26 网友面“拍”汪帅》，载《广州日报》2008 年 4 月 18 日第 A1 版。

③ 本节原文发表于《法学》2008 年第 8 期，原标题为《信息时代匿名言论自由的责任及其界限——以郑啸寅诽谤案为例》，编入本书时作了必要修改。

④ 以下如无特别说明，匿名言论均是指经过现代信息化手段指导和传播的匿名言论。

## 一、不良[①]匿名言论的法律责任

2008年7月1日上海市闸北区发生袭警案，北京青年杨佳持刀连刺了十位民警和一位保安，造成六死五伤的惨案，一时间举国震惊。就在案发的第二天，一位苏州青年郑啸寅在某网络论坛中匿名发了几篇帖子，说杨佳是因为闸北公安分局民警打伤其生殖器，致其丧失生育能力而萌生报复袭警的。[②] 随后这个传言迅速地传播开来。7月7日，上海市公安局专门就闸北袭警案中的各种传言召开新闻发布会，澄清了犯罪嫌疑人的作案动机，同时宣布造谣者郑啸寅已经被抓获。[③] 7月14日，郑啸寅被上海市检察院第二分院以涉嫌诽谤罪批准逮捕。第二天，各大媒体都刊登了郑啸寅被批捕的消息，内容大同小异，其中关于批准逮捕的法律依据只有一句话："检察机关认为，郑啸寅利用互联网捏造事实，严重损害了执法民警的名誉和公安机关的形象，其行为已触犯刑法第246条涉嫌诽谤罪。"[④]

匿名言论作为信息时代言论的重要表现形式有其固有的优点，比如自由度大、表达直接、对公共事件的反应快、传播快等等。但是，这些优点反过来又增大了它的固有缺点：某些言论发表者的不负责任。特别是在公民通过各种信息化的匿名渠道表达意见的过程中，大量的不良言论也随之产生。郑啸寅如果确实是编造、传播了谣言，那么他的言论就属于典型的不良匿名言论，不仅有违道德，而且违反了有关法律。

本来依照《治安管理处罚法》第25条第1项[⑤]对郑啸寅给予相应的行政处罚是比较合适的。因为郑啸寅匿名发的帖子一旦被证实是虚假的，则其属于"谣言"应该是没有疑问的，而且这个"谣言"在广泛传播之后已经严重损害了上海市公安部门的公信力，也就是扰乱了社会秩序。但是，以"严重损害了执法民警的名誉和公安机关的形象"为由适用《刑法》的诽谤罪对其

---

① 此的"不良"并不指价值判断上的好坏，而是就这类言论的可处罚性或可规制性而言的。

② 施坚轩、刘建：《网上杜撰上海袭警案"内幕" 郑啸寅涉嫌诽谤罪被批捕》，载《法制日报》2008年7月15日第1版。

③ 刘丹：《沪警方公布袭警案详情，澄清谣言》，载《新华每日电讯》2008年7月8日第1版。

④ 刘丹：《就袭警案编造散布谣言者，被上海检方批捕》，载《新华每日电讯》2008年7月15日第1版。

⑤ 该项规定："有下列行为之一的，处五日以上十日以下拘留，可以并处五百元以下罚款；情节较轻的，处五日以下拘留或者五百元以下罚款：(一)散布谣言，谎报险情、疫情、警情或者以其他方法故意扰乱公共秩序的；……"

批捕就有些问题了。诽谤罪，即《刑法》第 246 条是规定在“侵犯公民人身权利、民主权利罪”一章之下的，显然其客体只能是公民的名誉权，所以严重损害了“公安机关的形象”不能作为批捕的依据，这是其一。其二，郑啸寅在网络论坛中发的帖子并没有指名道姓说是某某警察殴打了杨佳，再加上上海市警方事后并未透漏任何事发派出所办案民警的个人身份信息，因此，郑啸寅的“诽谤”文字并没有指向某位或某几位具体的警察。其言论的危害对象主要还是上海市公安部门这个机关法人，而非自然人。其三，就算这几位具体办案的民警因为郑啸寅编造的谣言曾一度遭到了公安局内部或某些可能知道有关信息的人，如亲友、同事等的怀疑，使其名誉受到了损害，也因其名誉受损的范围过小，时间过短，其危害性不足以达到《刑法》第 246 条第 2 款规定的“严重危害社会秩序和国家利益”的公诉标准，检察机关的批捕不符合法定的条件。其四，在程序上，此案由苏州当地政法机关进行侦办可能更便于案件调查，也比较符合程序正义。一个最高刑期三年的案子由上海市公安局侦查、上海市检察院第二分院批捕，其后的诉讼程序很可能要违反《刑事诉讼法》规定的中级人民法院一审案件的条件和司法惯例。[①]

近几年，像郑啸寅诽谤案一样，不良匿名言论人责任承担过重的情形时有发生，特别是当匿名言论可能触犯公权力时。前些年在一些县级地方连续发生了“短信诽谤案”，一些公民把对地方政府工作的不满意编成顺口溜、打油诗等，用短信、电子邮件等发给了部分亲友。由于这些言论包含了一些对当地政府领导的负面评价，在被“诽谤”官员的介入下匿名信息的编发人和部分传播人被拘留、逮捕，有的还被判了刑。[②] 2007 年 8 月，北京电视台临时记者訾北佳根据群众电话举报制作了假新闻“纸箱馅包子”，最后被北京市二中院一审以损害商品声誉罪判处有期徒刑一年，也是一个责任承担过

---

① 以上观点综合了以下几位学者的看法：陈杰人：《损害公安机关的形象，算不算诽谤罪》，载《中国青年报》2008 年 7 月 17 日第 2 版；郑连根：《上海袭警案的疑问和遗憾》，载《东方今报》2008 年 7 月 16 日第 3 版；乔新生：《对一起诽谤案的小小建议》，载《山西晚报》2008 年 7 月 16 日第 2 版；萧瀚：《“做自己的法官”的尴尬 》，载《财经》2008 年第 15 期；刘晓原：《郑啸寅诽谤案，该如何收场》，http://blog.sina.com.cn/s/blog_49daf0ea0100adv3.html，最后访问日期：2008 年 8 月 9 日。其中大部分学者都详细论述了第一、二、三点。关于第四点，立案管辖问题的论述引自萧翰和乔新生的文章；审级管辖问题的论述引自刘晓原的文章。

② 郭延军：《地方“一把手”应认真看待公民宪法权利——评秦中飞编发短信被拘案的起落》，载《法学》2006 年第 11 期；郭延军：《地方“一把手”不可公器私用违法止“谤”——评山西稷山“诽谤”案的侦检审》，载《法学》2007 年第 6 期。

重的例子。[①] 2006 年 4 月,因为在网上揭发国家药监局原局长郑筱萸等多名国家药监局工作人员的张志坚,也是以损害商业信誉罪为由被批准逮捕,幸好郑筱萸等人先后案发,张志坚才得以脱身,但前前后后也被限制人身自由达九个多月。[②]

除了刑罚,《治安管理处罚法》第 25 条第 1 项也常被用作对不良匿名言论人施加过重责任的借口。比如前文提到的 2007 年"红钻帝国"案、妇女在陕西宝鸡市陈仓区虢镇医院猝死案,以及 2008 年"SS 山地师"案。

为什么都是个别的匿名言论表达者遭受过重的惩罚呢?为什么一般违背道德的行为会被当作违法行为来处罚,而一般违法行为更是会遭到刑事处罚呢?

## 二、"舆论过敏症"与"言论功能紊乱症"

所谓"舆论过敏症",是指我国有些地方国家机关或其中的相关部门对涉及自己的某些公众舆论不太适应,对于这些公众舆论有关的不良匿名言论反应过激的情形。它主要表现为以下三个方面:

(1) 该部门作为一个整体平时在公众舆论中存在一些负面评价。

(2) 政府信息公开不够,特别是在一些重大公共事件中,一些公众最关心的关键信息常常由于种种原因得不到完全的公开,以至于形成大大小小的信息空洞。

(3) 对因为迎合了平时积累的负面公众舆论而填补信息空洞的不良匿名言论反应过激。

以郑啸寅诽谤案为例。近些年我国一些地方的公安部门在公众舆论中评价不高,一些刑事冤案、刑讯逼供、粗暴执法时有报道。时任贵州省委书记石宗源曾针对瓮安事件指出:在处置这些矛盾纠纷和群体事件过程中,一些干部作风粗暴、工作方法简单,甚至随意动用警力。他们工作不作为、不到位,一出事,就把公安机关推上第一线,群众意见很大,不但导致干群关系

---

① 刘浦泉:《京城"纸馅包子"假新闻出笼前后》,http://news.xinhuanet.com/newmedia/2007—07/19/content_6401822.htm,最后访问日期:2008 年 8 月 9 日;季卫东:《制定新闻出版法当其时》,载《财经》2007 年第 17 期。

② 杨燕生:《网上转帖揭露郑筱萸网文 竟被逮捕错关押近十个月 张志坚终获国家赔偿》,载《法制日报》2007 年 7 月 23 日第 5 版。

紧张,而且促使警民关系紧张。[①] 这其实也是很多地方公安部门面临状况的真实写照。当然,上海市公安局作为各地公安部门的优秀代表在依法行政方面做得很不错,很少发生因为不法执法而引起的纷争,上海市的治安状况在全国也是数一数二的,上海警察的各方面素质也比其他一些地方公安警察的素质要高。但整个公安部门的状况并不因为上海警察的辛苦工作而改善,公众的印象是既定的,一时半会儿很难改过来。郑啸寅的帖子之所以会传播得如此之广,信以为真的人会如此之多,一方面就是因为这个传言迎合了公众对公安部门的这种印象或者说心理预期,另一方面则是因为有关方面信息公开出了问题,留下了一个巨大的信息空洞,给不实传言的产生和传播留下了空间。也就是说,这些编造、传播谣言的个人并不具有那么大的危害性,真正使政府机关不适应的是一段时间积累下来的公众对这个部门整体的负面言论。上文讨论过的其他事例也是如此,而且大部分都集中在对行政权力的批评上,比如地方行政领导"一把手"权力过大、城市公共设施建设不符合要求、食品药品安全监管不到位、城管暴力执法、警察权力模式不符合现代社会生活要求等等。一旦相关的突发公共事件发生,这些积累下来的负面舆论就常常以不实传言的形式爆发出来。本来政府机关只要在信息公开上下足功夫,及时、全面并且合理地公开公众所关心的各方面信息,"谣言"自然会不攻自破,积累的负面舆论也能得到很好的化解。但这个补救措施往往做得不到位,各种传言一出,相关政府机关常常面临要么任谣言流传,要么严厉惩治的尴尬局面。

所谓"言论功能紊乱症",是指我国政府机关公开的信息、主流新闻媒体的新闻调查、学者专家的评论研究和一般公民的匿名言论在社会功能上出现了紊乱,一些本应该由甲承担的社会功能被并不适合承担这种社会功能的乙承担。

本来在正常情况下,当政府信息公开出问题的时候主流新闻媒体应该很快顶上来,依靠自己强大的专业力量,在其权利范围内独立公正地调查相关事件真相,填补政府信息公开不足留下的信息空洞。可惜,在上海闸北袭警案案发后我们并没有看到多少这样的调查和新闻,多的是政府机关信息的转述、嫌疑犯个人生活经历和家庭背景的挖掘以及相关的新闻评论。嫌

---

① 何云江、施雨岑:《贵州严查瓮安"6·28"事件失职渎职干部责任》,http://news.xinhuanet.com/politics/2008—07/03/content_8486835,htm,最后访问日期:2008年8月9日。

疑犯的个人生活背景信息对于公众的知情需求来说只能是“杯水车薪”；而新闻评论以及网上多位署名专家学者的评论，虽然可以起到引导公众舆论、理性化看待问题的作用，但其本身并不能回答信息缺失导致的各种疑问。于是，本应该藏在最里面，站在最下面的网络匿名言论被抛到了公共舞台的最前端，本来只限于小范围传播的“戏言”被夸大成严重损害他人名誉和扰乱社会秩序的谣言。

这并不是某个个人或政府机关的问题，而是一个宪政的制度性问题，是言论自由保护制度建设不完善的一个并发症。它不仅体现在一些不好的社会现象方面，也体现在一些大家努力宣扬的好现象上。比如，网络匿名言论越来越受到国家各级领导人的重视。2008 年 6 月 20 日，胡锦涛主席到人民网强国论坛直接与网友交流，[①]此前广东省委书记更是直接约见网友畅谈时政。[②] 针对如此火爆的“网络民主”，《中国青年报》专门做了一项调查，其结论是：71.9％的公众认为网络表达成中国式民主新通道；67.1％的公众认为互联网的影响越来越大，已经“成为官方了解民生、体察民意的重要途径”；67.2％的公众认为互联网的在线形式“弥合了阶层地位等各种差异”，网友之间一律平等，没有沟通距离；66.9％的公众认为网络传播的快捷，可以使重要问题和观点迅速得到重视；61.4％的公众认为网络具有匿名性，“最方便网民说实话”。[③] 种种迹象表明，在当前的中国社会中，一些本应由主流新闻媒体发挥作用的地方成了公民匿名言论表演的舞台。特别是在一些影响重大的公共事件中，比如华南虎照事件、厦门 PX 事件、重庆“钉子户”事件等等，网民的匿名意见不仅常常被主流新闻媒体直接引用，有时甚至被认为是扭转局面的关键因素。但是，正如前述，匿名言论的优点非常明显，缺点也是非常突出的。这种不负责任的天生缺陷决定了匿名言论不应该成为公共事件中事实真相调查的主力军。匿名言论更像我们私下在饭桌上的聊天，既简单明了又直抒胸臆；既有冷静的分析，也有感情的抒发；既有直陈要害的惊人之语，也有瞎编乱造的胡诌调侃。在这真真假假之间，我们需要的是一批负责任的、专业的从事新闻调查的记者，是充满活力、不受无理干扰的

---

① 吴绮敏、孙承斌：《唱响奋进凯歌 弘扬民族精神——记胡锦涛总书记在人民日报社考察工作》，载《人民日报》2008 年 6 月 21 日第 1 版。

② 刘海健、胡键、段功伟：《26 网友面“拍”汪帅》，载《广州日报》2008 年 4 月 18 日第 A1 版。

③ 童斌：《71.9％公众认为网络表达成中国式民主新通道》，载《中国青年报》2008 年 6 月 30 日第 2 版。

新闻媒体，是值得信赖的事实真相。

当然，网络匿名言论能够受到领导人的如此重视本身是件好事，也是我国民主宪政发展史上值得庆贺的一件大事。但是，把这个小进步放到社会宪政民主大进步的整体中来看，这并不是一个值得长期努力的突破方向。一个健康的民主社会，民意表达的渠道应该有更加科学的方式。民主选举、新闻自由、游行示威、结社等等都是人类政治文明发展史中更加成熟，也是更应该加速构建的法律制度。与匿名言论表达相比起来，这些表达方式在赋予公民适度自由的同时也对公民提出了更多的要求，要求他们更加负责任，更加注意言论表达的界限，更加从公共利益的角度出发考虑问题，而不是单纯的“私言论”的发泄。如果言论出版等自由保护制度不能得到完善，主流新闻媒体的功能不能完全地发挥，一般公民的匿名言论就会继续部分替代主流媒体，成为重大事件的“真相来源地”。这在增加匿名言论社会影响的同时也在无形中增大了不良匿名言论的危害性。

## 三、信息时代匿名言论自由的界限划分

那么，匿名言论究竟是应该大力保护还是应该严格限制呢？这在我国并没有一个清晰的思路。从部分地方国家机关或其中的相关部门不时表现出来的“舆论过敏症”与我国社会各种言论之间发生的“言论功能紊乱症”来看，当匿名言论涉及公权力的时候，我国的宪政和法律对其的保护还是不够。

首先，有一些立法已经不适应社会发展，对公权力限制太少，给公民言论施加的责任过重。比如上文提到的诽谤罪和损害商品声誉罪，在立法之初并没有考虑到对言论自由的平衡保护，法条的规定过于简单，没有设置具体的法定抗辩事由，极容易被权力过大的政府机关和个人所利用。属于这类情况的除了上文提到的几个法律规范之外，还有民法的名誉权、肖像权侵权，刑法当中的煽动颠覆国家政权罪，为境外窃取、刺探、收买、非法提供国家秘密、情报罪，诬告陷害罪，编造虚假恐怖信息罪等。对这些法律法规应该做一个通盘考虑，统一系统地加以研究和改进，无论是民事法律、刑事法律还是行政法规，在考虑保护公权力和公共利益的同时也要考虑公民可能承担的责任不能过重。例如，在法治发达国家或地区，诽谤罪中普遍设置了一条重要的抗辩事由：合理怀疑。大意是说，只要当事人在发表言论之初有

一定的证据相信该言论属实，就视其为真实而不为罪或不为罚。[①]

其次，政府信息公开制度和言论出版自由保护制度的不完善，加重了网络匿名言论的负担，也不适当地放大了其固有的缺点和危害性。我国政府信息公开制度的建设才起步，2008 年 5 月实施的《政府信息公开条例》一开始就碰到不少阻碍。在言论出版自由方面我国虽然已经有很大的进步，但新闻自由保护的立法却始终是个没有解决的大问题。我国并不缺少公权力管制新闻媒体的法律，缺的是保护新闻媒体免受国家权力不合理干扰的法律。这就导致在现实中新闻媒体往往要受到诸如行政级别的限制、地域的限制、部门的限制等等多种来自权力部门的不正常干扰。这给网络匿名言论的存在留下了空间。因此，我们必须进一步完善政府信息公开制度，加快新闻体制改革和新闻法的立法工作，恢复紊乱的言论功能秩序，把匿名言论的影响自然地限制在一些私人圈子的小范围内，使其固有的小问题不致对社会产生巨大的危害。

再次，保护公民匿名言论自由的天然屏障——隐私权制度极不完善。隐私权在我国比较多的是作为民法问题被讨论的，对于其与言论自由的关系，大家的注意力也都集中在两者的冲突上。很少有人注意到隐私权其实是言论自由的重要屏障，尤其是对公民个人的匿名言论而言。我们曾有过随意践踏公民隐私的历史，在民主宪政建设飞速发展的今天，我们对公民的隐私依然不够重视，特别是抵抗公权力的隐私权，连学术讨论都很少。这么多匿名言论被查处的案子，公安部门是如何查到"真凶"的我们一无所知。而在什么样的条件下，针对多严重的犯罪公安机关才能调取公民的个人短信、来往书信、电子邮件、即时通讯聊天记录，什么情况下才能窃听电话、私人谈话等等，这些在我国都还是一片空白。

最后，还有一个老生常谈但每次都不得不谈的问题：行政权力的限制和司法独立。在中共十六届六中全会上，党中央提出要建设服务型政府，不过，没有有效的民主监督和权力分立制度作为依托，单纯依靠行政权力来推动行政权力的转型，服务型政府只可能是"空中楼阁"。而行政权力又是与民生关系最密切的国家权力，一旦出现制度性问题，公众的负面舆论自然会产生并积蓄。再加上我国的司法独立并不完善，法治的底线常常会因为没

① 吴永乾：《美国诽谤法所称"真正恶意"法则之研究》，载《中正法学集刊》2004 年第 15 期；魏永征：《从证明真实到证明确信真实》，载《时代传媒》(香港)2002 年第 6 期。

有“分工负责、互相配合、互相制约”而被突破。在这样的情况下，也很难保证发表匿名言论的公民只承担他/她应该承担的责任。

真正应该加以大力限制的是那些涉及其他公民基本权利的匿名言论。言论的匿名对于国家机关来说不会是大问题，但对于一般公民来说却是实实在在的噩梦。前些年爆出的一些“人肉搜索”案中，公民的一些基本权利就遭到了明显的严重侵害。而在这方面除了民事法律制度的完善，最需要的还是行政权力的介入，比如个人信息保护、网络服务提供商的责任明确、网络言论自治等等。既要明确不良言论的责任承担者，又要对各种匿名言论发布渠道实现一定程度的管理或限制。同时，相关法律制度的建设要跟上，否则当匿名言论涉及公民其他基本权利的时候会出现一种责任虚无的状态。

第四章

# 法治协调方式的两次历史变革

要改进我国的基本权利冲突协调方式，尤其是完善和发展现有的法治协调方式，自然不可以闭门造车。因此，在梳理和探讨了我国的基本权利冲突状况以及现有的权利冲突协调方式之后，我们就应该把注意力投向域外，看看西方法制史上言论自由与人格权冲突是如何产生、发展的，在协调权利冲突的过程中又产生了什么样的协调方式。尤其是随着现代违宪审查制度的普及，各国或地区的法治协调方式又发生了怎样的变化。

## 第一节　西方言论自由保护制度的演进

宪法基本权利规范调整的主要是国家权力与公民权利之间的关系，言论自由的保护也主要是依靠宪法的实施来限制国家权力而实现的。这是协调言论自由与人格权平衡实现的重要基础。在一些法治比较完善的国家或地区，这个宪政基础一般都已经比较坚实，因此，包括政府机关、政府官员和公务员等的各种人格权益并不会受到过多的保护，公民言论自由也不会受到过多的压制，各种形式的批评言论可以在法律的限度内自由表达。不过，现代宪法中的言论自由也不是从天而降的，这项基本权利源自近代资产阶级争取新闻出版自由的运动。要证明这个论点首先还得简要回顾一下西方言论自由的发展史。

### 一、新闻出版：从国家垄断性权力演变为基本权利

在古代，大规模的信息传播只有中国和古罗马这样强大的中央集权国

家才有。古罗马时代的《每日纪文》和中国唐宋时期的“报状”“邸报”被认为是人类最早的“报纸”，但同时也都是绝对的“官方公报”。近代工商业和商品经济的产生首先改变了新闻传播的权力垄断格局。16世纪初期，在意大利沿海城市，随着工商业的繁荣发展，手工业者、商人和航海界人士开始关心商品行情、各地物价、来往船期的信息，于是便有人专门打听这些消息，抄写后出售。后来需要相同消息的人多了，他们就抄写多份，谁需要就卖给谁，这就产生了历史上第一种“民办”报纸的雏形——手抄小报。恰在这时，欧洲的活字印刷术产生并开始投入实际应用之中。1450年德国的谷登堡(Johannes Gutenberg)发明了以他的名字命名的活字印刷术，随即书籍的印刷出版在欧洲开始流行。随着地理大发现，在一些新航路上的新兴城市开始出现不定期的新闻印刷品，这种早期的新闻形式被称为新闻书。由于它们的出现，人类的新闻传播活动发生了质的变化：新闻传播的规模扩大了，从特定的对象(宫廷和贵族)转而面向整个社会了。[①]

有学者认为，15世纪末和16世纪印刷材料的使用促成了社会、文化、家庭和工业的变革，从而推动了文艺复兴、宗教改革和科学革命。[②] 但是，这些“资本主义的萌芽”并不为封建社会的政治统治所容许，原因就在于大量有违传统的新知识、新信息的传播，以及批评当局政府的政治观点和“反动”思想的流行给封建专制统治带来了严重的威胁。面对来自民众的各种“异端”言论的严峻挑战，16世纪至17世纪，以英国为代表的封建中央集权国家率先开始使用各种法律严格控制各类印刷和出版活动，从而开创了一整套系统的新闻事前审查和事后追惩制度。[③]

1529年亨利八世开列了一张禁书单，从而开始了对出版业的严格控制，其最初的目的在于筑起一道“防波堤”，以阻挡日益高涨的新教潮流。1530年，亨利八世开始实行民众从事出版印刷业需要政府颁发许可证的制度。在1534年的圣诞节，他又发布公告，规定印刷商在开张营业前需先行获得皇

① 程曼丽：《外国新闻传播史导论》，复旦大学出版社2007年版，第2—5页。

② [美]迈克尔·埃默里等：《美国新闻史——大众传播媒介解释史(第九版)》，展江译，中国人民大学出版社2004年版，第4页。

③ 在欧洲其他国家或地区，如德国、荷兰，由于中央集权非常薄弱，出版印刷业反而获得了政治上的支持。参见程曼丽：《外国新闻传播史导论》，复旦大学出版社2007年版，第7页。

家许可,“事先约束”这一做法从此成为法律。[①] 1566年枢密院命令出版商必须交纳相当数量的保证金,以保证不印未经许可的出版物,创造了新闻出版机构的自我检查制度。[②] 1557年,玛丽女王将出版同业工会改造成为皇家特许出版公司,规定只有参加公司的会员和经女王许可的印刷商才能从事印刷出版业,而且会员必须同意只刊登“有益于国家利益的消息”并帮助当局查处非法出版者。[③] 这个出版公司不仅是一个经营机构,在当时的法律规定中,它还被赋予搜查、扣押、没收非法出版物以及逮捕嫌疑犯等国家强制权力,是实际上的国家新闻出版审查和管理机构。[④]

随着印刷出版业的发展和出版物的大量增加,事前审查的效果越来越不能令统治者满意,于是通过刑罚严惩违规者的事后审查手段被发展出来。从16世纪40年代开始,枢密院即不断以“用词不当”、煽动性言论或者诸如此类的借口对他人起诉。1540年,因为有人印刷了有关政治问题的街头民谣,枢密院就逮捕了一些人。[⑤] 星室法院成为独立的特权司法机构之后,开始掌管所有危及国家安全和政治稳定的刑事案件。针对出版印刷多属于文字言论的特点,星室法院借助古老普通法中的诋毁权贵法和罗马法中的刑事诽谤法创造了独具特色的英国刑事书面诽谤法制度。[⑥] 由于星室法院审判案件遵循的基本原则是力求程序简便,从严、从重、从快判决,宁可冤枉无辜,决不放过罪犯,因此很快便成为王权最有力的专制工具之一,并一度成为英国王权专制统治的重要象征。在都铎王朝后期,玛丽女王还专门成立了“皇家出版法庭”。1586年,该法庭颁布特别法令,严厉管制出版活动,对违规者设置了严酷的刑罚。1634年,清教徒威廉·普林因写了一本反对舞台戏剧、讽刺查理一世和王后的时评短文,被星室法院判处终身监禁,罚款3000镑,而且他还被割掉耳朵,脸上烙字,戴枷示众。[⑦] 当时的星室法院审判

① [美]迈克尔·埃默里等:《美国新闻史——大众传播媒介解释史(第九版)》,展江译,中国人民大学出版社2004年版,第10页。

② 雷润琴:《传播法:解决信息不对称及相关问题的法律》,北京大学出版社2005年版,第43页。

③ 唐亚明、王凌洁:《英国传媒体制》,南方日报出版社2007年版,第29页。

④ 同上。

⑤ [美]迈克尔·埃默里等:《美国新闻史——大众传播媒介解释史(第九版)》,展江译,中国人民大学出版社2004年版,第13页。

⑥ 施春强:《英美诽谤法的历史发展》,华东政法学院2006年硕士论文,第19页。

⑦ 程汉大、李培锋:《英国司法制度史》,清华大学出版社2007年版,第51页。

程序异常简单，审判秘密进行，没有诉状，没有陪审团，没有证人作证，所有的证据都是书面提交，被告人也不能上诉。

其他几个资本主义强国也都使用过类似的控制新闻出版业的措施。法国在16世纪宗教改革运动之后就建立了出版特许制度，之后又一再颁布法令加以强化。① 16世纪上半期普鲁士国王弗里德里希·威廉一世当政期间禁止一切民间报刊出版，只允许官报存在，并在经济上实行广告垄断制度。②

总的来说，在封建专制末期，新闻出版事业萌发于印刷技术的进步和资本主义工商业对信息的需求之中，但是专制王权垄断新闻出版业的经营，严格限制非官方主体的准入，并且实行系统的新闻检查制度，限制时政新闻和评论，对公开批评王权统治者的人施以严酷的刑罚。在这个阶段，封建王权也经常通过颁布法令来控制出版印刷业和压制反对言论。此时的民主和法治还处于萌芽状态，所谓的法令或法院只是王权实现统一和专制的工具，因此，这一时期所使用的大部分压制新闻出版的手段仅仅具有法制的外表，其背后都是由政治力量所直接操控，是实际上的政治手段。③

正是在这种严酷垄断和压制的政治环境中，一些先进的资产阶级思想家率先提出了新闻出版自由的政治主张和理念。1644年，英国人约翰·弥尔顿在《论出版自由》中对英国的新闻检查制度进行了严厉的批判，提出报纸应该是独立于政府的自由体，是任何人不经许可都能够发行的东西，人民的新闻出版自由是与生俱来的权利，人们“有自由来认识，抒发己见，并根据良性作自由的讨论，这才是一切自由中最重要的自由”④。这些观点不仅对后世影响巨大，而且为资产阶级革命和宪法提供了思想准备，甚至可以说：“市民革命，首先就是以要求确立出版自由并同反对这一要求的封建专制势力发生冲突的方式而展开的。从这一点来看，近代市民革命和出版自由，一开始就是有着密不可分的关系。夏多布里昂(Alphonse de Chateaubriant)曾说：‘出版自由并非来自宪法，而是宪法来自出版自由。’这句名言，精辟地

---

① 程曼丽：《外国新闻传播史导论》，复旦大学出版社2007年版，第19—20页。

② 陈力丹：《世界新闻传播史(第二版)》，上海交通大学出版社2007年版，第91页。

③ 除了星室法院，在都铎王朝时期，几任比较强硬的英王强行将他们自己发布的有关出版印刷的公告(法令)作为法律来实行。但随着议会的成长和法治的形成，这些公告不再属于法律的范畴。参见[美]埃德温·埃默里、迈克尔·埃默里：《美国新闻史——报业与政治、经济和社会潮流的关系》，苏金琥等译、董乐山校，新华出版社1982年版，第8页。

④ [英]弥尔顿：《论出版自由》，吴之椿译，商务印书馆1958年版，第5页。

说明了出版自由在市民革命中发挥的有力作用”①。

出版自由的理念也被近代资本主义革命时期的宪法文件所吸收。1689年《权利法案》宣布，臣民享有一系列不可侵犯的权利，其中包括不受法律追究地向国王请愿的权利，国会议员应自由选举，议员在国会享有言论和辩论的自由权利。《弗吉尼亚州宪法》(1776年)最早规定了保障新闻出版自由的条款，该宪法第12条规定:“新闻出版自由是自由的坚固要塞之一，压制这一自由即是专制政府”②。1791年《美国联邦宪法第一修正案》已经开始使用较之“新闻出版自由”更加宽泛的言论自由，即“freedom of speech”:“联邦议会不得立法建立宗教，不得立法禁止宗教活动自由；不得立法剥夺言论自由和出版自由；不得剥夺人民以和平方式集会或者向政府请愿要求申冤的权利。”法国1789年《人权宣言》则使用了更加抽象的概念“La libre communication des pensées et des opinions”，即“自由传达思想和意见”。该宣言第11条规定:“自由传达思想和意见是人类最宝贵的权利之一；因此，每个公民都有言说、著述和出版自由，但在法律所规定的情况下，应对滥用此项自由负担责任。”把言论区分为关于事实的信息和关于观点的意见，并将言论自由保护的重点放在后者是欧洲大陆法系国家或地区的特色。

## 二、新闻出版自由的法律实现

然而，真正的新闻出版自由并没有随着资产阶级革命的成功而马上得以确立。1640年英国资产阶级革命爆发之后，新闻出版特许制度被废除了，星室法院也被撤销了。但在克伦威尔上台之后，新闻出版特许和检查制度又被全面恢复。1660年查理二世复辟之后，国王和议会同样推行严格的新闻特许经营和检查制度，并于1662年以星室法院法令为蓝本颁布了《印刷管理法》。③ 直到“光荣革命”后，以专制王权为基础的新闻出版特许制度才真正地名存实亡。1694年《许可证法》寿终正寝，英国成为最早告别新闻出版

---

① [日]内川芳美:《新闻自由的历史沿革》，载中国新闻学会编:《新闻自由论集》，文汇出版社1988年版。

② 该条原文是:“That the freedom of the press is one of the greatest bulwarks of liberty, and can never be restrained but by despotic governments.”其使用的还是“freedom of the press”，即新闻出版自由。

③ 郭亚夫、殷俊编著:《外国新闻传播史纲》，四川大学出版社2004年版，第468页。

"事前审查"的资本主义法国家。[①] 以前专属于皇室的印刷出版专营权也逐渐演化成民众的个人版权。1710 年英国议会通过了《安妮女王法令》,在历史上第一次排除了国家对出版印刷权利的专有,确认了作者对于自己作品的印刷出版的支配权,这也标志着作为政治国家专属的新闻出版权力正式转变成为法律上的新闻出版自由。[②]

不过,《安妮女王法令》也不是新闻出版自由斗争之路的终点。在现代资本主义社会早期,刚刚获得政权的大资产阶级和贵族同样利用各种手段打压反对当政者的言论和思想。只是这一时期的英国随着议会民主制和法治的完善,以政治手段压制新闻出版自由的做法逐渐被法治手段所代替。英国资产阶级革命后,一方面出版物检查制度逐渐衰落,政府急需新的遏制民众言论的方法;另一方面,法院与议会的矛盾加深,使得革命之前二者结成的反对王权的同盟瓦解,普通法院在查理二世复辟之后成为王室特权的坚定支持者。于是普通法院主动承担起保障政府免遭公众批评,尤其是书面诽谤材料批评的重任,将星室法院的刑事书面诽谤制度纳入普通法体系之中。[③] 此外,普通法还继续保留了叛国罪与禁止批评和报道国会新闻的侵犯国会特权罪。但是,随着社会的进步,这些法律惩罚措施也渐渐不能达到压制言论的作用,有时甚至产生反作用。有些报纸被起诉后,报纸的销量并不会下降,反而大幅上升。[④]

与此同时,议会为了压制各种中下阶层尤其是工人阶级的激进报纸的发展势头,也开始滥用自己获得没有多久的征税方面的立法权。1712 年 5 月,英国国会在托利党的操纵下通过法案规定所有报刊一律征收印花税,同时对报刊使用的纸张征收纸张税、刊登的广告征收广告税,三者合称为"知识税"。如有违反,则课以罚款或吊销执照。这一立法的用意非常明确,就是为了迫使报纸涨价,使读者群限制在富人手中;提高出版成本,使报纸所

---

① [美]迈克尔·埃默里等:《美国新闻史——大众传播媒介解释史(第九版)》,展江译,中国人民大学出版社 2004 年版,第 15—16 页。

② 对英国版权从权力发展为权利的过程的描述,参见金海军:《知识产权私权论》,中国人民大学出版社 2004 年版,第 48—51 页。

③ 施春强:《英美诽谤法的历史发展》,华东政法学院 2006 年硕士论文,第 24 页。

④ 1843 年,一位英国的总检察长作出这样的论断:"一个诽谤者最希望能够在法院进行公开审判,因为这是效果最好的广告宣传。"参见[英]詹姆斯·卡瑞、珍·辛顿:《英国新闻史(第六版)》,栾轶玫译,清华大学出版社 2005 年版,第 7 页。

有权尽量掌握在富人阶层。“知识税”开征后许多报刊不堪重负，被迫停刊，半年之内伦敦 12 家报刊就停了 7 家。[①] 面对这样的控制言论的好机会，政府当然不会错失。政府不断提高“知识税”的税率，在 1789 年至 1815 年间甚至将税率提高了 266％。1819 年，政府又对需要缴纳印花税的出版物范围进行了重新界定，政治性期刊也被包括在内。另外，政府还实施了一套担保系统，要求周刊出版者在登记出版时，必须向管理当局缴纳 200 到 300 英镑保证金。这项措施的表面目的是保证周刊能够及时支付一旦出现的诽谤罚款，但真正用意也是提高出版成本。[②] 由于各种高额税收，很多报刊的经营都出现了困难，加之此时的报刊还主要依靠发行获利，经济实力普遍比较弱小，政府乘虚而入，通过政府津贴的形式收买报刊或报人。当时一批著名的报人都曾长期接受政府给的每年数百磅不等的年金，为政府歌功颂德，有些甚至因为吹捧有功被封以高官。[③] 随着议会中两党制的产生，高额的办报成本和政府津贴也为政党控制报刊创造了条件，辉格党和托利党先后主办过自己的“党报”。[④]

随着社会文明程度和资本主义市场经济的发展，这些以法律为基础的控制手段也逐渐失去了威力。首先，法院和议会被迫对刑事诽谤罪制度进行了数次改革。随着民众的不断反对和斗争，禁止报道国会法律的禁令逐渐被突破。1771 年以后国会开始对报刊报道和评论国会的新闻采取了默认的态度，1803 年国会正式允许记者在后排旁听，之后还专门增设记者席。1868 年国会正式通过法案，承认记者报道和评论国会的新闻不属于诽谤罪。[⑤] 其次，普通法中严厉的刑事诽谤罪制度也遭到越来越多的批评，各种改革措施接踵而至。1730 年以后，陪审团在煽动诽谤案的审判中开始可以作出独立的有罪或无罪判决，法官要作出有罪判决越来越困难。1769 年英国多家报纸刊登了笔名“朱尼斯”(Junius)的批评国王的来信，第二年作者和

---

① 唐亚明、王凌洁:《英国传媒体制》，南方日报出版社 2007 年版，第 29 页。

② [英]詹姆斯·卡瑞、珍·辛顿:《英国新闻史(第六版)》，栾轶玫译，清华大学出版社 2005 年版，第 8 页。

③ 唐亚明、王凌洁:《英国传媒体制》，南方日报出版社 2007 年版，第 30 页。

④ 此时的“党报”仅仅是从主办者和报纸政治倾向而言的政党报纸，与后世的作为国家权力机关的“机关党报”有着很大的区别。参见陈力丹:《世界新闻传播史(第二版)》，上海交通大学出版社 2007 年版，第 31—32 页。

⑤ People Act 1867 (UK) 30 & 31 Vict. c. 102.

这些报纸的发行人被司法大臣起诉犯有煽动诽谤罪，但陪审团经过长时间的讨论后宣布当事人无罪，从此“批评国王无罪”的原则得以确立。[①] 1792 年国会通过了《福克斯诽谤法案》，正式授予陪审团以判定被告有罪或无罪的最终裁决权。1843 年国会再次修正诽谤法，通过了《坎伯斯诽谤法案》，加入了真实抗辩的内容：“代表公众利益的真实陈述，可在煽动与诽谤官司中免予起诉”，进一步削弱了刑事书面诽谤法的严厉程度。[②] 议会之所以会在这段时间内频繁改革诽谤法，还有一个非常重要的原因，这就是新闻出版界的抗争使得利用诽谤法压制言论的做法越来越不得人心了，政府也逐渐放弃使用这一手段来控制言论。[③]

紧跟着诽谤法改革的是“知识税”和政府秘密津贴的消亡。进入 19 世纪后，报纸为了降低售价，扩大发行，逃税的情况越来越多。尤其是 19 世纪 20 年代到 30 年代，各种新兴阶级和阶层的发展壮大使得反映各种思潮的逃税报刊遍地开花，“知识税”成为名存实亡的税种。在各方压力下，政府不得不降低“知识税”的税率。随后，新兴的工商业资本家在议会中逐渐掌权，他们逐渐意识到要控制言论，依靠国家强制力的压制并不是最好的办法，放开法律的束缚，由市场和资本去控制报刊和新闻更符合资产阶级的利益。此时的英国在经济上正处于鼎盛时期，统治阶级并不认为来自报纸的批评和各种新思潮的流传能够对资产阶级政权构成什么实质性的威胁，反而是由大资本家控制的廉价报纸更能够被利用来对下层人民进行正面教导。于是，广告税、印花税、纸张税和保证金等安全检查机制在 19 世纪 50 年代至 60 年代先后被废除。[④] 在取消“知识税”的过程中，报刊的广告收益也开始大幅增加，这主要得益于工业革命和资本主义工商业的进一步繁荣。经济上和法律上的独立刺激了整个新闻出版业的大发展，同时也自然削弱了报刊对政府补贴的依赖，报纸开始有勇气拒绝来自政治机构的秘密资助，并且有能力独立采集新闻，而不必完全仰赖政府提供的信息。广告收入的增加还提高了新闻从业人员的工资和福利状况，使他们不必一味顺从于政府立场。经

---

① 陈力丹：《世界新闻传播史（第二版）》，上海交通大学出版社 2007 年版，第 30 页。

② 唐亚明、王凌洁：《英国传媒体制》，南方日报出版社 2007 年版，第 31 页。

③ [英]詹姆斯 · 卡瑞、珍 · 辛顿：《英国新闻史（第六版）》，栾轶玫译，清华大学出版社 2005 年版，第 7 页。

④ 同上。

济上的独立最终催生了以《泰晤士报》为代表的一批独立报纸。[①]

其他几个资本主义强国也大都经历了这么一个过程。英美法系国家或地区由于在摆脱殖民统治后能够顺利地承接英国的法治成果，比较早地废除了新闻出版的事前审查，其后虽有反复，但其主要的问题还是集中在有关事后惩罚的法律制度上面。这方面的代表国家是美国。早在殖民时期，殖民地人民就已经成功逼迫英国统治者废除了印花税和纸张税。独立战争胜利后，他们又通过宪法再次确立了新闻出版不受事前检查的制度。此后美国虽然在一些非常时期也颁布过诸如《外侨法》《煽动法》《间谍法》等压制言论自由的法律，但其争议的焦点都在于这些事后惩罚措施是否符合宪法的精神，包括下文将详细讨论的著名案例《纽约时报》诉沙利文案也是在这一历史脉络中产生的。其他英美法系国家或地区如澳大利亚、加拿大等也大都如此。

大陆法系国家或地区，由于政变、革命和战争不断，其民主法治的根基一直不稳固，专制统治在历史上反复出现。对于专制集权比较强大的国家或地区来说，事后惩罚用得并不多，真正管用的还是各种事前审查和直接的行政干预。德国、法国的新闻出版自由史最能说明这一特点。法国在1789年大革命之后曾经实现过短暂的新闻自由，但是随着革命的深入，新闻出版自由很快名存实亡。吉伦特派一上台便取缔了保皇派的报刊，雅各宾派替代吉伦特派之后干脆颁布法令取缔了所有的非雅各宾派报刊。热月党人推翻雅各宾派的恐怖统治后，依然实行高压政策，利用政府津贴收买拥护政府的报刊。拿破仑上台后更是变本加厉，他颁布的《共和八年宪法》取消了《人权宣言》中的言论自由和出版自由，并于1800年1月颁布法令，一下子取缔了60家报刊，并规定巴黎只准保留13家，重新建立出版许可制。1805年，各报编辑部内设立新闻检查官。1810年2月5日，拿破仑政府颁布出版业和图书业管理条例，巴黎157家印刷所被关闭97家。1810年8月，政府又作出规定，每省只准出版一种报纸。到1811年，巴黎只剩下4家报纸，并全部收归国有。[②] 第一帝国之后将近70年的时间里，不断的革命和政变使得新闻出版自由状况反反复复，而绝大多数统治者都是在专制统治的诱惑下，短暂地实行新闻出版自由之后，便又让出版许可制、新闻检察官、印花税、保证金等等事前审查法律制度轮番发挥威力。直到法兰西第三共和国，政治局

① 唐亚明、王凌洁：《英国传媒体制》，南方日报出版社2007年版，第30页。

② [法]阿贝尔、泰鲁：《世界新闻简史》，许崇山等译，中国新闻出版社1985年版，第31—33页。

势开始相对稳定、民主政治和法治也逐步完善，加上工业革命以及随之而来的经济飞速发展，最终实现了完善的新闻自由制度，其标志是 1881 年法国《新闻自由法》的颁布。该法最主要的功绩在于完全取消了一切形式的新闻检查，取消了出版的事先限制，公民办报刊实行登记制，无须政府事先批准，无须交纳保证金。这部法律除在两次世界大战中被短暂停止过之外，一直沿用至今。

19 世纪前半期的德国也奉行严格的新闻检查和特许制度，以至于这段时间被马克思称为"大斋期"。[①] 1848 年"三月革命"迫使普鲁士国王宣布废除书报检查制度，德国的某些省份也在短期内实现了新闻法治。在马克思创办《新莱茵报》的莱茵省，不仅取消了以"人治"为特点的书报检查，而且以"人治"为特点的普鲁士法在那里也不起作用。司法相对独立，法官只按照原有的《拿破仑刑法典》判案，这就大大限制了检察官、警察在内的一切公务人员利用法律限制新闻出版自由。当时的《新莱茵报》作风大胆，上至国王和德意志帝国摄政王，下至宪兵，都受到过《新莱茵报》的攻击和讽刺。结果在不到一年的时间里涉及该报的诽谤罪诉讼多达 23 起。恩格斯自信地认为："这一切都没有用，报纸在警察面前仍然从容地继续编辑和印行，而且它的销行和声誉随着它对政府和资产阶级的尖锐攻击愈益扩大了。"[②]在两起正式审判的案件中，经过马克思和恩格斯的辩护，陪审团都判决被告无罪。恩格斯日后在回忆这段经历时认为："在莱茵河地区，我们却享有绝对的出版自由，并且我们充分利用了这个自由。"[③]但是，随着资产阶级的妥协，新闻自由很快又被大打折扣，1849 年颁布的出版印刷法又部分地恢复了事先的书报检查制度，并极力遏制报刊对政府的监督和批评。《新莱茵报》也在一年之后被迫停刊。

1871 年德意志第一帝国建立之后，仅有的一点新闻自由也被俾斯麦铁血政策完全扼杀。直到一次世界大战结束前夕的德国革命之后，德国才又建立了真正的新闻自由保护制度。新制定的《魏玛宪法》中专辟有言论出版自由条款。该宪法第 118 条规定："每个德国人在一般法律的范围内，都有权通过言论、印刷品、图画以及其他方式自由发表自己的意见。劳动关系或雇佣关系均不能损害这种权利。当他使用这种权利的时候，任何人都不得予

① 《马克思恩格斯全集》第 1 卷(上)，人民出版社 1995 年版，第 149 页。
② 《马克思恩格斯全集》第 19 卷，人民出版社 1963 年版，第 118 页。
③ 《马克思恩格斯全集》第 21 卷，人民出版社 1965 年版，第 20 页。

以歧视。不再实行书报检查……”为防止再出现帝国时期议会随意废止自由权利的情况,《魏玛宪法》还规定,重新实行书报检查必须取得修改宪法所需要的2/3多数。在魏玛共和国时期,德国经历了一段报刊业发展的黄金时期。但是,1933年希特勒一上台就制造阴谋,利用《魏玛宪法》的紧急令条款,发布总统令,使包括言论出版自由在内的宪法公民基本权利条款宣告失效。此后,纳粹政府大肆查封进步报刊,建立专门的管理机构将各类大众传播媒介牢牢地控制在手中,走上了全面操纵宣传机器,彻底蒙蔽民众的疯狂法西斯道路。[①] 直到二战结束后,德国《基本法》颁布实施,才明确禁止国家施行各种类型的新闻检查制度。

## 三、当代言论自由保护制度

在这些宪政制度比较完善的国家或地区,新闻出版自由以现代法治为基础从理念变为现实,从人权口号落实到具体的法律制度,这一转变为言论自由与人格权的协调实现解决了一个前提性的大问题:国家权力主体的“人格权”应当受到严格的限制,而公民发表涉及公权力的言论仅以必要的、由法律规定的事后惩罚为限。没有特许制、“知识税”、书报检查等事先审查制度,政府想通过强制手段控制新闻媒体或其他言论传播渠道,以达到禁止发表有损政府或政府官员“名誉”的言论是不可能做到的。而事后追惩的法律规定又比较严格,加上一套独立的、不受干涉的司法程序,要想以诽谤罪或巨额赔偿款约束所有的新闻媒体,不仅成本高,成功的几率也几乎为零。

在二战之后,随着宪政和民主制度的发展,国家权力主体的“隐私”也越来越少了,尤其是身居高位的政府官员,因为他们要面对的监督并不仅仅来自新闻媒体这一家。民主选举中有竞争对手的监督、平时有议会或在野党的监督、犯了错误还有司法机关的监督,再加上几乎所有的监督都是公开的,要想守住一点点见不得人的秘密谈何容易。更要命的是,随着各种信息公开制度和反腐败制度的发展,立法、司法和行政信息,政府官员个人及其家庭的财产收入、接受的礼物、政治献金等等必须依照法律“以公开为原则,以不公开为例外”。有了这么多宪政制度的支撑,新闻媒体便可通过各种事实调查和评论大胆地进行“舆论监督”,成为民主制度中的“第四权”。其他

---

① [日]内川芳美:《新闻自由的历史沿革》,载中国新闻学会编:《新闻自由论集》,文汇出版社1988年版。

比较专业的言论形式，如文学艺术、影视剧作、学术研究、商业广告等等，在涉及公权力主体时也不用思前想后、畏首畏尾，即使是以某个政府官员为对象的嬉笑怒骂、插科打诨，也无须顾忌会有什么严重后果。至于公民个人，如果其他专业化的言论表达用不上，还可以利用结社、游行、示威、罢工等等直接向政府表达不满。

也就是说，只有以新闻出版自由为核心的言论自由法律保护制度，才是以法治的方式协调国家权力主体"人格权"与公民言论自由之间关系的"主战场"。新闻出版自由获得切实的法律保护本身就需要限制国家权力对公民言论自由的制度化的干涉，再加上民主制度的配合，国家权力主体的"人格权"便能够受到很大的限制，而公民发表涉及公权力的言论自由也能够得到比较好的保障。在这一先决宪政条件之下，现代世界各国或地区法律中的人格权保护制度才会经历两次重要的历史变革。

## 第二节　第一次变革：诽谤罪的革新

### 一、诽谤罪的产生及其与言论自由的关系

人格权保护制度当中历史最悠久的当属诽谤罪。东西方古代法律中都有关于诽谤罪的规定。不过，在特权社会，名誉"权"并不是个人的权利，而是统治阶级或上级阶层的特权，其保护的主要方式便是诽谤罪和侮辱罪。在古代，这两种罪名主要是用来惩罚臣民批评统治者、下级阶层批评上级阶层的刑罚，其目的是维护既有的统治秩序和社会安定。在西方社会，古罗马《十二表法》当中就有惩罚诽谤性口号或者歌谣的规定，当时，这是被作为极其严重的犯罪来惩处的。在罗马法中，诽谤由私犯(injuria)概念发展而来。到罗马共和国末期和帝政时期，罗马法已经发展出一套完整的诽谤罪诉讼制度。公元前82年颁布的《科尔涅利亚侵权法》(the Lex Cornelia de injuriis)规定：如果某人写作、编辑对于他人进行讽刺的作品，无论是否署名，都将受到严惩。向相关官员写信恶意指控他人犯罪，也构成诽谤罪。如果信是匿名的，它将直接被烧毁而不进行调查。帝政时期关于刑事诽谤罪的立法也较类似。在罗马的刑事诽谤罪诉讼制度下，发表那些对于他人进行讽刺的作品，尤其是讽刺诗和政治性讽刺作品，会被严酷地惩处。因为这

些作品往往是匿名的、恶意诽谤的，所以被认为是特别危险，无论其内容真实与否，被告都将被严厉地惩处。[①]

到中世纪，除了由宗教法庭管辖的诽谤案件之外，发生在贵族之间的侮辱、诽谤多是用决斗解决的。随着王权的兴起，这种严重危害社会秩序的私人决斗逐渐被国家或地区的刑罚所代替，而这种刑罚又同时具有鲜明的政治目的，即明确按照不同的社会等级进行区别保护，以维护既有的统治秩序。在英国，到了13世纪，贵族间的争执与决斗对于国内秩序造成很大的破坏，同时新兴的中产阶级也开始批评国王的政策。1275年，英国颁布了《诋毁权贵法》(De Scandalum Magnatum of 1275)。[②] 该法是直接针对传播或散布有关王国的大人物们的流言蜚语的行为的，形式上主要是言词诽谤。这些大人物包括所有的高级教士、公爵、伯爵、男爵、大臣、大法官等所有王国的权贵们。该法规定：凡传播涉及以上人物的谣言的人，一律要被投入监狱，一直关押到该谣言的制造者被找到，然后再按照煽动暴乱的法律进行惩处。其理由是，这些谣言将导致国王与其臣民以及大人物之间的不和，从而对王国造成伤害，甚至可能颠覆和彻底毁灭这个王国。该法经过多次重新制定，基本上都是把针对上层阶级的诽谤行为作为犯罪来处理的。尽管原告也可以要求民事救济，但是极少被使用。[③]

在欧洲大陆，日耳曼民族的侮辱法(Beleidigung)将对他人的不尊敬，包括行动和言辞，视作严重的犯罪，以此替代作为私人刑罚的决斗。不过，这种侮辱法所保护的对象也仅限于有一定身份的王室、贵族或骑士等，并不适用于下层社会民众。[④]

我国历史上的诽谤罪、妖言罪等均是为了惩罚对天子或当政者进行批评与攻击，非议当时的政治体制与制度措施，影响执政者的威信，动摇封建社会的统治秩序的行为。[⑤] 末代封建王朝的《大清律例》中的“骂詈”罪最能代表这种维护既有统治社会秩序的“名誉权法”。该罪名共有8条律文，除第1条“骂人”为一般规定外，其他7条都是对“以下犯上”的加重处罚，包括骂制使及

① 周枏：《罗马法原论》，商务印书馆1994年版，第863、864页。

② 谢庭晃：《妨害名誉罪之研究》，天主教辅仁大学法律学系2002年博士论文，第26页。

③ 施春强：《英美诽谤法的历史发展》，华东政法学院2006年硕士论文，第9页。

④ James Q. Whitman, Enforcing Civility and Respect: Three Societies, Yale Law Journal, 2000, Vol. 109, No. 6, pp. 1314—1316.

⑤ 潘良炽：《秦汉诽谤、妖言罪同异辨析》，载《中华文化论坛》2004年第4期。

本管长官、佐职统属骂长官、奴婢骂家长、骂尊长、骂祖父母父母、妻妾骂夫期亲尊长、妻妾骂故夫父母。[①]

随着15、16世纪印刷术的流行和资产阶级的崛起,各种传播新思想的出版印刷品成为专制统治的大敌,于是普遍适用并专门用于压制新闻出版自由的刑事书面诽谤法应运而生。在英国,由星室法院创制的刑事书面诽谤“Libel”便是用来惩罚各类“政治犯”的。[②] 从14世纪开始,枢密院成为维护王权的重要机构,并逐渐取得一部分维护王权的司法权。15世纪,星室法院作为枢密院的下属委员会实际执掌了枢密院的司法审判权,并很快成为专制王权打压新教思想的工具。1606年,通过De Libellis Famosis案的审理,星室法院将罗马的刑事诽谤罪法律规则导入英国的法律体系,开启了适用于普通民众的书面诽谤的历史。这一诉讼起因于一份诽谤已故的坎特伯雷大主教和当时该教区的主教的小册子。法院判决认为:“任何的书面诽谤,或者是针对普通平民的,或者是针对官员或其他公众人物的。即使诽谤是针对普通平民的,也仍然要严惩。因为虽然这一诽谤只是针对个人的,但是它将刺激这个家族中的所有成员、亲戚、朋友起来复仇,由此就会造成争斗从而破坏社会的安宁与和平,导致流血牺牲和其他巨大的麻烦。如果这一诽谤是针对官员或其他公众人物的,那这就是一种更大的冒犯。因为这不仅破坏了社会的安宁,而且是对政府的诽谤和丑化。试想,国王指派和选拔来治理他的国民的大臣居然被指控说是腐败或邪恶的,还有比这更大的对政府的诋毁和丑化吗?”[③]

较之《诋毁权贵法》,书面诽谤适用的对象虽然有所扩大,但其实质是星室法院争夺维护王权安定的司法权的结果。因为当时保护王权最严厉的刑罚是叛逆罪,星室法院并不具有这项罪行的管辖权,所以为了对付批评政府的行为而创造了一项打击面更大更有效的政治罪名。刑事书面诽谤制度所要保护的是整个社会的统治秩序和安定,因此以内容的真实性进行抗辩并不允许,而

---

① 田涛、郑秦点校:《大清律例》卷二十九《刑律·骂詈》,法律出版社1999年版,第469—472页。

② “Libel”由拉丁语“libellus”而来,其原本的意思并不只限于侵害个人名誉的书面诽谤而已,针对政府、亵渎宗教以及伤害风化的文字诽谤都包括在内。参见谢庭晃:《妨害名誉罪之研究》,天主教辅仁大学法律学系2002年博士论文,第28页。实际上,英国刑事诽谤罪制度也正包括这四个方面的内容。参见[英]J. C. 史密斯、B. 霍根:《英国刑法》,李贵方等译,法律出版社2000年版,第838页。

③ 施春强:《英美诽谤法的历史发展》,华东政法学院2006年硕士论文,第21页。

且对于统治者及其官员来说，真实的言论比起明显虚假的诽谤更易危及公共安全，所以当时有“越是真实，越是诽谤”（the greater the truth，the greater the libel）的原则。[①] 17世纪后期，包括常为人诟病的不适用真实抗辩原则在内的整套刑事书面诽谤制度不仅被普通法院全盘接受，而且被导入民事诽谤当中，形成了英美法系诽谤法的最大特色，即区分书面诽谤和口头诽谤[②]。

在很长一段时间里，刑事书面诽谤制度承担着维护王权的政治任务，而且在一般平等形式保护之外也保留了实质差别保护的内容，不仅是批评王室及英国政府的人需受到追诉，批评与英国政府友好的外国君主也要受到追诉。[③] 这些实质差别保护的内容也常被英美法系其他国家或地区所使用，最知名的如美国1798年《煽动法》。该法明确宣布：“如果任何人书写、印刷、发表或出版……任何错误、毁谤和恶意中伤的文章或作品，来反对合众国政府或其国会两院或其总统，并企图诽谤他们、或使之名誉扫地、或激起合众国良民反对政府的仇恨、或在合众国内煽动叛乱、或任何以上违法行为的组合，……那么，任何拥有审判权的合众国法庭得依此宣判这类人有罪，并处以两千美元罚金及两年以下监禁。”

欧洲大陆国家或地区同样将侵害上层社会阶层名誉的行为视为严重的危害社会秩序和安定的犯罪行为，因此很早就在刑法上发展出“侮辱”和“诽谤”这两个概念。[④] 但是，它们并没有将其用于压制新闻出版自由的政治目

---

① 魏永征：《中国大陆新闻侵权法与台港诽谤法之比较》，载魏永征：《新闻法新论》，中国海关出版社2002年版，第240页。

② 即“libel”和“slander”。口头诽谤在普通法中早已存在，但相对于书面诽谤来说，其政治意味要淡很多，它允许被告用证明真实进行抗辩，而且已经开始实行有限的豁免特权抗辩。参见施春强：《英美诽谤法的历史发展》，华东政法学院2006年硕士论文，第16—17页。

③ 谢庭晃：《妨害名誉罪之研究》，天主教辅仁大学法律学系2002年博士论文，第26页。

④ 大陆法系的“侮辱”和“诽谤”也是借用罗马法发展而来的。罗马法是在比较发达的商品经济和城市生活基础上发展而来的，因此其对个人的社会名誉感比较淡漠。而日耳曼民族直接起于原始部落和农业文明，因此对个人的社会名誉感非常重视，他们将自己的侮辱“Beleidigung”概念嫁接到罗马法的“injuria”之上，便产生了我们今天都非常熟悉的刑法中的侮辱罪和诽谤罪。大陆法系国家或地区同样是将损害个人名誉的行为当作危害社会的行为，因此用刑罚惩罚之，而不是用民法来调整。参见谢庭晃：《妨害名誉罪之研究》，天主教辅仁大学法律学系2002年博士论文，第21—22页；James Q. Whitman, Enforcing Civility and Respect: Three Societies, Yale Law Journal, 2000, Vol. 109, No. 6, note 40. 需要注意的是，“侮辱”的概念为大陆法系所特有，一般是指不涉及事实指摘的有损他人名誉的表述，以此区分“诽谤”与“侮辱”为日后各大陆法系国家或地区刑法所采用。

的，因此实践中的发展较之英国要慢一些。直到1810年的《拿破仑刑法典》，欧洲大陆才出现了比较系统的诽谤罪和侮辱罪立法。《拿破仑刑法典》分则主要由"妨碍公益之重罪与轻罪""妨碍私人法意重罪与轻罪"和"违警罪及其刑罚"三部分组成。在"妨碍私人法意重罪与轻罪"当中专设了一小节，名为"伪证、诽谤、侮辱和泄密"（Faux Témoignage, Calomnie, Injures, Révélation de Secrets）。[①] 其中第367条规定："凡在公共场所，或在合法的正式的文件中，或在已刊印或未刊印的文章中（只要这些文章已经张贴、出售或分发）指责某人做过会受到刑法或违警法的追究，或至少也会引起公民对他的轻视或憎恨的事情，即使这些事情属实，提出这个指责的人也算犯了诽谤罪。"这是一个一般的形式平等保护规定，平等地适用于所有的人，但是，在一般规定之外，该法又保持了特别的实质差别保护规定，即对书面诽谤司法、行政和警务官员的行为单独加重处罚（第373条）。同时，在"妨碍公益之重罪与轻罪"部分还设置了侮辱公务人员罪。[②] 沿用至今的1881年《新闻出版自由法》基本沿袭了这样的立法模式。[③] 该法在"妨碍公益之轻罪"中设置了"侮辱诽谤共和国总统罪"，在"妨碍私人法意之轻罪"中则在一般诽谤罪、侮辱罪的基础上对诽谤公权力机构和公职人员的行为单独设置了高于诽谤一般个人的刑罚，此外还专门设置了"妨碍外国国家首脑和外交官员的轻罪"，惩罚侮辱诽谤外国国家首脑和法国委派到国外的外交官员的行为。

这种一般形式平等保护与特别实质差别保护相结合的立法模式为大陆法系国家或地区所普遍采用，19世纪和20世纪初的几部刑法典都有类似的

---

① "Calomnie"实际上包括了我国刑法中的诬告和诽谤两种行为，1881年的《新闻出版自由法》则使用了诽谤"diffamation"，同英语的"defamation"。而刑法中的诽谤则被删除，仅保留了诬告的含义。参见我国台湾地区"司法行政部"刑法研究修正委员会编译：《各国刑法汇编（下册）》，司法通读社，1980年，第1233页。而侮辱所用的"Injures"仍可以看到罗马法"injuria"的影响，至于其意义，与后世的法律概念并没有什么差别，是指用那些将不指摘具体事实的侮辱性表述归罪于他人的行为。（参见《拿破仑刑法典》第375条）

② 《拿破仑刑法典》第222条第1款规定："如果行政机关或法院部门的一个或几个负责人员在执行职务时或由于执行职务而遭到任何言语上的侮辱，使他们的名誉或良好品德受到损失，侮辱他们的人应判处一个月到两年的徒刑。"此外，《拿破仑刑法典》在"违警罪"中还设置了非公开侮辱罪。《拿破仑刑法典》第471条第11款规定："除了本法第367条到第378条规定的行为之外，在没有互相挑动的情况下用侮辱性的语言非公开地侮辱他人的。"

③ Loi du 29 juillet 1881 sur la liberté de la presse.

刑法规范，如1851年《普鲁士刑法典》、1870年《瑞士刑法典》、1871年《德国刑法典》、1889年《意大利刑法典》和1909年《奥地利刑法典》。也正是因为诽谤罪的立法目的是维护社会统治秩序和社会安定，而不是保护个人权利，所以18世纪初的法国虽然已经开始将证明诽谤内容属实作为免责事由之一，但是添加了诸多的限制条件。1810年《拿破仑刑法典》承认"如果受控告的指责所根据的事实被合法地证明为真实，原告免于惩罚"。但是，在被告提出证据之前，他受到指控的诽谤事实将被推定为虚假，而且除非经过法官或其他权威文件的认可，任何证据都不能作为证明真实的证据，即使这些公布的事实已经众人皆知或者转引自其他刊物。①

比较特殊的是日本。1875年日本明治政府仿照英国17世纪的诽谤法颁布了《谗谤律》，其第1条规定："不论事实的有无，举发公布侵害他人荣誉之情事者为谗谤。未举他人之情事，而只以公布恶名加诸于他人者为诽谤。"②其中的"不论事实的有无"，实际上排除了真实抗辩原则，这一立法精神影响了日本1880年和1907年新旧两部刑法。直到1893年《出版法》和1909年《新闻纸法》颁行后，日本刑法才开始引入有限的真实抗辩原则。③

一个以德法为榜样的典型大陆法系国家，为什么要引入英国的诽谤法呢？究其原因，是因为"在日本明治初年，整体的法秩序尚未整备，新政府体质也尚未强化，所以借由刑罚法规，来完成镇压言论的工作，乃属平常。只是，之后法规渐渐整备，言论统制法的体系重心，乃渐渐由司法抑制转为行政抑制。在这同时，明治政权的国家体质也渐渐强固。随后天皇绝对主义体制确立后，名誉毁损罪的言论统制法的角色，相对的也就减低了。在此阶段，就执政者的角度来看，缩减部分名誉毁损罪的言论统制功能，转由其他行政法规来担任，就言论统制全体而言，并不生龃龉。所以，新闻纸法及出

---

① 《拿破仑刑法典》第368条规定："每一项受控告的指责在没有合法的证据证明其为真实之前将被推定为虚假。据此，诽谤者在辩护中不得要求法庭证明其真实；他也不得以出版物的内容或事实已经是众所周知，或以引起控告的指责并不是第一次提出，或者是他从外国报纸和其他刊物上抄来的等等作为辩护理由。"第370条规定："如果受控告的指责所根据的事实被合法地证明为真实那末原告免于惩罚。证明真实的证据必须是经过法官或其他权威文件的认可而产生，否则不属于合法的证据。"

② 这里的"谗谤"实为后世所理解的诽谤，日本现行刑法称其为"名誉毁损"；而其中的"诽谤"则与侮辱相当，日本现行刑法称其为"公然侮辱"。参见谢庭晃：《妨害名誉罪之研究》，天主教辅仁大学法律学系2002年博士论文，第36页。

③ 谢庭晃：《妨害名誉罪之研究》，天主教辅仁大学法律学系2002年博士论文，第37－40页。

版法的真实证明免责规定，究竟还是在治安法理论的架构内，对言论自由的要求，所做的表面上的让步，这绝非是建立在承认表现自由之上”[①]。

这也从侧面证明了诽谤法是否被赋予压制言论自由的政治功能，很大程度上取决于当权政府是否握有比较强大的专制集权，专制集权的力量比较大，行政手段就用得多一些；反之，则司法手段用得多一些。当然，这还有一个前提，即统治阶级认为通过强制手段能够达到压制言论、维护正常统治秩序的目的。

## 二、诽谤罪条款的现代化

在英国新闻出版自由逐渐确立之后，带有明显政治意图的书面诽谤制度越来越显得不合时宜，因此在国会的主导下整个书面诽谤法被大幅修正。1792 年的《书面诽谤法》赋予陪审团在书面诽谤案件的审判中的概括裁断权(general verdict)，从而限制了法官的肆意专断。[②] 1840 年《国会文件法》将公开报道国会立法程序、报告、文件、表决等等的记载视为绝对免责抗辩。[③] 1843 年《书面诽谤法》则将证明出于公共利益的目的而作出的表述为真实作为刑事诽谤罪案件的抗辩理由，同时允许被告的道歉可以作为减少赔偿的证据。[④] 1881 年《报纸诽谤与登记法》规定，对于新闻媒体负责人的诽谤诉讼，如果符合条件，可以适用刑事案件简便程序进行审理。[⑤] 1888 年《修正书面诽谤法》又增加两项重要制度，一是将报纸报道各类公共机关举行的公开会议列为抗辩事由；二是对报纸责任人的刑事指控需要法官事先发出命令。[⑥] 实际上，正式承认真实抗辩原则的 1843 年《书面诽谤法》的颁布就已经标志着英国将刑事诽谤罪作为压制言论自由工具的历史的结束。而经过将近一百年的改革，刑事书面诽谤制度虽然依然被看作是维护治安的法律，但在实践中法官核准提起的刑事诽谤诉讼已很少见，最后定罪的就更罕

① 谢庭晃：《妨害名誉罪之研究》，天主教辅仁大学法律学系 2002 年博士论文，第 40 页。

② 概括裁断权，即陪审团作出的概括地宣布原告胜诉或被告胜诉或者刑事被告人有罪或无罪的裁断。在此之前，陪审团只能对案件事实的认定作出裁决，而法律裁决由法官作出，而且诽谤内容的真实与否属于法律问题而不是事实问题。See Art. 1, Libel Act 1792 (c. 60).

③ Art. 1, Parliamentary Papers Act (c. 9). 1840 c. 9 3 and 4 Vict.

④ Art. 1 & 6, Libel Act 1843, 1843 c. 96 6 and 7 Vict.

⑤ Art. 4, Newspaper Libel and Registration Act 1881, 1881 c. 60 44 and 45 Vict.

⑥ Art. 4 & 8, Law of Libel Amendment Act 1888, 1888 c. 64 51 and 52 Vict.

见了。[①]

大陆法系刑法中的诽谤罪和侮辱罪由于普遍没有被赋予压制言论自由的政治任务，加之其立法一般均比较完善，因此两百多年来变化并不大，很多国家或地区刑法的相关法律条款基本就没怎么修改过，一直沿用至今。尽管如此，从不同国家或地区对这一古老制度的创新和沿革依然可以看出大陆法系国家或地区在平衡保护言论自由方面所下的功夫。在1848年的《新莱茵报》诽谤案中，马克思和恩格斯用真实抗辩原则说服了陪审团，成功地为自己和报纸发行人科尔夫进行了无罪辩护。[②] 马克思对当时在普鲁士普遍适用的《拿破仑刑法典》中的真实抗辩原则[③]进行了批判："只有法庭确定的事实，只有正式用文件证明了的事实才算真正实在的事实。过去曾经有过如此粗暴地诬蔑一般人的理智的法典吗？官僚机构曾经在自己和公众之间建立过一座象中国的万里长城那样的长城吗？在这一条文的保护下，官员们和代表们也和立宪君主一样不可侵犯了。这些先生可以随心所欲地干那些'引起公民对他们轻视和憎恨'的事情，但是你要想不被剥夺公民权、不被监禁和罚款，就决不能谈论、记述和发表这些事情。"[④]马克思认为这种真实抗辩制度实际上是政治专制的表现，"帝国时代及其整个精细的专制制度都在这些条文中反映出来了"[⑤]。当时陪审团能够采纳马克思的辩护意见，依据"证明真实则不存在诽谤和侮辱"的法理原则判决被告无罪，说明完全的真实抗辩原则已经深入人心了。

---

① 吴永乾：《美国诽谤法所称"真正恶意"法则之研究》，载《中正法学集刊》2004年第15期。

② 1848年7月5日，马克思主编的《新莱茵报》上发表了一篇题为《逮捕》的通讯，它揭露了宪兵们逮捕科伦工人联合会领导人时的蛮横行为，并批评了柏林总检察长茨魏费尔对革命实行的反动政策。为此，马克思、恩格斯和报纸发行人科尔夫被控侮辱总检察长茨魏费尔和诽谤宪兵。科伦陪审法庭于1849年2月7日开庭审理这一案件。马克思在法庭上对诽谤罪、侮辱罪从法律上作了确切的分析。他根据《拿破仑刑法典》的有关条文指出："诽谤是指如下的情况，如果我把某种行为归罪于某人，说这种明确指出来的行为是他完成的。""如果说：'你在某地偷了一些银匙子'，就是诽谤"。"侮辱指的是什么呢？指的是谴责某种缺陷和一般的侮辱性言词。""如果我说：'你是一个小偷，你有偷窃的习惯'，那我就是侮辱了你。"诽谤和侮辱都是诬陷的形式，但犯罪程度不一样。侮辱是一般性的泛泛詈骂，诽谤则必须具备具体的内容。马克思说："在后一情况下指控的事实内容更清楚，名誉受到更大损害"。所以，诽谤罪比侮辱罪受到的刑惩要重。参见《马克思恩格斯全集》第43卷，人民出版社1982年版，第461－462页；《马克思恩格斯全集》第6卷，人民出版社1961年版，第271页。

③ 即上文提到的1810年《拿破仑刑法典》第367、368、370条的内容。

④ 《马克思恩格斯全集》第5卷，人民出版社1958年版，第231—232页。

⑤ 同上书，第231页。

1871年《德国刑法典》对于真实抗辩原则规范得更加完备。德国刑法上的诽谤罪分两种，即一般诽谤罪和明知不实的诽谤罪。《德国刑法典》第186条规定："捏造或散布足以使他人受到蔑视或受到贬低的事实，而不能证明其为真实的，处1年以下自由刑或罚金；公开或以散发文书的方式犯本罪的，处2年以下自由刑或罚金。"第187条规定："明知为不真实的事实而故意加以捏造或散布，因而使他人受到蔑视或贬低或有损其信誉的，处2年以下自由刑或罚金；公开或在集会中或以散发文书的方式犯本罪的，处5年以下自由刑或罚金。"也就是说，对于明知不实的诽谤罪来说，"明知为不真实的事实"是犯罪的构成要件，而"不能证明其为真实"则是诽谤罪的处罚条件。无论是哪种诽谤罪，只要被告能够证明诽谤的事实是真实的，都可以免受处罚。① 在诽谤罪的真实抗辩原则上德国较之法国已经有了很大进步。除了诽谤罪，《德国刑法典》还对侮辱罪的定罪处刑作了一定的限制，该法第193条规定："有关科学、艺术、商业上的批评，或与此相类似的为履行或保护权益，或使用其正当权益所发表的言论，以及对部下的训诫和责备，官员职务上的告发或判断，或诸如此类的情况，只在根据其陈述方式或当时的情况，认为已构成侮辱罪的，始受处罚。"

1881年的法国《新闻出版自由法》也取消了《拿破仑刑法典》的证明真实的证据必须是"合法的"这一附加条件，②并且增订了免于诽谤诉讼的情形："上下议院中进行的讲演或上下议院要求印刷的报告和其它一切文件免于起诉。报纸对两院公开会议的善意报道免于起诉。对司法辩论、法庭的演讲和书面材料的善意报道不受诽谤、侮辱或非公开侮辱罪的起诉。"③

1928年颁布的《中华民国刑法》则采众家之所长，在协调名誉权与言论自由的平衡实现上下了很多功夫。在诽谤罪的构成上，该法没有采用德国模式，将诽谤内容虚假作为构成要件或处罚要件，而是将证明真实作为抗辩

① 谢庭晃：《妨害名誉罪之研究》，天主教辅仁大学法律学系2002年博士论文，第23—24页。

② 在这部法律中，法国依然采用推定被告受制控言辞虚假的原则，而且其证明真实抗辩仅仅适用于公职人员和机关的诽谤。《新闻出版自由法》第35条规定："如果是以本法第30条和第31条所列公共机关和人员为对象的诽谤，只有诽谤是针对他们所担当的某种职务时，证明诽谤内容的真实才可以成立。"不过，在司法实践中，法院已将这条原则普遍适用于所有的诽谤案件。Mme Sylvie Menotti, La preuve de la vérité du fait diffamatoire, La Documentation Française(ed.), La vérité : Rapport annuel 2004 de la Cour de Cassation, p. 82.

③ 1881年法国《新闻出版自由法》第41条。

事由，并且增加了“与公共利益有关且不涉私德”的限制条件。该法第326条规定：“犯人对于所诽谤之事，能证明其为真实者，不罚。但涉于私德而与公共利益无关者，不在此限。”

在解释该条立法理由时，当时的立法者认为：“原案以公然二字，为犯罪之条件，故公然诽谤者，不问事实之有无，概行处罚，其规定一失之于狭，一失之于广，若以公然诽谤，罪始成立，则私相传述，损害他人名誉者，无从科罪，是谓失之过狭。故本案拟仿荷兰刑法，以意图散布于众为犯罪成立要件，庶为得当。至于不问事实之有无，概行处罚，其箝制言论之自由，及妨害社会，可谓极矣，是谓失之过广。故本案于次条规定事实有无，与应否免刑之情节，以免趋于极端。”“真伪之证明，与名誉罪极有关系，各国立法例略分三派：一、不问事实之有无，概行处罚，日本是也。二、犯人能证明其事实之真实，概不处罚，德国是也。三、分别情节，其与公共利益有关者，例如公务员之执行公务，若事实真实，则不罚，其涉于私德与公共利益无关者，不问真伪，概行处罚，多数国家是也。前两派皆趋极端，故德国刑法准备草案对于证明事实不罚之规定，加以限制，盖从第三派矣。凡与公共利益有关之真实事项，亦不得宣布，其于保护个人名誉，不免过当，而于社会之利害，未尝虑及矣。”①同时，该法总结了其他国家或地区的诽谤罪抗辩事由，用高度精练的法律语言将其概括于第327条：“以善意发表言论，而有下列情形之一者，不罚：一、因自卫自辩，或保护合法之利益者；二、公务员因职务而报告者；三、对于可受公评之事，而为适当之评论者；四、对于中央及地方之议会，或法院或公众集会之记事，而为适当之载述者。”②其立法目的在于：“盖保护名誉应有相当之限制，否则箝束言论，足为社会之害，故以善意发表言论，而有本条所列情形者，不问事之真伪，概不处罚。本条酌采多数国立法例，规定本条，庶于保护名誉及言论自由两者折衷，以求适当。”③

与民国刑法相类似，战后日本在修订刑法的过程中也是出于“调和个人人格权以及宪法第21条的正当言论”的目的，④在原有第230条诽谤罪，即

---

① 谢庭晃：《妨害名誉罪之研究》，天主教辅仁大学法律学系2002年博士论文，第46页。

② 1935年经过修订的《中华民国刑法》，也即我国台湾地区现行“刑法”，基本沿用了1928年的法律条文，尤其是各项诽谤罪的抗辩事由只字未动。有关内容可参见台湾地区现行“刑法”第310条第3款、第311条。

③ 谢庭晃：《妨害名誉罪之研究》，天主教辅仁大学法律学系2002年博士论文，第47页。

④ 同上书，第42页。

“公然指摘事实，毁损他人名誉的，不问事实有无”的基础上增加了一款：“事实证明属实的不罚：(一)前条第一项的行为，经认定是与公共利害有关的事实，而其目的又纯出于谋求公益的，则应判断事实的真伪，如证明其为真实时，不处罚。(二)与尚未提起公诉的人的犯罪行为有关的事实，在适用前项规定时，视为与公共利害有关的事实。(三)前条第一项的行为，如果是与公务员或基于公选的公务员候选人有关的事实时，则应判断事实的真伪，如证明其为真实时，不处罚。”

从这段历史可以看出，无论是英美法系国家或地区还是大陆法系国家或地区，诽谤罪制度的变革主要是通过立法来实现的，而且从变革的脉络和一些国家或地区的立法原意可以看出，保护言论自由和新闻自由是这些变革的主要动因。

### 三、诽谤罪立法目的的转变

二战以前在世界各国或地区，包括名誉权在内的各种人格权很少成为宪法所保护的公民基本权利。因此，刑事诽谤罪制度的改革并不是两种宪法基本权利之间的协调，而是基本权利与作为社会秩序的公共利益之间，以及言论自由与作为个人名誉权的一般法律权利之间的协调。在这种变革的过程中，这些民主法治国家或地区的刑事诽谤罪制度内核也悄悄发生了变化，从维护社会统治秩序和安定转而偏向保护个人名誉权利，从以实质差别保护为主到以形式平等保护为主。这种变化并不是在短期内完成的，而是经过了一个长期的演化过程。二战之后，这种趋势才比较明显地表现出来，具体表现在以下两个方面：

第一，一般诽谤罪或侮辱罪诉讼的提起越来越尊重受害人的意志。在大陆法系国家或地区的刑法中，一般诽谤罪或侮辱罪都属于亲告罪。[①] 如德国(第 195 条)、日本(第 232 条)、瑞士(第 173 条)、我国台湾地区(第 314 条)都以诽谤罪、侮辱罪的“告诉乃论”为原则，以特殊诽谤罪或其他特殊情形为例外。即使是施行有限亲告的韩国刑法，也规定“其追诉以不违反被害人明示反对意见为限”(第 308 条)。在没有将诽谤罪列入亲告罪范围之内的法国，主导刑事诽谤罪案件的依然是被害人，公诉人提起公诉更多的只具有形

---

① 即我国刑法中的“告诉才处理”。《刑法》第 98 条规定：“本法所称告诉才处理，是指被害人告诉才处理。如果被害人因受强制、威吓无法告诉的，人民检察院和被害人的近亲属也可以告诉。”

式意义，在实际的程序中并不会过多地干预诉讼进程。[①] 英美法系国家或地区，虽然没有类似大陆法系的亲告罪制度，但是在实践中刑事诽谤罪的原告多为个人。在刑事诉讼提起这个环节上尊重受害人的意志，说明一般诽谤罪和侮辱罪的保护对象更偏向于个人利益，而不是公共利益。

第二，刑事诽谤罪中实质差别保护条款逐渐萎缩。二战后，虽然大部分国家或地区的刑法都还保有旨在保护王室、国家、国家元首和公务员等的特殊诽谤罪，但是在实践中已经极少发生相关的案件。美国、英国、澳大利亚、新西兰、加拿大等法治发达的英美法系国家或地区一般诽谤罪已经绝少发生，更遑论特殊诽谤罪了。[②] 在欧洲大陆，法国、德国、丹麦、荷兰、挪威、葡萄牙等国已经几十年未曾发生针对特殊公权力主体的诽谤罪。[③] 还有些国家或地区干脆废除有关立法。比如在 20 世纪 60 年代至 70 年代之间，瑞典将包括侮辱政府官员、国家标志，以及国会、外国首脑等在内的所有特殊诽谤罪统统废除。[④] 另外，一些新兴法治国家或地区也开始通过各种手段废除各种特殊诽谤罪，如 1993 年阿根廷在美洲人权法院的压力之下废除了刑法中

---

① Karine Anterion and Olivier Moréteau, The Protection of Personality Rights Against Invasion by Mass Media in France, in Helmut Koziol, Alexander Warzilek (eds.), Persönlichkeitsschutz gegenüber Massenmedien, The Protection of Personality Rights Against Invasion by Mass Media (Tort and Insurance Law Vol. 13), WienNewYork: Springer, 2005, p. 123. 另外，日本、法国等国家或地区实行普遍公诉，因此，被害人的告诉是向检察官提起，而不是像我国一样可以直接向法院提起。

② 在美国和新西兰实际已经废除煽动诽谤罪。参见徐伟群：《论妨害名誉罪的除罪化》，台湾大学法律学研究所 2005 年博士论文，第 64－66、81－83 页。另外，在美国各州和联邦都有法律禁止侮辱国旗的刑事法律规定，与大陆法系国家或地区的侮辱国家或地区象征标志罪类似。但美国联邦最高法院通过几起侮辱国旗案的审判认为，作为一种象征性言论表达的焚烧国旗的行为受宪法第一修正案的保护。See Street v. New York, 394 U. S. 576 (1969); Spence v. Washington, 418 U. S. 405(1974); Texas v. Johnson, 491 U. S. 397 (1989).

③ Ruth Walden, Insult Laws: An Insult to Press Freedom , World Press Freedom Committee, 2000, pp. 23－37. 德国曾在 1990 年发生过两起侮辱国家象征的刑事案件，但最后经过宪法法院的判决均被判无罪。在"国旗侮辱案"中被告图书经销商销售了一本反战诗集，书的背面有一张图片，描绘一个战士对着联邦德国的国旗小便。在"国歌篡改案"中，某杂志的编辑有意篡改国歌来嘲笑德国的生活方式。宪法法院判决并没有宣布侮辱国家象征罪本身违宪，而是认为案件中的侮辱国家象征行为仅仅是讽刺性的表达手段，属于德国《基本法》第 5 条所列举的艺术自由，因此受到宪法保护。参见张千帆：《西方宪政体系（下册・欧洲宪法）》，中国政法大学出版社 2005 年版，第 423－424 页。

④ Ruth Walden, Insult Laws: An Insult to Press Freedom , World Press Freedom Committee, 2000, p. 43.

特殊侮辱罪的规定(西班牙语“Desacato”,相当于侮辱国家、元首、公署与公务人员的犯罪);中美洲的巴拿马在 2004 年 7 月由国会通过一项宪法修正案,将《宪法》第 33 条有关处罚侮辱执勤公务员行为的规定废除;捷克于 1994 年由宪法法院宣告侮辱政府、国会与宪法法庭罪违宪,1998 年则废除了侮辱总统罪;摩尔多瓦共和国于 1996 年废除了侮辱总统及国会议长罪;乌兹别克斯坦共和国 1996 年也废除了侮辱总统罪。[①]

实际上,在各法治国家或地区不仅是特殊诽谤罪极度萎缩,一般刑事诽谤罪案件数量也在大幅下降。这个趋势在英美法系国家或地区尤为明显。在英国,早在 19 世纪诽谤案件已经大为减少。在 1825 年之前的 8 年时间中,煽动和诽谤罪的起诉案件的数量高达 167 起;而从 1825 年到 1834 年,这类起诉案件只有 16 起。[②] 二战之后,刑事诽谤罪案件的数量更是少得可怜。1948 到 1975 年之间只有 4 起起诉案件;1970 到 1983 年之间,只有 5 起案件进入皇家刑事法院预审程序;1984 到 1995 年间,只有 13 人被判有罪或警告。[③] 美国刑事诽谤罪案萎缩的趋势更加明显。自 19 世纪末以来,美国实际发生的相关司法案件就已经很少了。其中的最高峰是在 1880 年至 1910 年间,大约每 10 年有 100 起。二战后,案件数量更是锐减。在 1955 年以前,只有 32 个州和 3 个属地还出现过实际案例。在 1920 年至 1955 年的 35 年间,全美国总共只有 110 起刑事诽谤罪案件,其中 58 起发生在 1920 至 1929 年这 10 年间,34 起发生在 1930 至 1941 年这 12 年间,18 起发生在 1942 至 1955 年的 14 年间。[④] 在法、德、意、日等大陆法系国家或地区,虽然案件数量统计较少,但是学者普遍认为,二战后这些国家或地区的刑事诽谤罪案件也不多,尤其是因为与言论自由有关的行为而被判决处以自由刑罚的非常少,以至于有学者认为这些法律几乎成为纸面的法律了。[⑤]

---

① 徐伟群:《论妨害名誉罪的除罪化》,台湾大学法律学研究所 2005 年博士论文,第 62 页。

② [英]詹姆斯·卡瑞、珍·辛顿:《英国新闻史(第六版)》,栾轶玫译,清华大学出版社 2005 年版,第 7 页。

③ J. C. C. Gatley, Gatley on Libel and Slander, 9th ed., Patrick Milmo and W. V. H. Rogers, eds., London: Sweet & Maxwell, 1998, p. 554.

④ 徐伟群:《论妨害名誉罪的除罪化》,台湾大学法律学研究所 2005 年博士论文,第 81—82 页。

⑤ Elena Yanchukova, Criminal Defamation and Insult Laws: An Infringement on the Freedom of Expression in European and Post-Communist Jurisdictions, Columbia Journal of Transnational Law, 2003, Vol. 41, No. 3, pp. 873—875; Ruth Walden, Insult Laws: An Insult to Press Freedom, World Press Freedom Committee, 2000, p. 189.

在有些国家或地区甚至出现了完全废除刑事诽谤罪制度的情况。从 20 世纪 70 年代开始,美国各州还出现了明显的诽谤非罪化趋势。美国并没有统一的联邦刑事诽谤法,相关内容都由州法规范。到 1956 年,每一州都有自己的诽谤罪规定。在 1970 至 1980 年间,美国境内有 10 个州废除了刑法中的诽谤罪;而至 2003 年 1 月止,美国已有 33 个州废除了刑事诽谤法,只有 17 个州及 2 个海外领土仍存在着刑事诽谤法。① 2003 年 9 月,犹他州最高法院宣告该州的刑事诽谤法违宪。② 另外,新西兰和斯里兰卡因为国民反对将诽谤罪作为压制言论自由的政治工具而完全废除了刑事诽谤罪制度。③

不过,需要注意的是,除了美国部分州和新西兰、斯里兰卡,世界其他绝大多数国家或地区都还保有刑事诽谤罪制度。在美国最高法院作出《纽约时报》诉沙利文案之后,部分民间组织、官方机构和学者都在积极倡议和推动为了保护言论自由和新闻自由而废除所有的诽谤罪。但是,目前在世界范围内诽谤非刑化的趋势并不明显。有些国家或地区对诽谤非罪化的提议反应冷淡,如德国绿党曾在 1987 年一项有关女性性自主保护的修法提案里,附带提出废除刑法妨害名誉罪的提案,但这项提案几乎没有受到什么讨论就失败了,德国法学界对此事的回应也非常平淡。④ 还有些国家或地区的违宪审查机构直接肯定了诽谤罪制度的合宪性。比如 1998 年加拿大最高法院曾作出判决,肯定刑事诽谤罪的合宪性,认为惩罚"可能对任何人的名誉都会造成伤害"的言论是合宪的。⑤ 我国台湾地区"司法院"大法官会议释字第 509 号解释也认为:"'刑法'第 310 条第 1 项及第 2 项诽谤罪即系保护个人法意而设,为防止妨碍他人之自由权利所必要,符合宪法第 23 条的意旨。"⑥ 即使在美国,有些法院也认可了受到限制的刑事诽谤法的合宪性。1991 年科罗拉多州最高法院在 People v. Ryan 案中认为,在规范私人对私人名誉

① 徐伟群:《论妨害名誉罪的除罪化》,台湾大学法律学研究所 2005 年博士论文,第 82—83 页。

② Brief for Appellant, State of Utah v. Ian Michael Lake (Aug. 2, 2001), The American Civil Liberties Union Protecting Constitutional Freedoms in Utah, http://www.acluutah.org/lakeappeal.htm, visited on 2009-1-20.

③ 徐伟群:《论妨害名誉罪的除罪化》,台湾大学法律学研究所 2005 年博士论文,第 83 页。

④ 同上书,第 66 页。

⑤ R. v. Lucas, 1 S.C.R. 439 (1998).

⑥ 我国台湾地区"宪法"第 23 条规定:"以上各条列举之自由权利,除为防止妨碍他人自由、避免紧急危难、维持社会秩序,或增进公共利益所必要者外,不得以法律限制之。"

侵害的范畴内刑事诽谤法仍然有效。[①] 1995 年上诉第十巡回法院在 Phelps v. Hamilton 案中确认了堪萨斯州法院的有罪判决。巡回法院认为,以原告必须证明被告具有“实质恶意”作为定罪要件的情况下,堪萨斯州刑法的诽谤罪规定合宪。[②]

尽管刑事诽谤罪制度依然广泛存在,但在世界范围内带有维护国家或地区利益、社会秩序等目的的诽谤罪制度在不断萎缩,而纯粹以保护个人名誉权为目的的民事救济则在不断扩张。在英美法系国家或地区,民事侵权法中的诽谤法很早就开始独立发展,并且其随着刑事诽谤法的萎缩而成为保障个人名誉权的最主要方式。[③] 在大陆法系国家或地区,由于民法典中的侵权法条款普遍缺少独立的人格权诉因,加之传统上一直将诽谤作为刑事犯罪,因此民事法庭往往需要在刑法或刑事诉讼的基础上审判损害名誉权的案件。但是,二战后大陆法系各国或地区的民事侵权制度都有飞速发展,尤其是在人格权侵权方面更是展现出一些独立于刑法的发展趋势。[④] 对于这些趋势下文还会详加论述,在此仅需证明两点。

首先,各国或地区的民事侵权诽谤制度都脱胎于刑事诽谤罪制度,虽然两者有很多不同的地方,但是在犯罪(侵权)的构成要件和抗辩事由的基本框架上是基本相同的。[⑤] 在构成要件方面,无论是大陆法系还是英美法系,以下三项内容是大部分国家或地区的民事和刑事诽谤制度共同具有的:(1)行为人公开了包含某一事实的言论;(2)该言论是指涉可辨识身份之特定个人;(3)该言论损害了原告的名誉。在抗辩事由方面,同样有三项公认的法定抗辩事由:(1)真实抗辩。真实抗辩即被告若能证明其所指摘的事实是真实的则可免于刑罚或赔偿,这是最核心的抗辩事由。所不同的是各国或地区对真实抗辩的限制,有的国家或地区如英美法系国家或地区的民事诽谤法和德国对真实抗辩不加任何限制,将其视为完全抗辩,而法国、日本和我

---

① People v. Ryan, 806 P. 2d 935 (1991).

② Phelps v. Hamilton, 59 F. 3d 1058 (10th Cir. 1995).

③ 施春强:《英美诽谤法的历史发展》,华东政法学院 2006 年硕士论文,第 27 页。

④ Helmut Koziol, Alexander Warzilek (eds.), Persönlichkeitsschutz gegenüber Massenmedien, The Protection of Personality Rights Against Invasion by Mass Media (Tort and Insurance Law Vol. 13), WienNewYork: Springer, 2005, p. 620.

⑤ 关于刑法与侵权法的渊源关系和不同之处可参见[德]克雷斯蒂安 · 冯 · 巴尔:《欧洲比较侵权行为法(上卷)》,张新宝、焦美华译,法律出版社 2004 年版,第 737—758 页。

国台湾地区等则要求该事实与公共利益有关，从而排除真实抗辩适用于一些可能涉及个人隐私等的情形。(2)与事实无关的善意意见，在英美法系是公正评论，在大陆法系一般称作价值判断。(3)其他法定的抗辩事由，如善意转述国会、法庭的公开文件等。

其次，由于损害他人名誉不再被认为是严重危害社会秩序和安定的行为，加之现代法治以平等保护个人权利为基本原则，所以，无论是刑事诽谤罪制度还是民事侵权制度，都是以形式平等保护为主。刑事诽谤罪制度向平等保护个人权利转变的过程上文已经论述。民事侵权诽谤制度作为调整平等民事主体之间的关系的法律规范，平等保护所有个人的名誉权自然是其应有之义。

## 第三节　第二次变革：名誉权法律保护制度的宪法化

### 一、实质恶意法则与公众人物理论

作为巨大历史进步的真实抗辩和形式平等保护并不是各法治国家或地区改进诽谤制度的终结，以 1964 年的《纽约时报》诉沙利文案为代表的第二次全球诽谤制度改革风潮则将矛头指向了真实抗辩和形式平等保护。在陈述具体的案情之前，还需要简要介绍一下该案发生的制度背景，即美国民事诽谤法的两大弊端。

首先，传统英美诽谤法几乎将所有的证明责任分配给被告。原告只需证明上文提到的三项诽谤侵权基本构成要件，法律便推定被告所述事实为虚假、具有过错、受到损害，然后再由被告证明其所述属实或具有其他抗辩事由。[①] 有些大陆法系国家或地区的刑法在犯罪构成上也不论行为人所述是否属实，即并不要求原告证明被告言论所述虚假，如法国、日本、我国台湾地区等。但是，由于大陆法系刑法中的诽谤罪在构成要件上一般需要概括的主观故意，加之其刑事诉讼程序并不采用普通法的对抗式，因此在证明责任分配上虽有与普通法相似之处，但对被告的实际影响并没有普通法那么严重。至于民事侵权法，大陆法系则以过错责任为基本原则，严格责任只有

---

① 王泽鉴：《名誉保护、言论自由与实际恶意(actual malice)原则》，载《中国法律评论》第 1 卷，法律出版社 2007 年版，第 21 页。

法定情形方可适用，而名誉侵权都适用一般侵权行为的过错责任。[①]

其次，普通法的损害赔偿并不以补偿损失为原则，在实际损害赔偿和象征性损害赔偿之外还有推定损害赔偿和惩罚性损害赔偿。惩罚性损害赔偿以惩罚为目的，因此，一旦判定，其数额往往高得惊人，而且上不封顶。在《纽约时报》诉沙利文案中，《纽约时报》在下级法院审判中败诉，被判赔偿原告 50 万美元。同时，因为同一篇文章，《纽约时报》总共面临 11 件诽谤诉讼，赔偿金高达 560 万美元。[②]

这两个弊端使得美国社会普遍认为民事诽谤制度对言论自由造成了寒蝉效应，应该加以改革。恰巧 20 世纪 60 年代正是民权运动风起云涌之时，对各种激烈言论的保护问题也就越发凸现出来。正是在这种背景之下产生了 1964 年的《纽约时报》诉沙利文案。[③]

在布伦南大法官撰写的判决理由中，美国联邦最高法院通过合宪性审查的方式改变了美国民事诽谤法的证明责任分担原则。布伦南大法官首先论证了本案是否可以适用违宪审查。他认为，虽然本案是一个民事案件，但是依据美国联邦宪法第十四修正案，判断一项行为是否属于州政府行使权力的行为，并不在于其行使的形式，关键是看这项权力是否被行使。所以，州法院适用普通法或成文法的行为属于州政府行使权力的行为，理应受到宪法的约束。[④] 此外，布伦南大法官认为本案涉诉的言论虽然具有广告的形式，但其内容却是关涉公共利益的政治性言论，因此理应受到联邦宪法第一修正案的保护。[⑤] 然后，布伦南大法官用大量的篇幅论证了现有诽谤法中的责任规则若适用于政府官员，便违反了联邦宪法第一和第十四修正案所保障的言论自由与新闻出版自由。他认为，公民讨论公共事务的言论自由在联邦最高法院的一系列判决中已经有充分的论证。这种讨论应该是百无禁忌、活力四射和完全开放的，即使讨论中针对政府和官员的抨击是偏激的、

---

① 只有西班牙例外。See Helmut Koziol, Alexander Warzilek (eds.), Persönlichkeitsschutz gegenüber Massenmedien, The Protection of Personality Rights Against Invasion by Mass Media (Tort and Insurance Law Vol. 13), WienNewYork: Springer, 2005, pp. 651－652.

② David A. Logan, Libel Law in the Trenches: Reflections on Current Data on Libel Litigation, Virginia Law Review, 2001, Vol. 87, No. 3, p. 515.

③ 该案案情请参见本书引言相关部分的介绍。

④ New York Times Co. v. Sullivan, 376 U.S. 254 (1964), p. 265.

⑤ Ibid., p. 266.

刻薄的，甚至有时是尖锐得令人不悦的，也应予以包容。而错误言论在自由讨论中不仅在所难免，而且有其存在的价值，应该受到保障。否则，一概禁止，言论自由就会失去其存在的空间。因此，判决阿拉巴马州最高法院的惩罚性赔偿判决和其诽谤法法则均违反了联邦宪法第一修正案和第十四修正案。

这里的诽谤法法则主要是指被告承担的严格责任、事无巨细的真实证明责任、损害赔偿的推定。为了改变这些违宪的诽谤法法则，联邦最高法院判决认为："应该建立一套联邦法则：当政府官员因为针对他的公务行为的不实诽谤而作为原告提起诉讼时，原告只有证明被告在发表该不实陈述时具有'实质恶意'时方可得到损害赔偿。所谓'实质恶意'是指被告明知该陈述虚假或者轻率不顾其真实与否。"[①]至于州法院的判决，布伦南大法官根据这一新法则认为，本案中的证据无法证明被告具有实质恶意，因此撤销原判，将案件发回阿拉巴马州最高法院重审。[②]

在《纽约时报》案之后，联邦最高法院又通过一系列案例对实质恶意法则的适用条件作了一系列调整。首先在 Garrison 案中，联邦最高法院认为实质恶意法则当然适用于以政府官员为原告的刑事诽谤案件中。[③] 接着在 Butts 案中，联邦最高法院将实质恶意法则扩展适用于公众人物。当时的多数意见认为，公众人物的社会影响力不亚于政府官员，却不受任何程序限制或议会制衡；同时，公众人物如同公务员一样，随时可利用大众媒介影响公共政策、反驳批评或澄清误解，因此应当将他们与政府官员同等对待。[④] 而在 Gertz 案中，联邦最高法院明确认为不属于政府官员和公众人物的私人原告不适用实质恶意法则，各州保护其公民名誉的利益应高于新闻媒体避免

---

① New York Times Co. v. Sullivan, 376 U.S. 254 (1964), pp. 279－280.

② Ibid., p. 266.

③ Garrison v. Louisiana, 379 U.S. 64 (1964), p. 67.

④ Curtis Publishing Co. v. Butts, 388 U.S. 130 (1967), p. 164. 这是首席大法官沃伦的判决意见，他的意见得到了另四位大法官的支持因而成为有效的法院意见。另四位大法官虽然也认同公众人物对社会和政治具有较大的影响力，但是认为并不需要适用与政府官员一样严格的实质恶意法则。当公众人物是原告时，仅需证明被告的行为高度不合理，已经严重违背新闻报道所应遵循的公认准则即可。See Curtis Publishing Co. v. Butts, 388 U.S. 130 (1967), p. 155.

自我检查的利益，因此可以制定适当的诽谤法责任认定标准。[①] 在 1985 年的 Greenmoss 案中，联邦最高法院再次微调了公众人物理论，认为与公共利益或公共事务无关的纯涉及私人事务的言论较少受宪法第一修正案的保护，因此，此类原告不须证明被告具有实质恶意即可请求推定或惩罚性赔偿。[②] 一年后，联邦最高法院在 Hepps 案中总结了联邦最高法院适用实质恶意的各种条件：首先，需要判定原告身份是属于政府官员、公众人物还是私人；其次，要判定所涉言论是否与公共事务有关。当言论涉及公共事务而原告又是政府官员或公众人物时，宪法明确要求给原告设置要求高得多的证明责任，即只有证明被告具有实际恶意方能求偿；当言论关涉公共事务但原告是私人时，宪法仍然要求不适用一般普通法的证明责任，但是这种责任比政府官员或公众人物在诽谤诉讼中所要承担的要低；当言论纯属私事并且原告又是私人时，宪法并不要求强制改变任何普通法规则。[③]

至此，有必要总结一下美国联邦最高法院通过一系列判例创造的实质恶意法则的思路。

首先，实质恶意法则的适用是建立在保护宪法基本权利的基础上，简单地说就是对政府官员平等适用普通法中的诽谤法规则将造成对言论自由的压制。在美国并不存在协调两项公民基本权利的问题，因为美国宪法只保护言论自由和新闻出版自由，名誉权并不是美国宪法所保护的公民基本权利。不过，联邦最高法院并没有抽象地谈论两种权利的价值秩序，而是认为公民讨论公共事务的自由应该受到较多的保护，在这种具体的言论自由中特定公民的名誉权应该受到限制，为此他们必须容忍各种激烈哪怕是错误的、具有诽谤性的言论。这是实质恶意法则的宪法基础。

其次，有了宪法基础，就需要采取具体的措施，改变有违宪法精神的州普通法，以便保护宪法言论自由，限制由州法保护的特定公民的名誉权。于

---

① Gertz v. Robert Welch Inc., 418 U.S. 323 (1974), p. 344. 正是在这个案件中联邦最高法院阐述了判定公众人物的原则。大法官们区分了完全(all-purpose)公众人物和限制性(limited purpose)公众人物。前者指名气大、影响力大的社会知名人士，后者指自愿投入某一公共事件或在非自愿的情况下偶然成为媒体关注的焦点。此外，在该案中，联邦最高法院还对私人原告的诽谤法作出了一定的限制，即各州不得采取严格责任的归责原则，同时推定损害赔偿和惩罚性损害赔偿一律适用实质恶意法则。See Gertz v. Robert Welch Inc., 418 U.S. 323 (1974), pp. 347—350.

② Dun & Bradstreet, Inc. v. Greenmoss Builders, Inc., 472 U.S. 749 (1985), p. 759.

③ Philadelphia Newspapers v. Hepps, 475 U.S. 767 (1986), p. 775.

是，联邦最高法院就在真实抗辩的基础上创造出一项实质恶意法则，从而改变了传统诽谤法的构成要件。也就是说，原告在原有三项证明责任的基础上多加了一项证明责任，即必须证明被告具有实质恶意方能求偿。实质恶意，即由原告证明被告明知该陈述虚假或者轻率不顾其真实与否，实际上这已经彻底改变了原有诽谤法中的证明责任分配体系。[①] 在实务中这多加的一项证明责任对于原告来说是非常难以证明的，加之证明的程度需要到达高于一般民事审判所需要的证据优势，即确实清楚，[②]这无疑大大减少了原告胜诉的可能性，减轻了被告的证明责任负担。

最后，还需确定适用实质恶意法则的条件。在我国，最广为人知的是政府官员和公众人物。其实，这只是表面现象，其实质还是“公民讨论公共事务的言论自由”中的“公共”二字。判别言论是否具有公共性，在大陆法系国家或地区比较常用的是“公共利益”，欧洲人权法院也采用“政治性言论”的概念。[③] 代表“公共”的首要的是国家权力主体，所以在对政府官员适用实质恶意法则这一问题上，美国联邦最高法院的法官们几乎没有什么分歧。[④] 只是现代政治生活异常复杂，可以影响国家权力、政治进程和公共利益的人远不止政府官员，联邦最高法院才会把适用实质恶意法则的对象扩大到公众人物。同时，联邦最高法院经过一番挣扎，最终还是需要借助于分析该言论所讨论的是否属于公共事务来完善完全仰仗原告身份判别的实质恶意法则适用条件。所以，无论是按照原告身份区分政府官员、公众人物和私人，还是按照言论内容的性质区分私人事务和公共事务，其实都是用以判定言论公共性的法律技术工具。

---

① 原先英美法系中的恶意(malice)是过错的一种，其意义主要是就行为人的动机而言的，并不指行为人对事实的主观认识状态。参见王泽鉴：《名誉保护、言论自由与实际恶意(actual malice)原则》，载《中国法律评论》第1卷，法律出版社2007年版，第22—23页。

② 吴永乾：《美国诽谤法所称“真正恶意”法则之研究》，载《中正法学集刊》2004年第15期，第31页。

③ 这些概念及其在不同国家或地区的区别是一个复杂的问题，本书为了叙述方便不得不求同存异，暂时采用我国学者相对来说比较习惯采用的“公共利益”指称所有的“公共性”。

④ “公共官员”英文原文是“public official”，是指“事实上，或者在公众看来对政府公务行为负有责任或拥有控制力的政府职员”。See Rosenblatt v. Baer, 383 U.S. 75, 85(1966). 可见，联邦最高法院采用的是一个相当宽泛的概念，并不局限于高层官员，判断的关键因素还是看其职位是否有权力影响公共政策，或是否能直接影响公众的健康、自由和财产等。实际上，判断原告是否属于公众人物，也是依照其参与或牵扯的事件是否具有公共性。参见[美]约翰·D.泽莱兹尼：《传播法：自由、限制与现代媒介》，张金玺、赵刚译，清华大学出版社2007年版，第132—134页。

## 二、真实确信原则的普遍使用

《纽约时报》诉沙利文案影响巨大，各国或地区纷纷重新审视本国或地区的刑事诽谤罪制度和民事诽谤制度，尤其是以真实抗辩为核心的各种抗辩原则是否能够满足保护现代言论自由和新闻自由的要求。但是，有趣的是，至今还没有一个国家或地区完全移植美国的实质恶意法则，大家皆依照本国或地区的实际情况，量力而行，采用各种适当的方法消解诽谤制度给新闻媒体和言论自由施加的沉重负担。

首先还是看看英美法系国家或地区的情况。英国最高法院程序委员会在1991年提交的一份报告中曾经明确拒绝引入美国的实质恶意法则，认为准确和慎重是新闻报道本应具有的准则，如果采纳实质恶意法则，难免鼓励不负责任的新闻报道，而且也不符合普通法所树立的"人民不分阶级，平等适用法律"的传统。同时，该委员会认为普通法的真实抗辩和公正评论抗辩已足以保障媒体的言论自由。① 尽管如此，英国国会1996年颁布的《诽谤法》还是进一步完善了诽谤法中的责任承担方式、诉讼时效和审判程序，扩大了对新闻媒体的保护。② 此外，英国上议院法庭在两个案例中特别强调了关涉公共利益的言论的重要性。在1993年的Derbyshire案中，英国上议院法庭即引申美国沙利文案的公共利益理论，认定地方政府机关就媒体所为事关公益的虚伪不实报道不得提起诽谤诉讼。③ 1999年的Reynolds案中，上议院法庭也是以言论是否关涉公共利益为出发点，认为当一个人基于某种利益或者职责、法律、社会甚至道义的需要而发表意见，并且发表时的表现又是负责的，就可以得到相对特权保护。至于如何判断言论发表人是否负责，则需要结合对当事人指责的严重程度、有关事项受到公众关注程度、消息来源是否可靠、发表前是否作过核实、发表的迫切性等多种因素加以判断。④

---

① Supreme Court Procedure Committee, Report on Practice and Procedure in Defametion, pp. 164－165 (1991).

② 廖正豪主编:《名誉权保护之研究》，典章企业有限责任公司1996年版，第57－61页。

③ Derbyshire County Council v. Times Newspapers Ltd., 1 All E. R. 1011, 1018－21 (Eng. H. L. 1993).

④ Reynolds v. Times Newspapers Ltd., 3 W. L. R. 1010 ( Eng. H. L. 1999). 英美诽谤法中的免责特权，有绝对与相对之分，即absolute privilege与qualified privilege。前者如议员在国会中的发言，法官、律师、证人在法庭上的言论等；后者如善意报道议会讨论及其文件、各种司法诉讼程序等。对于相对免责特权，一旦证明被告具有恶意，即传统普通法中的malice，被告将不能主张该种免责特权。

澳大利亚同样没有采用实质恶意法则。1994年，在Theophanous案和Stephens案中，澳大利亚最高法院从宪法所规定的代议民主制度中推论出宪法隐含了政治言论自由，有关政治事务的讨论应该给予较高程度的保护，因而有必要创设一项“宪法抗辩”。不过，这里的宪法抗辩是指被告必须证明其公开言论的合理性，包括其不知陈述内容虚伪不实、非不在乎真实与否并且是合理公开三个要件。[①] 在1997年的Lange案中，澳大利亚最高法院否定了先例中的宪法抗辩权，认为宪法所隐含的政治沟通自由属于消极权利，只能用以宣告违宪法律无效，并非赋予人民直接援引为诉讼上抗辩的积极性权利。因此，关于政治言论的免责，乃传统普通法上相对免责权的扩张，而非依据宪法而来的抗辩，尽管其目的依然是保障人民对政府及政治事务表达意见或传述消息的自由。与英国的Reynolds案相似，这种相对免责权的适用也需要具备合理性的前提要件。不同于宪法抗辩的三项构成要件，这里的合理性包括被告须证明自己有合理基础相信陈述内容真实或不相信其虚假、已尽一切可能查证真实性并且在条件允许范围内于新闻报道中已附上原告辩解。[②]

在英美法系国家或地区中，只有加拿大拒绝修正诽谤法的严格责任。这一方面是因为加拿大大部分省采纳大陆法系国家或地区的经验，将通知答辩程序作为诉讼的前置程序，大大减少了新闻媒体被起诉的风险；[③]另一方面在1995年的Hill案中，加拿大最高法院明确宣布名誉权和言论自由同是加拿大宪法所保护的公民基本权利，最高法院也强调这两项权利都是民主政治的基石，因此没有引进实质恶意法则的必要。[④]

---

① Theophanous v. Herald & Weekly Times, Ltd. (1994) 182 C. L. R. 104; Stephens v. W. Australian Newspapers, Ltd. (1994) 182 C. L. R. 211.

② Lange v. Australian Broad. Corp. ( 1997) 189 C. L. R. 520.

③ 所谓通知答辩程序，是指受害人在相关诽谤陈述发表后的短期内需通知涉案媒体，给予响应或道歉的机会，否则不能提起诽谤诉讼。收到诽谤通知的媒体，通常有数日期限可以查找问题，如果发现错误，可在法定期限内公开道歉，使之后诽谤诉讼中的损害赔偿责任限定在实际损害以内。同时，实务中原告要举证实际损害并不容易，所以媒体的道歉基本上就等于免除了诽谤赔偿责任。See Robert Martin, Does Libel Have a “Chilling Effect” in Canada? in Robert Martin & Stuart Adam (eds.), A Sourcebook of Canadian Media Law, Ottawa: Carleton University Press, 1989, pp. 757, 764. 另参见吴永乾：《美国诽谤法所称“真正恶意”法则之研究》，载《中正法学集刊》2004年第15期，第57页。

④ Hill v. Church of Scientology, [1995] 126 D. L. R. (4th) 129, 177.

大陆法系国家或地区名誉侵权虽然是由刑法和民法共同处理,但并没有英美法系普通法那么多弊端。首先,无论是刑法还是民事侵权法,都采用过错责任原则,刑法中的诽谤罪和侮辱罪还需要有作为犯罪构成要件的故意。其次,大陆法系的民事侵权责任以停止侵害和补偿为原则,普遍不实行惩罚性赔偿制度,因此,诸如禁止发表、更正、答辩、赔礼道歉、刊登判决书等是最主要的责任承担方式,即使是赔偿,无论是物质损害赔偿还是精神损害赔偿,数额也普遍不高,而且一般都有最高限额。[①] 至于刑罚,如果当事的另一方涉及新闻媒体或言论自由,法庭很少会判决适用自由刑,而刑罚中的罚金刑同样不会太高。所以,不会出现英美法系国家或地区的天价赔偿金。最后,大陆法系的新闻法都有更正和答辩制度,这是一种强制的法律制度,而且往往是诉讼程序的前置程序,因此可以很好地解决一部分争议不大的名誉权侵权争议,尤其是当受害人是政府官员或公众人物时,通过简便易行的答辩或更正可以很好地解决法律诉讼所带来的高额社会成本问题。[②]

尽管如此,大陆法系国家或地区还是普遍修正了本国或地区的刑事和民事诽谤制度,逐渐放宽了真实抗辩中"真实"的证明要求。在有些国家或地区也出现了相关宪法案件。

日本在1966年的《和歌山时事晚报》事件判决中即对真实抗辩作出了全新的解释。[③] 日本最高法院在判决中认为:"刑法第230条之2规定,具有人格权地位的个人名誉的保护,与宪法第21条正当言论的保障间,应该谋求调和。如果考虑到两者间的调和及均衡,则刑法第230条之2第1项所规定的事实即使无法证明为真实时,行为人误信其为真实,而其误信若是基于确实的资料与根据,而有相当理由时,行为人因不具有犯罪的故意,而不成立名誉毁损罪。与此不同的先前判决认为,即使行为人基于误信,只要不能证明

---

① Helmut Koziol, Alexander Warzilek (eds.), Persönlichkeitsschutz gegenüber Massenmedien, The Protection of Personality Rights Against Invasion by Mass Media (Tort and Insurance Law Vol. 13), WienNewYork: Springer, 2005, pp. 642—650.

② 实际上,美国也开始考虑按照这一思路改革诽谤法。1993年,致力于制定全美模范法典的民间组织美国各州法律统一事务委员会(亦称统一州法全国委员会,英文为 National Conference of Commissioners on Uniform State Law)起草了一份《统一更正或澄清诽谤法》(Uniform Correction or Clarification of Defamation Act),其内容就是借鉴了大陆法系新闻法的答辩与更正制度。参见[美]约翰·D.泽莱兹尼:《传播法:自由、限制与现代媒介》,张金玺、赵刚译,清华大学出版社2007年版,第152—153页。

③ 该案事实经过请参见本书引言相关部分的介绍。

事实为真实时，就不能免除名誉毁损罪的刑责。此判决简介应该加以变更。因此，原判决在法令适用上有误。""有关本案被告将记载内容误认为真实，对于其是否系基于确实的资料或根据而认为有相当理由，应该审慎加以检讨。以决定是否适用刑法第230条之2第1项的免责规定。原判决的上述各项违法，已经明显的影响到判决，如果不将其废弃，显然与正义理念相违。"[①]在昭和41年6月23日署名狂やら杀人前科事件判决中，日本最高法院将全新的真实抗辩原则适用于民事侵权法中："关于毁损名誉的民事不法行为，若其行为与公共利害事实有关，且为公益目的时，若能证明其所指摘事实为真实时，其行为不具违法性。若不能证明其事实为真实，但行为者有相当理由相信其事实为真实时，其行为不具故意或过失。"[②]至于《日本刑法典》第230条第1款真实抗辩原则的适用条件"与公共利益有关"的具体含义，日本最高法院在《月刊笔》事件判决中认为，是否与公共利益有关，需要按照指摘事实的内容、性质加以客观地判断。因此，"即便是私人私生活上的行止，但随着其所参与的社会活动之性质，以及透过该活动对社会所造成的影响程度等，有时应解为对其社会活动所为的批判或评价"来判断是否属于与公共利益有关。[③] 此外，日本最高法院还就"有相当理由相信其事实为真实"的具体标准作了进一步细化，将媒体是否仔细进行侧面证实采访作为有无"相当理由"的判断要素。[④]

我国台湾地区大法官会议也作出过类似的宪法判决。在蔡兆阳与《商业周刊》诽谤案中，被告《商业周刊》总编辑黄鸿仁和记者林莹秋被分别判处5个月、4个月刑期，并课罚金若干，民事赔偿则被判连带赔偿60万元。二被告不服，向我国台湾地区"司法院"大法官会议申请刑法诽谤罪是否违宪的

① 日本最高法院大法庭1969年6月25日判决(刑集23卷7号957页)。转引自谢庭晃:《妨害名誉罪之研究》,天主教辅仁大学法律学系2002年博士论文,第75页。

② 王泽鉴:《名誉保护、言论自由与实际恶意(actual malice)原则》,载《中国法律评论》第1卷,法律出版社2007年版,第30页。

③ 该案的起因是,被告在《月刊笔》杂志上批评作为某宗教法人S学会会长的原告与其他女性保有不正当性关系,并将两位与他有关系的女性送入国会。参见日本最高法院大法庭1981年6月11日判决(民集40卷4号84页)。转引自[日]阿部照哉等编著:《宪法(下)——基本人权篇》,周宗宪译、许志雄审定,元照出版有限公司2001年版,第145－146页。

④ 日本最高法院第一小法庭1972年11月6日判决(民集26卷9号1633页)。转引自谢庭晃:《妨害名誉罪之研究》,天主教辅仁大学法律学系2002年博士论文,第228页。

‘宪法’解释，大法官会议于2000年作出释字第509号解释。[①] 第509号解释认为：“鉴于言论自由有实现自我、沟通意见、追求真理、满足人民知的权利，形成公意，促进各种合理的政治及社会活动之功能，乃维持民主多元社会正常发展不可或缺之机制，‘国家’应给予最大限度之保障。惟为保护个人名誉、隐私等法益及维护公共利益，‘国家’对言论自由尚非不得依其传播方式为适当限制。”据此，第509号解释判定：“‘刑法’第三百十条第三项前段规定：‘对于所诽谤之事，能证明其为真实者，不罚’，系以指摘或传述足以毁损他人名誉事项之行为人，其言论内容与事实相符者为不罚之条件，并非谓行为人必须自行证明其言论内容确属真实，始能免于刑责。惟行为人虽不能证明言论内容为真实，但依其所提证据资料，认为行为人有相当理由确信其为真实者，即不能以诽谤罪之刑责相绳，亦不得以此项规定而免除检察官或自诉人于诉讼程序中，依法应负行为人故意毁损他人名誉之举证责任，或法院发现其为真实之义务。就此而言，‘刑法’第三百十条第三项与‘宪法’保障言论自由之旨趣并无抵触。”只是在这一“宪法”解释之后，我国台湾地区大法官会议并未就民事侵权法中名誉权侵权是否适用“确信真实”的真实抗辩作出后续判决，以至于普通法院在这个问题上产生严重分歧，有的全不适用，有的则在第509号解释的基础上再画蛇添足地引入美国的实质恶意法则，造成了不小的混乱。[②]

德国联邦宪法法院协调两项宪法基本权利平衡实现的方法非常独特。在著名的1958年路特案[③]中，宪法法院首先解决的也是宪法基本权利的效力问题。宪法法院认为，宪法基本权利不仅仅是限制国家权力的行使，它也是衡量立法、行政及司法领域所有行动的准绳，因此，即使规范私人关系的民法也不能和基本权利相违背。据此，联邦宪法法院要求普通法院使用“利益均衡理论原则”审核双方当事人相互冲突的权益，即要求法院必须以个案的一切客观因素来斟酌双方的权益——基本权利，以断定哪一方应受到保

① 在大法官作出第509号解释之后，又经过台湾地区“最高检察署”两度提起非常上诉，台湾地区高等法院在2005年3月的更二审中判决黄鸿仁有期徒刑3个月并科罚金，林莹秋则获判无罪。黄鸿仁被判有罪，是因为其不愿提供新闻中的匿名新闻来源，因此无法判断其在制作新闻时是否确信其为真。

② 王泽鉴：《名誉保护、言论自由与实际恶意（actual malice）原则》，载《中国法律评论》第1卷，法律出版社2007年版，第28页。

③ 该案事实经过请参见本书引言相关部分的介绍。

障。按照这一原则进行衡量，联邦宪法法院认为言论自由所保护的价值判断，对形成公共舆论至关重要，因此事关自由民主国家的公众福利（general welfare）。路特的言论正属于这种意在形成公共舆论的言论。另外，《德国民法典》第826条所保护的哈郎的职业利益和电影发行公司的经济利益虽然也分别受到《基本法》第2条人格自由发展权和第14条财产权的保护，但是这些利益只能算作私人利益。所以，在本案中，原告的事关公众福利的言论自由利益显然比被告的私人利益要重要。联邦宪法法院据此判定汉堡地方法院和高等法院的判决违宪而被撤销。

正是利用这一整套复杂的"利益均衡理论原则"，德国联邦宪法法院通过一个一个的个案衡量了多种基本权利冲突。在施密特案中，原告施密特博士由于《明镜》周刊曾在报道中对其有所抨击，便在报纸上撰文反击，并将该杂志的作风比作"道德卖淫"。于是《明镜》周刊提起刑事诽谤罪诉讼。后地方法院判决被告败诉，并处被告罚金150马克。被告遂提起宪法诉讼。联邦宪法法院再次重申通过自由讨论形成公共舆论对民主社会的重要性，而在本案中被告对原告名誉的攻击仅仅是一种互相反击，符合《德国刑法典》第193条所规定的"为防卫发表言论"的免责条件，因此判决宪法申诉成立。[①] 同样，在1990年的《明星》周刊访谈案中，被告在《明星》周刊发表的一篇访谈中指责原告弗朗兹·J.施特劳斯（Franz Josef Strauβ）——一位著名的政治人物——是"机会主义民主党"人，始终在寻求强权政治。原告认为自己名誉受到损害向法院提起民事侵权诉讼，后地方法院支持了原告的主张，被告遂向联邦宪法法院提起宪法诉讼。联邦宪法法院再次重申了公共讨论的言论自由的重要性："某项言论是否受《基本法》第5条的保护主要看其思想交流的目的，致力于重要公共问题的言论应该比仅仅服务于私人利益的言论受到更多的保护"，因此，"在包括政治争论在内的公共讨论中，必须允许批评存在的空间，即使这种批评是某种夸大或论战。否则，就会有阻塞和限制观念形成的过程的危险"。所以，侮辱言论是否构成对他人的侮辱，还要结合该言论的目的来判断。如果该言论具有其他更实质性的目的，如本案申诉人的言论就是旨在阐明机会主义政治家在德国公共生活中的作用一样，都不应被视作对他人的侮辱。据此，宪法法院判决撤销地方法院的

---

① 陈新民：《德国公法学基础理论（上册）》，山东人民出版社2001年版，第317－318页。

判决。[①]

在给政治言论自由作出价值排序的基础上，联邦宪法法院也发展出一套区分价值判断和事实陈述的原则。这一原则与真实抗辩有些关系。在1982年的竞选诽谤案中，某社会党竞选人把巴伐利亚的多数党基督教社会联盟称为“欧洲的纳粹党”。基督教社会联盟在地方法院获得禁令，禁止该社会党竞选人公开重复这一说法，该竞选人遂提起宪法诉讼。宪法法院判决认为，《基本法》中的言论自由本身并不明确区分“价值判断”和“事实陈述”。自由言论的目的是形成见解，去说服并对他人施加思想影响。价值判断从来是指去说服别人，这是为何它受到《基本法》第5条第1款保护的原因。因此，作为基本权利的言论自由被主要用来保护言论者的个人见解，至于见解究竟“富有价值”或“分文不值”，“正确”或“错误”，抑或它是带有感情或理性，在此毫不相关。如果有关见解对公共问题的思想交锋有所贡献，那么它就被假设受到自由言论原则的保护，即使是辛辣或夸张的言论——尤其是那些在竞选高潮所流露的言论。但是，这项原则并不以同样的方式适用于事实陈述，作为形成见解的基础，它只受《基本法》的有限保护，而虚假信息、故意说谎、错误引文则不受《基本法》保护。[②]

由于欧洲人权法院在《欧洲人权公约》基本人权保护方面所作的判决，审查的是各缔约国国内法院的判决而不是立法，因此它也采用与德国联邦宪法法院相类似的方法，在强调政治言论的重要性的基础上在个案中区分价值判断和事实陈述。欧洲人权法院在这方面的开创性的判例是1986年的Lingens v. Austria。[③] 欧洲人权法院在判决中指出，依据《欧洲人权公约》第10条，判断国家权力机关限制言论自由是否合法，需要看这种限制是否依据法律，限制的目的是否合乎公约规定，在民主社会为了公约所规定的目的而限制言论自由是否必要。关于前两项条件争议不大，奥地利法院是依据其保护他人名誉权的刑事诽谤罪条款作出的判决，因此符合《欧洲人权公约》第10条的规定。关键是第三项条件，也就是要依据比例原则审查奥地利法

① Edward J. Eberle, Dignity and Liberty: Constitutional Visions in Germany and the United States, Westport: Praeger, 2002, pp. 210－214.

② 张千帆:《西方宪政体系(下册·欧洲宪法)》,中国政法大学出版社2005年版,第402－403页。

③ Lingens v. Austria, 103 Eur. Ct. H.R. (ser. A) (1986). 该案事实经过请参见引言相关部分的介绍。

院限制言论自由是不是一个民主社会所必需的。欧洲人权法院认为,《欧洲人权公约》第 10 条第 1 款所保护的言论自由“构成民主社会的根基之一,构成社会进步和每个人的发展的基本条件之一。它受制于第 10 条第 2 款,不仅适用于人们乐于接受或视为无关紧要的‘信息’或‘观念’,而且适用于那些冒犯、惊扰国家或任何人群的‘信息’或‘观念’。这是多元、容忍和思想开放的要求,没有这些就没有‘民主社会’”[①]。当涉及新闻出版自由时,这种重要性尤显突出。虽然新闻媒体不能逾越“保护他人名誉”等界限,但是它在政治事务方面传递信息和观念也具有义不容辞的责任,就像它在其他关涉公共利益的领域所应担负的责任一样。新闻出版自由是公众了解政治领导人的思想和态度以发现和形成关于他们的观点的最主要方法。也就是说,政治争论自由是民主社会这一贯穿《欧洲人权公约》始终的概念的核心所在。因此,对于批评言论的限制来说,当这种批评言论的对象是如本案一样的政治人物时,其限制理应比一般私人要宽松。政治人物不可避免地同时是有意地把自己的所言所行暴露于新闻记者与公众的严格检视之下,因此,他应该展现更大程度的宽容。《欧洲人权公约》第 10 条也保护包括政治人物在内的所有人的名誉,即使是在政治人物的私人领域。但法院强调,在这个部分,必须衡量政治人物名誉利益与公共讨论政治议题的利益之间的关系。本案的争议言论正是有关一场选举之后的政治争议。奥地利法院的判决无疑会起到阻碍新闻媒体充当信息传递人和公共事务监督人的作用。奥地利法院判决申诉人有罪的理由是他不能依据《奥地利刑法典》第 111 条第 3 款的真实抗辩原则证明其言论为真实。但欧洲人权法院认为应该细致地区分事实陈述与价值判断。前者可以被证明为真实或虚假,后者则根本无所谓真假之分。本案争议言论应该属于价值判断,而且对于申诉人善意发表该言论和所依据的事实为真实并无争议。据此,欧洲人权法院判决奥地利法院的国内判决违反了《欧洲人权公约》第 10 条。

截止到 2006 年,欧洲人权法院已经作出了包括本案在内的 52 个协调言论自由与名誉权的判决,其中有 39 个案件最终被判违反《欧洲人权公约》第 10 条,占所有同类案例的 75%。这些判决涉及欧洲各公约成员国的刑事、民

---

① 这一原则是欧洲人权法院在 Handyside v. The United Kingdom 案中确立的。See Handyside v. The United Kingdom Judgment, 07/12/1976, A24, para. 49. 该段翻译引自张志铭:《欧洲人权法院判例法中的表达自由》,载《外国法译评》2000 年第 4 期。

事诽谤制度的方方面面，其当事人包括政治人物、政府机关、国外元首、公务员、法官和一般个人。虽然欧洲人权法院并不是依据原告身份区别适用不同规则，但是依据 Lingens v. Austria 案的理论，欧洲人权法院对限制涉及政府机关、外国元首和政治人物的言论判决审查最严，公务员、法官和司法机构次之，涉及一般个人的言论如果不涉及公共利益则受到较多保护。①

除了违宪审查机构，大陆法系国家或地区的普通法院在发展真实抗辩原则方面也做了很多工作，尤其对于新闻媒体被告，一般都确立了只需要证明它们在发表新闻报道时已经尽可能地尽到相关义务即可推定新闻是真实的规则。比如在德国，普通法院认为，对可能给被调查对象的名声造成严重损害的新闻记者必须亲自进行各种调查与核实，对于一般新闻社提供的新闻或转载的新闻则不要求新闻记者做进一步的核实工作。② 在法国，法院也通过一系列判决确认，新闻记者在制作和报道新闻的过程中尽到了保证新闻内容客观、形式谨慎的责任，就可以作为其新闻真实的证明，而且这种真实性的证明还包括新闻媒体善意行使的批评权、幽默权和讽刺权。③ 2008 年时任法国总统萨科奇因为一家玩具商将他的形象制作成巫毒娃娃出售将该玩具商告上法庭，巴黎地方法院就是依据幽默权驳回了萨科奇的诉讼。④ 意大利法院也作出了这样的判决，即如果作出的判断是客观真实的、记者遵循了诚实信用原则并且对发表该内容存在一般的公共利益的话，新闻媒体对个人的人格尊严之侵犯就被认为是正当的。⑤ 同时，依据这一原则，意大利普通法院在判例中确定了一系列免责信息种类，比如公开的谣言、来自公共

---

① Dan Kozlowski, "For the Protection of the Reputation or Rights of Others": The European Court of Human Rights' Interpretation of the Defamation Exception in Article 10 (2), Communication Law and Policy, 2006, Vol. 11, No. 1, pp. 140－141.

② Ibid., pp. 167－168.

③ Karine Anterion and Olivier Moréteau, The Protection of Personality Rights Against Invasion by Mass Media in France, in Helmut Koziol, Alexander Warzilek (eds.), Persönlichkeitsschutz gegenüber Massenmedien, The Protection of Personality Rights Against Invasion by Mass Media (Tort and Insurance Law Vol. 13), WienNewYork: Springer, 2005, pp. 122－123.

④ 《法国民法典》的侵权法条款的规范形式比较开放，法官的自由裁量权比较大。参见薛军：《揭开"一般人格权"的面纱——兼论比较法研究中的"体系意识"》，载《比较法研究》2008 年第 5 期。

⑤ [德]克雷斯蒂安・冯・巴尔：《欧洲比较侵权行为法（上卷）》，张新宝、焦美华译，法律出版社 2004 年版，第 721 页。

机构的秘密信息、匿名文章和转载等。[①] 韩国同样是由普通法院通过判例修正了真实抗辩原则。1984 年，汉城地方法院在一起媒体诽谤的民事诉讼中认为，新闻媒体的活动如果涉及公共利益，只要有充分理由相信其真实就不构成诽谤侵权行为。韩国最高法院在四年之后，认可了汉城地方法院的合理确信原则，并将其扩大适用于刑事诽谤案件。具体来说，要判断行为人是否确有充分理由相信其陈述为真实，则应该依据报道内容是否有刊载的急迫性、消息来源是否可靠、是否易于向当事人查证事实等具体情况进行查明。[②]

## 第四节　隐私权：欧洲 VS 英美

介绍了这么多侧重保护言论自由的宪法和法律制度，难免给人造成在西方社会言论自由具有先天的优越性或者丝毫不受限制的印象。但是，实际上，西方社会对人格权同样非常重视。这其中最为典型的莫过于隐私权。西方法律之所以会这么重视隐私权的保护，正是由于人们担心新闻媒体过于发达、不受节制，可能给个人私生活造成巨大而无法挽回的伤害。

### 一、法国隐私权保护制度的发展

早在法国大革命时期，法国 1791 年《宪法》第五章第 17 条第 3 款就规定："对任何人有关私生活方面的行为加以诽谤和侮辱者，应根据受害人的诉追而惩罚之。"该宪法起草者之一雅各宾·热罗姆·佩蒂翁（Jacobin Jérôme Pétion）在 1791 年 8 月对此条款解释说："活跃而自由的新闻媒体对于维持一个自由的政府来说是必不可少的。但是，过分自由的新闻媒体会威胁到'私人'也是不争的事实。为此，赋予那些私生活被侵犯的人以法律追诉'侮辱'的权利也是十分重要的。这么立宪并不会破坏革命所获得的自

---

① Alessio Zaccaria and Mirko Faccioli, The Protection of Personality Rights Against Invasions by Media in Italy, in Helmut Koziol, Alexander Warzilek (eds.), Persönlichkeitsschutz gegenüber Massenmedien, The Protection of Personality Rights Against Invasion by Mass Media (Tort and Insurance Law Vol. 13), WienNewYork: Springer, 2005, pp. 195—196.

② Kyu Ho Youm, Libel Law and the Press: U. S. and South Korea Compared, Pacific Basin Law Journal, 1995, Vol. 13, No. 12, note 226, pp. 249—250.

由，相反，它将符合革命的目的”[1]。1819 年，著名的自由主义哲学家、法国新闻自由的积极倡导者鲁瓦埃-科拉尔（Royer-Collard）在一篇著名的演讲中警告说：“新闻出版必须是自由的，但是新闻自由仅仅适合于公共领域。关于私生活的即使是真实的事实也不应该被合法地公开。”他所警示的“私生活应当被隔绝”成为法国保护隐私权思想的经典并强烈地影响到后世的法律制度。[2]

虽然被认为最早的隐私权案例出现在 1858 年，[3]但是 1867 年的大仲马案更为有趣，法院在判决中对隐私权的偏好也更加明显。当时大仲马与一位声名不佳的女演员相恋时拍了数张有猥亵内容的照片。拍照的摄影师借着大仲马本人没有对照片的公开发表任何意见的机会，到知识产权局登记注册了著作权，随后便将照片广为贩卖从而引发了一场国际性的丑闻。大仲马迫于家族压力向法院起诉摄影师，但在庭审中大仲马又承认他已经将这些照片的所有权和著作权卖给了摄影师。在崇尚资本主义自由竞争的时代，财产权是神圣不可侵犯的，法院并没有可用的法律依据来限制摄影师的著作权。但巴黎上诉法院最终借用鲁瓦埃-科拉尔的思想判决认为，即使一个人默示地同意公开这些令人尴尬的照片，这个人也依然保有撤销这种同意的权利。这些照片的公开会使这个人重新注意到他曾经忽视顾及自己的尊严，并提醒他私生活应当被隔绝，这既是为了他个人的利益，同时也是为了公共道德的利益。据此，法院认为隐私有时也应该压倒财产，至少是在涉及某人的猥亵照片的时候。正像名誉的某些方面一样，隐私不是某种市场上的商品，可以随便买卖。一个暂时忽视其尊严的人所为的任何一个出卖行为都将始终使这一出卖行为处于可撤销的状态。最终法院判决摄影师将这些照片的所有权利卖给大仲马。正是从这一判例开始，法国的法院逐渐发展出一项独立的人格权——肖像权。[4]

虽然自 1791 年《宪法》之后的法国宪法，包括现行的第五共和国宪法都

---

① James Q. Whitman, The Two Western Cultures of Privacy: Dignity versus Liberty, Yale Law Journal, 2004, Vol. 113, No. 6, pp. 1172—1173.

② Ibid., p. 1173.

③ Jeanne M. Hauch, Protecting Private Facts in France: The Warren & Brandeis Tort Is Alive and Well and Flourishing in Paris, Tulane Law Review, 1994, Vol. 68, No. 5, p. 1232.

④ James Q. Whitman, The Two Western Cultures of Privacy: Dignity versus Liberty, Yale Law Journal, 2004, Vol. 113, No. 6, p. 1175—1176..

没有明确列举隐私权和人格权,但是经由20世纪70年代之后真正发展起来的违宪审查制度,法国的宪法委员会已经作出多个宪法判决,承认隐私权、人格权和人性尊严都是宪法所保护的基本人权。① 不过,限于长久以来法国违宪审查只针对国会的立法争议,并且个人和普通法院都无法以个案的形式提起违宪审查诉愿,人格权与言论自由并没有在宪法委员会的管辖范围内交锋。② 这方面的问题,在法国主要是通过立法和司法来解决的。在1868年5月11日,也就是大仲马案后一年,当时的法国立法机关颁布了一部《新闻出版法》,其中第11条规定:"任何以文字的形式发行的出版物如果包含有他人私生活的内容将被处以500法郎的罚款。"这是一个刑事法条款,并且属于告诉乃论的亲告罪。③ 虽然1881年《新闻出版自由法》并没有采纳这一条,但是1944年在修订1881年《新闻出版自由法》的过程中,法国国会修改了诽谤罪真实抗辩原则的适用条件,规定当"涉诉言论与个人私生活有关时"真实抗辩原则不适用。二战后,法国并没有专门制定保护公民隐私权方面的立法。保护公民隐私权的方式主要是依靠民事法庭,法院依据《法国民法典》第1382条和第1383条,即法国侵权法的概括性条款发展出了侵犯隐私权的诉因。除此之外,名誉权、姓名权和上文提到的肖像权也是通过这两个条款得到保护的。

1966年的菲利普案④最终促使法国国会制定全新的法律保护公民的隐私权。该案的起因是几名记者闯进已故著名舞台剧演员钱拉·菲利普9岁的儿子的病房进行采访和拍照。其中一名记者打算把这些照片和菲利普一家的照片以及这名儿童的病情和治疗情况登报。钱拉·菲利普的遗孀提起了民事诉讼,要求法院采取诉前限制措施阻止该记者发表照片和文章。地方法院判决被告败诉。被告不服,声称小菲利普的病情其他报纸已经公开报道,菲利普一家的照片也是以前报纸公开过的。但上诉法院在判决中认

---

① Louis Favoreu, Droit des Libertés Fondamentales, 4e édition, Dalloz 2007, pp. 175, 182—183, 211—213.

② 2008年7月21日,法国新通过的宪法修正案对违宪审查制度作出了改革,规定最高行政法院和最高法院在案件审理中发现某立法违宪时可以中止案件审理,将违宪争议提交给宪法委员会进行裁决。Projet de lol Constitutionnelle du 21 juillet 2008, art. 29. 法国宪法委员会是否将在人格权与言论自由的协调实现方面作出重大判决只能拭目以待。

③ Loi relative à la presse du Mai 11, 1868, art. 11.

④ 该案事实经过参见引言相关部分的介绍。

为:“仅仅为了商业目的而复制未经授权的照片并且暗示将公开这名未成年人的健康状况,无论这些健康信息是真实的还是猜测的,都对菲利普一家的私生活构成了不可容忍的侵犯。”被告记者仍然不服,认为法院的禁令违反了《新闻出版自由法》所规定的不得实行新闻事先检查的规定,侵犯了自己的新闻出版自由,上诉至法国最高法院。法国最高法院支持了下级法院的判决,认为法官一旦发现某种行为构成对他人私生活的不可容忍的侵犯,有权作出停止侵害的判决。[①] 此案的判决引起巨大争议,因为法院判决扣押和禁止新闻出版物的出版并没有明确的法律依据,所以法国最高法院在一份给司法部部长的年报中呼吁通过立法调和隐私权与言论自由的关系。结果,在1970年法国国会通过了一部旨在加强保护公民个人权利的法律,其中第三章“隐私权的保护”,规定了数条保护公民隐私权的刑事和民事法律条文。其中一些条文被加入法典,成为重要的刑事和民事法条文。如现行《法国民法典》第9条[②]和现行《法国刑法典》第226—1、226—2条[③]都来自该法。其中最重要的是《法国民法典》第9条,它在隐私权保护和肖像权保护方面基本替代了《法国民法典》第1382、1383条。[④] 此外,法国还通过单行法在1993年给《法国民法典》第9条增加了一款,即第9—1条;2000年国会又对该款进行了修订,增加了一段内容。[⑤] 其主要内容是防止新闻媒体对一些刑事案件的过度报道侵害犯罪嫌疑人或被告人的无罪推定权。在立法之下,法国各级民事法院的法官成为协调隐私权和言论自由的主角。他们在具体的案

---

① Jeanne M. Hauch, Protecting Private Facts in France: The Warren & Brandeis Tort Is Alive and Well and Flourishing in Paris, Tulane Law Review, 1994, Vol. 68, No. 5, pp. 1240—1241.

② 《法国民法典》第9条规定:“(1)任何人均享有私生活受到尊重的权利。(2)在不影响对所受损害给予赔偿的情况下,法官得规定采取诸如对有争执的财产实行保管、扣押或其他适于阻止或制止妨害私生活隐私的任何措施;如情况紧急,此种措施得依紧急审理命令之。”

③ 《法国刑法典》第226—1条规定:“使用任何手段,故意侵犯他人私生活,有下列情形的,处1年监禁并科30万法郎罚金:1.未经本人同意,监听、录制或转播私人性质的谈话或秘密谈话;2.未经本人同意,拍摄、录制或转播个人在私人场所的形象。如本条所指之行为系在当事人完全知情的条件下完成,当事人有可能予以反对而未予反对者,推定当事人同意。”第226—2条规定:“保存通过第226—1条所指行为得到的任何录音、录像或资料,将其透露给公众或示之第三人,或者指使他人将其透露给公众或示之第三人,或者以任何方式使用此种资料的,处相同之刑罚。”

④ Jeanne M. Hauch, Protecting Private Facts in France: The Warren & Brandeis Tort Is Alive and Well and Flourishing in Paris, Tulane Law Review, 1994, Vol. 68, No. 5, p. 1250.

⑤ 有关内容可参见《法国民法典》,罗结珍译,中国法制出版社1999年版,第3—4页。

例中会仔细斟酌平衡两种权利之间的关系，尤其是在需要作出严厉的限制措施的时候，他们通常会考虑到这些措施同时也可能造成不必要的事前审查。[①]

## 二、德国人格权保护制度的发展

德国同样有着悠久的保护个人人格权的历史，不过与法国不同的是，善于抽象思维的德国是从一个一般概念出发，阐发人格权的重要性。同时，由于违宪审查制度的不同，德国的宪法法院在协调平衡两种基本权利的关系中发挥了极其重要的作用。德国宪法法院所使用的基本概念是其二战后制定的《基本法》第 1 条第 1 款和第 2 条第 1 款的结合体，简单地说就是个人植根于人性尊严的人格自由发展权。在德国，这项结合体也被称为“一般人格权”。[②]《基本法》中的一般人格权有着深厚的德国哲学和文化背景，也是经过漫长的历史发展演变而来的。[③] 所以，德国人异常重视这一宪法基本权利。在上文提到的 1958 年路特案中，德国联邦宪法法院就已经认为：“以人性尊严和人格在社会共同体中的自由发展为核心的宪法客观价值秩序，必须被视作影响所有法律领域，包括公法和私法的基本宪法决定。”[④]不过，在 20 世纪 60 年代的几个宪法判决中，德国联邦宪法法院并没有着重从一般人格权的角度出发协调人格权与言论自由的关系。但是，到了 20 世纪 60 年代末，德国联邦宪法法院开始转向，转而发掘一般人格权中高过言论自由的价

---

① Catherine Dupré, The Protection of Private Life versus Freedom of Expression in French Law, in Madeleine Colvin ed., Developing Key Privacy Rights, Oxford and Portland, Oregon: Hart Publishing, 2002, p. 69.

② 德国《基本法》第 1 条第 1 款规定：“人性尊严神圣不可侵犯，尊重和保护人性尊严是所有国家权力机关的义务。”第 2 条第 1 款规定：“只要不侵犯他人权利或是违反宪法秩序或道德规范，人人都有发展其人格的权利。”

③ Edward J. Eberle, Human Dignity, Privacy, and Personality in German and American Constitutional Law, Utah Law Review, 1997, Vol. 1997, No. 4, p. 972.

④ Lüth, 7 BVerfGE 198, 205(1958). 德国的客观价值秩序概念源于其历史上将宪法视为价值中立的法律规范的思想的反思，即将保护宪法基本权利看作是一种价值取向，而这种价值取向又是如此重要，以至于需要一套独立存在的“客观”秩序保护之。基本权利的客观价值秩序区别于这些基本权利在具体法律关系中的特定含义，也就是主观价值秩序。正是从客观价值秩序概念出发，德国《基本法》的基本权利条款才获得普遍的效力，成为“衡量立法、行政及司法领域所有行动的准绳”。See Edward J. Eberle, Dignity and Liberty: Constitutional Visions in Germany and the United States, Westport: Praeger, 2002, p. 25.

值。当然，他们所使用的依然是通过个案的“利益均衡理论原则”。

在1971年的魔菲斯特案[①]中，地方法院和联邦最高法院都判决被告败诉，出版商便提起宪法诉讼，宣称联邦最高法院侵犯了《基本法》第5条第3款所保护的艺术自由。由于《基本法》第5条第3款[②]对艺术与科学自由没有规定任何限制，因此当时在理论上认为艺术与科学自由是一种不受限制的绝对自由。联邦宪法法院在判决意见上形成了4对4的僵局，联邦最高法院的判决自然生效。在支持本案中人性尊严更加重要的判决意见中，法官们先抑后扬。在阐述了艺术自由的重要性和宪法中艺术自由不受限制的具体含义之后，联邦宪法法院认为：“然而，艺术自由并非是不受任何限制的。像其他的基本权利一样，对基本法所规定的艺术自由的保障也是建立在《基本法》把‘人’视为是能够在社会共同体中自由发展的、自主的人。但在《基本法》条文中艺术自由不受任何条款的限制这一事实是表示只有宪法本身能够决定艺术自由的限度。”在阐述了若干具体的衡量原则后，联邦宪法法院认为，普通法院在衡量基本权利冲突时并没有犯原则性的错误，因此支持了普通法院为了保护原告养父的人性尊严而禁止被告出版该小说的判决。[③]

1973年在第一次雷巴赫案中，联邦宪法法院对电视新闻自由与隐私权的冲突作出衡量。该案事实是这样的，1969年初，有3人侵入位于德国萨尔兰邦雷巴赫镇的联邦国防军弹药库，犯下重罪，震惊全德国。1970年，这3人被判刑入狱。其中，被告A及B处无期徒刑，被告C则以帮助犯身份处6年有期徒刑。就此事件，德国某电视台于1972年春天，制作完成一档名为《雷巴赫士兵谋杀案》的记录性节目，实名描述3名歹徒之间的关系，包括同性恋情结、犯罪行为之准备与实施，以及整个被追捕与刑事诉追之过程等。正在节目准备播出之前，C出狱了，他认为准备播出的节目侵害了其受《基本法》第2条第1款和第1条第1款所保障的一般人格权，将使其无法重返社会，遂向地方法院申请禁止播出该节目。但他的诉讼请求被各审民事法院驳回，判决的主要理由是，C为德国《艺术品著作权法》第22条及第23条中

① 该案事实经过参见本书引言相关部分的介绍。

② 德国《基本法》第5条第3款规定：“艺术与科学、研究与教学皆应享受自由。教学自由不得免除任何人对宪法的效忠。”

③ 张千帆：《西方宪政体系（下册·欧洲宪法）》，中国政法大学出版社2005年版，第358—361页；Donald P. Kommers, The Constitutional Jurisprudence of the Federal Republic of Germany, Durham and London: Duke University Press, 1989, pp. 309—312.

所谓的“历史人物”，其个人肖像权虽属一般人格权之特别表现方式，然而在本案中，与广播电视自由相比较后者应优先受到保护。C因此提起宪法诉讼。联邦宪法法院在判决中认为，一般来说对于重大犯罪行为的现场报道，公众获取信息的利益应该优于犯罪行为人的人格保障。然而，除了顾及个人不得被触及的最内在生活领域之外，也必须遵守比例原则。因此，报道行为人的姓名、相貌或其他可确定其身份的行为，并非毫无限制。广播电视台除了案件的现场报道之外，以记录性节目的方式，在时间上毫无限制地触及犯罪行为人本身及其私人生活范围，为宪法上之人格权保障所不允许。事后的报道，即使是提供最新的信息，如果是造成行为人相当性的或是另外的损害，特别是危害其再社会化时也不被允许。当行为人出狱后或即将出狱前，播出可确认其身份的重大刑事案件节目时，通常可被视为一种危害行为人再社会化的行为。据此，联邦宪法法院撤销了普通法院的判决。[①]

同一年，在索拉雅案中联邦宪法法院再次阐述了一般人格权的重要性。事情的起因是某小报虚构了一篇对伊朗王妃索拉雅的访谈，并捏造了许多索拉雅的私生活事实。索拉雅向法院提起民事诉讼，要求侵权损害赔偿。被告败诉后在联邦宪法法院提起诉讼。联邦宪法法院认为：“个人的人格和尊严是宪法基本权利所体现出来的价值秩序的最核心。这种个人的人格和尊严为每个人在社会和共同体的框架中所自由地享有和发展。因此每个人在其人格和尊严中的利益应该被尊重，同时这也应该受到所有国家机构的保护。这种保护首先就应该被扩展到个人的私人空间，例如独处的空间、自决的空间以及免受任何外界干扰的空间。私法也应该通过那些与一般人格权相关的法律条文提供这种对私人空间的保护。”而“一份虚构的访谈对于形成真正的公共观点毫无益处。因此相对于这种言论来说，对于隐私的保护具有无条件的优先性”。据此，联邦宪法法院支持了普通法院的判决。[②]

进入20世纪80年代之后，德国发生了两个平衡保护人格权的著名宪法案例。第一个是1980年的误引他人言论案。一位著名的评论家在电视节目中批评诺贝尔文学奖获得者海因里希·伯尔(Heinrich Böll)，认为他的作品

---

① BVerfGE 35，202(1973). 转引自陈耀祥：《论广播电视中犯罪事实之报道与人格权保障之冲突》，载翁岳生教授祝寿论文集编辑委员会编：《当代公法新论(上)：翁岳生教授七秩诞辰祝寿论文集》，元照出版有限公司2002年版，第117—119页。

② BVerfGE 34，269(1973). Cf. Edward J. Eberle，Dignity and Liberty：Constitutional Visions in Germany and the United States，Westport：Praeger，2002，pp. 102—103.

助长了德国的恐怖主义。在评论的过程中，这位电视评论员错误地引用了伯尔的话。伯尔认为这一误引损害了他的名誉权，因此提起民事损害赔偿诉讼。结果伯尔在州地方法院胜诉，但是在联邦最高法院败诉。伯尔遂向联邦宪法法院提起宪法诉讼。联邦宪法法院判决认为，错误的事实并不受宪法意见自由的保护。“对媒体施加适当的责任使他们在引述他人的言论时能够保持正确引用并不会伤及民主或是公共观念的形成。实际上，如果缺少保证报道正确和精确的责任，传递信息以达到形成公共观点的目的就不能实现。在本案中，并不具有在其他案件中可能出现的需要迅速发表或是取证非常困难的情形。让一个人保证引述他人的言论正确并不会给他施加实质的或不合理的证明责任。因此，如果某人因为错误引述而损害他人的(《基本法》第1条第1款和第2条第1款所保护的)一般人格权。他的行为将不受《基本法》第5条第1款的保护。”“使用直接引用作为批评性评论的证据在观点交锋中是一个颇具杀伤力的武器，而且如果用得不好对被批评人的人格权的伤害也同样会非常严重。尤其是在报纸、电台或电视这样传播广泛的载体上进行引述，其杀伤力和伤害性就更强了。”据此，法院判决撤销联邦最高法院的判决。[①]

第二个是1987年的施特劳斯政治讽刺案。本案原告弗朗兹·J.施特劳斯与上文介绍的1990年《明星》周刊访谈案中的原告为同一人。本案中，某杂志刊登了几幅政治讽刺漫画，将施特劳斯描绘成穿着法袍的猪，并且正在与其他的猪交媾。施特劳斯以诽谤罪起诉该杂志。被告败诉后向宪法法院提起诉讼。宪法法院判决认为，被告的讽刺漫画虽然属于《基本法》第5条第3款中艺术自由所包含的艺术，而且像被告这样的人也是公众讽刺和批评的重点对象，但即使如此，这么过分的讽刺形式还是超过了比例原则的限度。性活动是一个人的人性尊严的最隐秘的部分，更何况涉诉的漫画是将一个人描绘成正在从事性活动的动物。这种讽刺的形式无疑是对人格的严重侵犯，是对施特劳斯作为一个人的尊严的剥夺。据此，宪法法院维持了普通法院的判决。[②]

---

① Donald P. Kommers, The Constitutional Jurisprudence of the Federal Republic of Germany, Durham and London: Duke University Press, 1989, pp. 419—422.

② BVerfGE 75, 369. Cf. Edward J. Eberle, Dignity and Liberty: Constitutional Visions in Germany and the United States, Westport: Praeger, 2002, p. 207.

除了联邦宪法法院的判决，一般立法和普通法院在协调权利平衡实现中也起到了重要作用。《德国刑法典》中就设有专章"侵害人身和隐私的犯罪"，其中有侵犯言论秘密罪、侵犯通行秘密罪、侵害他人秘密罪等罪名。在民事侵权法中，由于《德国民法典》一般侵权条款的特有结构，使得各种法官在创造人格权的诉因时发生了困难，[①]但是二战后现实中又产生了大量通过民事侵权法保护公民人格权的需求。为了解决这个矛盾，德国联邦最高法院从1954年开始通过一系列案例将《基本法》第1条第1款和第2条第1款所规定之一般人格权引入民事侵权法条款，并认为"基本法现在承认个人保护其尊严的权利(《基本法》第1条)，并承认发展其人格之自由为受到每一个人之尊重的私权"。德国《基本法》第1条和第2条"直接保护在法律上得到确认的人格领域，这一领域基本上只属于个人的自由自决，确切地说对其侵害主要是导致非物质损害，即人格之降低。对这一领域予以尊重……是基本法本身规定的一种法律义务"。从此以后，一般人格权几乎成为《德国民法典》中的另一个一般侵权条款，包括名誉权、肖像权、隐私权等多种人格权都是在这一宪法概念之下得到保护的。[②]

总的来说，无论是通过明示的列举还是通过默示的宪法判决，在主要欧洲大陆国家或地区，人格权[③]和隐私权[④]普遍被认为是宪法所保护的公民基本权利。只是有些国家或地区如德国、意大利更习惯使用抽象一些的"人格权"，有些国家或地区如法国、比利时则更多地使用相对比较具体的"隐私权"。但无论是人格权还是隐私权，大陆法系国家或地区更看重的是人之精神存在的价值——人性尊严[⑤]，而不是任何可以用金钱衡量的物质存在。也

---

① [德]克雷斯蒂安·冯·巴尔：《欧洲比较侵权行为法(上卷)》，张新宝、焦美华译，法律出版社2004年版，第21—22页。

② 同上书，第715页。

③ 王泽鉴：《名誉保护、言论自由与实际恶意(actual malice)原则》，载《中国法律评论》第1卷，法律出版社2007年版。

④ 孙平：《政府巨型数据库时代的公民隐私权保护》，载《法学》2007年第7期。

⑤ "人性尊严"是一个非常复杂的宪法概念，本书不适合专门讨论。在此仅需说明，在二战之后才普遍为各国或地区宪法和国际公约所采纳的"人性尊严"发源于欧洲大陆，其背后有着深厚的文化和哲学根源，其所注重的是人的精神存在和意志自由，而不仅仅关注其物质的存在。关于宪法上人性尊严的概念和渊源可参见李建良：《自由、平等、尊严(上)——人的尊严作为宪法价值的思想根源与基本课题》，载《月旦法学杂志》2008年第2期，第201页。法国的情况可参见Louis Favoreu, Droit des Libertés Fondamentales, 4e édition, Dalloz 2007, pp. 175, 182—183, 211—213。

就是说，作为人格权和隐私权的基础和目的，人性尊严是不可能通过市场机制得到有效保护的。就像大仲马案所体现出的，为了抵制人之尊严的异化不惜打破财产权受到绝对保护的资本主义神话一样，欧洲大陆对人格权和隐私权的保护秉承的是这样一种思想：在市场经济中某人可以通过某种市场机制随意处置他人的自由，但他不能用同样的方法处置他人的尊严。也就是说，植根于人性尊严的人格权不仅要防御国家权力的侵害，还要防范出于私人经济利益的新闻媒体的干扰。①

## 三、英美法系国家或地区的不同理念和方法

大陆法系重视人格权的精神利益，这一点是英美法系所缺少的。在美国的宪法和法律中虽然也有隐私权的概念，②但是美国法官对来自国家权力的侵害始终保有高度的警惕，但对于来自私人的侵害却不以为然，他们会把更多的言论看作与公共利益有关，并由此把法律的天平摆向远离人格权的另一边。在 1967 年的《时代》周刊诉希尔案中，地方法院判决杂志赔偿原告 3 万美元。该案上诉到联邦最高法院之后，联邦最高法院判决州法院未要求查明被告的实质恶意所作的判决应予推翻。联邦最高法院认为，言论自由所保障的并不仅限于政治言论，新闻曝光也是言论自由和新闻出版自由的一部分，而不同程度地将自己曝光是文明社会生活的必然结果。③ 在两个关于新闻记者公开涉及性犯罪的被害人姓名的案件中，美国联邦最高法院均把责任推给了将被害人信息不当置于公共场所的政府部门，并将新闻媒体报道司法过程的公共利益摆在第一位。虽然在判决中大法官们也强调了隐私权的作用，但是经过一番事实的检验和利益的衡量之后，代表个人利益的

---

① James Q. Whitman, The Two Western Cultures of Privacy: Dignity Versus Liberty, Yale Law Journal, 2004, Vol. 113, No. 6, p. 1193.

② 沃伦(Samuel D. Warren)和布兰戴斯(Louis D. Brandeis)所撰写的著名论文《隐私权》常被国人认为是法律上的隐私权的诞生标志。然而，这篇因为新闻媒体对个人生活的不当干扰而撰写的论文，其实骨子里都是欧洲大陆的价值观念，尤其是对人性尊严和人格权的倡导。尽管布兰戴斯后来成为联邦最高法院的大法官，但是这种价值观念始终没有成为美国的主流。See James Q. Whitman, The Two Western Cultures of Privacy: Dignity Versus Liberty, Yale Law Journal, 2004, Vol. 113, No. 6, pp. 1202－1211.

③ Time, Inc. v. Hill, 385 U. S. 374(1076). 转引自邱小平：《表达自由——美国宪法第一修正案研究》，北京大学出版社 2005 年版，第 215－216 页。该案事实经过参见引言相关部分的介绍。

隐私权最后都让位于代表公共利益的新闻自由。[①] 最后,在 1989 年一个涉及讽刺公众人物的案件中,美国联邦最高法院更是毫不犹豫地把天平指向言论自由。在该案中,福尔韦尔(Falwell)是全美知名的牧师和政治及公共事务评论家,以倡导传统道德价值而闻名。被告杂志是一份有名的成人杂志,在其刊登的关于某酒厂的广告中杜撰了原告是在和其母亲喝了该品牌的酒之后发生了第一次性关系。广告并配有原告姓名、照片和漫画。案件打到联邦最高法院之后,联邦最高法院再次重申其一贯的态度,即保障个人表达的意见免遭政府的制裁,源自就公共利益和公众关注的问题自由交流思想和意见的极端重要性。因此,如果仅以被告的意图和其行为对他人感情伤害的程度是否达到"残忍"作为判定承担责任的标准,将大大增加法律的不确定性,并造成对政治讽刺这种言论形式的压制。尽管涉诉广告与通常的政治讽刺关系稍远一些,但鉴于政治讽刺在美国公众和政治辩论中发挥了杰出的作用,因此还是有必要对这种讽刺形式加以保护。[②]

在美国之外的其他英美法系国家或地区,也大都没有接受来自大陆法系国家或地区的人格权或隐私权。新西兰受到美国的影响,在隐私权与新闻自由之间也是偏向保护后者。[③] 澳大利亚和英国虽然没有如此看重言论自由,但其国内法中的隐私权概念却发展得异常艰难。这两个国家的普通法一直缺少对隐私权的直接保护。一些侵犯隐私的行为只能套用传统的非法侵入(trespass)、滋扰行为(nuisance)、违反信赖(breach of confidence)和诽谤等概念。[④] 对于英国来说,其加入《欧洲人权公约》并且颁布实施依据该公约制定的 1998 年《人权法》,本可以逐渐将隐私权概念融入普通法之中。但是,在数个判决中,英国的法官依然固执地认为普通法并不需要发展出一

① Cox Broadcasting Corporation v. Cohen, 420 U.S. 469(1975); The Florida Star v. BJF, 491 U.S. 524(1989). 转引自邱小平:《表达自由——美国宪法第一修正案研究》,北京大学出版社 2005 年版,第 221—226 页。

② Hustler Magazine, Inc. v. Falwell, 485 U.S. 46(1988). 转引自邱小平:《表达自由——美国宪法第一修正案研究》,北京大学出版社 2005 年版,第 227—229 页。

③ Rosemary Tobin, Privacy and Freedom of Expression in New Zealand, in Madeleine Colvin ed., Developing Key Privacy Rights, Oxford and Portland, Oregon: Hart Publishing, 2002, p. 137.

④ Madeleine Colvin ed., Developing Key Privacy Rights, Oxford and Portland: Oregon, Hart Publishing, 2002, p. 167.

个独立的隐私权侵权法。[①] 可能只有受大陆法影响较多的加拿大在隐私权保护这个问题上更多地吸纳了欧洲大陆的观念。虽然加拿大1982年《权利和自由宪章》并没有明确列举隐私权，但是加拿大最高法院依据该宪章所判决的第一个案例就宣布隐私权是宪章默示保护的基本权利。[②] 在1988年的一个判例中，加拿大最高法院认为："隐私是现代社会中的自由的核心所在。……植根于人的身体的和精神的自治，隐私对于个人之福祉至关重要。"[③]这段话也被上文提到的希尔案所引用："名誉与隐私权密切联系，而后者已经被确认受到宪法保护。正像 La Forest J. 在 R. v. Dyment 中所写的，隐私，包括信息隐私，是'植根于人的身体的和精神的自治'并且'对于个人之福祉至关重要'。公开诽谤性评论既构成了对他人隐私的侵犯，也侮辱了他人的尊严。在我们民主的社会中个人名誉是当然值得受到保护的，但同时这种保护也必须仔细得与同样重要的言论自由相平衡。……人所固有的尊严是所有宪章基本权利的基础。"[④]

除了上述这些差别，世界各国或地区对隐私权的法律保护也有一些共同的地方。在刑事法中，大多数国家或地区的刑法都设有专章或专法惩罚非法窃听、偷拍、偷录等严重侵犯他人隐私的犯罪；在刑事诉讼法中对国家或地区侦查机关侵犯公民隐私的行为也都有严格的限制。在民事法律方面，人格权的保护也都以侵权法为主，尽管在具体概念上英美法系与大陆法系之间会有差别，但是其所覆盖的侵权行为是大同小异的。有学者将包括英格兰和爱尔兰在内的欧洲各国或地区人格权侵权行为具体划分为对他人社会形象的丑化和扭曲、非法公开和对个人的家庭权利之侵犯。其中前两项是民事侵权法最主要的保护对象。对他人社会形象的丑化和扭曲又具体包括侵害姓名权、利用他人名声、损害他人名声、传播错误的人格形象(包括肖像、声音和表演等)；非法公开则包括侵害肖像权，传播秘密的谈话、录音

---

① Basil Markesinis, Colm O'Cinneide, Jörg Fedtke, Myriam Hunter-Henin, Concerns and Ideas about the Developing English Law of Privacy, American Journal of Comparative Law, 2004, Vol. 52, No. 1, p. 134.

② Marguerite Russell, The Impact of the Charter of Rights on Privacy and Freedom of Expression in Canada, in Madeleine Colvin ed., Developing Key Privacy Rights, Oxford and Portland, Oregon: Hart Publishing, 2002, p. 197.

③ R. v. Dyment, 2 SCR 417(1988), pp. 428—427.

④ Hill v. Church of Scientology, 2 SCR 1130(1995), at para. 121et seq.

录像或照片，对其他一些真实的但却属于个人的信息之公开、对他人私生活和隐私的侵犯。[①] 在行政法方面，自20世纪60年代开始，西方主要发达国家或地区纷纷注意限制巨型政府数据库对公民个人信息的收集和使用，并逐渐发展出一套成熟的个人信息保护制度。[②]

## 四、如何平衡：欧洲人权法院的方案

从20世纪90年代开始，德国、法国在协调平衡人格权与言论自由方面开始分道扬镳。法国民法中的隐私权侵权逐渐开始实行一种与一般侵权法的过错责任相区别的严格责任。[③] 同时，在司法实践中，法国的法院虽然也会大致区分历史人物与一般个人，但是大部分时候法院都认为所有的公民基本上均应受到平等的严格保护。[④] 这也造成法国对隐私权某种程度的过度保护，尤其是当冲突的另一边是一些关乎重大公共利益的言论的时候。而德国却恰恰相反，从90年代开始，其宪法法院再次转向，重拾60年代的传统。1987年施特劳斯政治讽刺案与1990年《明星》周刊访谈案原告相同，时间仅隔三年，联邦宪法法院对人格权与言论自由的利益衡量结果却大相径庭。如果说这两个案件在事实方面还有些区别的话，那么同样是制作关于犯罪的纪录片，在第一次雷巴赫案判决将近三十年之后的第二次雷巴赫案中，宪法法院却认为人性尊严并非无限，电视纪录片以匿名方式播出数年前的历史案件并不会对当事人的再社会化造成严重危害，因此不能限制电视台的言论自由。当宪法法院的这种转变向一些公共利益不明显的言论领域延伸时，个人人格权的重要性又凸显出来了。

---

① [德]克雷斯蒂安·冯·巴尔：《欧洲比较侵权行为法(上卷)》，张新宝、焦美华译，法律出版社2004年版，第102—143页。

② 孙平：《政府巨型数据库时代的公民隐私权保护》，载《法学》2007年第7期。

③ Jeanne M. Hauch, Protecting Private Facts in France: The Warren & Brandeis Tort Is Alive and Well and Flourishing in Paris, Tulane Law Review, 1994, Vol. 68, No. 5, p. 1250.

④ 法国最高法院在1990年的一个判决中认为："人人享有隐私权，无论他的身份、出生、财产、现在或将来的职业有什么差别。"See Judgment of Oct. 23, 1990, Cass. civ. 1re, 1990 D. S. inf. rap. 270. 德国宪法法院也有类似的认识："私人空间不受干涉的权利，是每个人都享有的基本权，不受出身、地位、职务和才能贡献等的影响。即使是通过民主程序选举的国家工作人员(总理、议员等)，只要其私人生活不影响其履行职务，就同样享有不受干涉的自由。" BVerfGE 101, 361 (382). 转引自许德风：《隐私权与新闻自由》，载王利明、[美]葛维宝主编：《中美法学前沿对话——人格权法及侵权法专题研究》，中国法制出版社2006年版，第412页。但是，德国在司法实践中还是会依据事件的性质对不同主体的利益进行区别保护，详见下文卡罗琳案。

由于《欧洲人权公约》是整个欧洲的共识，因此欧洲人权法院得以有机会从整个欧洲的共识出发，为德法两国重新确定协调基本权利平衡实现的基本方向。需要说明的是，《欧洲人权公约》除了第10条保护言论自由之外，其第8条也明确保护隐私权："1. 人人有权享有使自己的私人和家庭生活、住所和通信得到尊重的权利。2. 公共机构不得干预上述权利的行使，但是，依照法律规定的干预以及基于在民主社会中为了国家安全、公共安全或者国家的经济福利的利益考虑，为了防止混乱或者犯罪，为了保护健康或者道德，为了保护他人的权利与自由而有必要进行干预的，不受此限。"下面就介绍欧洲人权法院于同一年作出的两个判决，这两个判决的被告恰巧一个是法国，另一个是德国。

第一个案例是 Éditions Plon v. France。[①] 对于本案，法国一审法院判决时应允了原告要求紧急禁止《大秘密》一书出版的诉讼请求，并且对每一本已经公开发行的书判罚了1000法郎。一审法院的判决理由是：当滥用言论自由侵犯他人的基本权利时，法院有权对这种行为加以制止。隐私权是每个人都享有的，不论他的出身、等级或是职业是什么，而且这种隐私权应该包含对他家庭的尊重。依据《法国民法典》第1382条，被告的行为构成对密特朗及其家庭的隐私的不可容忍的侵犯；依据《法国刑法典》第226－13条，被告违反了职业义务非法公开了他人的秘密信息，而且医生对他人医疗信息的保密义务还高于其他职业保密的要求。[②] 加之密特朗刚去世10天，其家人尚处在深切悲痛之中，被告在此时出版这本书对其家人伤害的程度可见一斑。巴黎上诉法院支持了一审法院的紧急判决，并给这个紧急禁令加了一个月的有效期，规定如果在一个月内没有人对该争议事实提出正式诉讼，禁令将自然失效。但在一个月之内，密特朗的遗孀和子女同时发起刑事诉讼和民事诉讼并均获胜诉。巴黎大审法院对民事部分判决，克劳德·

① Éditions Plon v. France, App. No. 58148/00 (Eur. Ct. H.R. May 18, 2004). 该案事实经过参见本书引言相关部分的介绍。

② 《法国刑法典》第226－13条规定："由于地位或职业，或者因职务或临时性任务，受任保管机密性情报资料的人泄露此种情报的，处1年监禁并科10万法郎罚金。"另外，一审法院的民事判决部分并没有依据《法国民法典》第9条第1款保护隐私权条款，而是依据侵权法一般条款第1382条。这是因为自从1970年新增了第9条之后，涉及隐私权的案件法院一般都是适用第9条，但以前所适用的侵权法一般条款第1382条依然可以用来保护隐私权，因此法官有时也会适用第1382条。对本案来说，依据的法律条款不同并不影响其认定的隐私权的性质。

古柏勒医生出版公司和Plon出版公司的执行经理三个被告支付18万法郎损害赔偿金，永久禁止《大秘密》出版发行。在刑事部分，克劳德·古柏勒被判四个月有期徒刑缓期执行，其他被告则被处罚金。由于刑事部分没有上诉，因此判决后即生效。民事部分则一直上诉到法国最高法院，结果损害赔偿和禁止出版的禁令都被支持。期间各级法院判决的理由大同小异，只是巴黎大审法院将判决理由主要建立在法国《医药职业行为法》上。①

在历经上述法国法院的判决之后，Plon出版公司基于《欧洲人权公约》第10条的规定向欧洲人权法院提起诉讼。欧洲人权法院的判决认为：上述禁止Plon出版公司散布系争书籍的禁制令，侵犯了Plon出版公司的言论自由。欧洲人权法院对于限制言论自由的争议一如既往地按照公约第10条所规定的三个条件进行审查。法院首先判断国内法院判决是否构成对言论自由的限制，如果构成限制则要看其限制是否正当。而判断其限制是否正当的依据便是以下三个条件：一是看其限制行为是否依据事先颁布的、规定清楚的法律作出的；二是要审查这种限制的目的是否正当；三是要看这种限制是否属于“民主社会所必须”。对于前两点，争议一般都不大。因此，法院判决的重点一般都放在这最后一点上，即衡量其具体的限制行为与其追求之目的之间是否合乎比例原则，并审查国内权力机关证明其限制行为正当性的理由是否“切题并且充分”。

本案也是如此。欧洲人权法院首先重申了言论自由和新闻自由的重要性及其与公共利益的关系。以此观之，“本案争议书籍的内容涉及的是一次关乎公共利益的广泛争论，涉及的是大家都会有的疑问，即某个已经知道自己患有严重疾病的人是否还能胜任国家最高领导人，尤其是涉及公众对于国家领导人患有任何疾病的知情权。而且根据这本书的描述，就当时密特朗本人的身体条件和事件的发展过程来看，在从密特朗患上癌症开始至少是到公众对这一情况有所知情时为止（这段时间长达10多年），被密特朗所利用的这些秘密凸显了一项关乎公共利益的主题——政治生活的透明度”。接着，欧洲人权法院区分了法国法院所作的临时性紧急禁令和经过普通程序所作的最终判决。临时性紧急禁令的判决是在情况紧急且真相不是很明朗的情况下作出的。巴黎上诉法院的判决考虑到密特朗去世仅10天，出版

---

① Éditions Plon v. France, App. No. 58148/00 (Eur. Ct. H.R. May 18, 2004).

的书籍说他有意欺骗了法国人民，并且在初步判断之下认为被告属于非法公开医疗信息，而这又的确加深了正处在深切悲痛之中的家属的痛苦。同时，在真相不明的情况下，争议书籍存在严重伤害死者名誉的可能，所以，其限制言论自由的理由既切题也充分。加之，巴黎上诉法院对临时性禁令设定了一个适当的期限，这也符合比例原则的要求。至于民事法庭经过普通程序所作的判决却并不具有类似这样"紧迫的社会要求"。在巴黎大审法院经过普通程序作出民事判决时，距离密特朗去世已经9个半月了。随着总统去世时间的拉长，原先源自密特朗隐私权的、其家属的感情因素就显得不怎么重要了。与此同时，相对于总统的医疗隐私权来说，距离其去世的时间越长，讨论密特朗总统两任任期的历史的公共利益就越发重要。当然，这并不是说对历史的讨论可以免除医疗工作者保守医疗隐私的责任，而是说一旦保守医疗隐私的责任被违反并对责任人处以刑罚，时间的流逝这一条件必须被用来评估禁书这样严厉的措施是否能够与保护言论自由的要求相吻合。更何况在民事法庭进行审判的时候，这本书已经通过各种方式广为传播，其内容实际上已经不是秘密了。因此，保护医疗隐私也已不再构成一个高于一切的要求。藉此，欧洲人权法院判决法国法院的判决违反了《欧洲人权公约》第10条。[①]

仅仅一个月不到，欧洲人权法院又对另一个涉及不同法律主体之间隐私权与言论自由相冲突的重要案件作出了最终判决。这个判决就是著名的Von Hannover v. Germany。[②] 德国州法院认为摩纳哥公主卡罗琳属于德国法上的"绝对历史人物"[③]，其隐私的标准应该仅限于"住宅大门"之内。联邦

---

① Éditions Plon v. France, App. No. 58148/00 (Eur. Ct. H.R. May 18, 2004).

② Von Hannover v. Germany, App. No. 59320/00 (Eur. Ct. H.R. June 24, 2004). 该案事实经过参见本书引言相关部分的介绍。

③ 德国联邦最高法院对这一概念的解释是："该人享有较高的知名度，以至于公众对获取关于该人的信息有正当利益。"这一概念的依据是德国《艺术品著作权法》第22条和23条。该法第22条规定："图片的制作和公开展出，必须要征得被拍照人同意。如果被拍照人为此接受了酬金，则在没有相反证据的情况下，推定其做出了此种同意。在人死亡后10年，要经死者亲属同意。"第23条规定："在没有第22条所要求的同意时，有关图片可以在以下情况下公开展示：(1)为报道新闻时事而使用图片；(2)风景图片，在图片中，人只是一个附属物；(3)关于集会、游行和类似活动参加者的图片；(4)非因委托而制作的图片，其传播和展出具有重大的艺术价值。该图片不得展出和传播，如果这样会损害受拍照人，以及，在被拍照人死亡的情况下，其亲属的利益。"转引自许德风：《隐私权与新闻自由》，载王利明、[美]葛维宝主编：《中美法学前沿对话——人格权法及侵权法专题研究》，中国法制出版社2006年版，第399页。许德风将"zeitgeschichtliche person"译作"新闻人物"，本书采国内通说"历史人物"。

最高法院对卡罗琳属于“绝对历史人物”没有异议，但认为“住宅大门”这个标准太过严格，应该适用依据其活动的地点是否具有“封闭性”和其活动是否具有私人属性来判断。所谓地点的“封闭性”，是指在一个相对独立的地点，当事人客观上明显地处于与公众隔开的状态，因相信这种封闭性状态而从事包括某些在公共场所不会从事的行为。联邦最高法院依此标准禁止杂志刊载卡罗琳公主与某男影星傍晚在上诉人花园中的桌边的照片。被告杂志认为联邦最高法院的判决侵犯了其新闻自由，因此向联邦宪法法院提起诉讼。除了几张涉及儿童的照片之外，联邦最高法院的其他裁决和审判理由基本都得到了宪法法院的支持。因为宪法法院认为，儿童应该依据《基本法》第 6 条第 1 款和第 2 款受到特别保护，所以，几张涉及儿童的照片应该由联邦最高法院重新进行利益衡量和审判。在权衡新闻自由与一般人格权的关系时，宪法法院特别提到，虽然新闻自由的功能在于服务于公共观点的形成，但新闻自由不能被限制在政治领域。因为政治观点的形成，是一个复杂的、各种因素互相作用的过程，在这个过程中，很难说哪些因素是政治性因素，哪些与政治无关。因此，公共观点的形成与休闲消遣并不相互对立。即使是在纯娱乐性的报道中，也会有影响观点形成的内容，这些报道甚至可能比纯新闻性、信息性的报道更有影响力。另外，社会名人还代表特定的价值取向和生活方式，是很多普通人效仿的榜样，这是公众有权获取关于名人的新闻的重要根据。政治人物的报道是民主社会透明化与监督控制的需要，这对非政治人物的其他公众人物也同样适用。①

卡罗琳不服德国宪法法院的判决，最终上诉到欧洲人权法院。欧洲人权法院于 2004 年 6 月 24 日作出最后判决，认为德国国内法院的判决违反了《欧洲人权公约》第 8 条。其理由是，虽然对特定政治人物或公众人物的报道，包括对其私生活中某些行为的报道，是民主制度的基本要求，但就本案而言，照片内容所涉及的，都是与政治及公共讨论毫无关联的私生活细节。同时，原告虽然是知名新闻人物，但并不从事任何政治活动。这些报道从内容上看，只是为了满足社会中某部分读者的好奇心。欧洲人权法院认为，德国宪法法院的观点——政治新闻与娱乐新闻都享有同样的新闻自由，是不

---

① BVerfGE 101，361(1999).转引自许德风:《隐私权与新闻自由》，载王利明、[美]葛维宝主编:《中美法学前沿对话——人格权法及侵权法专题研究》，中国法制出版社 2006 年版，第 397－415 页。

正确的。那些无助于公众的信息利益，无助于社会公共观点形成的报道，只能享有有限的新闻自由。任何人，即使是知名人物，都享有合理期待其私生活受到保护和尊重的权利。接着，欧洲人权法院对于“绝对的新闻人物”与“地点的封闭性”这两个标准发表了自己的看法。法院认为，“绝对”和“相对”在理论上的区分是可行的，但在实践中很难找到明确的区分标准，尤其是被拍照人很难举证证明自己处于这样的状态。政治人物或者政府官员被认为是“绝对的新闻人物”是可以的，但将一个不参与政事的皇室成员也归入这一类，是不妥的。如果这样，原告几乎随时有被系统性地拍照并公开传播的危险。[①]

---

① Von Hannover v. Germany, App. No. 59320/00 (Eur. Ct. H.R. June 24, 2004). 转引自许德风:《隐私权与新闻自由》，载王利明、[美]葛维宝主编:《中美法学前沿对话——人格权法及侵权法专题研究》，中国法制出版社 2006 年版，第 397－415 页。

第五章

# 结论:两步并一步

## 第一节　两次权利协调方式的变革

### 一、历史上的两次权利协调方式变革

在我国，对于权利冲突，学者大多是从不同社会主体对法律规范的具体利益需求角度出发进行研究的。其代表是苏力先生，他所研究的权利冲突是“两个个体之间所主张的两种权利的冲突”①。刘作翔先生也持有相似的观点，认为权利冲突是“合法性、正当性权利之间所发生的冲突”②。宪法学者也多是从这一角度研究基本权利冲突问题的，如有学者认为：“基本权利冲突是指复数的基本权利主体为实现相互冲突的权益，向国家主张相互对立的基本权利的适用。”③还有学者认为：“基本权利冲突是指数个主体的基本权利相互对立，即一个主体在行使基本权利时会侵害另一个主体的基本权利。”④但也有学者认为，现实中并不存在权利冲突这种问题：“被学界搞得沸沸扬扬的权利冲突，实际上是一场误会，是一个伪问题。产生该问题的原因是大家忽略了任何权利都有自己的特定边界（范围），只要人们找到边界，不越雷池一步，根本就不会发生所谓的权利冲突。这种边界，有的被立法者明确标出；有的因为立法粗糙而被疏漏需要去解释；有的被法理统摄；有的

① 苏力：《〈秋菊打官司〉案、邱氏鼠药案和言论自由》，载《法学研究》1996 年第 3 期。

② 刘作翔：《权利冲突的几个理论问题》，载《中国法学》2002 年第 2 期。

③ [韩]权宁星：《基本权利的竞合与冲突》，韩大元译，载《外国法译评》1996 年第 4 期。

④ 张翔：《基本权利冲突的规范结构与解决模式》，载《法商研究》2006 年第 4 期。

被公序良俗昭示。守望权利边界,即可避免权利冲突。"[1]因此,这位学者的出发点是法律规范适用过程中的客观秩序,而不是具体的相互冲突的利益诉求。

应该说,从这两个角度来观察言论自由与人格权的关系都没有错。在一个社会关系复杂,利益需求多样的社会中,不同的社会主体对宪法和法律权利提出不同的甚至是互相冲突的要求是很自然的事情,如果没有人提出不同的要求那才是不正常的现象。对于一部宪法或法律本身来说,权利之间是不会发生冲突的,经过不断的适用,现实的社会关系总是按照宪法和法律规范的要求处于一定的秩序之下。言论自由与人格权不仅不会冲突,而且两者互相作用,共同构成宪政和人权的基本价值:人格权得到充分保障是公民行使言论自由的重要条件之一,而言论自由是公民发展其人格权的重要手段之一。但是,以这两种角度研究言论自由与人格权的关系必须具备一定的前提条件,即需要一个社会对两种基本权利的认识有一定的共识。然而,中国社会对言论自由和人格权的认识本身都还没有达成基本的共识,因此无论是从不同社会主体的具体利益需求角度出发,还是从抽象的法律规范角度出发,都无法说明这两种基本权利间的冲突的实质是什么,同样也就无法解答协调权利冲突应该用什么方法。所以,有必要跳出现有的权利认识和规范限制,用法权理论考察两项基本权利背后的利益和物质基础,并通过这些利益和物质基础在历史中的变化和发展,来探究两项基本权利之间的冲突与协调关系。

从其他国家或地区的历史经验看,以新闻出版自由为核心的言论自由法律保护制度的完善实际就是历史上言论自由与人格权的第一次冲突与协调的变革。其发生过程和协调结果大致如下:在资产阶级革命以前,大规模的言论传播成本极高,因此只有强大的帝国组织才有此需要和能力;而在等级社会,统治阶级的人格利益被当作国家利益受到特别的保护。随着近代欧洲印刷术和商业贸易的产生,个人从事的具有一定规模的信息传播逐渐成为可能,这是新闻出版自由的物质基础。但是,此时的专制王权对大规模的信息传播依然严格控制,绝对不允许针对自己的批评言论出现。在有些国家或地区,新闻审查成为主要的言论控制手段,而在其他一些国家或地区

① 郝铁川:《权利冲突:一个不成为问题的问题》,载《法学》2004年第9期。

统治阶级人格利益特别保护制度也同时被利用,成为压制言论的方式之一。但生产力的发展不可逆转,资本主义商品经济天然地需要大量的自由传递的信息,需要自由地发表反对封建统治的观点、意见和思想,需要一定范围内的自由协商以形成民主政治等等。因此,在资产阶级革命的过程中,言论自由和新闻出版自由很自然地成为资产阶级革命最重要的政治口号之一。随着资产阶级革命成功,新闻出版自由和言论自由被写入宪法。不过,在资本主义社会早期,新闻出版事业并不发达,尤其是新闻业,在很长一段时间内依然受到当政者发明的各种事前审查措施的限制,其中包括部分国家或地区所使用的刑事诽谤罪制度。此时的民主政治也不成熟,言论自由实际上被限制在很小的范围内。同时,人格权的实质差别保护在一定范围内也还存在。随着工业革命和资本主义民主政治的逐渐成熟,新闻出版事业逐渐走向了产业化并最终摆脱了国家权力的控制和干涉,一套完善的言论自由法律保护制度得以建立。与此同时,人格权保护制度也不再被用作压制言论的手段,其规范结构得以逐渐完善。这些制度的建立也标志着第一次权利协调方式变革的完成,这种变革为权利协调带来的全新手段包括:

(1) 国家或地区不再垄断新闻出版业,新闻出版和自由发表言论成为个人权利,而且是重要的宪法基本权利;

(2) 有一整套法律制度可以保障公民自由发表言论,即使是发表批评公权力主体的言论也不会受到任何公权力的事前干涉;

(3) 对言论自由划定的界限以事后惩罚为主,并且惩罚的依据是事先公布的、明确的法律;

(4) 作为言论自由的法律限度之一,名誉权保护制度的规范结构相对完整,建立了以真实抗辩为核心的一整套抗辩原则;

(5) 公权力主体的人格权与国家利益或公共秩序分离,成为真正意义上的个人权利,实质差别保护也极尽消亡。

历史上的第一次权利协调方式变革取得了不少的成果,同时也为历史上第二次权利协调方式变革埋下了伏笔。随着民主政治的发展,言论自由对于维护社会公共利益越来越重要,其功能也不断得到强化,但名誉权的形式平等保护代替实质差别保护掩盖了言论自由与公共利益之间的现实关系。在言论自由法律保护制度尚不完善的时期,无论是新闻审查还是诽谤法,统治者个人的人格利益是被法律明确作为公共利益加以特别保护的;而当言论自由法律保护制度得以建立之后，社会主体的人格利益与公共利益之间的关系不再是法律所考虑的范畴，所有的人格权都受到一样的平等保护，但也仅限于形式上的平等保护。然而，在司法实践中，各国或地区都发现给予那些与公共利益有关的社会主体人格权以平等保护，就会不当地压制同样是为了维护公共利益而发表的言论，而已有的以真实抗辩为核心的抗辩体系也无法解决这些问题。因此，以美国为代表的一些国家或地区不得不再次对名誉权法律保护制度作出重大调整，重新恢复某种形式的实质差别保护方式，在法定条件下限制那些与公共利益有关的社会主体的人格权，以便给予为维护公共利益的言论自由更多的生存空间。其协调的具体方法是：

第一步，用一定的标准在各种言论自由中划出一块，标明其需要特殊保护。美国宪法所采用的“公众人物”概念就是这样的标准，其用意是为了标明凡是关乎公众人物的言论都将被特别对待。其他国家或地区则经常使用“公共利益”“民主社会之必需”“政治性言论”等等法律概念。

第二步，针对这特定范围内的言论自由创制特殊的保护机制。各国或地区通常的做法是改进传统的名誉权侵权构成要件或者抗辩事由，以达到减轻被告的证明责任和证明要求，或者加重原告的证明责任，进而实现对划定范围内的言论自由施以必要的平衡保护的目的。无论是美国独有的“实质恶意”，还是其他国家或地区采用比较多的“合理确信”，无论是传统英美国家或地区的公正评论、特权抗辩，抑或是欧洲大陆国家或地区普遍采用的意见与事实的区分，其实质都是在民法、刑法和诉讼法的大框架下减轻被告的证明责任和证明要求，有的甚至是改变了侵权的构成要件，大大加重了原告的证明责任。

纵观这两次历史性的变革，其产生的原因都是因为两种权利背后的利益及其物质基础发生了变化，而现有的法律又滞后于这种变化。在资产阶级革命以前，言论自由和人格权实际上都是国家或地区统治阶级所把持的权力，共同维护着当时社会条件下最大的“公共利益”——统治阶级的专制统治秩序，一种与当时落后的社会生产力相适应的政治统治方式。在这种情况下，严格控制言论和把统治者个人的人格利益当作公共利益实行差别保护的法律或制度，完全能够满足这种利益格局的需求，因此也不会有权利冲突产生。但是，当生产力的发展使得两种“权利”背后的利益基础发生变化之后，其对法律制度的需求也相应发生了变化：作为个人权利的言论自由成为生产力发展的重要条件,代表了新的公共利益的要求,需要排除国家权力的不当干扰;而统治者的人格利益不能再代表公共利益受到特别保护,否则就会限制生产力的发展。第一次权利协调方式变革所建立的新的法律制度正是要达到这种此消彼长的目的,宪法言论自由得以确立和落实,言论自由从公权力转化为一项公民基本权利并可以反过来排除公权力的随意干涉;与此同时,原来作为权力的公权力主体人格利益也降格为权利,与其他社会主体的人格利益受到相同的平等保护。[①]

第一次权利协调方式变革之后,人格权与言论自由之间并没有完全归于平静,因为第一次变革并不彻底,留下了一个漏洞,对公权力主体的人格利益的限制不够,仅仅将其从权力降格为权利给予平等保护,依然会压制某些为了维护公共利益而批评公权力主体的言论自由。由此,便形成了历史上的第二次权利协调方式变革,也就是通常意义上的权利与权利之间的冲突协调方式变革。第二次权利协调方式变革所要解决的就是把混同的、表面上看起来平等的人格利益重新区分开,那些与公共利益有关的人格利益需要受到更多的限制,以便为维护公共利益的言论自由留下适当的空间;而那些与公共利益无关的人格利益则无须受到特殊的限制,要么按照原有的法律保护制度进行保护,要么给予更多的保护以防纯粹为了私利的言论侵权。也正因为两次权利协调变革之间有这么一层客观的历史关系,所以第一次变革是第二次变革的基础,第二次变革是第一次变革的延续。

## 二、中国的现实:第一次变革并未完成

反观我国,第一次权利协调的变革工作远没有完成。新闻立法被长期搁置,连带着又造成言论自由法律保护制度结构性失衡,名誉权等人格权法律保护制度的基本结构尚未搭建完整。然而,现实的发展又迫使我们不得不面对第二次变革的重任,于是就出现了本书第二章所描述的法治协调方式与政治协调方式并存的局面。照此发展下去,能否跳过难度比较大的第一次权利协调,直接从人格权法律保护制度入手实现第二次变革呢?从两

① 因此,从形式上说,这种冲突更多的是表现为权利与权力之间的冲突和协调。也许从概念的周延性来说,似乎使用利益冲突更好,但是本书的出发点是当代的言论自由与人格权——两种权利之间的冲突,因此为了叙述上的统一,暂且用权利冲突表述各种形式的权力一权利冲突和权利一权利冲突。

次权利协调方式的变革关系看，这种可能性是不存在的。

首先，言论自由如果不能通过各种宪法适用机制加以解释，第二次权利协调变革就没有坚实的宪法基础。第二次权利协调变革的目的之一是要给予有利于公共利益的言论自由以更大的自由空间，而要达到这一目的，首先需要对言论自由的意义、功能、限度等有一个基本认识，以说明为什么有些言论要受到特别保护，并且据此区分哪些言论要受到特别保护，哪些言论不需受到特别保护。在宪法上，这些认识需要通过相关立法或违宪审查等宪法适用机制加以不断阐释。在我国，对于宪法言论自由的认识并未形成共识，更不用说进一步的阐释了。这种分歧不仅是在新闻法草拟全面受阻之后，就是在20世纪80至90年代新闻法起草的过程中也已经明显表现出来了。比如1988年有学者在全国人大代表和政协委员中分别作了问卷调查，在对“我国新闻立法的目的，主要在于保护社会主义新闻自由，您同意吗”的回答中，人大代表和政协委员的观点基本一致：82.2%的人大代表表示同意，13.9%的代表表示不同意。这与政协委员分别为83.3%和10%的比例比较接近。但是，在对“公民的出版自由是否意味着公民可以办报刊”的回答中，人大代表和政协委员的认同比例差别就非常大：35.9%的人大代表回答是，60.1%的人大代表回答不是。这与政协委员的认识恰恰相反，同意和反对的比例分别为55.9%和31.7%。[①] 即使是在执政党内部，对新闻自由和新闻法的理解也存在差别。1984年时任中宣部新闻局局长的锺沛璋在接到全国人大转来的制定新闻法的建议后认为：“制定中华人民共和国新闻法，对于发展社会主义民主、保护人民的言论出版自由权利，对加强党和国家对新闻事业的领导和管理，对于促进国际文化交流等都是有益的。”[②]但是，到了1994年，同样是分管国家宣传工作的干部在一次全国新闻教育会议上说，新闻立法对党和国家不利。在另外场合他还说过，西方国家也不是都有新闻法；苏联、东欧搞新闻法，搞得国家一片混乱；搞新闻法，还要宣传部干什么。[③] 实际上，新闻立法被全面搁置之后，宪法言论自由也一同被束之

---

① 李赤：《全国人大代表与政协委员对新闻法认识之比较》，载《新闻记者》1988年第12期。

② 锺沛璋：《政治文明与新闻立法——兼议新闻立法正当时》，载《同舟共进》2003年第2期。

③ 孙旭培：《新闻法：最需要的法律 最困难的立法》，载《新闻知识》1999年第9期。

高阁了。[①]

此时,“舆论监督”逐渐填补了“言论自由”被虚置所留下的宪法功能上的空缺,成为指导法律实务部门的重要“宪法”概念。有了这点认识,就不难理解为什么“舆论监督”会代替“言论自由”成为两件名誉权专门司法解释的指导思想。对于最高人民法院来说,舆论监督虽然是一个政治概念,但是相对于宪法上的言论自由来说,舆论监督不仅在政治上更加稳妥,更重要的是它远没有言论自由那样具有争议。作为一个政治概念它受到党的青睐,作为一个学术概念它也不会受到学者和社会的反对。[②] 虽然从功能上,它也可以说明为什么有些言论需要受到法律保护,但是作为一个政治概念,法院没有办法在个案中仔细区分哪些言论属于舆论监督,哪些不属于,[③]更没有办法区分哪些舆论监督与公共利益有关,哪些与公共利益无关;如果与公共利益有关的话,这种公共利益的重要性又有多大。从理论上说,只要是舆论监督,就是和公共利益有关的,因为开展舆论监督的新闻媒体本身就是“党政权力的延伸或对这种权力的补充”[④]。所以,最高人民法院就是按照舆论监督背后的权力性质和等级高低设置“特殊保护机制”。

在1998年《解释》中有三种言论形式被列为“不予受理”的范围,包括“内参”、内部行政行为和检举控告。这三种言论要么本身就是某种权力的表现

---

① 当然,被虚置的仅仅是我们的宪法言论自由条款本身,并不是指中国社会在言论自由方面的现实状况。当今中国公民所实际享有的言论自由与三十多年前相比已经有了巨大的进步,如与市场经济相伴随的新闻体制改革、新闻媒体自身经济实力和自主权利的增长、敏感问题学术讨论自由的扩大、政府信息公开、舆论监督方式的创新等等。只是,从这些进步的过程看,宪法本身并没有参与到现实的社会进步之中,它既没有为促进这些进步作出贡献,也没有回应进步对宪法所提出的新的要求。

② 尽管这两者并不完全一致。学者中最早提出这个概念的是孙旭培,他提倡的舆论监督的本意“是指新闻媒介对国家施政活动、国家机关和国家工作人员的监督”。参见孙旭培:《舆论监督的回顾与探讨》,载《炎黄春秋》2003年第3期。

③ 无论是在政治语言中还是在学术语言中,舆论监督所涵盖的言论的种类都是十分狭窄的。如果说批评性的新闻报道属于舆论监督,那么文艺批评、学术批评、科学批评、匿名批评呢?再有,如果某种言论不是批评性言论,怎么办?比如文艺小说、纪实文学作品、历史人物传记、学术研究作品等等。难道这些正当的言论不属于舆论监督就不需要“坚持”?最高人民法院在这些关键的问题上并没有给出明确的答案。也许最高人民法院对涉及文学作品和评论言论的名誉权案件的保守态度也正源于此。

④ 陈力丹:《论我国舆论监督的性质和存在的问题》,载《郑州大学学报(哲学社会科学版)》2003年第4期。

形式，要么是与国家权力密切相关的。[①]“内参”和内部行政行为属于绝对的不予受理。检举控告则被分为过失和故意两种，前者不予受理，后者则应当受理。不予受理意味着这些诉讼请求不属于司法权力的管束范围，这与抗辩事由有着本质的区别。抗辩事由是指被告针对原告的诉讼请求而提出的证明原告的请求不成立或不完全成立的法定事实。判定某抗辩事由成立与否是在实质审判阶段中完成的。没有哪个国家或地区会对某种言论给予绝对的保护。即使是世界公认的绝对抗辩事由——议员在议会中发表的言论，也不会不被受理。作为一种法定的抗辩事由，各国或地区法院起码要从言论发表的主体、时间、地点等等多方面来审查该言论是否属于法定的可免责的情形。如果法院想尽办法引进某种特殊保护机制，减轻被告的真实证明责任或证明要求，那得到特殊保护的必然也要包括作为党政机关的延伸的新闻“事业单位”。但此时舆论监督的基础并没有动摇，于是那些以权力监督权力的主要对象——低位阶官员和社会一般违法、违反道德主体的人格权将受到双重威胁，平衡协调的结果就可能滑向另一种不公平。这种进

---

① “内参”和内部行政行为与国家权力的关系不用多作解释，只有检举控告的性质稍微复杂一些，需要进一步说明。依据接受检举控告主体的不同，可将检举控告分为向立法机关提起的检举控告、向司法机关提起的检举控告和向党政机关提起的检举控告三种。根据宪法原理，立法机关，包括我国的人民代表大会，没有权力对一般的违法乱纪行为直接进行调查，但立法机关可将这些检举控告转给其他相关国家机关，因此，向立法机关提起的检举控告常常会转变为其他类型的检举控告。向司法机关提起的检举控告会导致一定的司法程序被启动，比如立案、拘留、逮捕、侦查、诉讼、判决等。在这些司法程序过程中和终结后产生的各种结论不可能成为名誉权侵权的涉诉言论，因为如果这些结论有错误并导致侵权，其引起的是国家赔偿责任而不是民事赔偿责任。最后一种，向党政机关提起的检举控告，通常会形成各种上级机关对下属机关或其工作人员的调查结论报告，这些调查结论报告都属于内部行政行为，属于名誉权诉讼不受理的另一种法定情形。所以，虽然在我国宪法中检举控告属于一项单独的公民基本权利，但是这种权利的行使是国家机关对违法乱纪行为展开调查和处置的必备前置要素之一，是一种与权力紧密相连的权利。

当然，现实中除了这些典型的检举控告之外，还有一些“转化型检举控告”。如果上述三种检举控告都没有到达检举控告人想要达到的结果的时候，检举控告人常常会把检举控告的内容通过各种形式向社会公布。一旦向社会公布，无论范围大小，这种言论形式实际上就不能被称为“检举控告”了，它已经转化为其他类型的言论，如“大字报”“小字报”、各种网络言论、新闻报道等等，成为一般意义上的言论自由的范畴。最高人民法院针对王水泉诉郑戴仇名誉权案作的复函即是例证，该复函的主要内容是：“郑戴仇参与评定王水泉副教授职称时，有人反映王水泉所写《从经典描述提取量子信息——费曼路径积分简介》(下称《简介》)是抄袭之作，郑将此意见向评审组织反映是允许的。但当意见未被采纳后，竟擅自在公众场合多次传播；尤其是在有关人员证明，并由有关组织作出《简介》不属抄袭之作的结论后，仍继续散布，进一步扩大不良影响，其行为已超越了评定工作的职权范围。故同意你院审判委员会的意见，即郑戴仇的行为损害了王水泉的名誉权，应承担相应的民事责任。”

退两难的尴尬局面所凸显的是舆论监督背后的新闻管理体制与宪法言论自由的要求之间的深刻矛盾。因此,希望通过建议最高人民法院出台新的名誉权专门司法解释以完成第二次变革的想法是不现实的,因为最高人民法院无法解决这一源自宪法的矛盾,它只能在这一矛盾的限度内“既坚持有利于保护公民的合法民事权益不受侵害,又支持正当的社会舆论监督”①。

其次,政治协调方式是言论自由法律保护制度结构失衡的产物,它限制了法治协调方式的适用,在客观上使一些社会主体的人格利益受到了特殊保护。由于新闻法等言论自由法律保护制度迟迟不能出台,既有的新闻管理体制得以沿用至今。虽然这种管理体制也在不断变革之中,但是以“党报体制”为基础的框架一直没有多少改变。在这一体制内,原有的报纸批评与自我批评经过一番改进后以舆论监督的形式被继承下来,成为重要的政治协调方式。应该说,作为权力监督权力的舆论监督在某些方面起到了积极的作用,但是它的局限性也是非常明显的。

其一,在我国有几种类型的名誉权案件是基本没有的:省部级以上党政官员或其亲属作为原告的名誉权纠纷案件;地方党政机关及其官员在其辖区之内起诉本地新闻媒体的名誉权纠纷案件;涉及敏感部门、职业或重大社会事件的名誉权纠纷案件。之所以会出现这种情况,是因为这些领域是政治协调方式在发挥作用,现实中的相关批评言论本来就不多。即使因为某些言论产生了纠纷,那也是通过政治方式加以协调的。换句话说,这些党政官员的名誉利益实际上受到了特殊的保护。

其二,政府官员的隐私受保护的程度高于一般公民,特别是个人所有财产情况、健康状况以及直系亲属的工作、学习情况等对于政府官员来说本不应属于隐私的“隐私”,在我国很少甚至不曾公开;②他们的肖像要出现在报纸、电视中也是经过了严格的审查和细致的处理,不用说幽默讽刺的漫画、

---

① 《最高人民法院公报》1989 年第 2 期。

② 我国只有非常有限的公职人员财产申报制度,参见中共中央办公厅、国务院办公厅 1995 年 4 月 30 印发的《关于党政机关县(处)级以上领导干部收入申报的规定》。至于公职人员财产公开制度则基本是一片空白。此外,高级别政府官员的健康状况、直系亲属的个人情况在我国也很少公开,但人民群众对这些问题又非常关心,以至于社会上经常流传一些未经证实的小道消息。

恶搞，就是正常的生活肖像也很少出现在公众视野之中。[①]

其三，就某一纠纷，政治协调方式一旦介入，法治协调方式将被排除适用。本书第三章提到的《财经时报》停刊事件就是一个很好的例子。还有一种情况是某一纠纷表面上是使用法治协调方式解决的，但实质上还是政治协调方式在起作用。这在一些因为异地舆论监督和网络公民直接言论引起的纠纷中体现得最明显。这两种新兴的监督方式所针对的都是地方政府或基层政府部门，它们并不是传统上级对下级的舆论监督的应有之义，完全是因为社会发展而产生的意外。被监督的地方政府在应对这些“威胁”时往往因为缺乏直接的权力隶属关系，无法有效地进行事前控制，因此更多地采用事后惩罚的“法律”手段，包括打名誉权官司、拘捕记者等。

总的来说，在现有的体制中公权力主体的人格利益是受到特殊保护的。第二次权利协调变革的重要目的之一，正是要限制以政府官员和政府机构为代表的与公共利益有关的社会主体的人格利益。我国立法机关和司法机关对待“公众人物”的态度也证明了这一点。据杨立新教授透露，2002 年由学者专家起草的《民法典》中本来有公众人物的条款，专家们在原草案的第 157 条将公众人物具体化为政治人物、历史人物、文艺明星和体育明星，后来因为考虑到它的敏感性才笼统地称为“公众人物”：“为社会公共利益进行新闻宣传和舆论监督为目的，公开披露公众人物的隐私，不构成新闻侵权。”但是，在提交全国人大常委会讨论时，第 157 条被删去了。[②] 最高人民法院没有对公众人物问题明确表过态，在现有的公开案例中，地方法院从未将“公众人物”使用到政府官员身上，更多的适用对象是影视明星、知名企业家、著名作家等非政府官员“公众人物”。[③]

最后，由于新闻媒体的事业单位性质，它们所承担的责任并不是个人权利意义上的职业责任，而是公权力意义上的权力责任，因此，法院或立法机

---

① 《南方日报》曾刊登了一张前最高人民法院院长肖扬“仰天长笑”的照片，被广东省委书记汪洋誉为“思想解放的表现”。参见胡键、郑佳欣：《敢发这样的照片，是思想解放的表现》，载《南方日报》2008 年 3 月 16 日 A04 版。

② 王生智：《“实际恶意”与“微罪不举”：公众人物诉新闻侵权的抗辩事由——从两起名誉侵权案件谈起》，载《声屏世界》2004 年第 8 期。

③ 在这些案例中，“公众人物”并没有构成判决的主体理由，存在为了使用而使用之嫌。参见魏永征、张鸿霞：《考察“公众人物”概念在中国大众媒介诽谤案件中的应用》，载《中国传媒报告》2007 年第 4 期。

关根本无法减轻其证明责任或证明要求。新中国第一部临时宪法《共同纲领》中就有有关新闻真实的条款,不过,“《共同纲领》中的‘保护报道真实新闻的自由’,与‘客观主义’是没有丝毫关系的”。新闻工作“最主要的考虑是符合不符合人民的利益”,因此“揭发和批评一个官僚主义的事件,决不能靠新闻记者主观的印象,必须从直接和间接受到那个事件影响的群众和干部中调查了解,寻找根源,并听取他们对于如何纠正的意见,然后再对照着人民政府的基本政策加以判断”。[①]这种“人民权利观”主导下的新闻真实同样是多年来中国共产党对新闻工作的最基本要求,[②]其具体可以分成两部分:

一部分是要求新闻工作者讲究大局观的政治真实,要以正面报道为主,注重舆论的导向作用。“报社的同志要有大局意识、全局观念,坚持政治家办报,正确处理改革、发展、稳定的关系,登什么,不登什么,怎么登,都要从全局出发,从党和人民的整体利益出发。”[③]“我们党和国家事业是蒸蒸日上的。这就要求新闻宣传从各个方面努力揭示这样一个基本事实。”“现实生活是复杂的,要找几个事例来证明某个观点并不难。一叶障目,不见泰山,抓住一点,不及其余,尽管这一叶、这一点确实存在,但从总体上来看却背离了真实性。所以我们的新闻工作者要做到真实地反映生活,就要深入进行调查研究,不仅要做到所报道的单个事情的真实、准确,尤其要注意和善于从总体上、本质上以及发展趋势上去把握事物的真实性。”[④]

另一部分则要求新闻工作者对具体细节的真实性反复调查研究,尤其是涉及点名批评的舆论监督。“前几年曾经说过,只要事实基本弄清就可以了。现在看来这个话不很准确,最好不用这种说法。还是应当强调核实清楚,这样才能真正做到实事求是。特别是指名道姓地批评某个人,一定要遵照中央有关规定办理。因为报纸一登,等于向全国甚至全世界通报,比党内通报厉害得多,比‘文化大革命’的大字报影响大得多,一定要慎之又慎,决

---

① 刘尊棋:《在共同纲领下 新闻工作者的努力方向》,载《人民日报》1950年1月4日第5版。

② 刘少奇曾对新闻真实发表了看法:“我们如果不敢强调客观的、真实的报道,只是强调立场,那么,我们的报道就有主观主义,有片面性。”参见中国社会科学院新闻研究所编:《中国共产党新闻工作文件汇编》(下),新华出版社1980年版,第359页。有学者认为,将曾经被视为资产阶级新闻理论的“客观”“公正”“兴趣”等视为新闻工作的一般要求进行整体论述,这在党的高级领导人中是唯一的。参见陈力丹:《马克思主义新闻观思想体系》,中国人民大学出版社2006年版,第642页。

③ 《江泽民同志视察人民日报社时的讲话》,载《人民日报》1996年10月21日第1版。

④ 江泽民:《关于党的新闻工作的几个问题》(1989年11月28日在中宣部全国新闻工作研讨班上的讲话),载《十三大以来重要文献选编》(中),人民出版社1991年版。

不能感情用事。‘文化大革命’中先打倒、后定性的做法，制造了多少冤案？这方面的教训是够多够严重的了，我们不应当忘记。”[①]“重要的批评报道，要同有关的主管单位联系，听取他们的意见。批评报道发表以后，还要报道处理的结果，这也有利于提高报纸的威信。”[②]“舆论监督的力量来自事实，因而舆论监督的基本原则必须是用事实说话，坚持实事求是。开展舆论监督，必须进行深入采访和调查研究，充分听取各方面的意见，掌握准确、全面、翔实的第一手材料，决不能偏听偏信，更不能仅凭道听途说。要辩证地观察和分析问题，坚持‘两点论’，切忌片面性，不仅对事实本身负责，而且对事实使用的准确性负责，不夸大、不缩小，既不说过头话，也不搞绝对化。”[③]

正因为我国的新闻媒体不仅要对新闻报道的“基本真实”负责，而且还要对新闻报道的政治真实、纪律真实和细节真实负责任，所以我国各级法院才会针对新闻媒体采用一整套严格的真实证明责任和证明要求体系。在最高人民法院的司法解释中，新闻媒体不仅要对自己的新闻报道负上查证真实的责任，对“转载作品”同样负有查证的责任。同样的，“主动新闻源，包括由被动转化为主动的新闻源承担责任，无疑减轻了发表者的责任，但这并不意味着免除发表者的责任。发表者不予或者疏于审查核实，也应当承担相应的责任”[④]。在审判实践中，新闻媒体不仅要应对原告的虚假指控，还要承担新闻报道真实性的证明责任；[⑤]新闻媒体不仅有责任主动报道后续的、最终的、最有“权威”的部门发布的公开信息，而且要为提供权威信息的政府部门或官员所犯的错误承担连带责任；[⑥]学术研究人员不仅要为其发表文章的真实性负责，而且要为其文章引述的权威材料的真实性负责；[⑦]文学作品的

---

① 胡耀邦：《关于党的新闻工作》，载《红旗》1985年第8期。

② 江泽民：《关于党的新闻工作的几个问题》(1989年11月28日在中宣部全国新闻工作研讨班上的讲话)，载《十三大以来重要文献选编》(中)，人民出版社1991年版。

③ 王晨：《用“三个代表”重要思想统领新闻宣传工作》，http://www.people.com.cn/GB/guandian/1035/1936190.html，最后访问日期：2009年2月15日。

④ 梁书文、杨立新、杨洪逵编著：《审理名誉权案件司法解释理解与适用》，中国法制出版社2001年版，第47页。1998年《解释》第7问虽然区分了主动新闻源和被动新闻源提供人的责任，但是只对被动新闻源提供人的免责作出了规定。

⑤ 李大元：《新闻报道侵害名誉权案件的受理问题》，载《新闻与传播研究》1995年第3期。

⑥ 《最高人民法院关于广西高院请示黄仕冠、黄德信与广西法制报社、范宝忠名誉侵权一案请示的复函》(〔2000〕民他字第8号)。

⑦ 北京市第一中级人民法院(2003)一中民终字第8549号民事判决书。

作者不仅要为虚构的人物的指向性负责,而且要为其虚构的情节的真实性负责;[①]学术评论的评论人不仅要为其评论所依据的事实的真实性负责,还要为其评论本身的真实性负责。[②] 这些看似没有关联的真实性证明责任与证明要求,其实背后都有一以贯之的理论思想和依据,只是法院在判决中并不会说明这些判决理由背后的深刻背景,因为这些判决理由已经化作法官们的"内心确信",是无须证明的政治性"公理"。法官这么做,并不是有意要压制言论自由,他们是在依据中国普遍的政治(宪政)共识中的"言论自由"(舆论监督)对新闻媒体提出的合理的要求。

在我国,认识到第一次权利协调变革的基础性作用是非常重要的。自从 20 世纪 90 年代初新闻法起草工作逐渐走向全面停顿之后,第一次权利协调变革长期无人问津,第二次权利协调变革却成为一个独立的学术热点,而且一热就是十几年。也就是说,我国学者长期将两次变革割裂地看待。眼见着第一次权利协调变革的研究工作不受重视,加之对阻力因素等的考量,学者们便纷纷转向技术性更强、风险更小,同时社会关注度更高的"新闻官司"。

### 三、一次完成两次变革的可能性

近来也有部分学者开始注意到在我国进行第二次权利协调变革所面临的窘境。汪庆华认为,一方面,"简单地把中国媒体言论等同于言论自由和出版自由本身,其结果可能是使得原先在政治上处于优势地位的媒体借助司法赋予它的法律合法性在侵入有限的私人空间时变得更加肆无忌惮";另一方面,"我们并没有一个开放性的舆论空间……名誉权成了某些政治人物乃至于政治力量实现自己特权的新武器"。所以,"当我们谈论言论自由和名誉权之间的平衡问题时,我们实际上是在谈论现实中不存在的纸面权利与以国家权力为后盾的政治力量之间的平衡。这无疑是永远都不可能实现的。也就是说,将言论自由模式引入名誉权分析框架的一个后果是,越得利者越得利。很可能会出现的情况是,在媒体侵害一般民众的隐私权或者名誉权的案件中,媒体有较高的胜诉率,因为媒体相对于一般民众处于强势地位;而在所谓媒体侵害公共人物,尤其是政治人物隐私权的案件中,媒体则

---

① 张新宝:《名誉权的法律保护》,中国政法大学出版社 1997 年版,第 251 页。

② 海南省高级人民法院(1998)琼民终字第 39 号民事判决书。

频繁败诉……”。这位学者的结论是：应当“走向名誉权案件的一般理论”，“不再是去考虑如何实现言论自由与名誉权之间的平衡，而是从完善名誉侵权的基本要件入手，也就是说，从非常技术性的角度入手，尝试建立一个相对比较完整的名誉侵权的体系。如果我们能够清楚确立名誉侵权的规则，至少可以一定程度上约束司法的恣意，缓解现行名誉权制度设计所带来的胜者通吃的局面”。但是，这所谓的“名誉权案件的一般理论”实际上还是美国的公众人物理论和实质恶意法则。[①]

魏永征、张鸿霞则认为，美国的公众人物理论目前并不适合中国的国情，因为“萨利文原则的法律依据是美国宪法第一修正案和由此引申的新闻媒介第四势力地位，理论依据是人民讨论公共事务的自由必须绝对保护，这些前提在中国都不存在”。首先，“中国新闻媒介的事业定位和主管主办单位制度，保证所有新闻媒介都直接或间接隶属于国家机关（包括共产党机关和政府机关）。……新闻舆论监督同人们所设想的以权利制约权力其实相差甚远，属于‘党和政府自我调整、自我完善的重要措施’，是权力制约权力机制的一部分”。其次，“中国对官员名誉实行严格保护”，一些涉及保护政府官员的宣传纪律和政策“体现的价值取向与官员名誉保护弱化或限制的企求是背反的。……这就使得官员名誉受到新闻媒介不当损害的可能性降至最低，这是官员在公众人物概念实际应用中缺位的制度性原因”。“所以，如果从法律上‘引进’萨利文原则，那么得到扩展的并不是公民的言论自由和批评权，而是具有公权力背景的新闻媒介的话语权。而‘弱化’名誉保护的负担将集中在不属于领导干部的基层‘小吏’和演艺体育学术等各界的普通‘名人’（各界那些大‘名人’按照中国的制度通常都会获得诸如人大代表、政协委员或其他公共职衔）身上，他们必须‘忍受’具有公权力背景的新闻媒介的‘合理损害’而无法得到救济，而领导干部安然无恙，他们并不因此而有可能接受更多的公众批评。”但是，在最后，两位学者却转而认为：“尽管如此，鉴于公众人物概念在司法审判中的某些积极意义，我们并不反对在法庭上使用这个词语。只是希望负有维护社会公正神圣职责的法官能够注意发挥它的积极效用，抑制它的消极效用，力求实现新闻报道利益和名誉利益的

---

① 汪庆华：《名誉权、言论自由和宪法抗辩》，载《政法论坛》2008 年第 1 期。

合理平衡。”①

这三位学者的结论无疑是充满矛盾的。汪庆华注意到了我国名誉权侵权制度背后的宪法缺陷,一方面,我国新闻媒体需要承担舆论导向的重任,不能作为单纯意义上的言论自由的代表;另一方面,政府官员的人格利益受到特别保护,并可能不正当地利用名誉权保护制度维护自己的名誉。但是,他对我国宪政现状的观察过于悲观,以至于把宪法言论自由条款的虚置当作“现实中不存在的纸面权利”,把所有的政府官员的名誉权都看成“以国家权力为后盾的政治力量”,并据此建议在我国不要用言论自由与名誉权的关系来看待名誉权侵权问题,而应该涉及具体的技术性的规范,减少法官的自由裁量权。最令人费解的是,他绕了一圈,最后还是回到了为平衡言论自由与名誉权的关系而设计出来的公众人物理论和实质恶意法则上面,建议在我国的名誉权侵权制度中引入这些来自美国的宪法抗辩,丝毫没有考虑在宪法言论自由实施方面尚存缺陷的情况下引入这些制度的后果是什么。相比之下,魏永征、张鸿霞的观点更加客观、更加合乎逻辑。同样是基于我国宪法言论自由实施方面的体制性缺陷,两位敏感地意识到此时引入公众人物理论必将曲解公众人物的本意,并造成另一种不公平。但是,两位也仅仅是把这种宪法和体制上的缺陷当作目前的“中国的国情”,而不是将其当作一个可变同时也是应该加以变革的因素。所以,最后,两位不得不把希望寄托于法官的职业道德和精神,希望他们能够认识到“中国的国情”,认识到在个案中使用“公众人物”这个词语可能造成的弊端,希望他们能扬长避短,履行他们的维护社会公正“神圣职责”。

虽然三位学者的观点各有特色,其矛盾之处也不尽相同,但是他们矛盾的根源都是一样的,那就是割裂了两次权利协调方式变革之间的关系。在我国,不能单纯地讨论第二次权利协调方式变革。没有第一次权利协调方式变革的基础,第二次权利协调方式变革就会陷入不可调和的矛盾之中。但是,这并不意味着在我国就必须机械地照搬西方的历史,等我们把宪法言论自由激活,立好新闻法,完善言论自由法律保护制度,理顺诽谤罪和名誉权侵权的基本构成要件和抗辩原则,再瞪大眼睛慢慢等着名誉权法律保护在司法实践中出现问题。在了解了两次权利协调方式变革的历史和逻辑关

---

① 魏永征、张鸿霞:《考察“公众人物”概念在中国大众媒介诽谤案件中的应用》,载《中国传媒报告》2007年第4期。

系之后，我们完全可以两步并一步，在同一时间把两次权利协调方式变革的工作一次性完成。只要中国社会对言论自由和新闻自由有一个符合社会发展要求的认识，我们就可以在仔细阐释宪法基本权利的基础上，同时做好言论自由法律保护制度的完善和人格权法律保护制度的改进工作。

## 四、在甄别基础上的借鉴

第一次权利协调方式变革主要包括两块内容，一是形成重视宪法言论自由的共识并建立完善的言论自由法律保护制度；二是建立结构完整、合理的名誉权法律保护制度。对于第一块内容，我们不大可能采用英美的做法，主要通过议会立法或违宪审查革除不当限制言论自由的法律来实现。更加符合我们国情和历史的做法还是借鉴大陆法系国家或地区的经验，以专门的新闻法为核心，打造言论自由法律保护制度体系。至于立法的内容，一些世界通行的原则也可以为我们借鉴。而具体的立法制度是个庞大而复杂的课题，这也并非本书所关注的重点。对于第二块内容，英美法系和大陆法系国家或地区都是通过立法来实现的，而且立法的内容实际也大同小异。因此，在对这块内容进行借鉴时，不需要做太多的甄别工作。

第二次权利协调变革的具体制度相对来说简单一些，经过一些比较和甄别工作，既能够确定借鉴的基本思路，也可以确定要借鉴的具体制度。

首先看看在当前中国学术界影响最大的美国模式。在《纽约时报》诉沙利文案中，美国联邦最高法院适用宪法，改变了传统的诽谤法制度，其基本要义就是公众人物理论和实质恶意法则。公众人物理论是用来划分不同的言论自由的工具，而实质恶意法则是针对这特定范围内的言论自由创制的特殊的保护机制。这种解决问题的基本思路是值得我们借鉴的，但是作为具体制度的公众人物理论和实质恶意法则，对于我们来说并不是最好的选择。

关于公众人物理论，本书第四章已经讨论过，它是判别言论是否具有公共性的概念工具，其背后所指向的依然是言论的性质。但公众人物理论最大的问题正在于此，如果仅仅依据原告身份或“公众关注”程度的高低来判定是否适用特殊规则，很容易忽视涉案言论背后隐藏的公共利益性质到底是什么，其重要性如何，是否值得限制原告的人格权等等。其结果很可能是无限扩大公众人物的范围，从而纵容一些滥用新闻自由和言论自由的行为，侵害公民的名誉权、隐私权等人格权。“如果媒体报道只要有‘公众关注’的内容便可受到第一修正案的保护,那么隐私将不复存在。人们总能用这样或那样的理由,声称公众了解某个‘隐私’问题,在一定程度上和公众理解公共事务或公共职能有关。人们也总是可以这样说,一些隐私事实例证了更广的公共现象,将其公之于众会加强公众的理解。如果把‘相关性’界定为‘公众关注’就足以使报道正当化,那么人们总能找到或创造某种相关性,而对隐私的保护就将只能仰望媒体的恩典和克制。”①这对任何一个既重视言论自由也同样重视人格权的国家或地区来说,都是无法接受的。② 也正因为此,美国联邦最高法院自己也不得不对公众人物标准作出修正,在一定范围内引入言论的公共性标准。③

关于实质恶意法则的可借鉴性就更好判断了。到目前为止,还没有哪个国家或地区真正引入这一法则,因为无论是普通法系的诽谤法还是大陆法系的侵权法或刑法,如果引入这一法则,对其本国法制所造成的冲击实在太大。对于大部分宪法实施比较完善的国家或地区来说,保护言论自由的手段已经非常丰富了,没有必要再使用如此激烈的手段。我国的法律制度无疑是以大陆法系为底色的,植根于普通法传统的实质恶意法则与我们现有的法律制度天然地不相融合。在名誉权侵权责任中引入实质恶意法则,将改变侵害名誉权行为的一般侵权责任性质,使其一跃而为特殊侵权责任中的特殊侵权行为。因为实质恶意既不属于过错责任也不属于严格责任,即使是过错推定责任中的“过错”与实质恶意中的“恶意”,在主观认识的对

---

① [美]葛维宝:《隐私与言论》,彭亚楠译,载王利明、[美]葛维宝主编:《中美法学前沿对话——人格权法及侵权法专题研究》,中国法制出版社 2006 年版,第 61 页。葛维宝教授建议美国联邦最高法院应该发展更细致的审查标准,一方面需要分析公众关注的实质性,另一方面则需要分析侵犯隐私的深度和广度的相关问题。对于前者,除了公众人物标准,还要考虑所涉及的信息的性质。关于“真正私人事务”的信息,即使涉及公众人物,通常也应当是可受到保护的。参见[美]葛维宝:《隐私与言论》,彭亚楠译,载王利明、[美]葛维宝主编:《中美法学前沿对话——人格权法及侵权法专题研究》,中国法制出版社 2006 年版,第 65 页。

② 需要说明的是,名誉权等人格权不是美国宪法所列举的基本权利,美国联邦最高法院也从来没有说过言论自由具有先天的优越性。只是它所作出的判决总是倾向于保护言论自由的多,倾向于保护人格权的少,因此容易给人造成言论自由在美国受到绝对保护的印象。

③ Philadelphia Newspapers v. Hepps, 475 U.S. 767 (1986), p. 775.

象上也有很大的差别。[①] 同时,实质恶意法则适用的是严格的举证责任倒置。大陆法系国家或地区的举证责任倒置一般都需要法律明文规定,而且即使会依一定的归责原则分配举证责任,但在具体的诉讼过程中也会针对不同的案件事实灵活分配举证责任。[②] 我国法院在审理名誉权案件时的通常做法虽然也是适用举证责任倒置,但具体到个案中,不同的案件情况同样需要灵活判断,适时转换举证责任。[③]

近年来德国宪法对我国学者的影响越来越大,引荐德国宪法具体制度的观点层出不穷,而协调基本权利冲突既是德国宪法法院的重要功绩,也是德国宪法法院发展其特有的违宪审查制度和理论的重要凭据,因此也有必要对其作一番比较和甄别。

这里我们必须先回到德国宪法法院在1958年作出的路特案判决,把其中复杂的推理过程补充完整。关于基本权利的效力问题,德国宪法法院在该案中得出的结论与美国联邦最高法院在《纽约时报》诉沙利文案中得出的结论基本一致,即只要是国家的权力行为就应该受到宪法的约束,不论这种权力行使所依据的法律形式是什么。只是德国宪法法院的论证依据更加复杂。德国宪法法院认为,虽然基本权利的首要目的是保障个人自由权利免受国家的侵害,但是宪法基本权利规定也建立了客观的价值秩序,[④]它是衡量立法、行政及司法领域所有行动的准绳,因此,即使规范私人关系的民法也不能和基本权利相违背。但是,其后的发展,德国宪法法院的判决意见与美国联邦最高法院却大相径庭。德国宪法法院的注意力并没有放在立法上,而是集中在了法官的适用法律行为上,所以,接下来联邦法院花了大量篇幅论证,普通法院和法官在解释和适用法律,包括作为私法的民法时,为什么可以受到宪法法院的审查。宪法法院认为,既然宪法基本权利的客观

---

① 也许正是因为感到实质恶意法则与侵权法归责原则上的冲突,我国几位赞成引入公众人物理论的民法学者却对实质恶意不抱好感。参见张新宝:《名誉权的法律保护》,中国政法大学出版社1997年版,第105－112页;王利明:《公众人物人格权的限制和保护》,载《中州学刊》2005年第2期。

② 王泽鉴:《名誉保护、言论自由与实际恶意(actual malice)原则》,载《中国法律评论》第1卷,法律出版社2007年版,第33页。

③ 魏永征:《名誉权案事实真伪的举证责任及相关问题——以杨义巢诉胡肖琼侵害名誉权案为例》,载《国际新闻界》2008年第2期。

④ 基本权利的主观价值和客观价值是德国宪法特有的概念,其中的主观和客观都是相对于国家权力而言的,基本权利的客观价值是指国家必须保证能够建立一套能够切实保障基本权利的客观秩序;基本权利主观价值是指为了保护某些基本权利,国家权力必须受到主观限制。

价值秩序对所有国家行使权力的行为有约束力,那么法官在具体审判案件时,也必须以宪法基本权利的精神来审查、解释及适用民法条文,这也是《基本法》第1条第3款的要求。如果法官不按此方式进行判决,就侵犯了宪法所保障的客观价值秩序,就可视为公权力受到侵害,人民可以提出宪法诉讼。[①] 具体到本案中,因为《德国民法典》第826条属于《基本法》第5条第2款[②]所规定的可作为限制言论自由依据的"一般条款"(general law),那么就需要对这种"一般条款"作出解释。既然基本权利同时建立了客观价值秩序,那么基本权利与"一般条款"之间的相互关系就不再是单向的限制关系,而是一种"交互影响关系"。也就是说,"一般条款"对基本权利设定了界限,但"一般条款"也必须参照基本权利在自由民主国家或地区的价值意义的认识作适当的解释,并且其限制基本权利的效力部分本身再作限缩解释。正是基于以上这些复杂的论证,联邦宪法法院才转向解决如何解释那些《基本法》所规定的可以限制言论自由的一般法律条款,提出使用"利益均衡理论原则"审核双方当事人相互冲突的权益。

为什么其他国家或地区的违宪审查机构可以轻松解决的问题到了德国人这里却是异常的复杂和繁琐呢?其实这并不是因为德国人天生就喜好哲学思辨,而是因为大家所面临的实际问题不同罢了。首先,依据德国的宪法诉讼制度,任何人,包括公民个人和组织,当公权力侵害其基本权利时,可以向宪法法院提起宪法诉讼。[③] 但是,德国宪法法院并不是德国国内的最高法院,其与普通法院之间是平级关系,并不是上下级关系,因此,它必须花大力气论证为什么宪法法院能够审查普通法院的判决。其次,在这类宪法基本权利冲突的案件中,宪法诉讼提起人所针对的是普通法院的判决,而不是其判决所依据的法律,所以,宪法法院必须将注意力放在普通法院所行使的公权力行为——适用和解释法律是否合宪上,而不能就其判决所依据的法律

① 陈新民:《宪法基本权利及对第三者效力之理论》,载《德国公法学基础理论(上册)》,山东人民出版社2001年版。

② 德国《基本法》第5条第2款规定:"上述权利应该依照一般条款(general law)之条款、保护少年之条款和个人名誉权加以限制。"

③ 《德国联邦宪法法院法》第90条第1款规定:"任何人得主张,其基本权利或在基本法第20条第4项、第33条、第38条、第101条、第103条、及第104条所规定之权利,遭受公权力侵害,而向联邦宪法法院提起宪法诉愿。"

直接作出解释，以使法律更符合宪法的精神或要求。[①] 最后，因为宪法法院只能审查普通法院的法律适用行为，所以，当提起的宪法诉讼是普通法院依据民事法律审判私人之间的民事案件时，宪法法院不得不面临另一个大麻烦，即作为公法的宪法是否适用于私人之间的问题。在德国，公法与私法的划分在学理上和实践中都有深厚的传统，其基本理念是“作为和谐与富有价值的理论体系，民法典的神秘整体应在普遍意义上获得维持，并基本上独立于公法”[②]。因此，宪法法院不得不在宪法对私人关系无效力与有直接效力之间选择一条中间道路——宪法基本权利的第三人效力，即用宪法限制普通法院对民法中的“一般条款”的解释行为。[③]

以上这些问题都是德国宪法法院面临的特殊问题，诸如“基本权利客观价值秩序”“一般条款”“交互影响关系”“利益均衡理论原则”都是为了解决这些特殊问题而设置的。但是，这套理论的实施并没有为宪法法院平息争议，尤其是“交互影响关系”和“利益均衡理论原则”，德国国内学者的批评非常强烈。他们认为，宪法法院“将其宪法裁判审查权无限制的扩充，跨进了实审法官作事实认定与实施评价的权限领域，不仅审查深入细节事项，同时亦为严格的监督与纠正。联邦宪法法院此种行径备受学界批评，其本身不仅成为太上上诉法院，同时亦成为太上事实审法院”[④]。

对于美国、日本、法国等国家或地区来说，这些特殊的困难并不存在，因此也就没有必要冒上巨大的风险使用这些复杂的宪法理论。美国联邦最高法院既是违宪审查机关又是最高法院，它既可以依据宪法宣布某项法律违宪，也可以直接依据宪法对不符合宪法意旨的法律作出新的解释。在解决言论自由与人格权的冲突问题上，美国主要还是选择依据宪法解释法律，而

---

① 在德国，也是由于宪法法院和普通法院之间的平级关系，在两者之间也有明确的权力分工。对法律的解释是普通法院的责任，宪法法院只能依据基本法判定法律合宪或违宪，无权直接解释法律。《德国联邦宪法法院法》第 78 条规定：“联邦宪法法院确信联邦法与基本法，或邦法与基本法或其他联邦法抵触时，应在裁判中宣告其无效。同一法律中之其他规定如基于相同理由，与基本法或其他联邦法抵触时，联邦宪法法院亦得将此等规定宣告无效。”

② ［美］Peter E. Quint：《宪法在私法领域的适用——德、美两国比较》，余履雪译、蔡定剑校，载《中外法学》2003 年第 5 期。

③ 关于德国宪法上的第三人效力理论可参见陈新民：《宪法基本权利及对第三者效力之理论》，载《德国公法学基础理论（上册）》，山东人民出版社 2001 年版。

④ 翁晓玲：《新闻报道自由与人格权保护》，载翁岳生教授祝寿论文集编辑委员会编：《当代公法新论（上）：翁岳生教授七秩诞辰祝寿论文集》，元照出版有限公司 2002 年版，第 102－103 页。

不是一个一个地审查下级法院的判决。日本最高法院的情况与美国类似。法国的违宪审查机构只审查立法争议，并且不接受个人的诉愿，因此，它们解决基本权利冲突问题根本不需要通过违宪审查制度。相同的道理，德国宪法法院这一套复杂的理论也不适合我国，要解决我国的基本权利冲突问题还是应该首先在宪法和立法上做文章，其次是违宪审查。即使将来我国建立了切实可行的违宪审查制度，在基本权利保护方面也只能是以审查立法为主，不大可能对普通法院的判决进行违宪审查。[①] 当然，德国宪法法院的一些具体做法是值得我们借鉴的，比如区分事实与意见、针对个案的利益衡量等等。只是在我国借鉴这些经验的主体应该是普通法院，而不是别的国家机关。

从世界范围看，在名誉权保护制度中增加真实确信抗辩原则是比较普遍的做法。这是因为较之美国的实质恶意法则，真实确信抗辩原则更加温和，更能为多数国家或地区所接受。首先，真实确信抗辩所改变的仅仅是"真实"的含义，并未涉及犯罪构成或侵权归责的基本原理，因此可以为各个法系国家或地区所采纳而不发生排斥现象。其次，真实确信降低了被告证明其言论真实的程度要求，使证明强度不必至绝对或客观真实的地步，同时也未转嫁证明责任，没有增加原告的证明责任。[②] 最后，各国或地区增加真实确信抗辩原则的方法也是灵活多样的，既可以通过违宪审查机关依据宪法，解释现有法律，将真实确信植入原有的真实抗辩原则；也可直接通过立法机关，将其作为真实抗辩的补充写入刑法；还可以通过一般司法机关对真实抗辩作扩大解释，引入真实确信。

除了平衡保护言论自由的制度，一些国家或地区在人格权保护方面的新发展也值得我们借鉴，尤其是欧洲大陆法系国家或地区对隐私权的法律

---

① 对于大部分国家或地区来说，普通法院公然作出违反宪法的判决是不大可能的，即使有不符合宪法精神的判决，那也只可能是暂时的法律争议问题，最终还是可以通过立法或违宪审查加以解决。因此，德国宪法法院对普通法院的判决进行违宪审查对于大多数国家或地区来说有多此一举之嫌，对于还没有入违宪审查的门的国家或地区来说更是如此。我国学者在引荐德国宪法基本权利效力理论时往往缺乏必要的针对性，忽视德国宪法理论的具体实践背景和我们自己的宪法所面临的具体问题，有为了引荐而引荐之嫌。关于我国学者对德国基本权利理论的介绍和借鉴建议，可参见张翔：《基本权利的规范建构》，高等教育出版社 2008 年版。

② 参见吴永乾：《美国诽谤法所称"真正恶意"法则之研究》，载《中正法学集刊》2004 年第 15 期；法治斌：《保障言论自由的迟来正义——评"司法院"大法官释字第五〇九号》，载《月旦法学杂志》2000 年第 65 期，第 152 页。

保护。现代科学技术和社会的飞速发展往往对公民个人的人格权构成巨大的威胁,完善法律保护人格权的手段也是现代法治国家或地区面临的重大宪法问题。其中,因为滥用新闻自由和言论自由而对公民人格权造成侵害的现象在各国或地区都已出现,在有的国家或地区还非常普遍。因此,纵观世界各主要法治国家或地区,协调人格权与言论自由的平衡实现是一个双向的过程。随着民主和宪政的进步,言论自由越来越受到重视,而以往严格的名誉权法律保护制度便越来越显得不合时宜,于是这些国家或地区纷纷采取措施,对传统的名誉权法律保护制度加以变革。但是,宪法言论自由的落实在带来新闻传播事业飞速发展的同时也给人权保护带来了很多新的挑战,因此,在这些国家或地区,新兴的宪法人格权利及其法律保护措施又不断地被创制出来,以遏制各种媒体传播膨胀所带来的负面效应。

当然,不同的国家或地区因为历史、文化的差异,对两种权利的偏好会有所不同,因此,在具体的宪法和法律制度上也会有不同的设置和保护偏向。欧洲大陆法系国家或地区在这个问题上始终保持着厚重的人本主义观念,将植根于人性尊严的人格权看作重要的宪法基本权利。这种基本权利不仅能够抵御来自国家权力的侵害,同时也始终警惕着来自同样是公民个人的威胁。我国言论自由法律保护制度尚不完善,新闻媒体或网络匿名言论对公民隐私权的侵害现象已经显出苗头,如何在保护好言论自由的同时限制言论自由的滥用也是我国急需解决的问题,欧洲大陆国家或地区和欧洲人权法院在言论自由与隐私权之间作出的价值衡量非常值得我们加以借鉴。

除了第二次权利协调方式变革的法治经验之外,在两次权利协调工作中宪法、立法与司法之间如何分工也需要参考其他国家或地区的法治经验。

首先,一个社会对言论自由的主流观点必须与宪法基本权利的要求一致,如果宪法规定要保护公民的言论自由,但是现实却是另一回事,两次权利协调就会失去基础。

其次,无论是言论自由还是人格权都必须与时俱进,不能总是停留在"人权宣言"的状态。为此,需要有一个权威机构不断地对言论自由和人格权的具体含义进行阐释,使这些纸面的权利既能够解决社会实际问题,也能够满足社会发展对人权保护提出的各种新要求。通常来说,违宪审查是比较有效的宪法解释制度,能够使宪法基本权利规范与时代处于同步的发展之中。

再次,立法在宪法实施的过程中具有一定的优先性,这是由现代民主原理所决定的,在两次权利协调方式变革中也不例外。当然,立法也不可能做到十全十美,有时也会有漏洞,也会因为时过境迁而有悖于宪法精神。此时,违宪审查便可作为补充立法漏洞的方式之一。除了违宪审查,如果在立法限度内的司法解释也能解决问题,那么普通法院所作的法律解释也将是不错的选择。①

最后,普通法院最重要的任务是,依据法律在个案中衡量、比较和分析各种事实背后所代表的利益的重要性大小、需要保护程度的轻重缓急等等。也就是说,普通法院最主要的任务并不是单纯地解释法律,而是将法律适用于事实的过程。② 当然,在遵循立法前提下的司法解释也是我国普通法院协调基本权利冲突的重要手段,但这通常是最高人民法院的任务,对于绝大多数法院来说,其主要任务还是公正合法地在个案中协调基本权利冲突。

总之,协调权利冲突是一项异常复杂的法律工程,需要综合运用各种法律手段。对此,我国台湾地区大法官苏俊雄的观点颇为精辟,可作为本节基本思路的总结:"立法者应有'优先权限'(Vorrang)采取适当之规范与手段,于衡量特定社会行为态样中相冲突权利的比重后,决定系争情形中对立基本权利实现的先后。而释宪者的职权,则在于透过比例原则等价值衡量方法,审查现行规范是否对于相冲突的基本权利,已依其在宪法价值上之重要性与因法律规定而可能有的限制程度做出适当的衡量,而不至于过分限制或忽略了某一项基本权。至于在个案适用法律时,行政或司法机关亦应具体衡量案件中法律欲保护的法益与相对的基本权限制,据以决定系争法律的解释适用,追求

---

① 通常情况下,违宪审查所要解决的是一个社会中具有巨大争议或者具有重大影响的问题,因此运行起来社会成本自然要高于普通法院的司法解释。

② 从某种程度来说,普通法院的工作主要还是依据法律解释事实,而不是依据宪法解释法律。近来也有学者建议在我国引入源自德国的"合宪性解释"概念,即强调普通法院的法官应当尽量依据宪法对法律作出最优解释。但是,从我国最高人民法院所作的名誉权司法解释看,"合宪性解释"并不是一个需要特别强调的问题。对于我国来说,最主要的问题是"合宪性"中的这个"宪"缺位了,大家对言论自由没有取得共识,主流宪政观念与社会发展的客观要求又不一致,所以地方法院法官也可以依据他们心中的、公理意义上的"宪"引入公众人物、合理确信等制度,作出与最高人民法院司法解释的精神不相符的判决。关于合宪性解释理论的介绍可参见韩大元:《论宪法解释程序中的合宪性推定原则》,载《政法论坛》2003 年第 2 期;范进学:《人民法院的"审判权"是否蕴含着宪法解释权》,载陈金钊、谢晖主编:《法律方法》(第七卷),山东人民出版社 2008 年版;张翔:《两种宪法案件:从合宪性解释看宪法对司法的可能影响》,载《中国法学》2008 年第 3 期。

个案中相冲突之基本权的最适调和。”[①]当然，苏俊雄大法官所阐述的是一般原理，具体到一个国家或地区究竟应该使用哪些手段协调基本权利冲突，关键还是看这个国家或地区的宪政体制和现有制度资源是什么样的。

## 第二节　变革的基础和步骤

### 一、社会现实的基础

对于中国宪法的言论自由来说，什么样的认识才是符合社会发展要求的？对此，不能先验地用别人的观念作为衡量的标准，还是应该耐心地观察我们自己的客观社会条件。从过去的历史看，中国共产党对新闻工作的指导方针是以客观的社会条件基础为依据制定的，当客观社会条件发生变化时，党的新闻工作的指导思想也会相应作出调整。1922 年，中国共产党为了“真正代表中国民众利益”，“拥护真理，不断的攻击国际帝国主义和本国军阀”，创办了第一份党的机关报《向导》，开始使用报刊作为党的宣传工具。[②] 1942 年，为了适应抗日战争的需要，并配合延安整风运动，当时的党中央机关报《解放日报》进行了改版，强调“要使解放日报能够成为真正战斗的党的机关报”，办报必须坚持“贯彻着坚强的党性”“密切地与群众联系、反映群众情绪、生活需求和要求”“洋溢着战斗性”和“响应党的政府的号召，或者根据党的方针倡导各种群众运动”四项基本原则。[③] 1950 到 1952 年，《人民日报》为了适应从一个解放区的党报到全国性的中央党报、从战争和土改那样激烈的革命斗争到以经济建设为中心的和平发展时期的转变，在组织机构、管理制度、经营办法、运行机制、人员配备、工作方法等方面作了全方位的调整，称为“大转变”。[④]

从战争年代到新中国成立前后的一段时间，“喉舌”论和党管新闻的体制逐渐成形，这套新闻理论和体制是效法苏联、形成于战争年代和比较严峻

---

① 我国台湾地区“司法院”大法官会议释字第 509 号解释苏俊雄大法官协同意见书，2000 年 7 月 7 日。

② 《敬告本报读者》，载《向导》1922 年第 15 期。

③ 《致读者》，载《解放日报》1942 年 4 月 1 日第 1 版。

④ 人民日报报史编辑组编：《人民日报回忆录：1948—1988》，人民日报出版社 1988 年版，第 50—54、84—95 页。

阶级斗争形势之中,它适合于社会生产力还比较落后、实行计划经济体制并且社会主义民主政治还不太完善的社会环境。在历史上,这套理论和体制发挥了非常重要的作用,党领导的新闻媒体为抗日战争和解放战争的全面胜利、新中国成立初期的社会经济迅速恢复、社会主义改造都作出了重要贡献。新中国成立后一段时间,随着国内政治形势趋于稳定、经济建设顺利推进、国内外对发展民主政治的呼声越来越高。1956 年党中央以《人民日报》改版为中心进行了全方位的新闻改革。这次《人民日报》改版首先在指导思想上改变了过去单方面强调新闻工作的党性原则,指出“人民日报是党的报纸,也是人民的报纸”。在新的指导思想指导之下,党中央推出了一系列增强报纸活力的具体措施,如“扩大报道范围”“开展自由讨论”和“改进文风”等等。[①] 这些措施的实施,有助于公民更好地享有言论自由。但是,由于经济和政治体制改革没有跟上,此次大改版并没有现实的社会基础作支撑。因此,改革的失败似乎也是注定的。[②]

从中共十一届三中全会开始,中国共产党重新确立了一条正确的革新之路,中国社会再次经历前所未有之巨变,党对新闻工作的指导思想作出了一些调整。在 20 世纪 80 年代,为了促进社会的安定团结,创造以经济建设为中心的新环境,邓小平强调:“为了实现安定团结,宣传、教育、理论、文艺部门的同志们,要从各方面共同努力……要使我们党的报刊成为全国安定团结的思想上的中心。报刊、广播、电视都要把促进安定团结,提高青年的社会主义觉悟,作为自己的一项经常性的、基本的任务。”[③]到了 20 世纪 90 年代,江泽民更加注重舆论的引导作用,提出“以科学的理论武装人,以正确的舆论引导人,以高尚的精神塑造人,以优秀的作品鼓舞人”[④]。进入新世纪,胡锦涛则更多地站在“文化”这个更高的层次上分析我们面临的问题:“当今世界,文化赖以发展的物质基础、社会环境、传播条件发生了深刻变化。我们要深入研究新形势下我国文化建设面临的新情况新问题,善于在更加开放的环境中建设中国特色社会主义文化。”[⑤]在这些思想的指导下,现

① 《致读者》,载《人民日报》1956 年 7 月 1 日第 1 版。

② 李良荣:《社会生态环境和中国新闻改革》,载《李良荣自选集》,复旦大学出版社 2004 年版。

③ 《邓小平文选》第 2 卷,人民出版社 1994 年版,第 255 页。

④ 《中国新闻年鉴(1995)》,中国新闻年鉴杂志社 1995 年版,卷前第 1 页。

⑤ 《政治局第七次集体学习 胡锦涛强调推进文化建设》,http://news.xinhuanet.com/newscenter/2003-08/12/content_1022845.htm,最后访问日期:2009 年 2 月 15 日。

实的新闻体制也在发生改变。在社会主义市场经济建设的历史大潮中，新闻媒体机构经历了从“事业单位”逐渐向“事业单位、企业管理”再向“文化企业集团”的蜕变。[①] 在这种蜕变的过程中，新闻媒体获得的自主权利在一点点地扩大，整个社会的言论自由和繁荣的程度也在一点点地提高。可以说，我们正在亲历一场新中国迄今为止范围最广、程度最深的新闻改革。[②]

与此同时，中国社会的飞速发展对党的新闻指导思想和现实的新闻管理体制也提出了很多新的要求。首先，生产力的高速发展和社会主义市场经济的建设对党的新闻工作指导思想和管理体制提出了很多新要求。对于生产力的发展来说，不仅信息的自由传播是生产力发展的重要条件之一，信息传播行业本身也是生产力的重要组成部分。信息社会是21世纪全球发展的大势所趋，也是中国发展的重要战略目标之一，其基本特点是信息、知识、观点等的自由和高速的流通。这既是一种观念上的要求，也是现实科学技术发展的结果，尤其是电脑和互联网技术的出现和发展使得信息传播的速度越来越快，而大规模封锁信息流通的技术努力则越来越困难。在这种社会条件下，生产力的发展高度依赖于这种信息的自由流通。社会主义市场经济的发展同样离不开信息的自由流通。计划经济对集权有着天然的要求，因此更加强调新闻媒体的宣传功能，强调国家对新闻媒体的控制；而市场经济则强调保障市场主体的自主权，限制和监督国家权力，新闻的传播功能和监督功能必然受到重视。[③] 与此同时，在社会主义市场经济条件下，新闻传媒，包括传统的纸质媒体、电台和电视与新兴的互联网、手机等，已经成为一个重要的产业，能够创造巨大的利润。[④] 不加区分，将所有新闻都视作党的舆论宣传工具的“喉舌”论，显然已经不符合信息社会与市场经济的要求。[⑤] 相应的，不改善党对新闻工作的领导方式，不区分宏观的思想领导与具体的业务领导，使得各级党政部门能够以“事业单位”的形式事无巨细地

---

① 其间有关国家政策的变化过程的论述可参见魏永征：《新闻传播法教程(第二版)》，中国人民大学出版社2006年版，第378—393页。

② 李良荣：《社会生态环境和中国新闻改革》，载《李良荣自选集》，复旦大学出版社2004年版。

③ 同上。

④ 吴信训、金冠军、李海林等：《现代传媒经济学》，复旦大学出版社2005年版，第11—15页。

⑤ 李良荣：《试论当前我国新闻事业的双重性》，载《李良荣自选集》，复旦大学出版社2004年版。

包揽所有的新闻出版事业资源和具体工作,[①]新闻传媒机构就无法获得完全的市场主体地位,无法享有自己决定制作什么信息产品、如何制作、如何传播、如何经营等等的权利,其发展和活力必将受到很大的限制。最终受到影响的是我们的传媒产业的国际竞争力,是我们的社会主义市场经济建设的进程,是我们的社会生产力。

其次,几十年来民主政治、法治和宪政的飞速发展也使党的新闻工作指导思想和管理体制显得有些滞后。随着经济和社会的不断发展以及改革开放的深化,社会主义民主政治也不断发展,民主政治的进步必然需要允许不同观点的表达和讨论,需要能够通达上下、一视同仁的新闻舆论对各个级别的政治权力和一切不良的社会现象进行监督、评论和批评等等。生产力的发展和市场经济体制的不断完善,加速了社会结构和社会组织形式的深刻变化,人们的生产生活方式日益多样化,利益诉求也趋于多样化,同时公民个人思想活动的独立性、选择性、多变性、差异性也大幅增强,公民参与政治问题自由讨论的愿望和能力都有所增强,尤其是关系到每个人切身利益的国家大政方针、修宪立法、政府政策、公共事件等等重大议题,往往引起全国人民的热烈讨论。所有这些变化都需要一个自由而健康的公共讨论的空间,让各种利益诉求能够得到表达、讨论、争辩并最终形成民主政治得以运行的民意基础。要建立一个这样的公共讨论空间,有两个因素是必备的,一是公开和透明的政府;二是自由和专业的新闻媒体。但是,我国政府信息公开制度还不完善。现有的新闻管理体制限制了新闻媒体对公众关心的事件和问题的讨论,尤其是当这些事件可能涉及政府责任时。[②]

此外,"依法治国,建设社会主义法治国家"已经成为基本治国方略并被

---

① 有学者就提出:"党报党刊是党的宣传机构,应该专注于宣传党和政府的主张,应该退出市场,如果有广告,也仅仅是政府广告。党报应该以党费维持。"参见李良荣:《论中国新闻改革的优先目标》,载《现代传播》2007 年第 4 期。笔者认为,除了报纸,各级党委对其他新闻出版资源的掌控也应该随着新闻事业的市场化而逐步缩减。

② 本书第三章谈到的公民直接言论或社会不良言论的不当惩治就是政府和新闻媒体——现代社会生活中公共言论的两个最主要产出地都出了问题所产生的副作用。只要政府信息和新闻自由法律保护制度不完善,一般公民的匿名言论就会部分替代主流媒体,成为重大事件的"真相来源地"。这在增加匿名言论社会影响力的同时也在无形中增大了不良匿名言论的危害性。这也是为什么一边是蓬勃发展的网络民主,一边是越来越多的地方政府对各种公民直接言论或社会不良言论的不当惩治。参见孙平:《信息时代匿名言论的责任及其界限——以郑啸寅诽谤案为例》,载《法学》2008 年第 8 期。

写入宪法，国家各方面的管理活动也应该纳入法治的轨道。按此要求，党对新闻工作的领导方式也应该作相应的改善，应该逐渐转向大政方针的领导，而具体的对新闻业务的管理应该逐渐并入法治的轨道。但是，现实中的党报体制是各级党政部门实际参与具体的新闻工作的管理，“党管新闻”“党管媒体”的模式并没有多少改变。党的十六大提出要“发展社会主义民主政治，建设社会主义政治文明”，2004年“国家尊重和保障人权”又被写入宪法，作为举世公认的重要人权，新闻出版自由理应受到更多的重视。马克思非常重视新闻出版自由的重要作用，认为“新闻出版就是人类自由的实现”，“没有新闻出版自由，其他一切自由都会成为泡影”。[①] 他在论述新闻出版自由时并未区分其所属的社会性质，而是将其作为一项应该普遍存在的权利来论述的。

最后，几十年来我国的政治稳定，综合国力越来越强，国家影响力也越来越大，与过去相比我们在国际社会上的自信有了十足的底气，而一个自信的国家是不会因为有人表达一些不同的看法而反应过激的。从新闻自由发展的历史看，国家贫瘠、政治动荡、战争状态都是新闻自由的大敌，即使是美国也不例外。[②] 只有国家强大、民族自信、政局稳定才能孕育出最自由的新闻体制。从我国社会发展的方方面面看，我们已经具备了这样的条件。从上文的分析也可以看出，构建言论自由和新闻自由的法律保护制度是现实发展的客观要求，并不是笔者的主观臆断。如果我们不能顺应这些客观社会发展的要求，社会的正常进步将会受到影响。

## 二、重塑政治共识

对于我国来说，目前最紧迫、最首要的工作是尽快形成符合社会发展要求的宪法言论自由观。对此，首先需要依据社会发展的客观条件，改进党对新闻工作的指导思想，改善党对新闻工作的领导方式。比如可以先考虑缩小“党报”的范围，“建立以党报为中心、由多种类多层次的报纸组成的多样化的报业结构，报纸可以有党报与非党报之分，机关报与非机关报之分，有

---

① 《马克思恩格斯全集》第1卷(上)，人民出版社1995年版，第166、201页。

② 在美国历史上，只要遇到不好的政治形势，国会总会制定出严重侵犯公民言论自由的法律，比如1798年因为英法战争颁布的《煽动法》，1917年因为一战颁布的《间谍法》，1940年因为二战颁布的《史密斯法》等。

政治报与非政治报之分,有全民所有制与集体所有制之分,公办民办之分。所有这些报纸都是为人民服务的,但它们执行社会政治功能发挥上述两种作用时,允许各有侧重,促使报纸各具风格。对于这种多层次的新闻事业,应该有两种标准管理,一个是法律标准,一个是党性标准。非党的报纸,只要服从宪法和包括新闻法在内的各种法律(至于报业按新闻职业道德自律,这是一种自我约束,其必要性自不待言);党的机关报除遵守宪法和法律以外,还有党性的标准,即在依法工作的基础上,还要执行党的决议和指示"[①]。在这一区分党报和非党报的过程中,应该逐步让党的报纸使用党的经费经营。[②] 有了这一现实基础,新闻工作的"喉舌"论、舆论导向论、新闻宣传工作的党性论等就有了具体的适用范围,同时各种宣传纪律也可以区别对待,符合宪法新闻自由要求的可以法律的形式加以固定,不符合的可以作为内部规定适用于党报。同时,随着现实的发展,还可以考虑逐步缩小"党报"的范围,比如全国只留下隶属于党中央的"一台一报一电",其他的都交给社会进行经营,由法律和新闻自律道德进行管理和规范。有了这样的改革,在我国才能形成宪法言论自由的共识,并且是符合社会发展要求的共识。

## 三、将政治理念转化为阐释性规范

当然,仅仅形成政治共识对于宪法和权利协调工作来说都是不够的。我们必须尽快建立切实可行的违宪审查制度,在修正和补充立法的同时,通过宪法适用不断地阐释宪法基本权利的具体内涵和功能。对于言论自由来说,最重要的是要在宪法上确立禁止国家权力对言论表达实施事前审查的基本原则,对言论表达者进行事后惩罚应当以必要为原则并有法律保留,[③]同时阐述言论自由和新闻自由对民主政治的重要作用。前者是新闻法立法的基本目的,后者则是权利协调不可或缺的基本准则。在解释宪法言论自由时也需要注意利用宪法其他一些与言论自由有关的条款,比如 1982 年宪法第 2 条第 1 款规定:"中华人民共和国的一切权力属于人民。"第 27 条规定:"一切国家机关实行精简的原则,实行工作责任制,实行工作人员的培训

---

① 孙旭培:《新闻学新论》,当代中国出版社 1994 年版,第 196 页。

② 有学者提出:"党报党刊是党的宣传机构,应该专注于宣传党和政府的主张,应该退出市场,如果有广告,也仅仅是政府广告。"参见李良荣:《论中国新闻改革的优先目标》,载《现代传播》2007 年第 4 期。

③ 对于这两点也可以考虑仿照欧洲大陆国家或地区的新闻法,在新闻法的法律原则中明确阐述。

和考核制度，不断提高工作质量和工作效率，反对官僚主义。一切国家机关和国家工作人员必须依靠人民的支持，经常保持同人民的密切联系，倾听人民的意见和建议，接受人民的监督，努力为人民服务。”第 41 条第 1 款规定：“中华人民共和国公民对于任何国家机关和国家工作人员，有提出批评和建议的权利；对于任何国家机关和国家工作人员的违法失职行为，有向有关国家机关提出申诉、控告或者检举的权利，但是不得捏造或者歪曲事实进行诬告陷害。”“保持同人民的密切联系”“反对官僚主义”“批评和建议”等等这些政治术语，既是中国共产党的优良政治作风和执政方法，同时也在不知不觉之中融入了我们的宪法文本。

对于人格权来说，需要我们对 1982 年宪法第 38 条中的“人格尊严”进行重新阐释。在讨论个人信息保护法时，笔者曾经建议借鉴德国《基本法》第 1 条第 1 款和第 2 条第 1 款所组成的一般人格权的套路解释我国宪法中的“人格尊严”：“‘人格尊严’分为两部分，‘尊严’和‘人格’。‘尊严’即人性尊严，‘人格’即人格权。前者是后者的基础和前提；后者是前者的体现和保障。二者共同作为个人信息保护法的立法目的和宪法权利基础。”①这种解释思路既可以避免“人性尊严”过于抽象而缺乏规范性的缺点，也可以避免人格权在市场经济的大潮中过于物质化而丧失其人性基础的危险趋势。②

对于基本权利的协调本身来说，并不是必须使用违宪审查，但是如果没有违宪审查机关对基本权利作出符合时代要求的进一步解释，非常容易造成宪法本身的混乱和虚置。最高人民法院使用“舆论监督”和解释“人格尊严”的前后过程以及地方法院使用“公众人物”概念的现象便是例证。“舆论监督”是“政治公理”，它符合我国的主流政治观念，但并不完全符合宪法言论自由的要求；“公众人物”是一个“学术公理”，它可能符合宪法言论自由的要求，但却可能有悖于我国主流的政治观念，以及依据这种观念制定的立法

---

① 孙平：《政府巨型数据库时代的公民隐私权保护》，载《法学》2007 年第 7 期。

② 我国晚近学者大都倾向于将“人格尊严”理解为“人性尊严”或“人的尊严”。参见李累：《宪法上“人的尊严”》，载《中山大学学报(社会科学版)》2002 年第 6 期；周伟：《宪法基本权利司法救济研究》，中国人民公安大学出版社 2003 年版，第 59－71 页。林来梵先生的观点稍有不同，他也是借鉴德国《基本法》上的一般人格权模式，提出可将 1982 年宪法第 38 条第 1 句“中华人民共和国公民的人格尊严不受侵犯”解释为“人的尊严”，将第 2 句“禁止用任何方法对公民进行侮辱、诽谤和诬告陷害”解释为宪法上的人格权。参见林来梵：《人的尊严与人格尊严——兼论中国宪法第 38 条的解释方案》，载《浙江社会科学》2008 年第 3 期。不过，1982 年宪法第 38 条第 2 句的表述过于狭隘，似乎只容得下名誉权，要想扩展人格权的具体种类恐怕会有困难。

和司法解释;将“人格尊严”理解为“一般人格权”,可以满足社会发展对人格权保护提出的新要求,但是解释宪法不是普通法院权限范围内的事情,而《民法通则》中的“人格尊严”又过于狭隘,没有办法作扩充解释,因此最高人民法院最后不得不放弃使用“人格尊严”,转向另一个“学术公理”,即“一般人格权”。[①] 之所以会出现这种种的矛盾状况,是因为司法机关所处的是法治实践的第一线,它们对社会发展的需求最为敏感,当现实产生了对解释宪法的需求之后,法院往往是最先感到压力的部门。当这种现实需求的压力越来越大,而宪法本身又长期缺位的时候,法院就会自觉或不自觉地采取各种“规避”宪法的方法来补充法律的漏洞。也就是说,如果宪法跟不上社会的发展,不仅各种明目张胆的违宪事件会时有发生,而且一些隐蔽的“合情合理”的违宪现象也会长期潜伏在我国的司法实践之中。[②]

### 四、依据宪法完善立法

有了宪法基本权利的共识及其阐释基础,就可以讨论如何完善立法实现权利协调了。对于第一次权利协调来说,首先需要通过立法实施宪法言论自由,完善言论自由法律保护制度,其中最重要的当然是新闻法。制定新闻法需要确立两项基本原则,一是禁止国家的事前审查原则,二是所有的事后惩罚制度应该实行法律保留并仅以必要为原则。这两项原则也可以被其他言论自由法律保护制度,如游行示威法、结社法、监督法等所共享,成为整个言论自由法律保护制度的基本原则。与此同时,还需要对各种言论自由相关法律规范进行整理,对于不符合禁止事前审查、法律保留以及超过必要限度的事后惩罚的法律法规进行系统的整理。

其次,需要完善名誉权法律保护制度。从名誉权法律保护制度的历史看,我国缺失了重要的一环——完备的刑事名誉权保护制度。无论是英美法系国家或地区还是大陆法系国家或地区,都是首先完善刑事名誉权保护制度,主要是区分公共利益与个人利益并建立完整的诽谤罪构成要件和抗辩体系,再在此基础上逐渐发展和改革民事名誉权保护制度。我国的刑事

---

① 有民法学者也持有脱离宪法理解人格权的观点,参见马俊驹、曹治国:《人权视野中的人格权》,载《政治与法律》2006 年第 5 期。

② 在此,笔者并不是要为法院作辩解。笔者只是想说明,某些违宪现象并不全是违宪主体的责任,宪法本身的发展滞后也是重要原因之一。至于法院,如果能够对自己的权限范围和功能定位有更加清醒的认识,完全可以避免各种“违宪”行为的发生。

名誉权保护制度在这两个方面都具有明显的缺陷:(1)把个人利益与公共利益相混淆。最明显的例子是《刑法》第246条侮辱罪、诽谤罪第2款:“前款罪,告诉的才处理,但是严重危害社会秩序和国家利益的除外。”这一款的立法原意是:“考虑有些人侮辱了中央领导人以后,中央领导人不便于亲自告诉的情况,司法机关应主动地进行追究,以维护中央领导人的名誉和人格。”[①]权威的学理解释是:“这里所说的‘严重危害社会秩序和国家利益’,主要是指侮辱、诽谤行为严重扰乱社会秩序的,侮辱、诽谤外交使节造成恶劣国际影响的,侮辱、诽谤行为给国家形象造成恶劣影响的,等等。”[②]也就是说,诽谤罪和侮辱罪在我国还承担着保护特殊公权力主体的任务。此外,《刑法》第105条煽动颠覆国家政权罪当中也包含了“诽谤”的行为,但此一“诽谤”的具体含义却不甚明确。按照第246条诽谤罪的规定理解,诽谤只能是对公民个人的诽谤,但是在煽动颠覆国家政权罪中,其“诽谤”的对象显然只能是国家政权或者作为国家政权象征的国家领导人。另外,《刑法》第221条损害商业信誉、商品声誉罪所保护的法益显然是个人利益,但是却被放在“破坏社会主义市场经济秩序罪”一章当中。(2)诽谤罪和侮辱罪没有完整的犯罪构成和抗辩事由。这一点具有历史的必然性,因为我们在立法过程中仅仅注意到了吸取历史教训利用刑法来保护个人的名誉权,但却没有注意到在规范层面还需要平衡保护其他的公民基本权利。

针对这两点,只有修改《刑法》才能解决问题。首先,应该在各种名誉权法律保护制度中明确区分个人利益与公共利益。诽谤罪和侮辱罪所保护的是纯粹的个人法益,没有必要再设置“严重危害社会秩序和国家利益的除外”。如果确有必要,也可仿照大陆法系国家或地区刑法的做法,设置专门的侮辱国家领导人罪、侮辱外交使节罪等。对于煽动颠覆国家政权罪,则应该进一步规范构成要件和法律用语,防止因为扩大适用而侵害公民的言论自由。损害商业信誉、商品声誉罪则应放入第四章“侵犯公民人身权利、民主权利罪”当中,并且也应设置“前款罪,告诉的才处理”的限制。其次,对于诽谤罪和侮辱罪的构成要件和抗辩原则,我国台湾地区的“刑法”已经非常

---

① 王作富:《中国刑法研究》,中国人民大学出版社1988年版,第407页。

② 胡康生、郎胜主编:《中华人民共和国刑法释义》,法律出版社2006年版,第387页。这一学理解释虽然权威,但毕竟是学理解释。司法实践中过度惩罚公民直接言论的诽谤罪案例,正是依据这一条款进行侦查和公诉的。

成熟，我们完全可以稍加修改之后加以借鉴。具体法律条文可设置如下：

“意图散布于众而虚构事实诽谤他人或者虽未虚构事实但以暴力或者其他方法公然侮辱他人，情节严重的，处三年以下有期徒刑、拘役、管制或者剥夺政治权利。

对于诽谤之事，能证明其为真实的不构成犯罪。

以善意发表言论而有下列情形之一的不构成犯罪：

（一）因自卫、自辩或保护其他合法利益的；

（二）国家机关及其工作人员因职务行为而发表言论的；

（三）对于公共事务进行适当的评论的；

（四）对于国家机关的公开信息或已被他人公开的事实进行转述的。”

其中，第1款是诽谤罪和侮辱罪的构成要件。对于诽谤罪，我国台湾地区“刑法”并不以“虚构事实”为构成要件。但我国刑法有“捏造事实诽谤他人”的规定，因此可以沿用《刑法》的规定，将“虚构事实”作为诽谤罪的构成要件。同时，考虑到大陆地区对名誉权受到侵害的公民的救济主要采用民法而不是刑法，因此对刑事诽谤罪进行更多限制并不会对公民名誉权保护造成损害。至于“意图散布于众”，主要是为了与不公开的私下诽谤相区别，后者社会危害性不大，不需要用刑法来惩罚。关于侮辱罪的建议与我国现行刑法的主要区别，是使用“未虚构事实”将“侮辱”与“诽谤”相区别。这一区别主要是为了防止混淆侮辱与诽谤的界限，并对侮辱行为适用证明真实的抗辩原则，从而造成“观点”永远无法用“事实”加以证明的矛盾局面。此外，我国台湾地区“刑法”区分了口头诽谤和书面诽谤，对后者适用加重刑罚。考虑到现实社会发展，尤其是各种形式的信息传播方式日新月异，区别口头诽谤与书面诽谤已无太大意义，因此不予借鉴。第2款是真实抗辩原则，其仅适用于诽谤罪。我国台湾地区“刑法”对这一条款还有一个限制，即“但涉于私德而与公共利益无关者，不在此限”。考虑到这一条款主要是为了保护个人隐私，防止出现指摘的事实是真实的但依然侵犯他人名誉的情况发生，因此只要完善隐私权保护即可解决问题，所以不予借鉴。第3款是其他抗辩事由，除第1项是新增的之外，其他3项则可以涵盖我国名誉权专门司法解释中的内部刊物、内参、内部行政行为、转载、控告检举、主动新闻源、公正评论、报道国家机关的公开的文书和职权行为等免责事由。

有了刑法中的诽谤罪和侮辱罪的基础，民事名誉权侵权的基本制度就很好设计了。由于我们的刑法和民法之间不能直接通用，因此，民事名誉权侵权制度的改进最好也使用立法的方式。其具体条文可设置如下：

“公民享有名誉权，禁止用侮辱或诽谤的方式损害公民的名誉。诽谤是指因公开传述或指摘足以损害他人名誉的事实的行为。侮辱是指虽未指摘或传述事实但以暴力或者其他方法公然侮辱他人的行为。

对于诽谤，行为人能证明其指摘或传述的事实为真实的不构成侵权。

以善意发表言论而有下列情形之一的不构成名誉权侵权：

（一）因自卫、自辩或保护其他合法利益的；

（二）国家机关及其工作人员因职务行为而发表言论的；

（三）对于公共事务进行适当的评论的；

（四）对于国家机关的公开信息或已被他人公开的事实进行转述的。”

民事侵权法与刑法最大的区别是民事侵权法的归责包括故意和过失，而刑法只有故意，并且是故意虚构事实。因此，民法在诽谤行为的构成上与刑法有所区别。

在进行第一次权利协调立法的同时，可以考虑同时完成第二次权利协调的立法工作。其内容主要包括两项：第一项工作是在诽谤罪和名誉权侵权中的真实抗辩条款中增加一句：“如果行为人指摘或传述事实的行为与公共利益有关，行为人只需证明其有相当理由相信其事实为真实即可视为前述真实抗辩成立。”这就是真实确信原则。“与公共利益有关”是划定需要特别保护的言论范围的概念工具；“有相当理由相信其事实为真实”则是针对被划定范围内的言论所设置的特殊保护机制。这一条款可在刑法与民法中通用。第二项工作是完善人格权保护体系，尤其是隐私权的法律保护。可以考虑在刑法中增设“侵犯他人隐私罪”，对偷拍、偷录、非法泄露个人信息，以及医生、会计、律师等特殊职业人员泄露他人秘密的行为进行规范。在民法中也应增设隐私权和侵犯隐私权的侵权责任。同时，制定《个人信息保护法》，对收集、使用和传递个人信息的行为加以规制。当然，在这些立法中也应考虑适当平衡言论自由，为某些与公共利益有关的言论设置特殊的抗辩或免责条款。

## 五、司法机关的功能定位

由于我国宪法长期缺位，立法也不完善，因此，最高人民法院的司法解释实际上承担了一部分的宪法解释和立法职能。但是,最高人民法院限于司法权力的宪法地位,既不可能解决宪法缺位的问题,也不可能对名誉权侵权作出抽象一般的规范。这就造成了最高人民法院作出的大部分司法解释只能针对一些具体问题进行解释。但现实中,新的具体问题总是不断出现,此时往往缺乏能够适用的基本原则,因此疑难案件不断涌现。同时,由于我国实行的是两审终审制,最高人民法院在事实上无法有效限制和统一地方法院适用司法解释的行为,所以,一旦最高人民法院暂停了名誉权司法解释的工作,各地方法院便会在判决中大幅度地摇摆不定。虽然其中有些判决迎合了学术界和实务界的美好愿望,但却不得不面临合法性的质疑。因此,二十多年来最高人民法院虽然在名誉权侵权方面下了很大的功夫,但是在权利协调方面的收效却不大。

解决法院所面临困局的根本方法就是完成上述"宪法基本权利的共识形成及其阐释"和"立法的完善"两项工作。有了宪法和立法的基础,法院方可发挥其个案衡量的司法功能,贯通宪法与立法,最终实现权利的平衡协调。具体来说,在协调权利冲突的个案中,法院适用和解释的重点应该是立法中的一些关键"节点"。如适用划定特殊保护言论的"与公共利益有关"时,就需要法院依据不同的案件事实,衡量这些事实背后的利益大小和轻重缓急,进而适用不同的保护机制作出不同的判决。比如关于政府官员的与其职务有关的言论当然属于"与公共利益有关",因而只要适用真实确信即可。而关于某个一般公民的纯粹私人生活的言论当然"与公共利益无关",因此必须严格适用一般真实抗辩。至于关涉影视歌星、社会知名人士等"公众人物"的言论是否与公共利益有关,则需要依据其言论的性质,以及发表的场合、发表的目的等等多种因素综合考虑。如此这般,待到同类案例有了一定积累之后,最高人民法院便可作出司法解释或公布典型案例,指导下级法院的审判工作。而下级法院也可以在最高人民法院没有作出明确解释的地方作出各种新的探索,这些新的尝试如被实践证明为合理,也可有机会上升为司法解释。如果就某一案例的判决出现了较大争议,立法机关或违宪审查机关也可寻找机会在自己的权限范围内加以解决。如此,方能形成一个完整而健康的关系体系,使不断涌现的各种基本权利冲突问题得到解决。

总的看来,我国基本权利协调问题的主要症结并不在于最高人民法院过于保守,迟迟不肯出台新的名誉权司法解释;也不在于立法机关过于谨慎,不愿触及言论自由这个敏感领域;甚至不是因为现有的权利协调方式结构失衡,法治与人治纠缠不清。问题的根本还是在于言论自由和人格权这两项公民基本权利本身,在于宪法文本中的基本权利条款与现实发展和时代要求发生了脱节。更为严重的是,常常宪法写的是一回事,而现实中真正起作用的"宪法"又是另一回事。以言论自由为例。从《共同纲领》第49条到报纸批评与自我批评再到舆论监督,经过近六十多年的积淀,我国在宪政实践中已经形成了一整套从理念到制度、迥异于古典宪政理论的言论自由观——人民权利观。这种人民权利观成了事实上的宪法,它决定了我国公民言论自由所享有的限度和方式,同时也决定了言论自由与人格权相冲突和协调的基本面貌。但是,现实社会的客观发展需要我们向古典宪政理论靠拢,需要更多的个人意义上的公民自由,需要真正以市场经济为基础的新闻自由,需要为了一定的公共利益保护某些公民的言论自由、限制某些公权力主体的人格权。人格权也面临着同样的问题。不过,与言论自由不同的是,人格权所面临的主要是宪法实施方面的技术障碍,而不是权利内容上的实质障碍。"人格尊严"的宪法原意是指某种具体权利,但是社会的发展急需法律为各种新兴的人格权提供保护。处于司法实践最前沿的法院和民法学者对这种需求压力的感受本来最为敏感也最为迫切,但是他们却在仓促之间极其简单粗暴地处理了这个问题:没有理论,就引进理论;没有宪法原意,干脆就无视宪法原意。于是乎,数年之间,德国人的一般人格权在我国遍地开花,果实累累。一个完全在异国文化中产生,并经过数百上千年生长而成的法律概念,如何轻易就能嫁接到我们的民法和宪法之中呢?

如此看来,言论自由之外还有舆论监督,人格尊严之外还有一般人格权,在我们看得见的宪法文本之外,似乎还存在一种看不见的"隐性宪法"。在我国,如何弥合文本宪法与"隐性宪法"之间的鸿沟是实现权利协调平衡的关键。只有"隐性宪法"问题能够解决,宪法的顺利实施才有可能,而剩下的制度设计也就顺理成章了。

# 参考文献

## 一、论文


1. Basil Markesinis, Colm O'Cinneide, Jörg Fedtke, Myriam Hunter-Henin, Concerns and Ideas about the Developing English Law of Privacy, American Journal of Comparative Law, 2004, Vol. 52, No. 1, pp. 133—207.
2. Benjamin L. Liebman, Innovation Through Intimidation: An Empirical Account of Defamation Litigation in China, Harvard International Law Journal, 2006, Vol. 47, No. 1, pp. 33—111.
3. Catherine Dupré, The Protection of Private Life versus Freedom of Expression in French Law, in Madeleine Colvin ed., Developing Key Privacy Rights, Oxford and Portland, Oregon: Hart Publishing, 2002, pp. 45—76.
4. Dan Kozlowski, "For The Protection of the Reputation or Rights of Others": The European Court of Human Rights' Interpretation of the Defamation Exception in Article 10(2), Communication Law and Policy, 2006, Vol. 11, No. 1, pp. 133—178.
5. David A. Logan, Libel Law in the Trenches: Reflections on Current Data on Libel Litigation, Virginia Law Review, 2001, Vol. 87, No. 3, pp. 503—529.
6. Edward J. Eberle, Human Dignity, Privacy, and Personality in German and American Constitutional Law, Utah Law Review, 1997, Vol. 1997, No. 4, pp. 963—1022.
7. Elena Yanchukova, Criminal Defamation and Insult Laws: An Infringement on the Freedom of Expression in European and Post-Communist Jurisdictions, Columbia Journal of Transnational Law, 2003, Vol. 41, No. 3, pp. 861—895.
8. James Q. Whitman, Enforcing Civility and Respect: Three Societies, Yale Law Journal, 2000, Vol. 109, No. 6, pp. 1279—1398.
9. James Q. Whitman, The Two Western Cultures of Privacy: Dignity versus Liberty,

Yale Law Journal, 2004, Vol. 113, No. 6, pp. 1151—1221.

10. Jeanne M. Hauch, Protecting Private Facts in France: The Warren & Brandeis Tort Is Alive and Well and Flourishing in Paris, Tulane Law Review, 1994, Vol. 68, No. 5, pp. 1219—1301.

11. Karine Anterion and Olivier Moréteau, The Protection of Personality Rights Against Invasion by Mass Media in France, in Helmut Koziol, Alexander Warzilek (eds.), Persönlichkeitsschutz gegenüber Massenmedien, The Protection of Personality Rights Against Invasion by Mass Media(Tort and Insurance Law Vol. 13), WienNewYork: Springer, 2005, pp. 117—136.

12. Marguerite Russell, The Impact of the Charter of Rights on Privacy and Freedom of Expression in Canada, in Madeleine Colvin ed., Developing Key Privacy Rights, Oxford and Portland, Oregon: Hart Publishing, 2002, pp. 99—128.

13. Mme Sylvie Menotti, La preuve de la vérité du fait diffamatoire, La Documentation Française(ed.), La vérité : Rapport annuel 2004 de la Cour de Cassation, pp. 233—248.

14. Rosemary Tobin, Privacy and Freedom of Expression in New Zealand, in Madeleine Colvin ed., Developing Key Privacy Rights, Oxford and Portland, Oregon: Hart Publishing, 2002, pp. 129—156.

15. Kyu Ho Youm, Libel Law and the Press: U. S. and South Korea Compared, Pacific Basin Law Journal, 1995, Vol. 13, No. 2, pp. 231—263.

16. [韩]权宁星:《基本权利的竞合与冲突》,韩大元译,载《外国法译评》1996 年第 4 期。

17. [美]Peter E. Quint:《宪法在私法领域的适用——德、美两国比较》,余履雪译、蔡定剑校,载《中外法学》2003 年第 5 期。

18. [美]葛维宝:《隐私与言论》,彭亚楠译,载王利明、美. 葛维宝主编:《中美法学前沿对话——人格权法及侵权法专题研究》,中国法制出版社 2006 年版,第 13—38 页。

19. [日]内川芳美:《新闻自由的历史沿革》,载中国新闻学会编:《新闻自由论集》,文汇出版社 1988 年版,第 259—277 页。

20. 蔡定剑:《中国宪法实施的私法化之路》,载《中国社会科学》2004 年第 2 期。

21. 曹亚瑟:《说"和记者打官司"》,载《中国记者》1988 年第 12 期。

22. 陈慧:《1991—2006 年新闻自由研究综述》,载《湖南大众传媒职业技术学院学报》2008 年第 1 期。

23. 陈力丹:《论我国舆论监督的性质和存在的问题》,载《郑州大学学报(哲学社会科学版)》2003 年第 4 期。

24. 陈现杰:《人格权司法保护的重大进步和发展》,载梁书文、杨立新、杨洪逵编著:《审理名誉权案件司法解释理解与适用》,中国法制出版社 2001 年版,第 97—109 页。

25. 陈泰志:《论新闻诽谤指控的定性依据及防控对策》,载中国新闻法制研究中心编:《新闻法制全国学术研讨会论文集》,中国民主法制出版社 1999 年版,第 103—110 页。
26. 陈耀祥:《广播电视中犯罪事实之报道与人格权保障之冲突》,载翁岳生教授祝寿论文集编辑委员会编:《当代公法新论(上):翁岳生教授七秩诞辰祝寿论文集》,元照出版有限公司 2002 年版,第 115—142 页。
27. 陈志武:《从诉讼案例看媒体言论的法律困境》,载《中国法律人》2004 年第 2 期。
28. 法治斌:《保障言论自由的迟来正义——评“司法院”大法官释字第五〇九号》,载《月旦法学杂志》2000 年第 65 期。
29. 范进学:《人民法院的“审判权”是否蕴含着宪法解释权》,载陈金钊、谢晖主编:《法律方法》(第七卷),山东人民出版社 2008 年版,第 51—54 页。
30. 高实:《严格执法 正确审理名誉权案件》,载《人民司法》1989 年第 2 期。
31. 关今华:《权利冲突的制约、均衡和言论自由优先配置质疑——也论《〈秋菊打官司〉案、邱氏鼠药案和言论自由》》,载《法学研究》2000 年第 3 期。
32. 郭延军:《地方“一把手”不可公器私用违法止“谤”——评山西稷山“诽谤”案的侦检审》,载《法学》2007 年第 6 期。
33. 郭延军:《地方“一把手”应认真看待公民宪法权利——评秦中飞编发短信被拘案的起落》,载《法学》2006 年第 11 期。
34. 韩大元:《论宪法解释程序中的合宪性推定原则》,载《政法论坛》2003 年第 2 期。
35. 郝铁川:《权利冲突:一个不成为问题的问题》,载《法学》2004 年第 9 期。
36. 贺卫方:《传媒与司法三题》,载《法学研究》1998 年第 6 期。
37. 胡耀邦:《关于党的新闻工作》,载《红旗》1985 年第 8 期。
38. 胡一刀:《大字报与互联网》,载《南风窗》1999 年第 4 期。
39. 黄挽澜、魏永征:《舆论监督是一种软监督》,载《新闻界》2000 年第 3 期。
40. 惠钟渊:《侵害名誉权案件的立案与审理》,载《法学》1992 年第 2 期。
41. 季卫东:《制定新闻出版法当其时》,载《财经》2007 年第 17 期。
42. 贾安坤:《新闻官司的举证责任》,载中国新闻法制研究中心编:《新闻法制全国学术研讨会论文集》,中国民主法制出版社 1999 年版,第 156—162 页。
43. 江经清:《王强华介绍新闻法起草组工作》,载《新闻记者》1988 年第 12 期。
44. 江泽民:《在全国宣传思想工作会议上的讲话》,载《新华月报》1994 年第 3 期。
45. 焦洪昌、贾志刚:《基本权利对第三人效力之理论与实践——兼论该理论对我国宪法司法化的指导意义》,载《厦门大学法律评论》2003 年第 1 期。
46. 黎辛:《关于“胡风反革命集团”案件》,载《新文学史料》2001 年第 2 期。
47. 李成连:《舆论监督与新闻侵权的界限——一起状告六媒体索赔三百万的名誉侵权案审结后的思考》,载《新闻记者》2001 年第 1 期。

48. 李赤:《三个新闻法文稿初次露面 首都新闻界就制订新闻法中的问题开展学术讨论》,载《新闻记者》1988 年第 10 期。
49. 李春:《"大鸣、大放、大辩论、大字报"的兴起、入宪与废除》,载《兰州学刊》2006 年第 12 期。
50. 李大元:《新闻报道侵害名誉权案件的受理问题》,载《新闻与传播研究》1995 年第 3 期。
51. 李大元:《新闻报道与侵害公民名誉权》,载《中国记者》1993 年第 8 期。
52. 李冠仪、邱馨玉:《台湾媒体诽谤判决趋势研究:一个历时性的分析》,http://ccs.nccu.edu.tw/UPLOAD_FILES/HISTORY_PAPER_FILES/38_1.pdf,最后访问日期:2009 年 1 月 20 日。
53. 李建良:《自由、平等、尊严(上)——人的尊严作为宪法价值的思想根源与基本课题》,载《月旦法学杂志》2008 年第 2 期。
54. 李累:《宪法上"人的尊严"》,载《中山大学学报(社会科学版)》2002 年第 6 期。
55. 李良荣:《当前中国新闻改革的基本特点——纪念新闻改革 25 周年》,载《现代传播》2004 年第 5 期。
56. 李良荣:《关于中国新闻媒体的双轨制——再论中国新闻媒体的双重性》,载《李良荣自选集》,复旦大学出版社 2004 年版,第 15—25 页。
57. 李良荣:《论中国新闻改革的优先目标》,载《现代传播》2007 年第 4 期。
58. 李良荣:《社会生态环境和中国新闻改革》,载《李良荣自选集》,复旦大学出版社 2004 年版,第 27—35 页。
59. 李良荣:《试论当前我国新闻事业的双重性》,载《李良荣自选集》,复旦大学出版社 2004 年版,第 160—165 页。
60. 李龙、刘连泰:《废除"六法全书"的回顾与反思》,载《河南省政法管理干部学院学报》2003 年第 5 期。
61. 李琦、胡志超:《广东新闻侵权诉讼研究》,载《新闻与传播研究》1996 年第 4 期。
62. 李瑞环:《坚持正面宣传为主的方针》,载《中国新闻年鉴(1990)》,中国社会科学出版社 1991 年版,第 1—3 页。
63. 梁慧星:《中国人身权制度》,载《中国法学》1989 年第 5 期。
64. 梁治平:《名誉权与言论自由:宣科案中的是非与轻重》,载《中国法学》2006 年第 2 期。
65. 林来梵:《人的尊严与人格尊严——兼论中国宪法第 38 条的解释方案》,载《浙江社会科学》2008 年第 3 期。
66. 刘国明:《中国新闻立法的进展和难点》,载《新闻爱好者》2003 年第 11 期。
67. 刘涌:《关于新闻侵权诉讼的思考》,载《人民司法》1989 年第 6 期。
68. 刘作翔:《权利冲突的几个理论问题》,载《中国法学》2002 年第 2 期。

69. 罗平汉:《大字报的兴衰》,载《书摘》2003 年第 11 期。
70. 马俊驹、曹治国:《人权视野中的人格权》,载《政治与法律》2006 年第 5 期。
71. 牧惠:《大字报的兴衰》,载《同舟共进》2002 年第 4 期。
72. 宁启文:《1949 年—1956 年大陆报业企业化经营概述》,载《新闻与传播研究》2001 年第 2 期。
73. 潘良炽:《秦汉诽谤、妖言罪同异辨析》,载《中华文化论坛》2004 年第 4 期。
74. 庞战秋:《论新闻侵害名誉权的立案标准》,载《当代法学》1990 年第 3 期。
75. 钱江:《〈人民日报〉1956 年的改版》,载《新闻与传播研究》1988 年第 3 期。
76. 桑玉堂:《新闻领导体制必须改革》,载《当代传播》1988 年第 3 期。
77. 上海市高级人民法院:《支持正当的新闻舆论监督 保护公民、法人的名誉权》,载《人民司法》1989 年第 7 期。
78. 施春强:《英美诽谤法的历史发展》,华东政法学院 2006 年硕士论文。
79. 宋克明:《新闻事业的党的领导和五种管理体制》,载《现代传播》1994 年第 1 期。
80. 苏力:《〈秋菊打官司〉案、邱氏鼠药案和言论自由》,载《法学研究》1996 年第 3 期。
81. 孙平:《信息时代匿名言论的责任及其界限——以郑啸寅诽谤案为例》,载《法学》2008 年第 8 期。
82. 孙平:《政府巨型数据库时代的公民隐私权保护》,载《法学》2007 年第 7 期。
83. 孙旭培:《"跨地区监督性报道"析》,载《新闻三昧》2002 年第 2 期。
84. 孙旭培:《新闻法:最需要的法律 最困难的立法》,载《新闻知识》1999 年第 9 期。
85. 孙旭培:《舆论监督的回顾与探讨》,载《炎黄春秋》2003 年第 3 期。
86. 孙旭培:《中国大陆的新闻法研究》,载《传播研究简讯》总第 22 期,2000 年 5 月。
87. 唐煜枫:《论诽谤罪成立之宪法限制》,载《甘肃政法学院学报》2006 年第 2 期。
88. 陶光元、王木林:《珠海:探索舆论监督之路》,载《新闻战线》1999 年第 8 期。
89. 童兵:《新闻批评和政治民主——对"党报不得批评同级党委"规定的历史考察》,载《中国人民大学学报》1988 年第 4 期。
90. 童之伟:《〈物权法(草案)〉该如何通过宪法之门——评一封公开信引起的违宪与合宪之争》,载《法学》2006 年第 3 期。
91. 童之伟:《宪法民法关系之实像与幻影——民法根本说的法理评析》,载《中国法学》2006 年第 6 期。
92. 汪庆华:《名誉权、言论自由和宪法抗辩》,载《政法论坛》2008 年第 1 期。
93. 王健:《〈南方周末〉深度报道风格的变迁》,载《新闻爱好者》2007 年第 11 期。
94. 王绍光:《中国公共政策议程设置的模式》,载《中国社会科学》2006 年第 5 期。
95. 王生智:《"实际恶意"与"微罪不举":公众人物诉新闻侵权的抗辩事由——从两起名誉侵权案件谈起》,载《声屏世界》2004 年第 8 期。
96. 王泽鉴:《名誉保护、言论自由与实际恶意(actual malice)原则》,载《中国法律评论》第

1卷,法律出版社2007年版,第3—34页。
97. 魏永征、白净:《从沙利文原则到雷诺兹特权:对借鉴外国诽谤法的思考》,载《新闻记者》2007年第8期。
98. 魏永征:《从证明真实到证明确信真实》,载《时代传媒》(香港)2002年第6期。
99. 魏永征:《当前新闻改革的一条底线——对于中国传媒事业定性的解读》,载《中国传播学:反思与前瞻——首届中国传播学论坛文集》,2002年。
100. 魏永征、张鸿霞:《考察"公众人物"概念在中国大众媒介诽谤案件中的应用》,载《中国传媒报告》2007年第4期。
101. 魏永征:《名誉权案事实真伪的举证责任及相关问题——以杨义巢诉胡肖琼侵害名誉权案为例》,载《国际新闻界》2008年第2期。
102. 翁晓玲:《新闻报道自由与人格权保护》,载翁岳生教授祝寿论文集编辑委员会编:《当代公法新论(上):翁岳生教授七秩诞辰祝寿论文集》,元照出版有限公司2002年版,第85—116页。
103. 吴永乾:《美国诽谤法所称"真正恶意"法则之研究》,载《中正法学集刊》2004年第15期。
104. 谢庭晃:《妨害名誉罪之研究》,天主教辅仁大学法律学系2002年博士论文。
105. 徐伟群:《论妨害名誉罪的除罪化》,台湾大学法律学研究所2005年博士论文。
106. 徐迅:《最高院就名誉权案件颁布司法解释——周贤奇大法官接受记者专访阐述有关问题》,载《新闻记者》1993年第11期。
107. 许德风:《隐私权与新闻自由》,载王利明、美.葛维宝主编:《中美法学前沿对话——人格权法及侵权法专题研究》,中国法制出版社2006年版,第396—438页。
108. 薛军:《揭开"一般人格权"的面纱——兼论比较法研究中的"体系意识"》,载《比较法研究》2008年第5期。
109. 杨立新、尹艳:《论一般人格权及其民法保护》,载《河北法学》1995年第2期。
110. 杨立新:《新闻侵权问题的再思考》,载《法商研究》1994年第1期。
111. 杨士林:《"公众人物"的名誉权与言论自由的冲突及解决机制》,载《法学论坛》2003年第6期。
112. 杨望:《新闻法起草组派员专程到沪听取意见》,载《新闻记者》1989年第3期。
113. 于新年:《名誉权案审理透视》,载《瞭望》1991年第3期。
114. 郁郁乎:《吴祖光 走向法庭始末》,载《当代司法》1995年第7期。
115. 张双龙、崔志坚:《慎重立案 精心处理》,载《人民司法》1989年第2期。
116. 张西明:《关于新闻侵害公民名誉权行为的研究》,载《新闻与传播研究》1995年第3期。
117. 张翔:《基本权利冲突的规范结构与解决模式》,载《法商研究》2006年第4期。
118. 张翔:《两种宪法案件:从合宪性解释看宪法对司法的可能影响》,载《中国法学》

2008 年第 3 期。
119. 张新宝、康长庆:《名誉权案件审理的情况、问题及对策》,载《现代法学》1997 年第 3 期。
120. 张志铭:《欧洲人权法院判例法中的表达自由》,载《外国法译评》2000 年第 4 期。
121. 郑保卫:《"人治"－法治－长治——从长治经验看我国新闻舆论监督发展之路》,载《新闻记者》2002 年第 10 期。
122. 郑保卫、樊亚平、周雅丽:《新时期我国新闻自由研究述评》,载《当代传播》2008 年第 1 期。
123. 锺沛璋:《政治文明与新闻立法——兼议新闻立法正当时》,载《同舟共进》2003 年第 2 期。
124. 周永坤:《论宪法基本权利的直接效力》,载《中国法学》1997 年第 1 期。

## 二、著作

1. Donald P. Kommers, The Constitutional Jurisprudence of the Federal Republic of Germany, Durham and London: Duke University Press, 1989.
2. Edward J. Eberle, Dignity and Liberty : Constitutional Visions in Germany and the United States, Westport: Praeger, 2002.
3. Helmut Koziol, Alexander Warzilek (eds.), Persönlichkeitsschutz gegenüber Massenmedien, The Protection of Personality Rights Against Invasion by Mass Media (Tort and Insurance Law Vol. 13), WienNewYork: Springer, 2005.
4. J. C. C. Gatley, Gatley on Libel and Slander, 9th ed., Patrick Milmo and W. V. H. Rogers, eds., London: Sweet & Maxwell, 1998.
5. Louis Favoreu, Droit des Libertés Fondamentales, 4e édition, Dalloz 2007.
6. Madeleine Colvin ed., Developing Key Privacy Rights, Oxford and Portland, Oregon: Hart Publishing, 2002.
7. Ruth Walden, Insult Laws: An Insult to Press Freedom, World Press Freedom Committee, 2000.
8. 《大清律例》,田涛、郑秦点校,法律出版社 1999 年版。
9. 《邓小平文选》第 2 卷,人民出版社 1994 年版。
10. 《李良荣自选集》,复旦大学出版社 2004 年版。
11. 《马克思恩格斯全集》第 1 卷(上),人民出版社 1995 年版。
12. 《马克思恩格斯全集》第 5 卷,人民出版社 1958 年版。
13. 《马克思恩格斯全集》第 6 卷,人民出版社 1961 年版。
14. 《马克思恩格斯全集》第 19 卷,人民出版社 1963 年版。
15. 《马克思恩格斯全集》第 21 卷,人民出版社 1965 年版。

16.《马克思恩格斯全集》第 43 卷，人民出版社 1982 年版。
17.《胡乔木传》编写组编：《胡乔木谈新闻出版》，人民出版社 1999 年版。
18.《民法通则讲话》编写组编：《民法通则讲话》，经济科学出版社 1986 年版。
19.《十三大以来重要文献选编》(中)，人民出版社 1991 年版。
20. [德]克雷斯蒂安·冯·巴尔：《欧洲比较侵权行为法(上卷)》，张新宝、焦美华译，法律出版社 2004 年版。
21. [法]阿贝尔、泰鲁：《世界新闻简史》，许崇山等译，中国新闻出版社 1985 年版。
22. [美]埃德温·埃默里、迈克尔·埃默里：《美国新闻史——报业与政治、经济和社会潮流的关系》，苏金琥等译、董乐山校，新华出版社 1982 年版。
23. [美]迈克尔·埃默里等：《美国新闻史——大众传播媒介解释史(第九版)》，展江译，中国人民大学出版社 2004 年版。
24. [美]约翰·D.泽莱兹尼：《传播法：自由、限制与现代媒介》，张金玺、赵刚译，清华大学出版社 2007 年版。
25. [日]阿部照哉等编著：《宪法(下)——基本人权篇》，周宗宪译、许志雄审定，元照出版有限公司 2001 年版。
26. [英]J.C.史密斯、B.霍根：《英国刑法》，马清升等译，法律出版社 2000 年版。
27. [英]弥尔顿：《论出版自由》，吴之椿译，商务印书馆 1958 年版。
28. [英]詹姆斯·卡瑞、珍·辛顿：《英国新闻史(第六版)》，栾轶玫译，清华大学出版社 2005 年版。
29. 蔡定剑：《宪法精解》，法律出版社 2004 年版。
30. 陈力丹：《马克思主义新闻观思想体系》，中国人民大学出版社 2006 年版。
31. 陈力丹：《世界新闻传播史(第二版)》，上海交通大学出版社 2007 年版。
32. 陈新民：《德国公法学基础理论(上册)》，山东人民出版社 2001 年版。
33. 程汉大、李培锋：《英国司法制度史》，清华大学出版社 2007 年版。
34. 程曼丽：《外国新闻传播史导论》，复旦大学出版社 2007 年版。
35. 崔保国主编：《2004～2005 年：中国传媒产业发展报告》，社会科学文献出版社 2005 年版。
36. 崔保国主编：《2007 年：中国传媒产业发展报告》，社会科学文献出版社 2007 年版。
37. 丁淦林主编：《中国新闻事业史(修订版)》，高等教育出版社 2007 年版。
38. 杜承铭、吴家清等：《社会转型与中国宪法自由权制度的完善》，北京大学出版社 2005 年版。
39. 方汉奇、陈业劭主编：《中国当代新闻事业史(1949—1988)》，新华出版社 1992 年版。
40. 方汉奇主编：《中国新闻传播史》，中国人民大学出版社 2002 年版。
41. 高铭暄、赵秉志编：《新中国刑法立法文献资料总览》(下)，中国人民大学出版社 1998 年版。

42. 高铭暄编著:《中华人民共和国刑法的孕育和诞生——一个工作人员的札记》,法律出版社 1981 年版。
43. 郭道晖:《法的时代呼唤》,中国法制出版社 1998 年版。
44. 郭亚夫、殷俊编著:《外国新闻传播史纲》,四川大学出版社 2004 年版。
45. 韩大元主编:《宪法学》,高等教育出版社 2006 年版。
46. 何兰阶、鲁明健主编:《当代中国的审判工作(上)》,当代中国出版社 1993 年版。
47. 侯健:《舆论监督与名誉权问题研究》,北京大学出版社 2002 年版。
48. 胡绩伟:《新闻工作论说集》,工人出版社 1989 年版。
49. 胡康生、郎胜主编:《中华人民共和国刑法释义》,法律出版社 2006 年版。
50. 纪诚:《最高人民法院司法解释:一个初步的考察》,中国政法大学出版社 2007 年版。
51. 金海军:《知识产权私权论》,中国人民大学出版社 2004 年版。
52. 雷润琴:《传播法:解决信息不对称及相关问题的法律》,北京大学出版社 2005 年版。
53. 李琦主编:《民事侵权法实证分析》,中国法制出版社 2005 年版。
54. 李庄:《人民日报风雨四十年》,人民日报出版社 1993 年版。
55. 梁建增:《〈焦点访谈〉红皮书》,文化艺术出版社 2002 年版。
56. 廖正豪主编:《名誉权保护之研究》,典章企业有限责任公司 1996 年版。
57. 林晖:《未完成的历史——中国新闻改革前沿》,复旦大学出版社 2004 年版。
58. 林江主编:《中国报业发展报告 2007:创新成就未来》,社会科学文献出版社 2007 年版。
59. 林来梵:《从宪法规范到规范宪法》,法律出版社 2001 年版。
60. 刘海涛、郑金雄、沈荣:《中国新闻官司二十年(1987—2007)》,中国广播电视出版社 2007 年版。
61. 刘中海等编:《回忆胡乔木》,当代中国出版社 1994 年版。
62. 邱小平:《表达自由——美国宪法第一修正案研究》,北京大学出版社 2005 年版。
63. 全国人大常委会办公室研究室政治组编著:《中国宪法精释》,中国民主法制出版社 1996 年版。
64. 人民日报报史编辑组编:《人民日报回忆录:1948—1988》,人民日报出版社 1988 年版。
65. 宋克明:《美英新闻法制与管理》,中国民主法制出版社 1998 年版。
66. 孙旭培:《当代中国新闻改革》,人民出版社 2004 年版。
67. 孙旭培:《新闻学新论》,当代中国出版社 1994 年版。
68. 台湾地区"司法行政部"刑法研究修正委员会编译:《各国刑法汇编(下册)》,司法通讯社,1980 年。
69. 唐亚明、王凌洁:《英国传媒体制》,南方日报出版社 2007 年版。
70. 童之伟:《法权与宪政》,山东人民出版社 2001 年版。

71. 佟柔、赵中孚、郑立主编:《民法概论》,中国人民大学出版社 1982 年版。
72. 王利明主编:《人格权法新论》,吉林人民出版社 1994 年版。
73. 王利明、[美]葛维宝主编:《中美法学前沿对话——人格权法及侵权法专题研究》,中国法制出版社 2006 年版。
74. 王利明、杨立新主编:《人格权与新闻侵权》,中国方正出版社 2000 年版。
75. 王强华、王荣泰、徐华西编著:《新闻舆论监督理论与实践》,复旦大学出版社 2007 年版。
76. 王叔文等:《澳门特别行政区基本法导论》,中国人民公安大学出版社 1994 年版。
77. 王作富:《中国刑法研究》,中国人民大学出版社 1988 年版。
78. 魏永征:《被告席上的记者——新闻侵权论》,上海人民出版社 1994 年版。
79. 魏永征、张鸿霞主编:《大众传播法学》,法律出版社 2007 年版。
80. 魏永征:《新闻传播法教程(第二版)》,中国人民大学出版社 2006 年版。
81. 魏永征:《新闻法新论》,中国海关出版社 2002 年版。
82. 翁岳生教授祝寿论文集编辑委员会编:《当代公法新论(上):翁岳生教授七秩诞辰祝寿论文集》,元照出版有限公司 2002 年版。
83. 吴家麟编:《宪法学学习指导书(修订本)》,中央广播电视大学出版社 1989 年版。
84. 吴信训、金冠军、李海林等:《现代传媒经济学》,复旦大学出版社 2005 年版。
85. 肖蔚云:《我国现行宪法的诞生》,北京大学出版社 1986 年版。
86. 徐泓、陈斌华主编:影响未来:中国传媒 30 人》,中国社会科学出版社 2005 年年版。
87. 徐迅:《中国新闻侵权纠纷的第四次浪潮——一名记者眼中的新闻法制与道德》,中国海关出版社 2002 年版。
88. 许崇德、王向明、宋仁:《中国宪法教程》,人民法院出版社 1988 年版。
89. 许崇德:《中华人民共和国宪法史》(上、下卷),福建人民出版社 2005 年版。
90. 于友:《刘尊棋》,人民日报出版社 1996 年版。
91. 于志刚主编:《危害国家安全罪》,中国人民公安大学出版社 2003 年版。
92. 张千帆:《西方宪政体系(下册·欧洲宪法)》,中国政法大学出版社 2005 年版。
93. 张庆福、皮纯协:《我国公民的基本权利和义务》,四川人民出版社 1983 年版。
94. 张庆福主编:《中国宪法概论》,河北教育出版社 1988 年版。
95. 张翔:《基本权利的规范建构》,高等教育出版社 2008 年版。
96. 张新宝:《名誉权的法律保护》,中国政法大学出版社 1997 年版。
97. 赵秉志主编:《新刑法典的创制》,法律出版社 1997 年版。
98. 郑保卫主编:《中国共产党新闻思想史》,福建人民出版社 2004 年版。
99. 中共中央文献编辑委员会编:《周恩来选集》,人民出版社 1980 年版。
100. 中共中央文献研究室编:《建国以来重要文献选编》第 4 册,中央文献出版社 1993 年版。

101. 中国社会科学院新闻研究所编:《中国共产党新闻工作文件汇编》(上),新华出版社1980年版。
102. 中国社会科学院新闻研究所编:《中国共产党新闻工作文件汇编》(中),新华出版社1980年版。
103. 中国社会科学院新闻研究所编:《中国共产党新闻工作文件汇编》(下),新华出版社1980年版。
104. 中国新闻学会编:《新闻自由论集》,文汇出版社1988年版。
105. 周枏:《罗马法原论》,商务印书馆2001年版。
106. 周伟:《宪法基本权利司法救济研究》,中国人民公安大学出版社2003年版。

# 后　记

这本书的主体部分是我在上海交通大学法学院攻读法学博士时的毕业论文。记得那是2009年的春季，因为要一边工作一边写论文，所以真正集中撰写的时间只有那么一两个月。多亏领导和同事们的宽容，我才有时间窝在家里，没日没夜地把初稿赶了出来。完成了初稿，就是预答辩。仓促间完成的东西，近乎半成品，不被批是不可能的。但即使老师们提的意见再严厉，我也没有力气再作大修了。于是，小修小改了一下就参加了答辩。所幸，答辩委员会的几位老师大多是我的领导、同事，大概是碍于情面，他们没有怎么为难我便通过了。

博士毕业之后也曾想把博士论文好好修改一下，但是面对中国的法治状况，计划总是赶不上变化。原本在我的博士论文中所占比重并不大的诽谤罪问题却持续“大热”。大概从2006年开始，以往乏人问津的公诉诽谤罪案例受到举国关注。数年间，几乎媒体每曝出一个案件就演变为一次全国性的公共事件。网民的戏谑、舆论的讨伐、学者的议论，关于公诉诽谤罪案例的讨论好不热闹。相比较之下，以往热议了将近三十年的名誉权侵权案件却被冷落了。我也不能免俗，看到火，就往里面扑，哪怕那是个坑。还好，经过这几年的摸索和思考，关于诽谤罪与言论自由，多少得出了一些不同于他人的看法。

就诽谤罪与言论自由这一主题，我已经发了两篇相关论文。一篇是《论诽谤罪与言论规制“调适期”》，发表于《环球法律评论》2014年第3期；另一篇是《弥合“人民”与“公民”之间的宪法分歧——以〈共同纲领〉第49条的解读为中心》，发表在《法律科学》2015年第6期。《论诽谤罪与言论规制“调适期”》所提出的言论规制调适期理论最早就源自本书第四章第一、二节的写作和研究。《弥合“人民”与“公民”之间的宪法分歧——以〈共同纲领〉第49条的解读为中心》则是在本书第一章的基础上重新写作完成的。尽管这两篇论文源自博士论文，但是它们已经远远超出了博士论文所涵盖的理论脉络和框架。实际上，这两篇论文属于一个全新的主题。在这个主题之下，陆陆续续还会有几篇论文出来，将来可能另行编辑成书。因此，我没有把这两篇论文放进来。

倒是我在博士就读期间和毕业之后发表的两篇论文完全属于博士论文的理论框架。一篇是发表于《法学》2008年第8期的《信息时代匿名言论的责任及其界限——以郑啸寅诽谤案为例》，另一篇则是《论基本权利规范的虚置》，发表于莫纪宏、翟国强主编的《宪法研究（第十三卷）》（社会科学文献出版社2012年版）。前者对我确定博士论文的选题方向至关重要；后者实际完成于2009年10月，完全是写完博士论文之后的有感而发，确切地说是有感于我国现行宪法基本权利条款的境遇和现状而发。因此，我把这两篇论文编入此书。

虽然就本书来说，描述的现象已经不是最新鲜的，论述不够深入，语言文字上也不够老道，但是今天读起来依然清新，依然澎湃。

孙 平

2015年11月4日